Verena Sitz

Die Heldenfigur als Erzählstrategie im populären Spielfilm

Sind Comic-Superhelden "mythische" Erzählfiguren?

Verena Sitz

DIE HELDENFIGUR ALS ERZÄHLSTRATEGIE IM POPULÄREN SPIELFILM

Sind Comic-Superhelden "mythische" Erzählfiguren?

ibidem-Verlag
Stuttgart

Bibliografische Information der Deutschen Nationalbibliothek
Die Deutsche Nationalbibliothek verzeichnet diese Publikation in der Deutschen Nationalbibliografie; detaillierte bibliografische Daten sind im Internet über http://dnb.d-nb.de abrufbar.

Bibliographic information published by the Deutsche Nationalbibliothek
Die Deutsche Nationalbibliothek lists this publication in the Deutsche Nationalbibliografie; detailed bibliographic data are available in the Internet at http://dnb.d-nb.de.

Coverabbildungen: Kvapilovi, kvapilovi.tumblr.com. Abdruck mit freundlicher Genehmigung

Zugleich: Dissertation zur Erlangung des Grades eines Doktors der Philosophie an der Hochschule für Musik und Theater "Felix Mendelssohn Bartholdy" Leipzig

∞

Gedruckt auf alterungsbeständigem, säurefreien Papier
Printed on acid-free paper

ISBN-13: 978-3-8382-0625-7

© *ibidem*-Verlag
Stuttgart 2015

Alle Rechte vorbehalten

Das Werk einschließlich aller seiner Teile ist urheberrechtlich geschützt. Jede Verwertung außerhalb der engen Grenzen des Urheberrechtsgesetzes ist ohne Zustimmung des Verlages unzulässig und strafbar. Dies gilt insbesondere für Vervielfältigungen, Übersetzungen, Mikroverfilmungen und elektronische Speicherformen sowie die Einspeicherung und Verarbeitung in elektronischen Systemen.

All rights reserved. No part of this publication may be reproduced, stored in or introduced into a retrieval system, or transmitted, in any form, or by any means (electronic, mechanical, photocopying, recording or otherwise) without the prior written permission of the publisher. Any person who does any unauthorized act in relation to this publication may be liable to criminal prosecution and civil claims for damages.

Printed in Germany

Ich möchte mich herzlich bei Frau Prof. Dr. Barbara Büscher und Herrn Prof. Gerhard Lampe für die Betreuung meiner Dissertation bedanken. Ihre vielseitigen Denkanstöße haben entscheidend dazu beigetragen, die Arbeit zu formen.
Herrn Prof. Dr. Theo Girshausen danke ich für die Anregung zu meiner Arbeit und die Begleitung auf ersten Wegen. Leider konnte er ihre Fertigstellung nicht mehr miterleben.

Nicht zuletzt schulde ich meinen Eltern und Freunden tausend Dank. Sie haben durch viel Geduld und unermüdliche Unterstützung bei Korrekturen und verzwickten Fragen die vorliegende Überarbeitung erst ermöglicht.

Leipzig, 2014
Verena Sitz

Inhaltsverzeichnis

Eine Einleitung 11

1. Hollywoods Suche nach dem Gesetz wirkungsvollen Erzählens 23
   1.1 Das Vorbild der normativen Theaterpoetik für die Drehbuchtheorie 25
   1.2 Vorbild II: Die *Poetik* des Aristoteles 31

2. Die Dramaturgie des populären Spielfilms 37
   2.1 Handlungsaufbau und narrative Komposition des *storydriven*-Modells 37
   2.2 Ästhetisierung durch Systematisierung – Joseph Campbells *Monomythos* 42
   2.3 Transferleistung: Christopher Voglers *mythische Heldenreise* 46
   2.4 Wirkung und Verstehen populärer Hollywooddramaturgie 51
   2.5 Die neoformalistisch-kognitive Filmanalyse: Einbezug des Zuschauerwissens 55

3. Mythos als Parameter für Erfolg in Hollywood 65
   3.1 Der Mythos in der Hollywooddramaturgie 66
   3.2 Klaus Heinrich: Geschichte(n) erzählen im griechischen Mythos 70
      3.2.1 Geschichte(n)-erzählen im *mythologein* 74

4. Die Um- und Neudeutung des Heldenbegriffs in Hollywood .. 79
   4.1 Der Heros als Prinzip der Selbstfindung 84

5. Vom Comic zum Film I. Bewegungsbilder der Originalvorlage 95
   5.1 Laufende Bilder des Kinos – starre Bilder des Comics? 104
   5.2 Erzählen über Bewegungsdarstellungen im Comic 110
   5.3 Computergestütztes Erzählen im Film 117
   5.4 Bewegungsformen des Helden in der virtuellen Realität 123

6. **Vom Comic zum Film II. Adaptions- und Dramaturgieprinzipien** **129**
    6.1   Dramaturgie I: Adaption in Theorie und Praxis 132
          6.1.1 Spannungserzeugung im Comic-Superheldenfilm .. 135
    6.2   Auswahl und dramaturgische Bearbeitung der
          Comicvorlagen 137
    6.3   Dramaturgie II: Das strategische Erzählmoment der
          doppelten Initiation 148

7. **Das Visual Design der Superheldenfilme** **159**
    7.1   Visualisierung der Superkräfte in *Daredevil* und
          Spider-Man 159
    7.2   Intermediales und intramediales Visual Design 163
    7.3   Beispiel *Batman* – Im Reich der Schatten 168
    7.4   Beispiel *Hulk* – Dynamik durch Split-Screen und
          Morphing 171

8. **Visuelle und narrative Inszenierungsstrategien der Filme** ... **177**
    8.1   *Superman* von Richard Donner (1978) 178
    8.2   *Batman* von Tim Burton (1989) 183
    8.3   *Spider-Man* von Sam Raimi (2002) 185
    8.4   *Hulk* von Ang Lee (2003) 188
    8.5   *Daredevil* von Mark Steven Johnson (2003) 191

9. **Initiation – Doppelidentität – Maske** **197**
    9.1   Initiation 2.0 – Nanotechnologie, Genetik,
          Gammastrahlung 198
    9.2   Die Doppelidentität des Comic-Superhelden 206
    9.3   Die Doppelidentität des Superschurken: Spielarten
          des Mad Scientists 213
    9.4   Verhüllung, Enthüllung, Identitätsentwürfe –
          Masken und Kostüme 217

10. **Der Comic-Superheld: Doppelgänger – Wiedergänger** **225**
    10.1 Superman – Der Allmächtige im Gewand des
          biederen Jedermann 229
    10.2 Batman – Der dunkle Rächer 232
    10.3 Daredevil – Die Gerechtigkeit, die im Dunkel sieht 236
    10.4 Hulk – Das Grauen hinter verschlossenen Türen 239

10.5 Spider-Man – Die freundliche Spinne aus
der Nachbarschaft 241

11. Der Heros als Prinzip der (Selbst)Zerstörung 247
   11.1 Die Vermittlungsbereiche des Herakles im Dodekathlos ... 250
       11.1.2 Initiations- und Schicksalsungeheuer 255
   11.2 Die Figur als Erzähl- und Denkmodell im Mythos
         und in der Logik 260

12. Schlussfolgerungen und Ausblick: Die Erzählstrategie
des Comic-Superhelden 267

Literatur 289
   Monographien, Sammelbände und Aufsätze 289
   Zeitschriften/Zeitschriftenartikel 303
   Internetquellen 305

Filmverzeichnis 307

Abbildungsnachweise 309

Sequenzliste BATMAN 310

Sequenzliste DAREDEVIL 313

Sequenzliste HULK 316

Sequenzliste SPIDER-MAN 320

Sequenzliste SUPERMAN 324

Eine Einleitung

Das Kino hat sich längst als dominierendes Erzählmedium in der kulturellen Entwicklung der Gegenwart positioniert. Ein wichtiger Teilbereich ist Film als Ökonomie und Industrie, wie er in Hollywood betrieben wird und der sich durch signifikante Rahmenbedingungen des Erzählens auszeichnet. Es fällt auf, dass seit den späten 1970er Jahren vermehrt Story-Schemata, die mythisch inspirierten Erzählmustern folgen, in die dominierende Drehbuchliteratur und – basierend auf diesen – in den populären Actionfilm integriert sind.[1] Indem das Kino solchen Mustern folgt, übernimmt es auch die Blickrichtung, die ihnen innewohnt: die Fokussierung auf den mythischen Helden. Aus Strukturmustern von Initiationsritualen leitet beispielsweise Story Consultant Christopher Vogler umfangreiche Erzählregeln ab, die nicht nur erlauben, innerhalb des Drehbuchs dominante Akzente zu setzen, sondern sie gar zum Standard allen Filmemachens zu erheben:

> "Die Grundmuster des Mythos und sein archetypisches Personal bilden nach wie vor die Grundlage des modernen Geschichtenerzählens, und Autoren tun gut daran, sich mit diesen Elementen vertraut zu machen."[2]

Ebenfalls seit den späten 1970er Jahren adaptiert Hollywood eine der weltweit populärsten Heldenfiguren, den US-amerikanischen Comic-Superhelden. Mythische Erzählstrukturen und Superhelden verbinden sich damit zu einer Synthese, die international und kommerziell erfolgreiche Medienphänomene produziert.[3]

---

[1] Griechisch-antike Mythen stehen hier im Brennpunkt.
[2] Vogler: *Die Odyssee des Drehbuchschreibers*, 2004, S. 10. Im Folgenden: Vogler: *Odyssee*.
[3] Zum Terminus Comic-Superheld: In der Mehrzahl der Fälle kann auf den Zusatz "Comic" verzichtet werden. Zudem ist der vorliegende Untersuchungsgegenstand auf massenmediale Produktionsformen begrenzt. Zu Independentfilmen, Mangaverfilmungen oder Gendertheorien im Comicfilm vgl. Kainz: *Comic. Film. Helden*, 2009.

Im Zentrum des vorliegenden Forschungsinteresses steht daher die praktische Überprüfung jener narrativen und dramaturgischen "Grundlagen des modernen Geschichtenerzählens", die als schier unerschöpflicher Steinbruch dem populären Spielfilm adaptierfähiges Material zu liefern scheinen. Ziel der Studie ist es, die Erzählstrategie der Comic-Superheldenfigur im populären Spielfilm zu ermitteln und zu beschreiben. Ist der Markterfolg der Superheldenfilme anhand einer Figur erklärbar zu machen, die mythische Konstruktionsmerkmale aufweist? Ist diese wiederum lediglich durch ihre Funktionalität motiviert oder ist ihre Erzählstrategie kompositorisch begründet?[4]

Fünf ausgewählte Superhelden-Verfilmungen *Superman* (1978), *Batman* (1989), *Spider-Man* (2002), *Daredevil* (2003) und *Hulk* (2003)[5] bilden die Grundlage der Fallstudie. Sie entstammen den beiden auflagenstärksten US-Verlagen DC-Comics und Marvel-Comics. Diese Filme sind – sofern sich eine Fortsetzungsreihe anschließt – die Erstadaption der jeweiligen Heldenfigur und akzentuieren das narrative Moment der Initiation, die für die Forschungsfrage nach mythischen Erzählmustern von Belang ist.[6]

Obgleich die fünf Filmanalysen nach mediendramaturgischen Gesichtspunkten das Fundament der Betrachtungen bilden, ist das Gesamtkonzept bewusst aus dem (zuweilen beengten) Rahmen fachspezifischer Diskurse herausgelöst und in einem umfassenderen Kontext angesiedelt, der auch philosophische und psychoanalytische Betrachtungen integriert. Zudem nimmt die Studie zahlreiche Aspekte der Helden- und Erzählthematik im antiken Mythos in den Blick. Sie gliedert sich in mehrere Abschnitte, durch die sich der

---

[4] Der Titel der Studie ist bewusst doppeldeutig gewählt: Einerseits entrollt der populäre Spielfilm seine Narration hauptsächlich über den Erzählgegenstand *Held*, andererseits kennzeichnet die Figur des (Super)Helden selber eine spezifische Erzählstrategie.

[5] Den Untersuchungen liegen die deutsch synchronisierten Fassungen zugrunde.

[6] Frühere Filmadaptionen von Superman, Spider-Man oder Batman sind aus dem Untersuchungsradius ausgeschlossen, da sie die Initiation des Helden nicht thematisieren. Es handelt sich bei den ausgewählten Comicverfilmungen um reale Spielfilme, nicht um Animationsfilme.

rote Faden erzählkompositorischer Funktionen und Wirkungen des populären Hollywoodfilms und des Heroenmythos zieht.

Unter einem Comic-Superhelden versteht die Arbeit graphisch dargestellte, heroische Menschengestalten, deren hyperhumanoide Kräfte als Erweiterung menschlicher Fähigkeiten in Erscheinung treten. Sie sind stets mit einer Secret Identity ausgestattet und altruistisch veranlagt. Ihre Geschichten erscheinen periodisch in Form von Comic books. Die Wurzeln der Superhelden finden sich im Zusammenspiel der Geschichte der Massenmedien sowie politisch-gesellschaftlichen Kontexten der USA ab den 1930er Jahren.

Zur Klärung der Forschungsfrage ist es indiziert, Möglichkeiten und Grenzen einer Verknüpfung zwischen der kulturgeschichtlichen Quelle des Helden und seiner aktuellen medialen Ausformung zu ermitteln. Dazu stützt sich die Studie auf Überlegungen des Berliner Religionsphilosophen Klaus Heinrich. Dessen intellektueller Anknüpfungspunkt an eine grundlegende Aufklärungsfunktion mythologischen Erzählens findet sich auch in einem viel beachteten philosophischen Entwurf, der im Bereich der Kommunikations- und Sozialwissenschaft Popularität erlangte: die von Theodor W. Adorno und Max Horkheimer repräsentierte Auseinandersetzung der *Dialektik der Aufklärung*. Heinrich entwickelt jedoch eine eigenständige Lesart der Natur-Geschichte des Menschen.

Da kaum theoretische Abhandlungen von ihm existieren, ist Klaus Heinrich in der akademischen Welt nur wenigen bekannt. Angemessene Aufmerksamkeit erhält sein Werk in den letzten Jahren durch die Buchpublikation seiner umfangreichen Vorlesungen, die in der Reihe *Dahlemer Vorlesungen* erscheinen. Seine Texte sind aus dem Korpus der Mythentheoreme gewählt, weil er den Heroenmythos als eine bestimmte Form betrachtet, Geschichte(n) zu erzählen. Diese sind von ihrem Gegenstand, dem Helden, nicht ablösbar.

Die Termini *Stoff*, *Figur* und *Held* machen in diesem Kontext eine kurze Definition notwendig: Um die medialen Spezifika der Superheldenfigur vor Augen zu führen, soll der *Held* als kommunikativ konstruiertes, fiktives Wesen mit Bedeutungskern und narrativer

Funktion verstanden werden.[7] Unter *(Film)figur* fasst diese Arbeit die tradierte Vorstellung eines psychologisch motivierten und handlungsorientierten Charakters. Heinrich verdeutlicht unter dem erweiterten Terminus *Figur des Helden/Figur des Heros* dessen Funktion als doppelwertiges Erzähl- und Denkmodell.[8]
Unter *Stoff* versteht die vorliegende Arbeit den Inhalt, den Gegenstand, das Thema einer Erzählung. Somit basiert der Stoff auf einem erworbenen, kulturell geformten Wissenszusammenhang. Modalitäten und Formen der filmischen Ausgestaltung des Stoffs haben ihrerseits Auswirkungen auf seine Darstellung und Rezeption. In Bezug auf Heinrichs Mythenlese hat der Terminus eine abweichende Bedeutung: Er meint konkrete Grundbestimmungen und Spannungsverhältnisse des menschlichen Seins.

Der amerikanische Comic-Superheld
In Superheldencomics ruht ein riesiges, noch längst nicht ausgeschöpftes Potenzial an Stoffen und Figuren. Daher hebt Hollywood die graphischen Geschichten wiederholt ins kinematographische Medium, was seit mehreren Jahren das vermehrte Aufkommen international erfolgreicher Verfilmungen belegt.[9] Die gegenwärtige deutschsprachige Forschungslage zum Superheldencomic ist umfangreich, gleicht aber nicht dem Umfang amerikanischer Studien. Die Forschungslage zum Comic-Superheldenfilm dagegen beschränkt sich auf den technisch induzierten Transfer von einer Medienform in eine andere, wie die detailreiche Untersuchung *Mit der Kamera gezeichnet* (2007) von Simon Ofenloch belegt, oder thematisiert einzelne Heldenfiguren, wie der Sammelband *Film-Konzepte: Superhelden zwischen Comic und Film* (2007). Fragen zu Figurenkonzepten wie dem Antihelden oder zu intermedialen und inter-

---

[7] In Anlehnung an das Analysemodell in Eder: *Die Figur im Film*, 2008.
[8] Diese Arbeit versteht unter *Figur* keine Größe der Gestalttheorie oder eine Figur performativer Ausrichtung.
[9] Eine ständig aktualisierte Liste aller bislang verfilmter Comichelden-Geschichten, einschließlich TV-Filme, TV-Serien, Movie-Serials, auf Comics basierender und von Comics inspirierter Filme auf: http://de.wikipedia.org/wiki/Liste_von_Filmen_basierend_auf_einem_Comic (Zugriff: 15.08.2014).

disziplinären Wechselbeziehungen von Comic und weiteren Künsten wurden erst kürzlich in den Sammelbänden *Comic. Film. Helden* (2009) und *Comics intermedial* (2012) gestellt. In diesem wissenschaftlichen Segment besteht daher noch Forschungsbedarf, zu dem diese Arbeit ihren Beitrag hinzufügen möchte.

Trotz ihrer jahrzehntelangen Verortung als populäres Kulturphänomen innerhalb der amerikanischen Gesellschaft und der zunehmenden akademischen Beschäftigung mit ihnen, sind Comics in ihrer kulturellen Akzeptanz wie auch als akademischer Gegenstand – besonders in Europa – immer noch nicht vollends etabliert.[10]

Dass beim vorliegenden Untersuchungsgegenstand keine weiblichen Superhelden vertreten sind, liegt in der Tatsache begründet, dass der Superheld primär ein männlicher Held ist, da man in ihm *dem* maskulinen Prototypen aller Helden schlechthin begegnet: Herakles.[11] Im Verhältnis zu männlichen Superhelden fällt daher die quantitative Präsenz weiblicher Heroinen nahezu unerheblich aus.[12] Einfluss auf die Geschlechterverteilung der Superhelden mag primär der *Comics Code* von 1954 gehabt haben, der jegliche Darstellungen weiblicher Körperrundungen als schädigend für jugendliche Leser attestierte. Ihm hatten sich die Verlage zu unterwerfen, ein Siegel auf dem Cover bürgte für "saubere" Unterhaltung.[13] Da die in der Forschungsfrage vorgegebene Drehbuchtheorie auf das klassische männliche Heldenbild rekurriert, gibt diese Perspektive somit zwingend den thematischen Fokus auf den männlichen Helden vor.

---

[10] In Frankreich und Belgien existiert eine traditionelle wissenschaftliche Beschäftigung mit der so genannten *bande dessinè*. Die Gesellschaft für Comicforschung (ComFor) fördert und vernetzt Comicforschung im deutschsprachigen Raum und gibt seit 2005 regelmäßig fachspezifisch orientierte Sammelbände heraus.

[11] Herakles hat sich als eine an Stabilität schwer zu überbietende Gestalt der europäischen Kulturgeschichte erwiesen. Vertreter amerikanischer Drehbuchtheorien führen ihn wiederholt als Paradebeispiel für den mythischen Helden an.

[12] Zu Publikationen über weibliche Superhelden vgl. Schubart: *Super Bitches and Action Babes*, 2007; Savage Jr.: *Commies, Cowboys and Jungle Queens*, 1998.

[13] Zum Comic Code vgl. Kiste Nyberg: *Seal of Approval*, 1998. Zum anderen war auch der Protagonist im populären Actionfilm bis in die 2000er Jahre noch überwiegend männlich besetzt – Ausnahmen wie *Alien* bestätigen diese Regel; *Alien*, (USA/GB 1979, Ridley Scott).

Erzählen und Held im Mythos und im populären Spielfilm

Helden und Heldenerzählungen wurden und werden immer wieder von verschiedenen Standpunkten aus betrachtet. Forschungen aus Geistes- und Begriffsgeschichte, aus Sozial- Kultur- und Medienwissenschaften beleuchten den Helden aus multiperspektivischer Sicht und weisen ihm ein derart umfangreiches Feld heterogener Funktionen, Attribute und Rollen zu, dass alles über ihn gesagt zu sein scheint. Und doch verändert er sich permanent, knüpft an überholte Muster an, um sie neu zu interpretieren. Die Zeitschrift *montage a/v* beantwortet in ihren Ausgaben zu populären Figuren (1999) die Frage nach deren Kontinuität mit Verweis auf ihre Variabilität:

> "Vielleicht haben gerade die Figuren das Potential zur Popularität, die einerseits einen mythologischen Bedeutungskern formulieren, der sich andererseits immer wieder als symbolisch produktiv in je historisch spezifischen Konstellationen erweist."[14]

Diese Perspektive erlaubt, die Figur des Helden näher zu fokussieren und schließt ebenso die Frage nach ihren (historischen wie aktuellen) Konstruktionsmechanismen ein. Denn gerade der nordamerikanische Kulturraum orientiert sich zur Konstituierung der Comic-Superheldenfigur vermehrt an Grundmotiven tradierter Helden(bilder) der europäischen Antike, die er mit popkulturellen Fragmenten zu einem "filmischen Amalgam" verschmilzt.[15]

Zwei divergierende Konzepte zu den Komplexen *Mythos* und *Held* sollen für die vorliegende Forschungsfrage nutzbar gemacht werden. Es handelt sich einerseits (stellvertretend für Hollywoods Zurichtung mythischer Stoffe) um Christopher Voglers Storykonzept der *mythischen Heldenreise* und andererseits um Klaus Heinrichs

---

[14] montage a/v, 8/2/1999, S. 6.
[15] So urteilt Ernst Schreckenberg in seinem Aufsatz *Die Reise des Helden*, 2006. Zu einer ähnlichen Auffassung gelangen Kinder/Wieck: *Zum Schreien komisch, zum Heulen schön*, 2001, S. 319ff. Superheldencomics bedienen sich auch aus dem Heldenpool weiterer Mythologien. Eine der am längsten laufenden Serien des Marvel-Verlags ist *The Mighty Thor*, in der der nordische Donnergott Thor auftritt. Verfilmungen/Regie: *Thor* (USA 2011, Kenneth Branagh), *Thor – The Dark Kingdom* (USA 2013, Alan Taylor).

religionsphilosophische Überlegungen zum antiken Heros Herakles. Beide erforschen den Helden mit differenten Methoden.
Joseph Campbells ausgearbeitete Storystruktur des *Monomythos* hat auf Hollywoods Filmemacher als vermeintlicher "Geheimcode des Erzählens"[16] weit reichenden Einfluss ausgeübt. Vogler erhob Campbells Ergebnisse in einer ersten Bearbeitung bereits 1985 zum Erzählmodell, das als integraler Bestandteil amerikanischer Drehbuchkonzepte die Unterhaltungsmaschinerie Hollywoods zu optimieren sucht.[17] *Die Odyssee des Drehbuchschreibers* demonstriert par excellence die Assimilationsmöglichkeiten mythischer Stoffe für die Drehbuchentwicklung. Es findet unter der Bezeichnung *mythische Heldenreise* Eingang in die vorliegende Studie. Das ideelle Gewicht der *Heldenreise* ist nach Aussagen Voglers in einem therapeutischen Impuls zu ersehen, denn von ihr geht

> "auch heute noch eine enorme Kraft aus, die eine heilsame Wirkung auf die Menschen haben und die Welt zu einem besseren Ort machen kann."[18]

In Annäherung an die zweite Auslegung von Mythos und Held kann die Systematisierung mythischer Erzählstoffe Hollywoods aufgezeigt werden. Heinrich ermittelt in seiner als Buch erschienenen Universitätsvorlesung *arbeiten mit herakles* (2007) die Interpretationen und Instrumentalisierungen der Heldenfigur Herakles seit der Antike bis in die jüngste Gegenwart. Er macht seine Denkansätze an dramatischen, heroenmythologischen, literarischen und ikonografischen Versatzstücken fest, in deren Ausrichtung der Zivilisationsheros ambivalent gezeichnet ist und als Prinzip der (Selbst)Zerstörung auftritt.

Im Fokus beider Heldenauslegungen stehen bestimmte Strategien und Wirkungen des Erzählens. Hollywood stilisiert, idealisiert und popularisiert mythische Erzählstrukturen für Verkaufsfördernde

---

[16] Zu dieser Einschätzung siehe Vogler: *Odyssee*. Der Monomythos in: Campbell: *The Hero with a Thousand Faces*, 1949.
[17] Zudem ist die ökonomische Wertschöpfung der als Blockbuster konzipierten und produzierten populären Spielfilme zu beachten. Auf das Star-System und weitere wirtschaftliche Faktoren (Werbung, Merchandising) wird aber in der vorliegenden Studie nicht näher eingegangen.
[18] Vogler: *Odyssee*, S. 13f.

Zwecke, indem es sie auf eindeutige narrative Abfolgen sowie eine individuell-psychologische Identifikationsmöglichkeit mit dem Protagonisten reduziert. Während Vogler den Mythos zum pragmatischen Erfolgskonzept mit Option auf ein (stark reduziertes) Lebens- und Welterklärungsmodell generalisiert und somit den Helden zum unbewussten Selbst des Rezipienten metaphorisiert, arbeitet Heinrich die verwirrend-vielschichtige Vermittlungsfunktion des mythischen Heros als dessen entscheidendes Merkmal heraus.

Der erste theoretische Abschnitt beschäftigt sich mit dem funktionalen Zusammenhang von *Form* und *Wirkung* des populären Filmdrehbuchs. Er vergleicht hierzu international einflussreiche amerikanische Drehbuchanleitungen. Damit ist er sowohl separiert *vom* als auch angebunden *an* den zweiten Abschnitt, da Drehbücher funktionale Wirkungen auf formale Kriterien reduzieren und den konkreten Stoff weitestgehend ausblenden.[19]
Werke von Eugene Vale (*Drehbuchschreiben für Film und Fernsehen*, 1982); Syd Field (*Das Handbuch zum Drehbuch*, 1991; *Das Drehbuch*, 2005) Linda Seger (*Das Geheimnis guter Drehbücher*, 1994), Robert McKee (*Story*, 1998) und dem bekanntesten Repräsentanten der mythischen Heldenreise, Christopher Vogler (*Die Odyssee des Drehbuchschreibers* 2004), dienen als exemplarisches Material.[20] Ari Hiltunens *Poetik*-Exegese *Aristoteles in Hollywood* (2001) demonstriert die fragmentarische (und fragwürdige) Diskussion von dramentheoretischen Texten in Hollywood. Diese Werkauswahl bietet zwar keinen erschöpfenden, gleichwohl aber einen umfassenden Überblick über die bekanntesten und meist verkauften Vertreter amerikanischer Drehbuchtheorie.

---

[19] Aufgrund der kommerziellen Ausrichtung der Anleitungen ist eine inhaltsunabhängige Generalisierung der in ihnen aufgestellten objektiven Kriterien unumgänglich.

[20] Drehbuchanleitungen sind primär Anleitungen für kommerzielle Filme, da sie das Verkaufsfördernde Identifikationspotential des sympathisch gestalteten und inszenierten Protagonisten akzentuieren. Neben Christopher Vogler gelten Tom Schlesinger und Keith Cunningham als Experten für mythologische Strukturen. Die Jahresangaben beziehen sich auf die deutschen Übersetzungen.

Die Bandbreite der dramaturgischen Konzeptionen wird von zwei prominenten Eckpunkten aus betrachtet: dem konventionellen Drei-Akt-Modell (*storydriven*) und dem Storykonzept der *mythischen Heldenreise* (*characterdriven*). Mit der grundlegenden Adaption von theaterdramaturgischen Theorien von Aristoteles bis Gustav Freytag gerinnt für die *storydriven*-Drehbuchschule die geschlossene Drei-Akt-Form zum Dogma.[21] Die characterdriven-Drehbuchschule hingegen ordnet der Figurencharakterisierung die formale Struktur unter, indem sie die Handlung aus der Hauptfigur heraus motiviert. Ergänzend sorgen deutsche Publikationen von Dennis Eick (*Drehbuchtheorien*, 2006), Michaela Krützen (*Dramaturgie des Films*, 2004) und Jens Eder (*Dramaturgie des populären Films*, 2007) für eine vertiefende Perspektivierung. Vertreter der neoformalistischen und kognitionspsychologischen Filmanalyse werden exemplarisch herangezogen, um über ihre Arbeiten, welche sich mit dem komplexen wechselseitigen Prozess der Filmrezeption beschäftigen, die zumeist grob skizzierten Wirkungsparameter der Drehbuchanleitungen zu verfeinern.[22]

In einem sich anschließenden **zweiten theoretischen Abschnitt**, der den gedanklichen Rahmen zu Held und Mythos eröffnet, wird der *Stoff* diskutiert. Im Zuge der von Hollywood als gewinnbringend postulierten Beschäftigung mit mythisch inspirierten Erzähl- und Heldenmustern formuliert jede Drehbuchinstruktion eigenständige Normen, begreift die terminologischen Formulierungen *Mythos* und *Held* in unterschiedlichen Qualitätsstufen, teils unreflektiert, teils präziser gefasst. Ergebnisse zu Erzählstruktur und Erzählwirkung im

---

[21] Im Gegensatz zur offenen Form, die eher im Kunst- oder Experimentalfilm zu finden ist.

[22] So soll die klassische Drei-Akt-Struktur über konventionalisierte Formen des Erzählaufbaus eine einseitig ausgerichtete Reaktion erwirken, während das Storykonzept der *mythischen Heldenreise* eine Verankerung seines an Archetypen angelehnten Modells im kollektiven Gedächtnis der Menschheit unterstellt. Der neoformalistisch-kognitive Ansatz macht deutlich, dass konkrete Bauformen der Filmkomposition kognitiv und emotional verstanden werden, da deren mentale Entsprechung vom Zuschauer erlernt, gespeichert und abgerufen werden können.

populären Spielfilm werden mit Heinrichs Perspektive vom Erzählen im Mythos, dem *mythologein*, konfrontiert.

Der **Hauptteil** der Studie nimmt Bezug auf die jeweils eigenständigen medienspezifischen Erzähl- und Rezeptionsparameter von Film und Comic. Obgleich primär das Endstadium des Transformationsprozesses vom Comic book in den Blockbuster im Fokus der Aufmerksamkeit steht, ist es erforderlich, zumindest in Ansätzen die differenzierten Narrationsmodi und Visual Designs des Comics und des Films sowie die damit verbundenen spezifischen Rezeptionsanforderungen zu dokumentieren, um die Spezifika einer Superheldencomic-Adaption aufzeigen zu können.
Es besteht außerdem kaum Zweifel daran, dass die moderne Videoclip-Ästhetik mit ihren schnellen Schnitten und ungewohnten Kameraperspektiven den Film – und besonders den Actionfilm – beeinflusst hat. Ebenso beeinflusst die zunehmende Digitalisierung, die sich vorrangig in Action- und Comic-Superheldenfilmen realisiert, konventionelle Bewegungsdarstellungen und raumzeitliche Wahrnehmung. Optimieren hybride Bildproduktionen, 3D-Räume und digitale Figurenkonstruktionen die anvisierte Erzählstrategie oder dienen sie ausschließlich spektakulären Schauwerten?[23]

Basierend auf diesen Vorbemerkungen schließen sich die Filmanalysen an, die filmästhetisch und -analytisch zu thematischen Gruppen arrangiert, sowie unter bestimmten Aspekten immer wieder miteinander vernetzt werden.[24] Die Untersuchung verfolgt einen integrativen Filmanalyse-Ansatz, der inhaltliche und formal-strukturierende Komponenten gleichermaßen berücksichtigt. Sie konzentriert sich auf dramaturgische Akzentsetzungen, Plotkonstruktionen im Hinblick auf narrative Momente mythisierenden Erzählens, wiederkehrende Bildcodes und -motive sowie die Figurenkonstruktion. Der

---

[23] Die Arbeiten von Barbara Flückiger und Sebastian Richter machen diese Fragen zum Ausgangspunkt ihrer Untersuchungen. Flückiger: *Visual Effects*, 2008 und Richter: *Digitaler Realismus*, 2008.

[24] Ausführliche Sequenzprotokolle erlauben konkrete Rückschlüsse auf die genannten Charakteristika.

Modus der Verknüpfung, Strukturierung und Visualisierung jener Parameter ist dabei ebenso von Interesse wie die Formulierung bestimmter Lesarten des Comic-Superhelden.

Ein den entfalteten gedanklichen Rahmen schließender **dritter Abschnitt** fügt die Ergebnisse der Filmanalysen zu Heinrichs theoretischen Betrachtungen des mythischen Heros Herakles. Die Form der mythischen Heldenfigur lässt dabei auf den Inhalt schließen, den sie mitteilt: als Erzähl- *und* Denkfigur.[25] Die Qualität der Figur des Heros zeichnet sich durch ihre Fähigkeit aus, trotz divergierender Positionen *eine* Figur zu bleiben.

Danach folgen eine Kontextualisierung und die Diskussion. Die Bündelung der Parameter berührt die Kernfrage der vorliegenden Untersuchung und bringt sie zugleich zu einem Abschluss. An Superhelden ist alles "super": die Muskulatur, die Kraft, die Psychose. Das legitimiert sie im multimedialen Angebot der Massenmedien – und dramatisiert sie zugleich. Aber sind sie deswegen "mythische" Helden? Ein Akzent der Studie liegt auf dem, was mythische Heroen und Comic-Superhelden miteinander verbindet: ihren hohen Grad an Ikonizität und Popularität. Eine Transferleistung oder Analogisierung beider Erzählformen ist indes weder leistbar noch intendiert. Auch steht im Fokus nicht die Beweisführung, ob (Super)Helden über ihre vermeintliche Vorbildfunktion Sehnsüchte Heranwachsender befriedigen. Ziel der Studie ist es, die Frage zu beantworten, welche Erzählstrategie die Comic-Superheldenfigur im populären Spielfilm verfolgt und ob sie als "mythische" Figur beschrieben werden kann.

---

[25] In diesem Kontext strebt die vorliegende Arbeit allerdings nicht an, Zugangswege zu den beiden unterschiedlichen Wissensvermittelnden Positionen zu eröffnen, da die Erarbeitung einer Modellskizze nicht beabsichtigt ist.

1.
Hollywoods Suche nach dem Gesetz wirkungsvollen Erzählens

Das Erzählen von Geschichten – in den Anfängen in oraler Tradition, dann in schriftlicher Form – gehört seit Jahrtausenden zu unserer Kultur- und Zivilisationsgeschichte. Verschiedene Epochen der Kulturgeschichte weisen jeweils signifikante Erzählformen auf, die je kulturell dominierende Wissensbestände und Deutungsmuster der Welt darstellen. Zu den kulturellen Innovationen des 20. Jahrhunderts gehört das Erzählen in Filmbildern, wobei der nordamerikanische fiktionale Mainstreamfilm den weltweiten Filmmarkt dominiert. Der Medienwissenschaftler Jens Eder diagnostiziert in dieser medialen Form populären Erzählens die "bedeutendste Erzählform unserer Zeit".[26]

Hollywood ist darauf ausgerichtet, Filme hervorzubringen, die sich international gewinnbringend vermarkten lassen und möglichst viele Zuschauer in die Kinos ziehen. Dieser Warencharakter hat Auswirkungen auf die Filme, da wirtschaftliche Aspekte unabwendbar ihren Niederschlag in einer konventionellen dramaturgischen Gestaltung, in stilistisch-ästhetischen Normen und vermeintlichen Erfolgsrezepten finden. Dieses "Patentrezept" setzt sich aus zwei einflussreichen Axiomen zusammen, die zugleich zwei prominente Eckpunkte der Erzählstruktur markieren und verschiedene Modelle der Drehbuchliteratur begründen: der dramaturgischen Drei-Akt-Struktur und dem Storykonzept der *mythischen Heldenreise*.
Beide Konzepte nähern sich strukturell einander an, da die mythische Heldenreise analog zum Drei-Akt-Schema auf eine dramaturgische Trias reduziert werden kann, die dem Initiationsmythos ent-

---

[26] Eder: *Dramaturgie des populären Films*, 2007, S. 121. Im Folgenden: Eder: *Dramaturgie*.

lehnt wird. Archetypisierungen bieten sich im besonderen Maße zur Konstruktion der zumeist heldenhaften Hauptfigur an, da sie kognitiv in verschiedenen Kulturkreisen verstanden werden können. Dadurch erreichen die Filme eine Wiedererkennungsfunktion, die vom Rezipienten angeblich als bekannt und dadurch als angenehm empfunden wird.[27] Differenzen bestehen hinsichtlich der narrativen Ausgestaltung der einzelnen Akte.[28]

Diese beiden Erzählmodelle werden immer wieder von amerikanischen Drehbuchratgebern mit der Begründung herangezogen, dass Filme, die nach diesem Muster aufgebaut seien, deswegen "funktionieren", weil "alle Geschichten" auf diese Weise aufgebaut seien – und das seit den Anfängen des Erzählens – und infolgedessen intensive emotionale Effekte beim Publikum erzielen würden. Die Idealvorstellung eines Films – im Sinne der Drehbuchautoren – fällt aber oftmals einer stetigen Wiederkehr von Platituden zum Opfer. Theatertheoretische Schriften werden missverstanden, eine vermeintliche Verschwörung zur "Geheimhaltung der Wahrheit" identifiziert,[29] oder ganz einfach Gemeinplätze und Banalitäten preisgegeben.

Es soll jedoch nicht der Eindruck entstehen, dass hier ein überschaubares Erzählmodell vorgestellt oder gar gerechtfertigt werden soll. Das Gegenteil ist der Fall, denn selbst Hollywood setzt seine eigenen Regeln kaum in der vorgeschriebenen Idealform um. Viele Autoren durchbrechen und variieren die standardisierten Erzählweisen immer wieder, denn Hollywood verfilmt auch sehr erfolgreich

---

[27] Siehe zu dieser Einschätzung Eder: *Dramaturgie* und Vogler: *Odyssee*.
[28] Während die Drei-Akt-Struktur einen linear-kausalen Ablauf mit Fokussierung auf eine Haupthandlung, Zentrierung um einen Protagonisten und geschlossenem Ende bildet, greift das Erzählmodell der *mythischen Heldenreise* eine grundsätzlich gleich bleibende Handlungsabfolge in 12 konkret benannten Abschnitten auf, die einen Zyklus bilden.
[29] Vgl. Eick: *Drehbuchtheorien – eine vergleichende Analyse*, 2006, S. 249: Vogler bewundert Field und Seger, "weil sie den Mut hatten, ihre Theorien zu einer Zeit herauszubringen, als es keine richtigen Schreibanleitungen gab. Sie waren Pioniere darin, etwas analytisch zu betrachten, das **absichtlich geheimnisvoll** gehalten wird." Hervorhebung durch den Autor.

Drehbücher mit signifikant abweichenden Dramaturgie- und Erzählmodi.[30]

Aus diesem Grund integriert die vorliegende Arbeit Modelle der kognitiven Filmpsychologie und -analyse, die die Komplexität populärer Filmgestaltung auf der von filmischer Komposition und kognitiv-emotionalem Rezeptionsprozess aufzeigen. Der Prozess des Filmerlebens realisiert sich demzufolge aus der vielfältigen Kombination und funktionalen Wechselbeziehung von Eigenschaften der Filmgestaltung und schematisch gespeicherten Wissensbeständen des Zuschauers, der kognitiv eine kohärente Story konstruieren muss.

Bevor die anvisierten Differenzierungen in Strategie und Wirkung von populärem Erzählen und mythischem Erzählen deutlich gemacht werden können, ist eine Übersicht über die historischen und begrifflichen Vorbedingungen sowie die gängigen Publika erforderlich, welche die Erzählstrategien Hollywoods maßgeblich modellieren. Dabei ist es entscheidend, die Grundlagen in verschiedenen Teilaspekten zu betrachten, um so einen Gesamteindruck der amerikanischen Drehbuchphilosophie zu erlangen. Der Fokus auf die Gestaltungsprinzipien Dramaturgie, Wirkung und Figurenkonstruktion realisiert eine genauere Einordnung der Fragestellung.

1.1
Das Vorbild der normativen Theaterpoetik für die Drehbuchtheorie

Das Erzählen von Geschichten ist – nicht nur im amerikanischen Film – immer auf unumgängliche dramaturgische Strukturen zurückzuführen, da sie dem Autor den Kreationsprozess erleichtern und dem Zuschauer das kognitive und emotionale Erfassen der Film-

---

[30] Z.B. *Short Cuts* (USA 1993, Robert Altman); *Magnolia* (USA 1999, Paul Thomas Anderson); *Memento* (USA 2000, Christopher Nolan); *Traffic* (USA 2000, Steven Soderbergh); *L.A. Crash* USA 2004, Paul Haggis); *Lost in Translation* (USA 2003, Sofia Coppola), *Broken Flowers* (USA 2005, Jim Jarmush). Komplexe, verwirrende Erzählstrukturen, häufig ohne Auflösung, markieren auch die Filme von David Lynch und Quentin Tarantino.

handlung mittels bekannter Erzählschemata vereinfachen. Hollywoods Filmindustrie, die auf grundlegende Vorstellungen wie Normativität, erlernbare Technik und die größtmögliche Berechenbarkeit eines ökonomischen Erfolgs bedacht ist, diktiert die Regeln des Erfolgs und ist zugleich auf die Entwicklung obligatorischer Standards angewiesen. Aufgrund der Ambition, dass jeder Mensch erfolgreich Drehbuchschreiben lernen kann, wird die Tätigkeit des Schreibens in den USA primär als Handwerk betrachtet, weniger als Kunst.[31]

Dennis Eick unternimmt in seiner Publikation *Drehbuchtheorien – eine vergleichende Analyse* (2006) eine Untersuchung der populärsten amerikanischen Drehbuchanleitungen hinsichtlich ihrer Lehrkonzepte und Darstellung zentraler Themen, um eine umfassende Analyse der Drehbuchliteratur, sowie eine kritische Bewertung der darin vermittelten Lehrkonzepte abzufassen.[32] Er erklärt das Phänomen, dass erst knapp 100 Jahre nach Erfindung des Mediums Film entsprechende Richtlinien für das Abfassen von Drehbüchern entstanden sind, damit, dass in den Anfängen der Filmproduktion entsprechende produktionsästhetische Leitfäden einfach nicht erforderlich gewesen seien und man erst nach der Etablierung des Tonfilms 1927 Bühnenautoren engagierte, um Dialoge zu schreiben.[33] Dieser Einschätzung darf allerdings gegenübergestellt werden, dass eine gewisse dramaturgisch-narrative Standardisierung der Filmerzählung, die eine wichtige Voraussetzung für den wirkungsästheti-

---

[31] Vgl. zum Begriff "Handwerk" Vogler: *Odyssee*, S. 37 und 50.
[32] Eick: *Drehbuchtheorien – eine vergleichende Analyse*, 2006. Im Folgenden: Eick: *Drehbuchtheorien*. Er beschäftigt sich mit Drehbuchkonzepten von Syd Field, Eugene Vale, Linda Seger, Robert McKee, Christopher Vogler, Kenneth Dancyger, David Howard, Jean-Claude Carrière, Claus Peter Hant und Oliver Schütte.
[33] Vgl. Eick: *Drehbuchtheorien*, S. 13f. Einen historischen Rückblick auf die Bedingungen der Drehbuchproduktion in den USA und die gegenwärtige Situation liefern auch Bildhauer: *Drehbuch reloaded*, 2007, S. 18ff. und Eidsvik: *Drehbücher aus der Fabrik*, 1992.

schen und kommerziellen Erfolg der Filme darstellt, bereits zu Beginn des Filmemachens stattfand.[34]
Das Aufstellen eines bindenden Regelwerks für Drehbücher muss andere Gründe aufweisen, die beispielsweise in veränderten Ausbildungsinhalten für Filmschaffende zu finden sein könnten. Denn ab den 1960er Jahren wurde das akademische Interesse am Medium Film forciert und die Filmwissenschaft als eigenständiges Fach an amerikanischen Universitäten und Colleges eingerichtet, was folglich ein entsprechendes Gros an didaktisch ausgerichtetem Lehr- und Ausbildungsmaterial erforderlich machte. Das Interesse am Gemachten, an Strategien der Inszenierung sowie an einer Segmentierung in Genres wuchs. Zur selben Zeit neigte sich – herbeigeführt durch wirtschaftliche Faktoren und den Zusammenbruch des alten Studiosystems – die Dekade des "New Hollywood" (und mit ihr die Lesart des Films als Kunst) dem Ende zu, um die Epoche der kommerziellen Special-Effects-Action-Blockbuster anbrechen zu lassen: *Der Weiße Hai* (USA 1975, Steven Spielberg), *Star Wars* (USA 1977, George Lucas) und *Superman* (USA 1978, Richard Donner) setzten nach Jahren der innen- und außenpolitischen Unruhe, der Niederlage im Vietnam-Krieg, dem Rücktritt Richard Nixons, neue Zeichen im Hinblick auf optimistische Figurenkonstruktion und visuell spektakuläre Wirkung.[35]

Weiterhin beschreibt Eick zwei große konkurrierende Hauptrichtungen amerikanischer Drehbuchkonzepte, deren thematische Ausrichtungen ebenso in verschiedenen Ansätzen von Filmanalysen und Erzähltheorien verarbeitet werden. Diese beiden Ausrichtungen werden in *storydriven* bzw. *characterdriven* unterschieden und decken sogleich das Problem der Drehbuchliteratur auf: Ob der

---

[34] Die ersten Regelwerke entstanden schon ab den 1910er Jahren, jedoch hatten erst diejenigen Konzepte gravierenden Einfluss auf die Filmindustrie, die ab den 1970er Jahren publiziert wurden. David Bordwell stellt in *The Classical Hollywood Cinema* (1985) eine kontinuierliche – wenngleich stilistisch modifizierte – Linie standardisierter Prinzipien des Filmemachens bis in die Gegenwart fest.

[35] Typisch für New Hollywood sind inhaltliche (vermehrt zivilisationskritische) oder filmästhetische Experimente mit ambivalenten, antiheroischen Außenseitern als Protagonisten, der Bruch mit traditionellen Erzählweisen und der Verzicht auf ein Happy End.

Handlung oder der Figurenzeichnung der Vorzug gegeben werden soll. Die handlungsorientierte Drei-Akt-Struktur des *storydriven*-Modells betont gegenüber der figurenorientierten Vorgehensweise des *characterdriven*-Modells, die sich in der mythischen Heldenreise manifestiert, die reine Form. Obgleich beide Konzepte dasselbe wirkungsästhetische Ziel verfolgen (die Identifikation mit dem Protagonisten), setzen sie entweder das Primat von Handlung *oder* Figur voraus.[36] Die Debatte, ob die Entwicklung der Figur oder die dramaturgische Struktur für die Ausarbeitung des Drehbuchs essentieller sei, wird in amerikanischen Drehbuchdramaturgien durchaus mit Vehemenz geführt.[37]

Eick deutet nur ansatzweise darauf hin, dass diese beiden Generalansätze filmischen Erzählens Lehrinhalte an amerikanischen Universitäten bezeichnen, wobei private bzw. staatliche Institutionen jeweils spezifische Ausrichtungen der Ausbildungsinhalte nach sich ziehen: Die *University of California L.A.* (UCLA) ist eine staatlich geförderte Schule, die Film als Kunst und damit als förderungswürdig legitimieren muss. Anders geht die private *University of Southern California* vor. Sie fokussiert auf fiktionale Mainstreamfilme und auf Teamwork (mehrere Autoren schreiben gemeinsam an einem Drehbuch).[38]

---

[36] Drehbuchautor David Howard nimmt für diese Richtungen eine begriffliche Unterscheidung in *Von-Außen-Nach-Innen*-Schule bzw. *Von-Innen-Nach-Außen*-Schule vor. Die *Von-Außen-Nach-Innen*-Schule verfolgt eine Handlungsorientierte Entwicklung eines Drehbuchs, entwirft zuerst die Geschichte und entwickelt entsprechende Figuren; die *Von-Innen-Nach-Außen*-Schule verfolgt eine Figurenorientierte Ausrichtung, kreiert zuerst Pro- und Antagonist und entwickelt aus ihnen heraus die psychologisch motivierte Geschichte. Howard wendet ein, dass erstere Schule zwar verzögert zum gewünschten Ergebnis komme, aber dafür tiefere und "echtere" Geschichten erzähle, da die Motivationen der Figuren deutlicher hervortreten würden. Vgl. Eick: *Drehbuchtheorien*, S. 76 und 231. Eine vergleichbare Innen-Außen-Unterscheidung trifft auch McKee: *Story*, 2000, S. 440ff. Im Folgenden: McKee: *Story*. Field beschreibt zwei Herangehensweisen an eine Drehbuchstruktur: *Erst-Figur-Dann-Story* bzw. *Erst-Story-Dann-Figur*. Field: *Das Drehbuch*, S. 32.

[37] Vgl. McKee: *Story*.

[38] Eick: *Drehbuchtheorien*, S. 28. Auch am von Robert Redford gegründeten *Sundance Institute* in Park City, Utah, kann man Drehbuchschreiben lernen. Dort wird nur aufgenommen, wer persönlich von einem Repräsentanten der Filmindustrie empfohlen wurde.

Aufgrund ihrer dramaturgischen und narrativen Verwandtschaft haben sich Theater und Film seit jeher gegenseitig beeinflusst, insofern besitzt klassische Theaterdramaturgie Vorbildfunktion für moderne Drehbuchtheorie. Historische theaterpoetische Regelwerke werden zum Vorbild stilisiert und adaptiert, da diese die Handlungskonstruktion kausal mit einem emotionalen Wirkungspotential verknüpfen, was für die auf Verkauf ausgelegte Filmindustrie einen zweckdienlichen Reiz ausübt. Nichtsdestoweniger erscheinen Rückgriffe seitens des Films auf Theaterdramaturgie inkonsequent, wenn es darum geht, sich als eigenständige Medienform zu positionieren, um normierende strukturelle Instruktionen aufzustellen oder Ausbildungsrichtlinien festzulegen. Den Grund dafür vermutet Michaela Krützen in ökonomischen Konditionen:

> "Während sich das Drama Ende des 19. Jahrhunderts anderen Formen zuwendet und die Autoren gerade um die Abkehr von der klassischen Aktstruktur kämpfen, greift der Film diese Struktur auf und verfestigt sie sogar. Diese Verfestigung hängt sicherlich mit den weitaus höheren Produktionskosten des Films zusammen und mit dem damit verbundenen Wunsch der Absicherung."[39]

Der populäre Hollywoodfilm stützt sich überdies auf Theaterdramaturgien, die sich als besonders langlebig erwiesen haben. So bildet die Drei-Akt-Struktur das am häufigsten genutzte Modell in Hollywood. Obgleich es seinen Ursprung in der *Poetik* des Aristoteles hat, wirkt es über den populären Theatertyp des *well-made-play* im ausgehenden 19. Jahrhundert auf den damals jungen Film ein.[40]

Der Zwang zur Standardisierung in der Unterhaltungsindustrie aktiviert Gebrauchsanweisungen, so dass hauptsächlich Vertreter der "klassischen" *storydriven*-Modelle die Formeln präskriptiver (europäischer) Theaterpoetiken zu einem eigenen Regelkanon bündeln. Deren idealtypische Form bezieht sich auf ein Konglomerat mehrerer Dramen-Poetiken und setzt eine Traditionslinie fort, die von

---

[39] Krützen: *Dramaturgie des Films*, 2004, S. 106.
[40] Zum Einfluss der dramaturgischen Strukturen des *well-made-play* auf den Film siehe die Untersuchung von Kristin Thompson in: Bordwell/Staiger/Thompson: *The Classical Hollywood Cinema*, 1985, S. 168ff. Siehe zu den inhaltlichen und strukturellen Bezügen zwischen Drama und Film in Amerika: Eschbach: *Das populäre Melodrama-Theater des 19. Jahrhunderts in den USA*, 2000.

Aristoteles' *Poetik* bis in die letzten Ausläufer einer Regelpoetik am Ende des 19. Jahrhunderts mit Gustav Freytags *Die Technik des Dramas* (1863) reicht.[41] Freytags bekannte pyramidale Dramaturgie-Schablone bezieht sich auf die seit Horaz standardisierte Dramenstruktur in fünf Handlungsschritten (bzw. drei Akten bei kürzeren Stücken): *Einleitung, Steigerung, Höhepunkt, Fall/Umkehr* und *Katastrophe*.[42] Dem Schema ist eine entsprechende Handlungsführung inhärent:

> "Es steigt von der Einleitung mit dem Zutritt des erregenden Moments bis zu dem Höhepunkt, und fällt von da bis zur Katastrophe. Zwischen diesen drei Teilen liegen die Teile der Steigung und des Falles. Jeder dieser fünf Teile kann aus einer Szene oder aus einer gegliederten Folge von Szenen bestehen, nur der Höhepunkt ist gewöhnlich in einer Hauptszene zusammengefasst."[43]

Aufgrund einer poetologischen Kontinuitätslinie, die stets über antike oder klassische Poetiken Legitimierung erfährt, mangelt es der amerikanischen Drehbuchdramaturgie an eigenständigen Konzepten. Zwar demonstriert die Mehrheit der Drehbuchlehrsätze die Praktikabilität "ihrer" Methode anhand zahlreicher Filmanalysen, aber Aristoteles ist und bleibt für diejenigen Autoren, die vorrangig dem *storydriven*-Modell zuzurechnen sind, das non plus ultra. Denn

---

[41] Horaz' *Ars Poetica* (14 v.Chr.), Scaligers *Poetices libri septem* (1561) und das französisch-klassizistische Regeldrama der tragédie classique (Boileaus *L'Art poétique*, 1674; Corneilles *Discours de la trágedie*, 1660) dienten ebenso als Inspirationsquellen. Deutschsprachige normative Dramaturgien der Aufklärung wie Gottscheds *Versuch einer Critischen Dichtkunst vor die Deutschen* (1730) oder Lessings Wirkungspoetik der *Hamburgischen Dramaturgie* (1767) spielten hingegen keine Rolle. Freytags Abhandlung wurde in den USA überaus populär. *Freytag's Technique of Drama* erschien 1894, etwa um die gleiche Zeit, als sich der Film als neues Medium etablierte. Insofern erschien es legitim, Theatertermini auf das Medium Film anzuwenden.

[42] Integriert sind drei wichtige szenische Wirkungen: das *erregende Moment*, das *tragische Moment* und das *Moment der letzten Spannung*. Vgl. Freytag: *Die Technik des Dramas*, 1969, S. 102. An dieser Einteilung orientiert sich McKee; abweichend lehren Field und Seger. Bei ihnen reduziert sich das Geschehen auf drei Akte und zwei Wendepunkte (entsprechend den Momenten *Steigerung* und *Umkehr*), das erregende Moment fällt weg und geht implizit in der *Exposition* auf. Fields *Mid Point* entspricht Freytags *tragischem Moment*, der beide Hauptteile fest verbindet.

[43] Freytag: *Die Technik des Dramas*, 1969, S. 102.

der amerikanische Mainstreamfilm gründet seine dramaturgischen Kriterien dominierend auf *der* Schrift zu Drama, Theater und Dramaturgie schlechthin: der *Poetik*. Als Richtwert wird Aristoteles in allen zur Untersuchung angeführten Drehbuchratgebern mehr oder weniger vorausgesetzt oder direkt zitiert.

1.2
Vorbild II: Die *Poetik* des Aristoteles

Von der aristotelischen *Poetik* wird die Idee des Stoffunabhängigen Handlungsprimats entliehen, was ihre Attraktivität auf *storydriven*-Ansätze erklärt:

> "Das Fundament und gewissermaßen die Seele der Tragödie ist also der Mythos. An zweiter Stelle stehen die Charaktere."[44]

Der Einfluss der *Poetik* kann ihre verzerrte Darstellung nicht kompensieren, es existiert kein oder kaum Kontextbezug. Zum Teil stehen sogar fehlerhafte Informationen in den Abhandlungen, wie beispielsweise in Ari Hiltunens "Standardwerk der Dramaturgie"[45] *Aristoteles in Hollywood* (2001). Der Chefeinkäufer eines finnischen Fernsehsenders erarbeitet seine Theorie für Drehbuchautoren explizit auf Grundlage der *Poetik* und Bauelementen von Voglers *mythischer Heldenreise*.[46] Er beabsichtigt dasselbe zu erreichen, was Aristoteles vorgeblich für die griechische Tragödie geleistet hat: Ein Instrumentarium der Erzählelemente, ihrer Anordnung und ihrer Wirkung aufzustellen, das geeignet ist, über Qualität des Werks zu urteilen.[47] Aufgrund der Tatsache, dass die größte Herausforderung

---

[44] Aristoteles: *Poetik*, 1994, S. 23.
[45] So lautet der wenig bescheidene Untertitel seines Buchs *Aristoteles in Hollywood*, 2001.
[46] Vgl. Punkt 2.3 dieser Studie.
[47] Vgl. ebd., S. 61. "In der *Poetik* wollte Aristoteles offensichtlich Hinweise darauf geben, wie Bühnenautoren die größtmögliche dramatische Wirkung erzielen können." Hiltunen bezeichnet das Wesen des Geschichtenerzählens, welches er unter dem Begriff "Wirkung" subsumiert, als "Vergnügen"; Ebd., S. 34f. Dass diejenigen Dramatiker, die Aristoteles in seiner *Poetik* beispielhaft anführt (Aischylos, Sophokles, Euripides) bereits geringstenfalls 50 Jahre tot waren als er die *Poetik* verfasste (ca. 335 v. Chr.) und dass er systematisch *beschreibend*, nicht

der Filmindustrie darin besteht, Erfolg vorauszusagen und eine kostenintensive Produktion erst durch das Publikum zu einem Erfolg wird, ist die Suche nach objektiven Kriterien und Erfolg versprechenden Ereignisstrukturen nachvollziehbar, die zur Absicherung mit den ältesten bekannten Dramenstrukturen legitimiert werden.

Aristoteles' Äußerungen über das attische Drama werden für eine realisierbare Transferleistung auf filmdramaturgische Prinzipien aber weder diskutiert noch problematisiert. Hiltunen erkennt zwar, dass die *Poetik* höchstwahrscheinlich aus Vorlesungsmanuskripten rekonstruiert wurde, die Aristoteles in Lykeos hielt und inhaltlich keine normative Regelpoetik ist, vernachlässigt dies jedoch im Verlauf seiner Überlegungen. Umso kurioser mutet dieser Umstand an, da laut Eicks Analyse die universitäre Ausbildung in den USA methodische Schwerpunkte auf die Kenntnis der aristotelischen *Poetik* legt, an der UCLA sogar einen ausschließlichen.[48] Scheinbar erfährt das dortige dramentheoretische Studium eine Ausrichtung nach rein pragmatischen Gesichtspunkten, ohne Berücksichtigung kulturhistorischer Gegebenheiten.

Aristoteles' "ungewöhnlicher Ansatz"[49] besteht laut Hiltunen in der Erzeugung einer emotionalen Erfahrung, des "charakteristischen oder gemäßen Vergnügens"[50], wie dieser es in seiner *Poetik* für die antike Tragödie dargelegt habe. Das Publikum erwarte in heutiger Zeit ein derartiges Vergnügen an Erzählungen zu entdecken und Aristoteles sei der erste gewesen, der die Elemente "wirksamen Geschichtenerzählens" erkannt habe: Mitleid, Furcht und Katharsis.[51] Hiltunen gelangt zu dem Urteil, dass die Popularität einer Geschichte im direkten Zusammenhang zu ihrem Lustpotenzial steht:

---

*vor*schreibend vorgeht, ignoriert Hiltunen, da offenbar irrelevant für die handwerkliche Funktion.

[48] Vgl. Eick: *Drehbuchtheorien*, S. 39.
[49] Hiltunen: *Aristoteles in Hollywood*, 2001, S. 22.
[50] Ebd., S. 17. Die emotionale Erfahrung im Griechischen: *oikeia hedone*; vgl. Aristoteles: *Poetik*, 1994, S. 77. Dort allerdings ohne Explikation des "charakteristischen Vergnügens".
[51] Vgl. Hiltunen: *Aristoteles in Hollywood*, 2001, S. 17 und 34.

"Aus Aristoteles' Poetik können wir die Essenz dieses Vergnügens lernen und auch, wie man das Vergnügen kreiert und intensiviert – das ist eigentlich das Geheimnis des Erfolgs der modernen Entertainment-Industrie."[52]

Geeignet erscheinen Hiltunen die aristotelischen Elemente *anagnorisis, peripeteia, pathos* und *hamartia* (Wiedererkennung, Umschwung, Erregung und unverdientes Leid).

Die "Heiligsprechung" von Aristoteles geht soweit, dass Hiltunen es versäumt, die grundsätzliche Frage nach dem Verhältnis von Aristotelischer Dramenpoetik zur dramaturgischen Einrichtung fiktionaler Filme aufzuwerfen.

Die weitgehend unreflektierte Übertragung theaterdramaturgischer Kriterien des antiken Dramas auf die literarische Form des Drehbuchs resultiert aus ihrem handwerklichen Ansatz. Insbesondere die älteren Drehbuchratgeber besitzen präskriptiven Charakter und beanspruchen Allgemeingültigkeit, wie der Lektor und Drehbuchlehrer Syd Field für seinen Ratgeber unzweifelhaft pointiert:

> "*Das Handbuch zum Drehbuch* ist kein Buch über das *Wie*, sondern über das *Was*. Wenn Sie eine Idee für ein Drehbuch haben und nicht wissen, was Sie damit machen sollen, sagt Ihnen dieses Buch, *was Sie zu tun haben*, um ein gutes und erfolgreiches Drehbuch zu schreiben."[53]

Richtlinien der Szenenführung, der Dialoggestaltung usw. werden in den der Studie vorliegenden Drehbuchanleitungen zum Teil aus verschiedensten historischen Quellen übernommen, aber weder eingeordnet noch kritisch diskutiert. Fragen zum Drama, seiner Bestimmung, seiner Wirkung, zu Ordnungsmustern der Theaterdramaturgie und ihrer Transformationsmöglichkeit für das Filmmedium werden nicht aufgeworfen oder nur ungenügend systematisiert – Eugene Vale bildet die Ausnahme. Er legitimiert als gebürtiger Schweizer seine praxisnahen Ausführungen nicht nur mit Freytag und Aristoteles, sondern auch mit anderen europäischen Theaterpraktikern wie Lessing und Shakespeare.

---

[52] Ebd., S. 255. Förderlich für das Hervorbringen charakteristischen Vergnügens sei zudem ein universell-mythisches Erzählmuster, das er im Erzählmodell der *Heldenreise* ausmacht.

[53] Field: *Das Handbuch zum Drehbuch*, 1991, S. 13. Hervorhebung im Original. Im Folgenden: Field: *Handbuch*.

Da sich Drehbuchanleitungen auf theaterdramaturgische Konzeptionen beziehen, besteht zwischen populärer Filmdramaturgie und geschlossenem Drama hinsichtlich wesentlicher strukturierender Merkmale Kongruenz.[54] Die basale Einordnung in die Segmente *Anfang - Mitte - Ende* entspricht (sowohl im Drama als auch im Film) einer zielorientierten Drei-Akt-Einteilung, mit steigenden und fallenden Handlungsabschnitten, wobei ein zentraler Akt als Mittelpunkt der Handlung fungiert. Das Ziel der Hauptfigur und ein Hindernis, welches der Erreichung des Ziels entgegensteht, werden in einer Exposition verständlich definiert und ein Problemlösungsprozess in Gang gesetzt, wodurch der Zuschauer eine bestimmte Erwartungshaltung gegenüber der Handlungsführung entwickelt. Eine zur Identifikation einladende Hauptfigur treibt die kausal-lineare, geschlossene Haupthandlung voran.

Eine Abfolge von vorwärts drängenden, zielgerichteten Ereignissen regt den Zuschauer an, Hypothesen aufzustellen und Schlussfolgerungen zu ziehen. Über den Konflikt einer "dualen Entscheidungssituation"[55] wird Spannung aufgebaut, die an den zwei bis drei Plot Points am wirksamsten ist, weil an diesen Wendepunkten Fragen aufgeworfen werden oder eine Klärung stattfindet, da ein wahrscheinlicher Ausgang des Ereignisses für den Protagonisten fraglich ist oder feststeht. Während des zweiten Aktes stehen weitere Ereignisse der Einlösung des Ziels hindernd entgegen, wodurch die Spannung bis zum Höhepunkt des Theaterstücks respektive des Films kontinuierlich intensiviert wird. Mehrere Wendepunkte strukturieren die Handlung, indem sie die Spannung für den Rezipienten steigern oder kurzfristig für Entspannung sorgen. Der dritte Akt schließt die Handlung ab, führt das Problem seiner endgültigen Lösung zu, die Hauptfigur hat ihr Ziel erreicht, der Konflikt ist beseitigt, etwaige Nebenhandlungen werden abgeschlossen.

---

[54] Sowohl die geschlossene Dramenform als auch die konventionelle populäre Drehbuchdramaturgie stellen Idealtypen dar. Vgl. Eick: *Drehbuchtheorien*, S. 41; Eder: *Dramaturgie*, S. 91; Hickethier: *Film- und Fernsehanalyse*, 1996, S. 122f.

[55] Ohler: *Zur kognitiven Modellierung von Aspekten des Spannungserlebens bei der Filmrezeption*. In: Montage a/v, 3/1/1994, S. 136.

Die Handlungskurve des Dramas fällt also ab der Mitte wieder ab, während sie sich im Drehbuch konstant steigert bis kurz vor dem Finale. Die strukturelle Verschiebung des Höhepunktes vom zweiten in den dritten Filmakt wird allgemein damit erklärt, dass der emotionale Höhepunkt hinausgezögert werden soll, um den Spannungsbogen für den Rezipienten möglichst lange währen zu lassen.

Trotz der auffälligen Aneignung universaler dramaturgischer Grundformen des Erzählens, brachte das Filmmedium eigenständige narrative und strukturierende Parameter hervor, die zu systemischen Verschiebungen führten. So setzen etwa diverse Regelpoetiken die zwingende Einheit von Handlung, Ort und Zeit voraus, während Drehbuchanleitungen lediglich die Einheit der Handlung fokussieren. Ferner dominiert im populären Hollywood-Film – im Gegensatz zur Tragödie – das versöhnende *Happy End*. Denn die Handlung der Tragödie kennt den Umschlag des Helden vom Glück ins Unglück, ist noch verhaftet in Geschichten, in deren Verlauf der Held scheitert.

Mit der Komposition formaler und stofflicher Kriterien, sowie deren wirkungsvollem Arrangement beschäftigen sich die beiden bereits angesprochenen differenzierenden Grundmodelle des Drehbuchschreibens, die auch die beiden Eckpunkte der Arbeit markieren. Von deren Basis aus umkreisen die weiteren Ausführungen "typische" Parameter kommerziell-populären Erzählens sowie die künstlerische Inanspruchnahme *mythisch*er Erzählmuster. Die folgenden Abschnitte systematisieren jene Kompositionselemente nach der Abfolge, wie sie auch in einer Drehbuchanleitung vorgestellt wird: Stoff, Form und Wirkung. Auffallend ist hierbei, dass die Wirkung hauptsächlich aus der Form abgeleitet wird, nicht aus dem Stoff.

2.
Die Dramaturgie des populären Spielfilms

Der Vorteil eines handwerklich ausgerichteten Schritt-für-Schritt-Leitfadens liegt klar im Modus der Praktikabilität. Jede Drehbuchanleitung ist sich dabei einer erfolgversprechenden Kompositionsvorgabe gewiss, erhebt den Anspruch auf Allgemeingültigkeit und erfasst ein ganzes Feld emotional und kognitiv relevanter Wirkungsstrategien. Es fällt auf, dass sich die dogmatische Kompaktheit der *storydriven*-Ansätze kongruent zum Erscheinungsdatum ihrer Publikation verhält. Je jünger die Werke sind, desto offener halten sie die Gestaltungsmöglichkeiten. Und obgleich populäre Hollywoodfilme ihre eigenen "klassischen" Konventionen des Formenbaus immer wieder innovativ brechen, sind diese Entwicklungen (noch) nicht in der amerikanischen Drehbuchliteratur angekommen, die bislang einen nur sehr begrenzten Geschichtenausschnitt fordert. Alternative Erzählmuster mit alogischem, a-zentrischem Erzählen und offenem Schluss diskutieren die Drehbuchanleitungen nicht oder schließen sie als nicht-funktionell aus ihrem Kanon aus.

2.1
Handlungsaufbau und narrative Komposition des *storydriven*-Modells

Vertreter des *storydriven*-Drehbuchansatzes gliedern den Plot in die drei funktional und inhaltlich separierten Abschnitte *Anfang – Mitte – Ende* (erweiternd können es auch fünf Abschnitte sein), die einer dramaturgischen Anordnung der Elemente *Exposition – Konflikt – Auflösung* entsprechen. Eine solche Anordnung wird in der vorliegenden Literatur *restaurative Drei-Akt-Struktur* genannt.[56]

---

[56] In akademischen Abhandlungen und Forschungsansätzen auch geschrieben als *Dreiaktstruktur*. Vgl. Bildhauer: *Drehbuch reloaded*, 2007, S. 22; Eder: *Drama-*

Die Autoren führen sie auf Aristoteles oder die Erzählkunst "seit Anbeginn der Menschheit"[57] zurück. Sogar Christopher Vogler, Hauptvertreter des konkurrierenden *characterdriven*-Ansatzes, hält an der Unterteilung der Erzählung in drei Abschnitte fest, da sich die mythischen Erzählmuster, auf denen sein Storymodell der mythischen Heldenreise beruht, in die Drei-Phasen-Form *Aufbruch – Initiation – Rückkehr* bringen lassen würden.[58]

Ein undogmatisches Verhältnis zur Filmdramaturgie zeichnet Eugene Vales Standardwerk *Die Technik des Drehbuchschreibens für Film und Fernsehen* (2000), aus, dessen Urfassung er bereits 1944 verfasste.[59] Vale bezieht sich auf dramentheoretische Schriften und vor allem dramenpraktische Arbeiten von Aristoteles, Shakespeare und Lessing. Er ist zudem der einzige der hier untersuchten Drehbuchlehrer, der sich nicht (nur) mit der Struktur, sondern vorrangig mit den produktionstechnischen Merkmalen des Mediums Film, seinen gestalterischen Möglichkeiten, Bildkomposition und Kameraeinstellungen sowie Stoffbearbeitung auseinandersetzt.

Vale legt sich an keiner Stelle verbindlich auf eine Einteilung in Akte fest, sondern arrangiert die "Hauptabsicht" in die Abschnitte *Störung – Konflikt – Beruhigung*.[60] Gleichfalls erkennt er die ästhetische Wirkungsdimension filmischer Ausdrucksmöglichkeiten.

> "Bestimmte Abschnitte einer Geschichte rufen ganz bestimmte Reaktionen beim Publikum hervor. Der mit diesem Verhalten vertraute Drehbuchautor verfügt somit über die freie Auswahl gewünschter Reaktionen seitens der Zuschauer."[61]

---

turgie, S. 24-30; Seger: *Das Geheimnis guter Drehbücher*, 1997, S. 36. Im Folgenden: Seger: *Geheimnis*. Eder verwendet den Begriff "restaurativ" im Hinblick auf Dramenpoetiken. Eder: *Dramaturgie*, S. 4 und 24.

[57] McKee: *Story*, S. 213.
[58] Siehe Vogler: *Odyssee*, S. 25, S. 54.
[59] 1972 und 1982 wurde sie neu bearbeitet und um Scriptmerkmale für Fernsehproduktionen erweitert. Der vorliegenden Ausgabe von 2000 liegt die deutsche Übersetzung von 1987 zugrunde.
[60] Vale: *Die Technik des Drehbuchschreibens für Film und Fernsehen*, 2000, S. 154, S. 120.
[61] Ebd., S. 163.

Grundprinzipien der Drehbuchkomposition entfalten sich erst als vorletzter Punkt in Vales *Technik* (sic!) *des Drehbuchschreibens*. Sie konzentrieren sich auf Ausführungen zu Exposé, Treatment und produktionsreifem Drehbuch, dessen Erstellung in erster Linie Aufgabe des Regisseurs sei.

Eine herausragend formorientierte Position des *storydriven*-Modells nimmt der wohl berühmteste Drehbuchlehrer ein: Syd Field. Er liefert in seinem aus Praxisnähe entstandenen Grundlagenwerk *Das Drehbuch*[62] eine nahezu universelle Rezeptur zur Gestaltung eines kommerziell erfolgreichen Drehbuchs. Field legitimiert seine Instruktionen mit dem Rückgriff auf die aristotelische *Poetik* und ordnet die Kriterien "Setup, Konfrontation und Auflösung"[63] zum *Paradigma*, einem rudimentären dramaturgischen Grundmuster:

> "Ein Film ist ein visuelles Medium, das eine zugrunde liegende Handlung dramatisiert. Und wie bei allen Geschichten gibt es einen eindeutigen *Anfang*, eine präzise *Mitte* und ein definitives *Ende*. [...] Alle Drehbücher haben diese grundlegende, geradlinige Struktur. Ein solches Modell eines Drehbuchs bezeichnen wir als *Paradigma* (Grundmuster). Es ist Vorbild, Vorlage und begriffliches Schema zugleich."[64]

Damit schließt Field aber gleichzeitig Erzählstrukturen mit mehr oder weniger als drei Akten aus; episodenhafte, nicht-lineare oder alternative Strukturen werden vom strukturell ausgerichteten Ansatz Fields allenfalls geduldet. Wegen der rigiden Normierungen, ohne die ein Drehbuch schlichtweg "nicht funktionieren" würde, ist Field oft in die Kritik geraten, da die Überdeterminiertheit des *Paradigmas* droht, Filme zu standardisieren und zu schematisieren,

---

[62] Original: *Screenplay: The Foundations of Screenwriting*, 1977.
[63] Field: *Das Drehbuch*, in: ders. u.a.: *Drehbuchschreiben für Fernsehen und Film*, 2005, S. 12f. Im Folgenden: Field: *Drehbuch*.
[64] Ebd., S. 11. Kursiv im Original. Für den Terminus *Paradigma* verwendet Field ebenso die Begriffe *Schema, Modell, Muster*. Sein Nachfolgewerk *Das Handbuch zum Drehbuch* (original: *The Screenwriters Workbook*, 1984) konkretisiert die praktische Umsetzbarkeit des Paradigmas. Vgl. ebd., S. 12: Da eine Seite 1 Minute Film entspricht, legt Field als entsprechendes strukturierendes Maß der Handlung eine Zeiteinteilung der drei Akte in 30 Min - 60 Min - 30 Min fest. Methodisch fragwürdig erscheint Fields vorgeschlagene Einteilung der Akte in konkrete Seitenzahlen, da die Dauer der Erzählphasen inhaltlich begründet ist und somit variiert.

aber wohl eher einen (kaum realisierbaren) Idealtypus bezeichnet.[65]

Fields Dramaturgie ist eine Plot-Point-Dramaturgie, da er sein *Paradigma* über den Strukturfaktor rechtfertigt.[66] Während sich der erste Plot Point "üblicherweise" zwischen Seite 25 und 27 eines Drehbuchs einstellt, erfolgt der zweite Plot Point zwischen Seite 85 und 90. Bei einer Seite pro Filmminute ergeben sich entsprechende temporäre Setzungen.[67] Die Plot Points grenzen die einzelnen Akt-Abschnitte voneinander ab, ordnen die Handlung in Sinnabschnitte und lenken sie in eine neue Richtung. Fields 1984 erschienenes Nachfolgewerk *Das Handbuch zum Drehbuch* erweitert sein Paradigma um das Element des *Zentralen Punktes* im zweiten Akt. Dieser teilt den Akt in zwei Hälften, bündelt aber zugleich die Handlung. Da Field den *Mid Point* nicht exakt definieren kann, bleibt er unklar und umstritten, denn in Konsequenz erweitert dieser dritte Plot Point sein dreiaktiges *Paradigma* zu einem Vier-Akt-Schema.[68]

Zwar erhebt Script Consultant Linda Seger in ihrem Ratgeber *Das Geheimnis guter Drehbücher* (1997) im Gegensatz zu Field keinen Anspruch auf eine Gebrauchsanweisung, aber auch sie strebt die dramaturgisch-strukturelle Akt-Trias an und begründet die klassischste aller Erzählformen damit, dass Dramen "fast von Anfang an zur Drei-Akt-Struktur" tendieren.[69]

> "Ob es sich um eine griechische Tragödie, ein Werk in fünf Akten von Shakespeare, eine Drama-Serie in vier Akten oder ein Movie-of-the-Week in sieben

---

[65] In *Screenwriter's Problem Solver* (1998) löst sich Field weiter von seinem Paradigma und gibt dem Drehbuchautor eine Checkliste "typischer" Konzeptionsprobleme an die Hand, etwa zu Dialoggestaltung, Figurencharakterisierung oder Konfliktverschärfung.
[66] Field: *Handbuch*, S. 29. Field führte den Begriff Plot Point in die Drehbuchlehre ein, die Idee selbst stammt von Aristoteles, z.B. die Peripetie als zentraler Handlungsumschwung.
[67] Vgl. Field: *Drehbuchschreiben*, S. 12f.
[68] Zur Kritik an Fields Plot Points siehe z.B. Fuxjäger: *Was zum Teufel ist ein Plot Point?*: http://homepage.univie.ac.at/anton.fuxjaeger/texte/field.pdf (Zugriff am 14.08.2014).
[69] Seger: *Geheimnis*, S. 36. Original: *Making a good script great*.

Akten handelt, wir erkennen trotzdem die Grundstruktur der drei Akte: Anfang, Mitte und Ende – oder *Exposition, Entwicklung* und *Auflösung*."[70]

Während Field die Plot Points am Ende des ersten und zweiten Aktes positioniert, versetzt Seger sie an die Anfänge des zweiten und dritten Aktes.[71] Der zentrale Punkt der Dramaturgie markiert – in Anlehnung und Opposition zu Field – die *Midpoint Scene*, die nicht zwangsläufig das Drehbuch strukturieren muss.[72] Seger nähert sich strukturell Voglers *mythischer Heldenreise* an, wenn sie der narrativen Ausgestaltung der einzelnen Akte das Konzept einer Suchfahrt zugrunde legt, die sie mit einem Heilungsmythos verbindet.[73]

Story Consultant und Drehbuchautor Robert McKee entwirft in *Story* (1998) Erzählstrategien, die sich keinen starren Regeln beugen sollen.[74] Zu diesem Zweck steckt er ein Dreieck formaler Erzählmöglichkeiten ab, an dessen Spitze sich das klassische Storydesign, der *Archeplot*, befindet. *Miniplot* (der Minimalismus) und *Antiplot* (die Anti-Struktur) begrenzen links und rechts das Erzähl-Dreieck.[75] Wenngleich McKee eine Aktstruktur skizziert, in deren Mitte sich ein bedeutender Umschwung befindet, ein dem Fieldschen *Mid Point* analog zu verstehender "Mid-Act-Climax"[76] trennt er sich jedoch weitestgehend von der Drei-Akt-Einteilung und entwickelt für den Archeplot ein an Gustav Freytags pyramidalen Aufbau erinnerndes Storydesign, welches aus fünf Teilen besteht: dem *auslö-*

---

[70] Ebd., S. 14. Hervorhebung im Original.
[71] Vgl. ebd., S. 46. Sie verwendet den Terminus *turning point*.
[72] Ebd., S. 53. Selbst Vogler, der mit dem Storymodell der *mythischen Heldenreise* einen anderen dramaturgischen Weg einschlägt, klassifiziert die "Krise" in der Mitte des zweiten Aktes (symbolischer Tod und Wiedergeburt des Helden) als "eine Art Wendepunkt". Vogler: *Odyssee*, S. 279.
[73] Ebd., S.165-177.
[74] Wie Fields Regelkanon, so ist auch McKees Lehrbuch aus der Praxis entstanden, nachdem er ab 1979 an der University of Southern California lehrte.
[75] Zwischen diesen beiden letztgenannten Polen befindet sich der *Nonplot*, der sich durch vollständigen Stillstand der Handlung auszeichnet, während alle übrigen Erzählstrukturen zumindest eine rudimentäre Bewegung auf ein Ziel hin ausführen sowie eine geringe charakterliche Veränderung ihrer Protagonisten herbeiführen. Vgl. McKee: *Story*, S. 69f.
[76] McKee: *Story*, S. 239.

senden Ereignis, den zunehmenden *Komplikationen*, der *Krise*, dem *Höhepunkt* und der *Auflösung*.[77]

Dem *auslösenden Ereignis* kommt innerhalb des Handlungsaufbaus große Bedeutung zu, da es analog zu Fields erstem Plot Point das "Kräftegleichgewicht im Leben des Protagonisten radikal durcheinander" bringt.[78] Sein bewusster oder unbewusster Wunsch nach Wiederherstellung jenes gestörten Gleichgewichts bildet das "Rückgrat"[79] der Erzählung. McKees Beschreibung lässt seine Forderung nach größtmöglicher Kreativität für den Autor in einem anderen Licht erscheinen, da er sich sowohl thematisch als auch terminologisch Linda Segers Suchfahrt und Christopher Voglers Heldenreise annähert. Denn es gibt

> "trotz allem, was wir über Genres und die verschiedenen Formen vom Archeplot bis zum Antiplot gesagt haben, nur eine einzige Geschichte."[80]

Es handelt sich bei allen diesen Geschichten um eine Suche bzw. Reise.

2.2
Ästhetisierung durch Systematisierung – Joseph Campbells *Monomythos*

Story Consultant Christopher Vogler schlägt mit seinem Leitfaden *Die Odyssee des Drehbuchschreibers*[81] einen alternativen Zugang zum Drehbuchschreiben vor, indem er auf archetypische Erzählmuster zielt und damit den zweiten großen Standard amerikanischer Drehbuchschulen begründet: den *characterdriven*-Ansatz. Die *Odyssee* soll in die vorliegende Forschungsfrage eingebunden werden, da

---

[77] Ebd., S. 196.
[78] Ebd., S. 206.
[79] Ebd., S. 212.
[80] Ebd., S. 213.
[81] Original: *The Writer's Journey. Mythic Structure for Writers*, 1992. Während der englische Titel eine individuelle Involviertheit des Drehbuchautors assoziiert, behauptet der deutsche Untertitel *Über die mythologischen Grundmuster des amerikanischen Erfolgskinos*, dass kommerziell erfolgreichem Erzählen stets mythologische Muster zugrunde liegen.

sie in herausragendem Maße auf "den Mythos vom Helden" rekurriert.[82]

Vogler bezieht sein Modell konkret auf Forschungsergebnisse des amerikanischen Anthropologen Joseph Campbell. Dieser geht von einer anthropologischen Grundausstattung aus, die sich – unabhängig von kulturellen Traditionen – in Form symbolischer Verarbeitungsformen ausgebildet hat.[83] Infolge eines strukturierten medienkomparatistischen Vergleichs verschiedenster Epochen und Kulturen, Ritualen, Mythen und Märchen arbeitet er ein allen traditionellen Erzählungen der Welt zugrunde liegendes analoges Muster heraus, das sich aus äquivalenten Strukturelementen zusammensetzt, welches er in seinem grundlegenden Werk *Der Heros in tausend Gestalten* (1948) vorstellt. Das auf diesem Muster basierende Erzählmuster nennt er den *Monomythos* (*hero's journey*), dessen Protagonist stets der Heros ist.[84]

Der Monomythos basiert auf zeitlosen "mythischen Symbolen"[85] und reflektiert das kollektive Unbewusste des menschlichen Geistes. Das Grundmuster beschreibt eine Reise mit der Formel *Trennung/Aufbruch – Initiation – Rückkehr*, wobei die einzelnen Phasen überwiegend aus Initiationsriten hergeleitet werden. Campbell folgt damit vergrößernd den *Rites des Passages* des Ethnologen Arnold van Gennep. Dieser erkannte und beschrieb bereits Anfang

---

[82] Vogler: *Odyssee*, S. 50.
[83] Campbell legt die Konzentration auf das Innere als wesentlichen Schlüssel für eine Neubewertung der mythischen Symbole im Allgemeinen und das Motiv der Heldenfahrt im Besonderen.
[84] Campbell: *Der Heros in tausend Gestalten*, 1999. Im Folgenden: Campbell: *Heros*. Bereits 1909 kategorisierte Otto Rank ein ähnliches Erzählmuster für den Geburtsmythos verschiedener religiöser Stifterfiguren, mythischer Helden und historischer Könige. Rank: *Der Mythos von der Geburt des Helden*, 2000. Der *Monomythos* ist nicht zu verwechseln mit dem *American Monomyth*. Dieser basiert auf religiösen Erlöserfantasien und ist eine populäre Erzählstruktur der USA. In seinem dramaturgischen Grundmuster ist weder eine Initiation des Helden vorgesehen, noch rekurriert er auf mythische Strukturen. Keines der untersuchten Drehbuchmanuale erwähnt den *American Monomyth*. Vgl. Jewett/Lawrence: *The American Monomyth*, 1977; Dörner: *Politische Kultur und Medienunterhaltung*, 2000; Graf: *Kulturelle Kolonialisierung im Kinderzimmer*, 2007.
[85] Campbell: *Heros*, S. 13.

des 20. Jahrhunderts eine modellhafte Drei-Phasen-Struktur, die allen Übergansriten zugrunde liegt: die Trennungsphase, die Schwellenphase und die Angliederungsphase.[86] Symbolisch werden die einzelnen Abschnitte häufig als Tod – Übergang – Wiedergeburt dargestellt. In Opposition zu Fields Definition der drei Akte, die über Zuschreibungen der Dauer erfolgt, bemüht sich Campbell um ein narratives Arrangement – die Aufteilung der einzelnen Phasen kann daher (theoretisch) zeitlich höchst unterschiedlich ausfallen.

Die Abenteuerfahrt des Heros beginnt mit dem Ausbruch aus seiner Gemeinschaft bzw. einer Berufung zur Reise. Er überwindet die Schwelle/den Übergang zum "Königreich der Finsternis", wird mit mannigfaltigen Prüfungen konfrontiert, kämpft mit einem Gegner und "assimiliert sich seinen Widerpart – das eigene unbekannte Selbst – indem er es verschlingt oder indem er von ihm verschlungen wird."[87] Der nahezu zwingend notwendige Tod des Helden steht für dessen (geistige) Wiederauferstehung und kennzeichnet zugleich die spirituelle Neugeburt des an der Geschichte dieser Heldenfahrt partizipierenden Individuums. Der Heros kehrt – ausgestattet mit einem Segen bringenden Elixier – zurück über die Schwelle in seine vertraute Gemeinschaft.

Campbell enthistorisiert das Heldsein und verschiebt es in psychologisch-metaphysische Dimensionen. Zudem erhebt er den Helden zu einer positiven Identifikationsfigur, die universelle Wahrheiten über die Entdeckung des Selbst mitteilt. Eine deutliche Beeinflussung ist von Theorien des Schweizer Psychologen Carl Gustav Jung erkennbar, die ab den 1940er Jahren in den USA vermehrt publiziert und rezipiert wurden.[88] Jungs These, dass Mythen aus Trieben der Menschheit zusammengesetzt seien, führte zur Ausbildung der Idee vom kollektiv-identischen Funktionieren des menschlichen Seelenapparats und ihren manifesten Elementen, den Archetypen. Infolgedessen versteht Campbell den Mythos nicht historisch, sondern metaphorisch und beschreibt ihn als

---

[86] van Gennep: *Übergangsriten*, 1981.
[87] Campbell: *Heros*, S. 106.
[88] Campbell fungierte als Herausgeber der amerikanischen Übersetzung von C.G. Jungs Werk.

> "geheime[n] Zufluss, durch den die unerschöpflichen Energien des Kosmos in die Erscheinungen der menschlichen Kultur einströmen. Religionen, Philosophien, Künste, primitive und zivilisierte Gesellschaftsformen, die Unentdeckungen der Wissenschaft und Technik, selbst Träume, die den Schlaf erfüllen, all das gärt empor aus dem Grundklang des Mythos."[89]

Der Mythos fungiert demnach als eine kosmologische Brücke zwischen dem sozialen Leben und der inneren (Seins-)Natur des Menschen. Folgerichtig metaphorisiert Campbell die Reise des Helden zu einer nach innen gewendeten Reise in die menschliche Seele. Ziel ist die geistige Neugeburt und die Erkenntnis der ewigen Quelle des Seinsubtrats: Werden – Sein – Vergehen. Die Funktion des *Monomythos* ist es, Hilfe und Richtlinie zur individuellen Lebensbewältigung in symbolischer und analoger Form zu geben, um letztendlich das soziale Leben zu ordnen. Dazu bedarf es einer Umdeutung zu einer Formel:

> "Es ist der Gesamtsinn des allgegenwärtigen Mythos von der Heldenfahrt, dass er als allgemeiner Leitfaden für alle Menschen, auf welcher Stufe sie immer sich befinden mögen, dienen soll. Das Individuum hat nur seinen eigenen Standpunkt in Bezug auf diese allmenschliche Formel zu bestimmen und sich von ihr über seine Schranken hinweghelfen zu lassen."[90]

Entsprechend entzieht sich der mythische Held einer Spezialisierung, wird in unterschiedlichste (zur Identifikation einladende) Formen transformiert, wie Campbells Typologie demonstriert: Krieger, Geliebter, Kaiser und Tyrann, Erlöser und Heiliger.[91] Campbell bemüht sich trotz seiner Akzentuierung auf psychoanalytische Dynamiken insgesamt mehr um die Herausarbeitung von Verlaufsformen und Strukturen als für komplexe Eigenschaften und Funktionen des Helden oder gar Lücken, Brüche und Sperrungen innerhalb der Heldengestalt.[92]

---

[89] Campbell: *Heros*, S. 13.
[90] Ebd., S. 119.
[91] Vgl. *Enzyklopädie des Märchens*, 1990, S. 723f; Campbell: *Heros*, S. 300ff. (Die Verwandlungen des Heros).
[92] In der systematischen Reduktion heterogener Elemente sieht die *Enzyklopädie des Märchens*, S. 724 das theoretische Manko: "Nach ihren Wesen und Funktionen grundsätzlich verschiedene Protagonisten mythischer und märchenhafter Erzählung werden im Typ des Helden schematisiert. Die Forschung muss jedoch bei wesenhaften und funktionalen Unterschieden ansetzen."

2.3 Transferleistung: Christopher Voglers *mythische Heldenreise*

Nachdem sich Regisseur George Lucas für die Bearbeitung seines Science-Fiction-Abenteuers *Star Wars* (USA, 1977) als erster Regisseur explizit an der Story-Idee der Heldenfahrt orientierte, die zur Zeit der Produktion noch nicht zum methodischen Lehrkonzept von Universitäten und Drehbuchschulen gehörte, und sich ein unerwartet großer kommerzieller Erfolg des Films einstellte, griff die amerikanische Filmindustrie sehr rasch auf Campbells Erzählmodell zu. Ein lukratives Potential entdeckend, transformierte Vogler in seinem Werk *Die Odyssee des Drehbuschschreibers*[93] die "eng miteinander verflochtenen Pfade von Mythos, Geschichtenerzählen und Psychologie"[94] zu einem ausdifferenzierten Erzählmuster für fiktionale Kinofilme und zu einem "praktischen Ratgeber" für Drehbuchautoren.[95] Obgleich Campbell keine zeitliche Einteilung seines narrativen Prototyps unternimmt, strafft Vogler die charakteristischen Phasen in seiner eigenen Überarbeitung zu zwölf Stadien mit spezifischen Handlungsfunktionen und figuralen Typen. Entsprechend füllt der erste Akt im Drehbuch etwa 30 Seiten, das *Überschreiten der ersten Schwelle* fungiert als Übergang zum zweiten Akt (etwa 60 Seiten), das Stadium *Rückweg* repräsentiert den Übergang zum dritten Akt (etwa 30 Seiten, gleichzeitig der Höhepunkt der Geschichte).[96] Folgende Tabelle soll diesen Übersetzungsvorgang explizieren:[97]

---

[93] *The writer's journey* wurde 1985 in einer Fassung als Kurzmemo für die Disney Studios konzipiert. Es beeinflusste *Der König der Löwen* (USA, 1994, Roger Allers/Rob Minkoff), *Matrix* (USA, 2000, Larry und Andy Wachowski) sowie *Das Schweigen der Lämmer* (USA, 1991, Jonatahn Demme) nachweislich. Vgl. http://www.thewritersjourney.com/ oder Domschky: *Das Schweigen der Lämmer von Jonathan Demme: Motive und Erzählstrukturen*, 1996.
[94] Vogler: *Odyssee*, S. 39.
[95] Vgl. Vogler im Vorwort zu Hiltunen: *Aristoteles in Hollywood*, 2001, S. 10.
[96] In diesem Sinne bleibt Vogler Fields *Paradigma* treu. Vgl. Vogler: *Odyssee*, S. 56.
[97] Vgl. ebd. die Übersicht auf S. 54 oder S. 56.

Die Odyssee des Drehbuchschreibers		Der Heros in tausend Gestalten
Erster Akt	…….	**Aufbruch**
Gewohnte Welt	…….	Alltagswelt
Ruf des Abenteuers	…….	Ruf des Abenteuers
Weigerung	…….	Weigerung
Begegnung mit dem Mentor	…….	Übernatürliche Hilfe
Überschreiten der ersten Schwelle	…….	Überschreiten der ersten Schwelle
		Im Bauch des Walfischs[98]
Zweiter Akt		**Initiation**
Bewährungsproben, Verbündete, Feinde	…….	Der Weg der Prüfungen
Vordringen zur tiefsten Höhle		
Entscheidende Prüfung	…….	Begegnung mit der Göttin
		Das Weib als Verführerin
		Versöhnung mit dem Vater
		Apotheose
Belohnung	…….	Der endgültige Segen
Dritter Akt		**Rückkehr**
Rückweg	…….	Weigerung zur Rückkehr
		Die magische Flucht
		Rettung von innen
		Überschreiten der Schwelle
		Rückkehr
Auferstehung	…….	Herr der zwei Welten
Rückkehr mit dem Elixier	…….	Freiheit zu Leben

Das im Weiteren "*mythische Heldenreise*" genannte Storymodell ist nach Ansicht von Vogler deswegen international erfolgreich, weil es einem "unglaublich beständige[n] Satz von Bauelementen"[99] gleicht, dessen Fundament ein Kanon anthropologisch konstanter Archety-

---

[98] Dieses Stadium der *Heldenreise* muss nicht zwangsläufig ein Walfischbauch sein. Es steht für das Symbol des Mutterschoßes und bezeichnet den Eingang zur Sphäre der Wiedergeburt. Ähnliches gilt für die "Begegnung mit der Göttin" und die "Versöhnung mit dem Vater". Auch diese Gestalten bzw. Ereignisse sind grundsätzlich metaphorisch aufzufassen.
[99] Vogler: *Odyssee*, S. 51.

pen bildet. Diese leitet Vogler aus C.G. Jungs Tiefenpsychologie her.

In der Tat drängt sich im Grundmuster der Reise eine Analogie zum Aufbau des Märchens auf, und bereits der Gilgamesh-Epos oder Homers *Odyssee* beschreiben eine Abenteuerfahrt, in deren Verlauf sich der Held mehrfach bewähren muss. Vogler hebt allerdings mythische Artefakte vom Partikularen ins Universelle, da es *die* Mythen seien, an denen man dieselbe narrative Abfolge ablesen könne.

Die psychologische Stimmigkeit beständig wiederkehrender narrativer Elemente resultiert in Voglers (von Campbell inspirierter) Annahme, dass Mythen aus der Quelle des kollektiven Unbewussten gespeist werden. Verschiedene Archetypen erscheinen innerhalb der *mythischen Heldenreise* als Facetten der Helden-Persönlichkeit oder als solitärer Charakter mit spezifischer psychologischer und dramaturgischer Funktion: als Gestaltwandler, Schwellenhüter, Trickster, Schatten, Herold, Verbündeter, Mentor, das Höhere Selbst.[100] Deren obligatorische Funktion ist es, den Helden zu seiner Reise zu motivieren, ihn zu beschützen, zu behindern, herauszufordern oder durch Komik zu kontrastieren. Obgleich Vogler aus heterogenen Eigenschaften eine homogene Geschichte zu kondensieren versucht, treten Archetypen innerhalb einer Filmkomposition nicht in Reinform auf, sondern können als flexible Funktionsträger miteinander verschwimmen oder ganz entfallen.

Die *Heldenreise* demonstriert wie kein anderes Storymodell die Assimilationsmöglichkeit mythischer Erzählstrukturen in die Drehbuchentwicklung, da sie eine Brücke zwischen Mythos und modernem Geschichtenerzählen schlagen möchte. Indem Vogler den inneren Konflikt des Helden auf einen äußeren Konflikt erweitert, modifiziert er zugleich die Erzählstruktur des Initiationsmythos, um sie für das Filmgeschäft anzugleichen, welches nach kausal verknüpften Konfliktstrukturen verlangt. Weil der mythische Stoff der *Heldenreise* via universell-menschlicher Archetypen eine tiefgreifende

---

[100] Vgl. ebd., S. 83. Er unterscheidet zudem in "gute" und "böse" Archetypen.

emotionale Anteilnahme auslösen könne, werde sie ebenso in filmischen Handlungsstrukturen verstanden; Vogler würdigt entsprechend die Leistung Campbells, den "Geheimcode des Geschichtenerzählens"[101] entschlüsselt zu haben.
Voglers Storymodell hatte eine nicht zu unterschätzende Bedeutung für das Geschichtenerzählen Hollywoods, da er die Anforderungen der Filmindustrie in seinem Beruf als Drehbuch-Analytiker für verschiedene Hollywood-Studios kennt. Die *mythische Heldenreise* ist folglich so konstruiert, dass sie "Berührungspunkte mit den gemeinsamen kulturellen Erfahrungsmustern"[102] aufweist, um ein möglichst breites Publikum zu erreichen und anzusprechen.
Darüber hinaus macht er sein Modell als Lebens- und Welterklärungsmodell stark. Das ideelle Gewicht der *mythischen Heldenreise* ist nach eigenen Aussagen in einem quasi-therapeutischen Impuls zu sehen, denn von ihr geht

> "auch heute noch eine enorme Kraft aus, die eine heilsame Wirkung auf die Menschen haben und die Welt zu einem besseren Ort machen kann."[103]

Die praktische Bedeutung liegt auf der Hand, wenn Vogler mit Hilfe seiner "Universalwerkzeuge" eine Story zu konstruieren anregt, die sich "nahezu jeder Gegebenheit anpasst und obendrein noch dramatisch, unterhaltsam und psychologisch stimmig ist."[104] Die einzelnen Etappen der *mythischen Heldenreise* erweisen sich als leicht entzifferbare strukturelle Vorlage für Drehbuch-Entwürfe. Dennoch halten sich nur wenige Autoren sklavisch an die vorgegebene Reihenfolge, da es gerade der Bruch mit den Vorgaben ist, der Geschichten ihre Eigenheit bewahrt. Und obgleich der Reisecharakter eine zirkuläre und damit geschlossene Erzählform prädestiniert, vertei-

---

[101] Ebd., S. 37.
[102] Ebd., S. 17. Die Website http://www.clickok.co.uk/deconstructionzQS.html listet Filmbeispiele auf, die Campbells Erzählschema folgen. Darunter sind auch Filme, die vor 1977 gedreht worden sind, dem Jahr, als *Star Wars* das Storykonzept der *mythischen Heldenreise* zum ersten Mal in filmische Strukturen übersetzte (Zugriff am 15.08.2014).
[103] Vogler: *Odyssee*, S. 35f.
[104] Ebd., S. 50. Ähnliches versichern Vertreter der *storydriven*-Schule.

digt Vogler die Entscheidung für einen offenen Schluss, sofern die Handlung dies erfordere.

Die narrative Struktur der *mythischen Heldenreise* hat von vielen Seiten scharfe Einwände erfahren, da sie als Zentrum einen Helden vorsieht, der stets siegreich ist. Scheitern ist in Voglers Konzept ebenso wenig vorgesehen wie eine abweichende Abfolge der Ereignisse.[105] Ernst Schreckenberg unternimmt in seinem Aufsatz *Die Reise des Helden* (2006) einen historischen Aufriss des gleichnamigen Erzählmodells.[106] Dabei äußert er den Verdacht, dass der Nachweis schwierig zu führen sei, welche Filme sich dezidiert auf das *Heldenreise*-Modell beziehen und welche Filme alternative Plotkonstruktionen arrangieren. Zwar seien einige Regisseure nachweisliche Anhänger der Heldenreise (namentlich George Lucas und James Cameron), doch ließe sich der Erfolg von Filmen nicht monokausal mit ihrer Orientierung am Prinzip der *Heldenreise* begründen. Daher ordnet Schreckenberg den Status des Vogler-Modells neu ein:

> "Das Drehbuch spielt zwar eine wichtige Rolle, aber nicht minder entscheidend sind Inszenierung, Rollenbesetzung und Marketing. Und es dürfte sich bei einem Blockbuster kaum ein Drehbuch finden, in das neben der Reise des Helden nicht ganz andere Kriterien eingeflossen sind."[107]

Die Praktikabilität des Reisemodells sieht Schreckenberg daher primär in der Plotentwicklung, die um Erzähllogik, um Kausalitäten, um dramaturgische Wendepunkte kreist. Auch dass der Protagonist in der theoretischen Vorlage stets ein männlicher Held ist, steht in der allgemeinen Kritik. Vogler macht allerdings explizit darauf aufmerksam, dass sein Erzählschema auch für Heldinnen gelte.[108]

---

[105] Kritik übt unter anderem McKee. Interviews in: Eick: *Drehbuchtheorien*, 2006.
[106] Schreckenberg: *Die Reise des Helden. Zur Geschichte eines Erzählmodells in Hollywood*, 2006.
[107] Ebd., S. 83.
[108] Dessen ungeachtet nimmt Vogler eine Einschränkung vor: Für die Besonderheiten des Wegs, den weibliche Heldenfiguren einschlagen, schlägt er weitere Lektüre vor. Ebd., S. 26.

Zusammenfassend lässt sich die populäre Filmdramaturgie als eine auf präzisen dramaturgischen Normen aufbauende und einen übergreifenden Spannungsbogen umfassende Bauform beschreiben. Die Autoren sehen die Funktion ihrer Modelle in einer klar gegliederten Struktur begründet. Daher folgern sie von einem festgelegten dramaturgisch-narrativen Schema auf bestimmte kognitiv-emotionale Wirkungsparameter. Da diese Vorstellung von Aktion und Reaktion sehr allgemein gefasst ist, reduziert sich die Reflexion filmkompositorischer Gestaltung- und Wirkungsweisen auf ein Minimum. Daher dringen alle Drehbuchmodelle, so McKee,

> "auf die Schaffung von Werken, die auf allen sechs Kontinenten das Publikum begeistern und jahrzehntelang in Wiederaufführungen weiterleben werden"[109]

– und damit auf die Garantien kommerziellen Erfolges. Um einen genreübergreifend gültigen und langlebigen "Satz robuster Werkzeuge"[110] herzustellen, ist eine stoffunabhängige Generalisierung der in ihnen aufgestellten objektiven Kriterien unumgänglich.

2.4
Wirkung und Verstehen populärer Hollywooddramaturgie

Aufgrund der kommerziellen Ausrichtung populärer Hollywood-Filme zielen deren Filmproduzenten auf vorhersagbare Resultate ab. Eingebunden in diesen wirtschaftlichen Kreislauf sind ebenfalls die Drehbuchautoren. Trotz (oder gerade wegen?) des beabsichtigten Wirkungsziels, den Zuschauer durch große Emotionen zu fesseln und dadurch Identifikationsprozesse mit der Hauptfigur zu erwirken, stecken Field et al. ihre Ausführungen zum konkreten Filmerlebnis (und den damit verbundenen Rezeptionsprozessen) nur in sehr engem Rahmen ab, weshalb er meist vage oder unzulänglich begründet bleibt. Überwiegend reduzieren sie die Wirkungsdimension entweder auf eine einseitig ausgerichtete Korrelation von

---
[109] McKee: *Story*, S. 11.
[110] Vogler: *Odyssee*, S. 50.

(Handlungs-)Aktion und emotionaler Reaktion oder auf kommerzielle Faktoren, die sich in der zweifelhaften Annahme erschöpfen, dass nur dasjenige an die großen Produktionsstudios verkauft werden könne, was beim Publikum "ankomme" – ohne in die Tiefe zu gehen. Die dafür notwendigen Voraussetzungen könnten mittels Befolgung der normativen Drehbuchregeln erreicht werden.
Dass sich Big-Budget-Produktionen selber ihren konventionellen formalen, narrativen und ästhetischen Normen nicht durchgängig unterwerfen, dokumentieren nicht nur die in dieser Studie untersuchten Comic-Superheldenfilme, sondern eine nicht geringe Anzahl erfolgreicher Hollywoodproduktionen, die auf einer abweichenden Erzähl- und Figurenstrategie basieren. Generelle Überlegungen zu medienbedingten Interaktions- und Kommunikationsprozessen haben die Autoren nicht im Blick, beispielsweise, dass die Wahrnehmung ebenso von sozialen und kulturellen Diskursen abhängt, dass es mehrschichtige Rezeptionshaltungen gibt, dass individuell, historisch, kulturell divergierende Vorkenntnisse des Rezipienten sowohl dessen Erwartungshaltung als auch dessen kognitive Informationsverarbeitung beeinflussen.

Um Aussagekriterien über das breite Wirkungsspektrum des populären Mainstreamfilms aufzustellen, arbeitet Jens Eder in seiner *Dramaturgie des populären Films* (2007) 25 Merkmale des populären Hollywood-Spielfilms heraus. Er wendet die von David Bordwell herausgearbeiteten Merkmale der *Classical Narration* auf die populäre Filmdramaturgie an, indem er sie in Übereinstimmung mit dem Regelkanon amerikanischer Drehbuchratgeber bringt. Jedoch vernachlässigt er weitgehend den Aspekt der Interaktion von formaler Dramaturgieschablone mit aktiven mentalen Schemata des Rezeptionsprozesses. Aufgrund seiner theoretischen Festlegung auf Bordwell betrachtet er das – ebenfalls zur Dramaturgie des populären Films gehörende – Storykonzept der *mythischen Heldenreise* nicht.
Eder fasst die von ihm aufgestellten Kriterien, dem chronologischen Aufbau eines Drehbuchs bzw. Ablauf eines populären Films entsprechend, in mehrere Gruppen zusammen, indem er vom strukturie-

renden Ganzen auf die Einzelteile blickt, wobei er jedem Merkmal eine spezifische Wirkungseinheit zuordnet, die sich allerdings im Laufe der Betrachtung wiederholen und somit bei näherer Betrachtung als zu eingeengt entlarven lassen.[111] Nahezu jedes Kriterium des populären Dramaturgiekorpus erleichtere das Verständnis der Handlung oder ermögliche dem Rezipienten das Gefühl kognitiver Kontrolle über die Handlung. Eder vermutet, dass die Durchsetzungskraft der populären Mainstream-Dramaturgie auf einer Kombination aus kanonischer Story-Struktur und restaurativer Drei-Akt-Struktur basiert. Er bezeichnet dieses Erzählschema als *Paradigma* und meint damit einen Idealtypus.[112]

In summa ergibt sich für Eder, dass das Dramaturgiemodell des populären Films sowohl über eine Reduzierung auf eine kohärent erzählte Problem-Lösung-Story als auch über eine figurenkonzentrierte Kausalität die Aufmerksamkeit des Zuschauers zu bündeln, emphatische Empfindungen mit dem Protagonisten auszulösen, zu intensivieren und bis zum Ende des Films zu halten vermag. Obgleich er wiederholt darauf hinweist, dass es sich bei dem von ihm gebündelten Merkmalszusammenhang um eine Idealform der populären Dramaturgie handelt, die als Folie für Analysen dienen könnte, bleiben Eders Definitionen zu Wirkungstendenzen oberflächlich und zu allgemein, etwa wenn er Form und Konstanz des Drei-Akt-Schemas erklärt:

> "Durch seine Omnipräsenz ist es als mentales Schema in den Köpfen der Menschen verankert; der konventionellen Form steht auf der Rezeptionsseite ein etabliertes mentales Schema gegenüber. Das erleichtert wiederum die Produktion und Rezeption der dreiteiligen Geschichte; der Kreis schließt sich."[113]

Durch eine solche Reduktion des Sachverhalts wird nur ausgesagt, dass das Aktivieren von etwas Bekanntem zumindest ein kognitives

---

[111] Filmübergreifende Struktur der Story (Merkmale 1-5); Schwerpunkte der Erzählung (Anfang, Ende, die zentrale Frage; Merkmale 6-10); die Auflösung und das *Happy End* (Merkmale 11-16); allgemeine Merkmale (Linearität, Figurenzentrierung; Merkmale 17-20); Handlungsorientierte Ereignisse und *Deadline* (Merkmale 21-23) sowie die Szenengestaltung (Merkmale 24-25).
[112] Eder: *Dramaturgie*, S. 29.
[113] Ebd., S. 28.

Verständnis der Handlung erleichtert. Das, was Eder ausblendet, ist Kern der kognitionspsychologischen Forschungsrichtung, auf deren Modellvorschläge die Untersuchung noch näher eingeht. Sie rückt die Verschachtelung von kompositorischer Organisation des Erzählprozesses und mentalen Schemata des Rezeptionsprozesses in den Mittelpunkt – und damit die Interaktion intrafilmischer und extrafilmischer Kriterien, die den Verstehensprozess eines Films erst ermöglichen. Akzentuierungen auf charakterliche Wandlung und seelische Transformation der Filmfiguren entfallen bei Eder ganz, obgleich die Gestaltung der zur Identifikation einladenden Hauptfigur – darauf weisen alle Drehbuchratgeber hin – für das Wirkungs- und Erfolgsspektrum des Films von integrativer Bedeutung ist.

Ferner widersprechen Eders Merkmale Nr. 19 und 20 grundlegend den in dieser Arbeit untersuchten Comic-Superheldenfilmen, die zum populären Film zu zählen sind. Merkmal 19 behauptet:

> "Analogien und Kontraste zwischen Ereignissen, Figuren, Ort und Zeit der Handlung spielen im populären Film keine wesentliche Rolle für den Aufbau des Sujets."[114]

Die Verwendung des Spiegel-(Szenen)Motivs als integriertes Erzählmotiv in *Batman* zeugt vom Gegenteil, wie in der Analyse später eingehender gezeigt wird. Zumal ein ideologischer Grundkontrast zwischen Pro- und Antagonist einen motivierten dramatischen Konflikt erst ermöglicht.

Merkmal 20 zielt auf die dramaturgische Gestaltung der filmischen Narration:

> "Der populäre Film hat in der Regel nur eine einzige Erzählung; er verzichtet auf eine Erzählfigur, als deren Schilderung die dargestellte Handlung aufgefasst wird".[115]

Wie Eder feststellt, soll durch das Primat des singulären Handlungsstrangs vermieden werden, dass der Zuschauer "aus der Handlung gerissen" wird. Ein Blick auf die amerikanische Filmgeschichte zeigt jedoch, dass populäre Filme durchaus von diesem Dogma abweichen, etwa indem kommentierende Erzählperspektiven einfügt

---

[114] Ebd., S. 70.
[115] Ebd., S. 71.

werden, um die Geschichte zu vertiefen, oder mehrere Erzählstränge bzw. Erzählperspektiven zum Einsatz gelangen, so auch in *Spider-Man* und *Daredevil*, in denen die Erzählfigur mit dem Protagonisten zusammenfällt.[116] Infolgedessen gelingt Eder keine vollständige Darstellung der Komponenten, die für die Dramaturgie und das breite Wirkungsspektrum des populären Spielfilms relevant oder zu ihrer komplexen Analyse anwendbar sind.

Der Ansatz der neoformalistisch-kognitiven Filmanalyse macht deutlich, dass die Komplexität des Verhältnisses von Filmaufbau und Filmrezeption, auf das Drehbuchautoren und Filmproduzenten ja generaliter beharrlich hinarbeiten, in einem weiteren Bogen gefasst werden muss. An dieser Stelle sei darauf hingewiesen, dass eine filmanalytische Untersuchung unter Zuhilfenahme des neoformalistischen Ansatzes nicht beabsichtigt ist. Es ist lediglich angedacht, auf die in den Blickpunkt gerückte Verknüpfung von Erzählelementen und kognitiver Ergänzungsleistung durch den Zuschauer die in der Drehbuchliteratur angegebenen Wirkungsparameter zu verfeinern.[117]

2.5
Die neoformalistisch-kognitive Filmanalyse: Einbezug des Zuschauerwissens

David Bordwell, Kristin Thompson und Peter Wuss (um nur drei der bekanntesten Vertreter namentlich zu nennen) setzen sich mit der Frage auseinander, auf welche Weise Plot und Rezeptionsprozess verzahnt werden können und stellen fest, dass der Zuschauer dazu

---

[116] Die erwähnten Hollywood-Filme *Magnolia*, *L.A. Crash* und *Traffic* entziehen sich dem Dogma des singulären Erzählstranges. Der Film Noir weist als stilbildendes Mittel eine Erzählerfigur, zumeist die Hauptfigur, auf.
[117] Zur Kritik am "Wisconsin Projekt" siehe: Hartmann/Wulff: *Vom Spezifischen des Films. Neoformalismus – Kognitivismus – Historische Poetik*. In: montage a/v 4/1/1995. Vgl. Bordwell/Staiger/Thompson: *The Classical Hollywood Cinema*, 1985; Thompson: *Storytelling in the New Hollywood*, 1999; Lowry: *Film – Wahrnehmung – Subjekt*, 1992.

neigt, Wissen in verschiedenen Abstraktionsformen auf das Filmgeschehen anzuwenden. Übereinstimmend ordnen die Autoren bestimmten narrativen und stilistischen Gestaltungsmerkmalen der Filmkomposition bestimmte Verstehensleistungen auf der Seite des Zuschauers zu, die sich zu einer ineinander greifenden Wechselseitigkeit und zu einer Wirkungssynthese potenzieren.[118] Damit blenden sie die Verstehensleistungen und Erwartungshaltungen des (durchschnittlich erfahrenen) Zuschauers nicht aus, sondern erheben ihn zum Zentrum des Verstehens.

Bordwell, Thompson und Wuss analysieren von unterschiedlichen aber vergleichbaren Standpunkten aus diejenigen stilistischen Gestaltungsmerkmale des als "Text" definierten Filmkunstwerks, die das Verstehen hervorrufen, welches sie als "Kognizieren" auffassen.[119] Als analytische Grundlage dient ihnen die Differenzierung des Filmereignisses in die Ebenen der Handlungsführung und des Dargestellten, namentlich in den Termini *Syuzhet* (Plot) und *Fabula* (Story).[120] Die in der Filmkomposition dramaturgisch arrangierte kausalchronologische Handlungsabfolge, quasi die audiovisuellen Informationen, entspricht dem Plot.[121] Die Story selber entsteht erst während des Wahrnehmungsprozesses und umfasst auch die in der Filmhandlung nicht bildlich dargestellten Informationen, zum Beispiel die Backstory der Hauptfigur. Auf diese Weise bindet die kognitiv orientierte Filmpsychologie – abweichend von Drei-Akt-Struktur oder *mythischer Heldenreise* – den Zuschauer aktiv in den Rezeptionsprozess ein. Ohne Zuschaueraktivität gibt es keine Story

---

[118] Alle drei Autoren beziehen sich in ihren auf filmanalytischer Basis gewonnenen Merkmalen auf das traditionelle Erzählkino Hollywoods.

[119] Vgl. Bordwell: *Kognition und Verstehen*. In: montage a/v 1/1/1992, S. 7. Die Handlung des Kognizierens schließt emotionale Prozesse ein, auf die Wuss ebensowenig wie auf den soziokulturellen Hintergrund des Rezipienten näher eingeht. Er bezieht sich auf die Arbeiten von David E. Rumelhart zur Schema-Aktivierung.

[120] Im Folgenden wird für den Begriff *Syuzhet* die geläufigere Übersetzung *Plot* verwendet. Der dramaturgisch ausgerichtete *Plot* und die technischen Darstellungsmittel des *Style* formen die *Narration*.

[121] Bordwell: *Narration in the Fiction Film*, 1985, S. 50. Und er ergänzt: "It is a more abstract construct, the patterning of the story as a blow-by-blow recounting of the film could render it."

und damit keinen Film. Der für die Konstruktion der Story erforderliche Vorgang des eigenständigen aktiven "Lücken-füllens" ist für das vorliegende Beispiel des Superheldenfilms von Bedeutung, da es sich dabei um eine mediale Transformation handelt, die ausgewählte Elemente aus einer Vielzahl von Comicvorlagen bündelt und präsentiert. Indem die Filmkomposition über die gezielte Vergabe (oder den gezielten Vorenthalt) von Informationen den Rezeptionsprozess steuert, lösen ihre differenzierten Reizmuster je zugeordnete Verarbeitungsprozesse oder eine für den Actionfilm übliche Spannung aus.

Der Zuschauer stellt während des Rezeptionsprozesses permanent Hypothesen über den weiteren Verlauf des Plots auf, überprüft sie, modifiziert sie, verwirft sie und stellt neue auf. Er sucht aktiv nach Bedeutung (den von Thompson bezeichneten *cues*), nach Szenen, Figuren, narrativen Prozessen, thematischen Beziehungen, die ihm als Reizmuster dienen können,

> "und reagiert darauf mit den Wahrnehmungsfähigkeiten, die er durch seinen Umgang mit anderen Kunstwerken und mit dem Alltagsleben erworben hat."[122]

Dieses durch Sozialisation und Medienkompetenz erlernte Wissen fassen die Autoren zu schematischen Blöcken zusammen; David Bordwell notiert über den Wirkungsbereich des Schemas:

> "Ein Schema ist eine Wissensstruktur, die es dem Rezipienten ermöglicht, über gegebene Informationen hinauszudenken."[123]

Die Kenntnis von medienspezifischen Regeln beeinflusst also insofern die Rezeption, als der Rezipient über mentale Vorinformationen verfügt (Erfahrungswerte, Sehgewohnheiten, Abstraktionsfähigkeiten) und dadurch Erzählstrukturen, Figurenkonzepte, Genremerkmale, Konfliktkonstellationen etc. wiedererkennt.[124] Diese

---

[122] Thompson *Neoformalistische Filmanalyse.* In: montage a/v 4/1/1995, S. 30.
[123] Bordwell: *Kognition und Verstehen.* In: montage a/v 1/1/1992, S. 8. Vgl. Thompson: *Neoformalistische Filmanalyse.* In: montage a/v 4/1/1995, S. 40f.
[124] Die Wissensebenen können dabei als idiosynkratisch und historisch unterschiedlich gelten; sie beanspruchen keine universale Gültigkeit. Peter Ohler beschreibt ebenfalls Prozesse der Informationsverarbeitung während des Rezeptionsvor-

Ebene wird in Drehbuchanleitungen systematisch ausgeblendet, obgleich sie zu verinnerlichten, konstanten Erzählmustern führt. Peter Wuss ordnet in seiner "funktionalen Strukturanalyse"[125] den von Thompson angeführten Schlüsselreizen der filmischen Komposition eine je entsprechende mentale "Invariantenbildung"[126] zu, wodurch den narrativen Strukturen der Rang von Basisformen filmischen Erzählens zukommt. Sie geben einen strukturierenden Rahmen vor, der ihnen zugeordnete Formen der kognitiven "Invariantenbildung" aktiviert: der Wahrnehmung, des Denkens und der Motive, die sich zu einem unauflösbaren Konglomerat verbinden.[127] Ihr kooperatives und verstärkendes Ineinandergreifen organisiert die Informationsverarbeitung und steuert folglich die kognitive Konstruktion der sich erst im Rezeptionsprozess realisierenden Story.

Ein stilistisches Grundmuster des Films, das über mehrfache Wiederholung eine semantische Reihe ähnlicher Motive, die Topiks, bildet, wirkt auf die Ebene der perzeptionsgeleiteten Wahrnehmung ein. Diese "sensorische Assoziationsschiene"[128] des Zuschauers speist sich direkt aus den (kaum bewusst) aufgenommenen ästhetischen Komponenten des Films, die zum Sinngehalt der Filmhandlung beitragen, indem der Zuschauer ein sich wiederholendes Reizmuster erkennt. Die Farbgestaltung in *Spider-Man*, *Daredevil* und *Hulk* als Spiel mit ästhetischer und semantischer Mehrdeutigkeit erfüllt die Kriterien des Topik-Grundmusters: Sie ist ein sinnlich wahrnehmbares Motiv. Auch eine artifiziell gestaltete Montage kann perzeptuelle Überraschungen bieten, wie die Verwendung von Split Screen oder morphenden Übergängen in *Hulk* demonstriert.

---

gangs unter Berücksichtigung der Schematheorie. Ohler: *Kognitive Filmpsychologie*, 1994.

[125] Vgl. Wuss: *Der rote Faden der Filmgeschichten und seine unbewussten Komponenten* In: montage a/v 1/1/1992.

[126] Wuss: *Filmanalyse und Psychologie*, 1999, S. 55.

[127] In Analogie zu Wuss bringt es Thompson auf den Punkt: "Der Betrachter wird perzeptiv, emotional und kognitiv gefordert, wobei diese drei Ebenen unauflösbar miteinander verbunden sind." Thompson: *Neoformalistische Filmanalyse*. In: montage a/v 4/1/1995, S. 30.

[128] Flückiger: *Visual Effects*, 2008, S. 287.

Wenn die Topik-Reihe durch Reizaufnahme von Farben oder Leitmotiven ausgelöst werden, wie verhält es sich dann mit der Illusion von Bewegung? Spezialeffekte wirken als visuell-ästhetische Reizkonfigurationen auf die kognitive und emotionale Verarbeitung des Films ein, wodurch die Erlebnisqualität erheblich beeinflusst wird. Es ist Wuss, Bordwell und Thompson anzulasten, dass sie diese innovative Ästhetik in ihren Konzepten unbeachtet lassen. Gerade die computertechnisch hochgerüsteten Superheldenfilme *Spider-Man*, *Daredevil* und *Hulk* zielen mit ihren digital realisierten Bewegungsmustern und innovativer Raumdynamik auf Affektivität ab.

Wuss zielt in seinem Modellansatz darauf, künstlerischen Ausdrucksformen und ästhetischen Wirkkomponenten, die überwiegend unbewusst aufgenommen werden, analytisch gerecht zu werden. Daher besteht berechtigte Kritik an der Behauptung von Wuss, die Topik-Reihe

> "wird vermutlich nur während der unmittelbaren Vorführdauer eines Films im sogenannten Intermediär-Zeit- oder Arbeitsgedächtnis des Zuschauers gespeichert, kann also kaum länger als zwei Stunden behalten werden."[129]

Es liegt nahe, die thematische Reihe in einzelne stilistische Ereignisse zu teilen und diese an die mediale Darstellungskomponente des *Motif* anzubinden, die Kristin Thompson in Analysen mehrerer populärer Filme herauskristallisiert hat. Es handelt sich hierbei um ein Leitmotiv. Sie beschreibt das *Motif* der Zeit bzw. der Uhr im populären Science-Fiction-Film *Zurück in die Zukunft* sowie das der Motte im Thriller *Das Schweigen der Lämmer* als Leitmotive.[130] Der Zuschauer stellt während des Rezeptionsprozesses über das wiederholte Eintreten des *Motifs* einen Sinnzusammenhang her. Unklar bleibt bei Wuss daher, warum der Zuschauer die ästhetisch-stilistisch mehr oder minder eindrücklichen Topiks, denen "oft eine

---

[129] Wuss: *Filmanalyse und Psychologie*, 1999, S. 58.
[130] Vgl. Thompson: *Storytelling in the New Hollywood*, 1999. Die Analyse zu *Back to the Future*: Ebd., S. 77ff; *Silence of the Lambs*: Ebd., S.103ff.

bemerkenswert sinnliche Kraft"[131] anhaftet, "kaum länger als zwei Stunden behalten" können sollte.[132]

Konzeptualisierte Strukturen im Denken des Zuschauers reagieren auf Kausal-Ketten der Filmkomposition. Die semantisch stabile Oberflächenstruktur der kausal verknüpften Ketten kommt vorrangig in geschlossenen populären Erzählstrukturen zum Tragen. Kausal-Ketten verbinden zentrale filmische Ereignisse nach dem Prinzip von handlungs- und personenbezogenen (konfliktuösen) Ursache-Wirkung-Relationen: "Wo sie in einer Filmgeschichte auftauchen, liegt der Rote Faden gleichsam offen auf der Hand."[133]
Der Übergang von einem zum nächsten filmischen Ereignis wird durch die dramaturgische Plot-Point-Struktur hergestellt. Diese fundamentalen Drehpunkte der Handlung bewirken eine deutlich erkennbare Segmentierung des Geschehens. Der Actiongenretypische Konflikt Gut-gegen-Böse beispielsweise, der ebenfalls der Dramaturgie des Superheldenfilms zugrunde liegt, erfüllt das Kriterium einer dominant konzeptuell geleiteten Struktur.

Die Ebene der **stereotypengeleiteten Strukturen** fundieren Storyschemata, kanonische Handlungen und letztendlich genrespezifische Erzählkonventionen, die beim Zuschauer, der an diese konventionalisierten Strukturen gewöhnt ist, ein leicht identifizierbares Amalgam von Einstellungen, Gefühlen, Antizipationen und Hypothesen auslöst. Durch vielfaches Auftreten erzeugen sie zwar Spannung und eine (relativ) vorhersagbare Erwartungshaltung, trotzdem besteht aufgrund einer oftmaligen Wiederholung eine hohe Abnutzungsgefahr. Die enge und oftmals kausale Verschränkung von Produktionskonvention und Effekt kann durchbrochen werden durch

---

[131] Wuss: *Filmanalyse und Psychologie*, 1999, S. 58.
[132] Ebd.
[133] Ebd., S. 30. Zur Kritik an der Einordnung der Kausalkette in einen Problemlöseprozess vgl. Ohler: *Kognitive Filmpsychologie*, 1994. Vgl. Ohler: *Zur kognitiven Modellierung von Aspekten des Spannungserlebens bei der Filmrezeption*. In: Montage a/v, 3/1/1994., S. 139: Ohler macht darauf aufmerksam, dass der Zuschauer immer auch die Möglichkeit hat, "sich geistig zu entspannen und filmimmanent gestellte Probleme auch durch den Film selbst lösen zu lassen."

Innovation. Innovationen und Abweichungen von der Konvention führen zu verstärkten Wahrnehmungsaktivitäten, erhöhen den filmischen Genuss. Wuss verdeutlicht den für eine neuartige Erzählweise erforderlichen Vorgang der Innovation am Umgang mit Mythen:

> "Die Nutzung größerer Informationseinheiten in Gestalt bekannter Stoffkomplexe aus dem Reservoir der Mythen entlastet die Aufmerksamkeit des Zuschauers und lässt ihn die bis dahin nicht wahrgenommene Nuance im Umfeld des Bekannten erkennen. Gerade die Großflächigkeit des Stereotyps sorgt dafür, dass die Gesamtkomposition durchsichtiger wird, dass Differenzqualitäten und originelle Einzelheiten leichter zu bemerken sind."[134]

Durch Reduktion von Komplexität entstehen offenbar Strukturen, die wiederum komplexer und differenzierter erscheinen, weil sie sich auf das Wesentliche konzentrieren. Sehr häufig realisieren sich Kausalketten und Stereotypenbildungen gemeinsam in einem populären Spielfilm wie dem Comic-Superheldenfilm. Sie führen zudem zu einer Verfestigung von Emotionen und Emotionsantizipationen, die vorhersehbar und dadurch planbar werden. Aber da Regisseure wissen, wie rasch narratives Verstehen zu falschen Hypothesen führen kann, machen sie sich dies zunutze, um emotionale oder genrebezogene Erwartungshaltungen zu brechen, wie z.B. in *Spider-Man*, wenn der Held nicht in einem zuvor gezeigten Ganzkörperkostüm erscheint, sondern in Jogginghose und Skimaske (vgl. Abb. 20 und 21). Es stellt sich indes die Frage, inwiefern von einer zuverlässigen Einlösung emotionaler, genrespezifischer oder stereotypisierter Erwartungen gesprochen werden kann. Denn die Modi der Motive und Erwartungen seitens der Zuschauer sind überaus vielschichtig und empirisch kaum zu ermitteln.

Während Wuss eine Kaskade kognitiver Invariantenbildung der Wahrnehmung benennt, findet Thompson für Vorwissen bzw. Erfahrungsnormen eine differenzierte begriffliche Einordnung: *Backgrounds*[135]. Sie katalogisiert drei Arten schematisierter *Backgrounds*: das an die Alltagswelt angelehnte Weltwissen (identifiziert Figurenkonstellationen, elementare Verfahren des Films wie

---

[134] Wuss: *Filmanalyse und Psychologie*, 1999, S. 149f.
[135] Thompson: *Neoformalistische Filmanalyse*, In: montage a/v 4/1/1995, S. 40.

dramaturgische Strukturen), das Verstehen verschiedener Kunstkonventionen (Handlungslinien, Kausal-Ketten, Raum und Zeit, Themen) und das Wissen um den praktischen Gebrauch von Filmen im Unterschied zum künstlerischen Gebrauch (Genre, Einstellungsgrößen, Schnitt, Kameraperspektive, Toneffekte, Musik und Montage). Jene von Wuss installierten Wissensebenen (Kausal-Ketten und stereotypisierte Strukturen) werden bereits in der Werkstruktur des Films vorgebildet. Da Autoren und Regisseure genau wie das disperse Publikum an einen schematisierten Erfahrungsschatz gebunden sind, lassen sie individuelle Erfahrungswerte mit in ihre künstlerische Arbeit einfließen. Das Filmergebnis ist daher mit Bedeutung aufgeladen und

> "erscheint dergestalt als *Rezeptionsvorgabe*, die die Informationsaufnahme steuert und dabei immer auf ein [erwartetes] Vorwissen beim Rezipienten Bezug nimmt."[136]

Aber der Argumentation von Wuss, dass eine Encodierung durch den Regisseur und sein Team und der Decodierung durch den Kinobesucher überwiegend unbewusst verlaufen, muss entgegengehalten werden, dass Produzent, Autor, Regisseur, technischer Stab, Kamerateam und Editor werkimmanente Hinweise bewusst setzen; dass sie Bauformen des Erzählens ebenso bewusst festlegen wie Musikauswahl, Kameraführung und -ausschnitt oder Montage.

Der neoformalistisch-kognitive Ansatz lässt sowohl die stofflich-thematische Komponente als auch affektive Wirkungsmomente weitestgehend außer Acht.[137] Die separate Analyse von Form und Stoff ist ein konkurrierendes Konzept zum – den drei wechselseitig operierenden Komponenten Stoff-Form-Wirkung nachspürenden – Analyseansatz, wie ihn die vorliegende Studie verfolgt. Filmischer Stoff ist jeweils an eine (minimale) formale Gestaltung gebunden. Der Ansatz der kognitiv orientierten Analyse, dass mit bestimmten Kompositionselementen konvergente Wirk-Absichten reagieren,

---

[136] Wuss: *Filmanalyse und Psychologie*, 1999, S. 11; Hervorhebung im Original, Ergänzung durch den Autor.
[137] Bartsch/Eder/Fahlenbach (Hg): *Audiovisuelle Emotionen*, 2007 bietet eine Übersicht über kognitive Emotionstheorien.

sollte lediglich die Begrenztheit des konventionellen *storydriven*-Modells aufzeigen. Werkimmanente Reizsetzung ruft nicht zwingend eine unmittelbare kognitive oder emotionale Reaktion des Zuschauers hervor. Dieser sucht sogar aktiv nach dem Reiz, antizipiert ihn oder übersieht ihn einfach.

Die kanonisierte Konstruktion der dramaturgischen Form lässt das handwerklich-didaktische Drehbuch-Prinzip deutlich hervortreten. Während die handlungsorientierte Drei-Akt-Struktur ihre Wirksamkeit über konventionalisierte Dramaturgie-Elemente des Theaters legitimiert, argumentiert die figurenorientierte *mythische Heldenreise* mit einem seit Urzeiten erprobten universellen Grundmuster einer Ich-Transformation. Beide Konzepte sind also – auch aufgrund unterschiedlichster zu bedienender Genres – relativ stoffunabhängig. Die Stoffkomponente wird zugunsten einer Formfixiertheit nachgeordnet, obgleich sie einen wesentlichen Aspekt des beabsichtigten wirkungsästhetischen und wahrnehmungspsychologischen Potenzials darstellt. Die Beschäftigung mit dem weiten Feld des Heldenstoffs ist für das vorliegende Forschungsinteresse gewinnbringend, indem er als Brückenschlag zwischen formalen Strukturelementen und wirkungsästhetischem Effekt fungiert.

Autoren laden ihr Drehbuch oftmals mit einer Wertigkeit auf, indem sie einen direkten oder assoziativen Bezug zum Begriff des Mythos herstellen, der den Heldenmythos im Besonderen meint. Im Folgenden soll der für Hollywood charakteristische handwerkliche Umgang mit mythischem Material verdeutlicht werden, um ihn mit dem Gegenentwurf des Religionsphilosophen Klaus Heinrich zu kontrastieren.

3.
Mythos als Parameter für Erfolg in Hollywood

Der sich in Form von bildhaft-metaphorischen Geschichten realisierende antike Mythos scheint bis zum heutigen Tage nichts von seiner Attraktivität eingebüßt zu haben.[138] In amerikanischen Drehbuchanleitungen fallen wiederholt die Begriffe *Held* und *Mythos*, aber sie fallen teils unreflektiert – wie an Ari Hiltunens missverständlicher Aristoteles-Auslegung dargelegt wurde – oder finden uneinheitlichen Gebrauch. Die Autoren nehmen nicht in den Blick, dass es sich aus ethnologischer Sicht bei dem Begriff Mythos um ein höchst komplexes und problematisches Konstrukt handelt.

Aristoteles, der als Legitimation für "erfolgreiches Erzählen" seitens der Drehbuchtheoretiker herangezogen wird, unterscheidet in seiner *Poetik* zwischen den Einzelteilen der Tragödie und der ordnenden Kraft, dem Mythos, der alles zusammenhält.[139] Diese Begriffsfacette bezeichnet demzufolge eine strukturierte Ereignisfolge, vergleichbar mit der dramaturgischen Fügung des Plots. Auf sie rekurrieren die Autoren jedoch nicht. Welches terminologische Geflecht subsumieren sie demnach unter Mythos? Eine mythologische Einfärbung der Story durch vertraute narrative und figurale Erzählmotive wie die von Vogler projektierten Archetypen? Eine bestimmte narrative oder dramaturgische Struktur? Einen historisch überlieferten Stoff, eine erhaben wirkende Aura oder eine Analogie des Lebens? Dieser Eindruck stellt sich ein, betrachtet man die Drehbuchkonzepte, die – neben Aristoteles als *dem* Vertreter mythischen Erzählens – im Mythos einen Erfolgsgaranten behaupten.

---

[138] Die Wissenschaft diskutiert den Begriff von verschiedenen Ausgangspunkten her und in unterschiedlichen historischen, medialen und kulturellen Kontexten. Eine allgemein anerkannte Definition existiert nicht.
[139] Aristoteles: "eine Zusammenfügung von Geschehnissen." In: Ders.: *Poetik*, S. 23.

3.1
Der Mythos in der Hollywooddramaturgie

Field äußert sich – seiner Lesart einer strukturbasierten Dramaturgie folgend – nicht zum Mythos. Auch für den historisch ältesten Vertreter, Vale, spielt die Begriffseinordnung des Mythos keine Rolle. McKee hingegen versucht nichts weniger als sich um die "Wiederentdeckung der grundlegenden Lehrsätze unserer Kunst" verdient zu machen.[140] Sein Ratgeber *Story* handle von Archetypen, nicht von Stereotypen, da die archetypische Geschichtengestaltung eine "universale menschliche Erfahrung ans Licht" bringe.[141] Im Gegensatz zu den in symbolischen Bildern und Darstellungen sich manifestierenden Urfiguren des Unbewussten, die gerade wegen ihrer kulturellen Homogenität zum kommerziellen Erfolg der Filme beitrügen, würden Stereotype mittels Erziehung oder äußerer Einflüsse erlernt, und seien dadurch kulturell divergent. McKee bringt es pointiert auf den Punkt, indem er den Unterschied formelhaft fasst und – unbeabsichtigt – den Begriffshorizont der *Heldenreise* erwähnt: "Stereotype Storys bleiben zu Hause, archetypische Storys gehen auf die Reise."[142]

Und obgleich McKee Voglers Orientierung an mythischen Erzählmodi nur bedingt zustimmt, da deren zugrunde liegende Initiationsmythen lediglich auf einen eingeschränkten Teil der Filmproduktion zutreffen (nämlich auf das Action- und Abenteuergenre),[143] so fügen sich doch beider Ansätze in die funktionale Idee einer psychologisch ausgerichteten Sinnstiftung, wenn McKee vom Heldenmythos behauptet: "Die Story ist Metapher für das Leben."[144]

Der begriffliche Unterschied von Stereotypen und Archetypen markiert zwar den Ausgangspunkt, den McKee – ohne explizit auf den Begriff *Mythos* einzugehen – für den Entwurf seines "archetypischen" Storymodells wählt. Nichtsdestoweniger ist sein Modell pro-

---

[140] McKee: *Story*, S. 11.
[141] Ebd.
[142] Ebd. S. 11.
[143] Vgl. Eick: *Drehbuchtheorien*, S. 241.
[144] McKee: *Story*, S. 34.

duktionsästhetischen und -technischen Ordnungsmechanismen und Kanonisierungsprozessen der Filmindustrie unterworfen und reduziert den Archeplot letztendlich auch auf eine Formel.

Vogler baut sein Storymodell der *mythischen Heldenreise* zur Projektionsfläche für Sehnsüchte, Träume und Hoffnungen auf, und dass es möglich sei, "im Chaos des Lebens doch einen Sinn zu finden".[145] Auf dieser, den Zuschauer emotional berührenden, Basis ermittelt er den produktionspraktischen Mehrwert mythischer Geschichten: Die Kraft, atmosphärisch dichte Momente und Bilder zu erschaffen, um "Ansichten über das Leben"[146] zu vermitteln.

Aufgrund der mehrdimensionalen Qualität des Storymodells ist es nur konsequent, wenn Vogler es gar zum *Lebens*ratgeber erweitert. Mittels Befolgung seiner Instruktionen könne eine Brücke vom Mythos zum individuellen Bewusstsein des Rezipienten geschlagen werden, um

> "die Verbindung zwischen diesen Ideen und dem zeitgenössischen Geschichtenerzählen herzustellen, in der Hoffnung, eine praktische Anleitung könnte zu jenen kostbaren Gaben hinführen, die in der tiefsten Vergangenheit wie auch in unserem innersten Selbst verborgen sind."[147]

Um eine Verhaltensänderung des Rezipienten zu erreichen, lädt Vogler einzelne narrative Elemente, Metaphern und Symbole mit Bedeutung auf, wie anhand seiner Archetypen-Struktur gezeigt wurde. Infolgedessen ruht Hoffnung Hollywoods auf kommerziellen Erfolg auf einem Narrationsschema, das sich an einem Modell überkommener Wahrnehmungspsychologie orientiert. Bei Vogler steht der Mythos unter Generalverdacht, das "Menschliche", die "Seele" zu repräsentieren. Mit dieser Einordnung schließt er das Historische aus dem Qualitätskorpus aus. Stattdessen rekurriert er auf die Psychoanalyse, räumt mythischen Erzählungen die Funktion einer psychischen Landkarte ein, sie "spiegeln die Funktionsweise des menschlichen Gehirns genau wider; sie sind getreue Pläne der Seele."[148]

---

[145] Eick: *Drehbuchtheorien*, S. 248.
[146] Vogler: *Odyssee*, S. 161.
[147] Ebd., S. 9f.
[148] Ebd., S. 52. Dort die Generalisierung "der Mythos" und "in allen Mythen".

Linda Seger baut ebenfalls eine mythische Dimension in ihr Modell ein, indem sie auf Campbells *Monomythos* rekurriert. Sie beschreibt den Mythos als Suchfahrt (der Held will etwas finden) oder als Heldengeschichte (der Held will ein Trauma überwinden) und ergänzt die narrative Struktur jener Lebensreise des Helden kausal mit dem Impuls des *Heilungsmythos*, den sie wie folgt beschreibt: Eine Figur ist in unterschiedlicher Weise (körperlich, emotional oder seelisch) "gebrochen" und begibt sich auf die Reise, um geheilt (transformiert) zu werden.[149] Diese fundamentale Reise mit den Stadien *Wachstum – Entwicklung – Transformation* ist allen Menschen gemeinsam. Sie entspricht dem Entwicklungsprozess des Helden in Voglers Storykonzept der *mythischen Heldenreise*. Dessen Wortlaut aufgreifend skizziert Seger eine quasi-kosmische, allgemeingültige Implikation:

> "Ein Mythos ist wahr, weil er, auf einer bestimmten Ebene, von uns allen gelebt wird. Er ist eine Geschichte, die uns verbindet und zu uns allen spricht."[150]

Erkennbar ist auch hierbei der Standpunkt, dass sich der Mythos aus dem Unterbewusstsein speist. Seger erkennt die Notwendigkeit, stets das kommerzielle Potential eines Drehbuchs im Auge zu behalten, unter welches sie die "Verbindung mit dem Zuschauer" subsumiert.[151]

> "Mythen geben einer Heldengeschichte Dimension. Wenn ein Filmemacher nur an Aktion und Spannung bei einer Geschichte denkt, können die Zuschauer möglicherweise keine Verbindung zur Reise des Helden knüpfen. Doch wenn die elementaren Handlungsschritte der Reise des Helden offensichtlich sind, wird ein Film oft auf unerklärliche Weise Publikum anziehen, entgegen allen Reaktionen der Kritiker."[152]

Ihrem Entwurf nach besteht bei kommerziell erfolgreichen Filmen der bedeutendste Handwerkszug in der "Kreation des Mythos",[153] eine offenbar kalkuliert zu erarbeitende Plotstruktur. Mit dem Terminus *Mythos* ist also zusätzlich – parallel zur unbewusst-

---

[149] Seger: *Geheimnis*, S.165-177.
[150] Ebd., S. 166.
[151] Vgl. Ebd., S. 162.
[152] Ebd., S. 175.
[153] Ebd., S. 164.

emotionalen Aura – eine handwerkliche Gestaltungsart gemeint, die eine wie auch immer geartete "Verbindung" zum Publikum herstellen soll. Dramaturgische und narrative Gestaltungskriterien sollen Impulse setzen, um das Unterbewusstsein des Zuschauers zu aktivieren, damit er den Film als positiv empfindet.

Seger betont, dass zum Handwerkszeug jedes guten Autors gehört,

> "immer wieder Möglichkeiten zu finden, die Themen im Drehbuch zu vertiefen. Den Mythos in einer modernen Geschichte zu finden, gehört zu diesem Prozess."[154]

Und obgleich Seger mehrere Ratgeber zu mythologisch konstruiertem Geschichtenerzählen verfasst hat, scheint sich diese "Verbindung" noch immer "auf unerklärliche Weise" herzustellen.

In dieser Perspektive trägt der Mythos zur Erschaffung einer schlussendlich Erfolg versprechenden Qualität des Heldenplots bei. Die opake "Verbindung" zeigt sich aber erst im individuellen Rezeptionsprozess, wie Seger eingesteht:

> "Ob es sich tatsächlich um einen Mythos handelt, zeigt sich erst am Ende darin, ob er für das Leben der Zuschauer von Bedeutung ist."[155]

Diese erst im Längeren sich entwickelnde Beeinflussung seitens des Kinofilms schließt eine empirische Überprüfung der "Wirksamkeit" des Mythos nahezu aus.

In summa gründet die seitens Hollywoods vorherrschende Orientierung an griechischen Erzählstrukturen, Erzählstoffen und Heldenfiguren in ihrer Bedeutung für die handwerkliche und wirkungsästhetische Umsetzung. Vor allem die aus dem Initiationsmythos abgeleitete dramaturgische Abfolge bei gleichzeitiger Variation des Stoffs unterwirft Hollywood eigenen Kriterien – jeweils mit dem Hinweis auf deren Universalität und Richtschnur für kommerziell erfolgreiches, große Emotionen weckendes Erzählen. Die so kalkulierte Erzählung orientiert sich an einer überschaubaren Wahrnehmungspsychologie sowie einer größtmöglichen Vermarktung.

---

[154] Ebd.
[155] Seger: *Charakter*, S. 209.

Aus dem breiten wissenschaftlichen Korpus zur Mythen- und Heldenforschung greift die vorliegende Studie ein Konzept heraus, welches das Fundament zur weiteren Beschäftigung mit der Figur des mythischen Heros legt. Seine Perspektive auf den Mythos als eine bestimmte Form, Geschichten zu erzählen, betrifft unter einer anderen Begrifflichkeit auch Aspekte der Drehbuchtheorie: Form, Inhalt und Wirkung. Und schließt die Tür auf zu derjenigen "Wahrheit", die Drehbuchtheoretiker wie Vogler im Mythos zu entdecken glauben.

3.2
Klaus Heinrich: Geschichte(n) erzählen im griechischen Mythos

Eine bestimmte Sichtweise auf den Terminus Mythos beinhaltet immer auch eine bestimmte Sichtweise auf dessen Erzählstrukturen und -inhalte. Heinrichs Perspektive auf mythisches Erzählen bindet sich an keine feste wissenschaftliche Disziplin und keine Forschungsrichtung, sondern markiert eine individuelle Position innerhalb der Religionswissenschaft. Ihre Ausnahmestellung ist in Verbindung mit seiner Berufung zum Professor eines Instituts zu sehen, an dem Heinrich von 1971 bis zu seiner Emeritierung im Jahre 1995 an der Freien Universität Berlin tätig war, dem Institut für Religionswissenschaft auf religionsphilosophischer Grundlage.[156] Denn Religions*philosophie* ist im Gegensatz zur Religions*wissenschaft* kein festgeschriebenes Fach.

Heinrichs Zugriff auf Religionsphilosophie gründet auf zwei unterschiedlichen, aber eng aufeinander bezogenen Wissenschaftsgebieten: Religion (Mythos) und Philosophie (Aufklärung), wobei das Religiöse in Heinrichs Perspektive der Gegenstand der Erkenntnis ist.

---

[156] In den 1970er Jahren kam es zu einer Konjunktur mythenwissenschaftlicher Forschung. Heinrich ist der philosophischen Richtung zuzuordnen, nicht der soziologischen. Vgl. die anthropologisch-philosophische Richtung Blumenbergs: *Arbeit am Mythos*, 2006. Eine Aufarbeitung des wissenschaftlichen Gesamtapparats zum Mythos ist im vorliegenden Rahmen weder zu leisten noch intendiert, da dadurch für das konkrete Forschungsthema wenig gewonnen wäre.

In dieser Verflechtung der beiden Termini liegt der intellektuelle Ansatzpunkt, den Heinrich aus Max Horkheimers und Theodor W. Adornos *Dialektik der Aufklärung* aufgreift und weiterdenkt. Im Gegensatz zu Heinrich heben die Kritischen Theoretiker die Hoffnungslosigkeit hervor, in den jede Rationalität aufgrund einer "rastlosen Selbstzerstörung der Aufklärung"[157] zwangsläufig zurückfallen müsse. Horkheimer und Adorno diagnostizieren daher resignierend: "Schon der Mythos ist Aufklärung, und: Aufklärung schlägt in Mythologie zurück."[158] Denn wie

"die Mythen schon Aufklärung vollziehen, so verstrickt Aufklärung mit jedem ihrer Schritte tiefer sich in Mythologie".[159]

Mit dem fatalen Ergebnis, das dem Weltenzustand am Ende des Zweiten Weltkriegs zu entnehmen ist: "Der Fluch des unaufhaltsamen Fortschritts ist die unaufhaltsame Regression."[160]

Heinrich folgt Horkheimer und Adorno zwar hinsichtlich ihres "heilsamen Protests"[161] und ihres kritischen Ansatzes, jedoch akzentuiert er das dem Mythos immanente Aufklärungspotential grundsätzlich positiv. Und er unterscheidet diejenige Philosophie, die im Terminus Religions*philosophie* gemeint ist, sowohl von der Form als auch vom Inhalt her, vom Philosophiebegriff der Theoretiker.[162] Sofern ein "Begriff" einen bestimmten Inhalt zu fassen vermag, bildet der Mythos – in quasi-philosophischer Weise – seine eigenen "Begriffe" und Formen des Denkens und Darstellens der Welt aus, indem er sie auf Riten und bildmächtige Geschichten anwendet. In seiner Wahrnehmung bildhaft-sinnlicher Vermittlungsfunktionen unterscheidet sich das mythische Erzählen damit als Bedeutungsträger von anderen sinnstiftenden Erkenntniskonzepten wie den kausal und syste-

---

[157] Horkeimer/Adorno: *Dialektik der Aufklärung*, 2006, S. 1.
[158] Ebd., S. 6.
[159] Ebd., S. 18.
[160] Ebd., S. 42.
[161] Vgl. Heinrich: *Versuch über die Schwierigkeit, nein zu sagen*, 2002, S. 162.
[162] Vgl. ebd, S. 177: "Der Heilsaspekt, der aller Aufklärung von Anfang an innewohnt, verfällt [...] immer mehr der Angst vor einem 'faulen' Begriff der Versöhnung."

matisch orientierten Welterklärungsmodellen der Naturwissenschaft oder der logischen Philosophie.

Die Philosophie erfasst intellektuell, was der Mythos in *Stoffen* ausdrückt.[163] *Stoff* umfasst mit Heinrichs Auslegung Grundbedingungen und Erfahrungen naturgeschichtlichen Menschseins: real-materiell ablaufende Arbeitsverhältnisse, Vergesellschaftungsverhältnisse und Geschlechterverhältnisse, kurz: die "kollektivverbindliche Selbstdarstellung des Menschengeschlechts."[164] Der Mythos schildert folglich Zivilisationsgeschichte zugleich mit den an ihr beteiligten ambivalenten Energien der Triebgeschichte, um eine Natur-Geschichte der Gattung Mensch mitzuteilen. Seine Funktion besteht jedoch nicht in der eines Dokuments, in das sich menschheitsgeschichtliche Erfahrungen eingraviert haben; Mythen sind bereits Produkte eines Verarbeitungsprozesses dieser Erfahrungen. Sie antworten auf Fragen nach dem Menschsein "ohne Beschönigung".[165]

> "Wir lernen Verdrängungsprozesse, wir lernen große Ängste der Menschengesellschaft: Zerrissen-Werden, Verschlungen-Werden, Zerstückelt-Werden [...]."[166]

Der Mythos bietet indes keine Lösungen für Konfliktpotentiale, da Lösungen für existenzielle Problemstellungen ebenso wenig in der Realität selbst gefunden werden und

> "weil das, was in ihm erscheint, nicht eine Problemlösung, sondern der Bericht über reale Konflikte ist; und zwar nicht nur der Bericht *über* eine Konfliktgeschichte, sondern über die realen Verdrängungsprozesse *in* einer solchen Geschichte [...], die *dargestellt* werden in Mythologie."[167]

Der Mythos ist nur – mehrschichtiger und mehrdeutiger – Indikator für bestehendes Konfliktpotential von Erfahrungen, indem er von ihnen erzählt und sie somit verhandelbar macht. Mythisches Erzählen gilt Heinrich als ein reflexives Nachdenken *über* und bildkräfti-

---

[163] Vgl. Heinrich: *herakles*, S. 17. Vgl. Heinrich: *arbeiten mit ödipus*, 1993, S. 259: "Materie, aus der wir gemacht sind". Im Folgenden: Heinrich: *ödipus*.
[164] Heinrich: *anthropomorphé*, S. 31.
[165] Heinrich: *Sog*, S. 86.
[166] Ebd.
[167] Heinrich: *ödipus*, S. 177. Hervorhebung im Original.

ges Durcharbeiten *von* unausgestandenen Konflikten und Selbstentwürfen der Menschheit. Aus diesem Grund zielt er auf den Mythos als einen selbstanalytischen, einen "sich selbst aufklärenden"[168] Prozess über das menschliche Natur-Sein. Die Besonderung seiner religionsphilosophischen Perspektive liegt folglich darin, im Mythos und der Aufklärung "Bundesgenossen"[169] zu sehen. Sie können nur gemeinsam den gattungsgeschichtlichen Reflexionsprozess voranbringen, weil und indem sie sich wechselseitig aufklären.

Nichtsdestoweniger bezeichnet der Mythos in einer wiederkehrenden Formel bei Heinrich das "Verdrängte der Philosophie".[170] Da die theoretische Philosophie Qualitäten zugunsten von reinen Quantitäten überformt und alles Zweideutige aus ihren Verfahren ausschließt, um zu eindeutigen Ergebnissen zu gelangen, ist dasjenige, was bei diesem Ausgrenzungsunternehmen zurückbleibt, folgerichtig das, was "verdrängt" wurde.[171] Aus diesem Grund ist die wissenschaftliche Hauptmethode, die Heinrich verfolgt, die Faszinationsgeschichte. Ihr Gegenstand sind Verdrängungsprozesse. Die Faszinationsgeschichte bildet "die Klammer zwischen Trieb- und Realgeschichte".[172]

> "Diese hermeneutische Methode sucht die Figuren und Szenen auf, die sich über Jahrhunderte durch die reale Geschichte hindurch in Verwandlungen erhalten haben, die verdrängt wurden und (immer erneut) wiederkehren. Dies tut sie jedoch nicht auf der Suche nach ewig gleichen Urbildern des kollektiven Unbewussten, sondern ihr Anliegen ist es, diese Figuren als Symptome zu analysieren. Das wiederkehrend Verdrängte ist als Symptom ein zugleich abstoßendes und anziehendes Erinnerungszeichen der ungelösten Konflikte, der unabgegoltenen Wünsche und der nicht balancierbaren Ängste der Menschen."[173]

---

[168] Heeg et al. (Hg.): *Kinder der Nibelungen*, 2007, S. 80.
[169] Heinrich: *Reden und kleine Schriften*, 1997, S. 7.
[170] Heinrich: *tertium datur*, S. 10; Heinrich: *ödipus*, S. 32. Was aus der Logik verdrängt wird und zugleich in ihr wiederkehrt, expliziert der letzte Abschnitt dieser Studie.
[171] Vgl. Horkheimer/Adorno: *Dialektik der Aufklärung*, 2006, S. 19: "Aufklärung [...] schneidet das Inkommensurable weg. [...] werden im Gedanken die Qualitäten aufgelöst [...]."
[172] Heinrich: *Das Floß der Medusa*, 1995, S. 41.
[173] Brunotte: *Helden des Tötens*, 1995, S. 24. Vgl. Heinrich: *Das Floß der Medusa*, 1995, S. 15: "In dem, was fasziniert durch die reale Geschichte hindurch, sind

Im Gegensatz zum Symbol, das auf etwas Tradiertes verweist, versteht Heinrich unter Symptom das Kennzeichen von etwas Verdrängtem oder Unheimlichem, das (noch) ungeklärt wiederkehrt:

> "Im Symptom beginnt das zufällig 'Zusammentreffende' zu *reden* [...], weil das Unterdrückte, fast ist man versucht zu sagen: das unterdrückte Ganze, der unterdrückte Zusammenhang anders als in Symptomen nicht zum Reden kommen kann."[174]

Der Mythos thematisiert das Verdrängte als jederzeit aktualisierbare Potenz, um es dadurch verhandelbar zu machen. Indes darf seine Erzählfunktion nicht dem Missverständnis unterliegen, Botschaft der ungebrochen "Rückbindung an den Ursprung"[175] zu sein – er ist bereits konstruiert und geformt. Infolgedessen steht ursprungsmythisch-romantisierendes Denken und jegliche Legitimierung einer Ideologie, die sich auf die "Fiktion eines heilen Ursprungs"[176] beruft, bei Heinrich in der Kritik. Die Faszinationskraft des Ursprungsmythos birgt zudem das Moment der Selbstzerstörung. Denn um den Bruch zwischen dem Ursprung und allem, was ihm entspringt, zu überbrücken und somit eine etwaige "Macht des Ursprungs" auf das von ihm Abgeleitete zu transferieren, muss sich der Einzelne unter dem Zwang der Wiederholung in kultischen Handlungen und damit einer Identität versichern. Der Preis dafür reicht bis zur "Opferung des Selbst an den es verschlingenden Ursprung".[177]

3.2.1
Geschichte(n)-erzählen im *mythologein*

Das wechselseitige Aufklärungspotential von Philosophie und Religion strahlt auf die Form, wie der Mythos seine Geschichten erzählt, aus. Das Geschichten-erzählen gründet auf der Funktion der beiden

---

ungelöste Konflikte, nicht ausgetragene Spannungen, ist das nicht gelöste Problem jeweils präsent."

[174] Heinrich: *ödipus*, S. 257. Hervorhebung im Original. Im Stichwort des unerledigt Wiederkehrenden melden sich Konfliktfiguren zu Wort, die diese Arbeit in den Abschnitten über den mythischen Heros ausformulieren wird.
[175] Heinrich: *Parmenidis und Jona*, S. 14.
[176] Heinrich: *Sog*, S. 87.
[177] Ebd., S. 15.

im Erzählbegriff *mythologein* verbundenen Mitteilungsprinzipien bzw. Wissensbereiche *Mythos* und *Logos*.[178] Das *mythologein* ist (bei stabilem narrativem Kern) von der variierenden Wiederholung des gleichen Stoffs geprägt Gerade im dynamischen, und Ungleichzeitiges als Gleichzeitiges behandelnden Moment liegt die Erzählqualität des Mythos.[179] Er berichtet von genau registrierten Wiederholungen und Erfahrungen, die "in exemplarischer Weise"[180] in bestimmten historischen Lagen, unter genau angegebenen zivilisatorischen Umständen gemacht worden sind. Ein Beispiel ist der Fluch des Tantaliden-Geschlechts, zu dem auch einer der bekanntesten mythischen Heroen zählt: Ödipus.[181] Beim Tantalidenfluch handelt es sich um einen Familienfluch. Bei einem Gastmahl der Götter versucht Tantalos, ihre Allwissenheit auf die Probe zu stellen: Er tötet seinen jüngsten Sohn Pelops und setzt ihn den Göttern als Mahl vor. Zwar verzehrt die Göttin Demeter versehentlich einen Teil seiner Schulter, doch die anderen Götter bemerken die Tat sofort und belegen Tantalos' Haus mit einem Fluch. Alle seine Nachkommen sollen fortan in eine unheilvolle Folge von Gewalt und Verbrechen stürzen, wobei die Söhne-Generation jeweils die Väter-Generation tötet.

Die mythischen Figuren agieren aber in jeder nachfolgenden Generation je unterschiedlich. Söhne töten nicht nur Väter, sondern auch Onkel oder Brüder. Väter töten ihrerseits ihre eigenen Kinder oder andere Verwandte. Tantalos tötet seinen Sohn Pelops, aber der wird von den Göttern wieder zum Leben erweckt und erschlägt wiederum seinen Schwiegervater Oinomaos. Pelops Söhne Atreus und Thyestes töten ihren Halbbruder Chrisyppos; Thyestes' Sohn

---

[178] Mythos und Logos bezeichnen jeweils Grundbedeutungen von "Wort, Satz, Erzählen".
[179] Vgl. zur *Simultané*, dem Gleichzeitigen des Ungleichzeitigen: Heinrich: *Das Floß der Medusa*, 1995, S. 164.
[180] Heinrich: *ödipus*, S. 225.
[181] Heinrichs Auslegung mythischen Erzählens steht in Opposition zur strukturalistischen Mythendeutung, wie Claude Lévi-Strauss sie in seinem Werk *Anthropologie Structurale* betreibt. Dessen Beispiel ist Ödipus. Vgl. Heinrich: *ödipus*, 7. und 8. Vorlesung.

Aigisth wiederum tötet seinen Großonkel Atreus. Atreus tötet unwissentlich seinen Sohn Pleisthenes. Sein zweiter Sohn Agamemnon opfert seine Tochter Iphigenie und wird dafür von seiner Frau getötet. Iphigenies Bruder Orest schließlich tötet seine Mutter, wird aber am Ende des Familienfluchs von der Göttin Athene entsühnt. Grundintention, die der Mythos verfolgt, ist die Herstellung des Gleichzeitigen, ist der

> "historische Konflikt, der durch *mythologein* wiedergegeben wird. Das Problem ist gerade, dass in der spezifischen Schilderung dieses Konflikts so viel Wiederholung auftaucht; das Problem ist gerade, dass hier nicht bloß irgendwelche verdrängten Elemente [...] erscheinen [...], sondern dass ein Verdrängungs*prozess* wiedergegeben wird."[182]

In der Wiederholung liegt neben der historischen Schichtung gleichsam die Variation, die Korrektur. Das *mythologein* berichtet zwar in Form von Wiederholungen, aber "niemals ist ein Vorgang mit dem anderen identisch" und "in keiner Wiederholung ist der Wissensstand der beteiligten Akteure der gleiche."[183] Infolgedessen bezeichnet *mythologein* ein Geschichten-erzählen, in dem es kein allgemeines Schicksal geben kann, nur individuelles Schicksal.[184]

Fazit
Soweit die überblicksartigen Ausführungen zu Stoff und Form mythischen Erzählens in der Perspektive Klaus Heinrichs.[185] Die Gegenüberstellung der beiden für diese Studie ausgewählten Positionen zu Erzählstrukturen dominierender Drehbuchtheorie und zur mythischen Erzählstrategie des *mythologein* demonstriert die synthetische Ausrichtung Hollywood-mythischen Erzählens. Als Ergebnis kann festgehalten werden, dass sowohl der antike Mythos als auch der populäre Actionfilm Variationen durch Wiederholung herstellen.

---

[182] Heinrich: *ödipus*, S. 199. Hervorhebung im Original. Vgl. Ders.: *Das Floß der Medusa*, 1995, S. 12.
[183] Ebd., S. 222 und S. 225.
[184] Vgl. Girshausen: *Regie Heiner Müller*, 2004, S. 94.
[185] Auf den Heroenmythos und die Figur des Herakles sowie dessen Funktion einer kulturhistorischen Reflexionsfigur bezieht sich Punkt 11 dieser Studie.

Diese Gemeinsamkeit ist zugleich Ausgangspunkt ihrer Unterschiedlichkeit. Während der Mythos Formalität nicht kennt und weitestgehend frei von Kohärenzen erzählt, orientiert sich populäres Filmerzählen an produktionstechnisch und -ästhetisch konventionalisierten Gestaltungsprinzipien. Dass sich bildhaftes mythisches Erzählen einer Übertragung in systematische Stadien, Begriffsysteme und Sprache entgegenstellt, wird seitens der Drehbuchtheoretiker nicht erkannt oder zugunsten von produktionstechnischen Standardisierungsprozessen ignoriert. Als Hauptgrund für die Inanspruchnahme des Mythos ist dessen vermeintliche Wirkungsmächtigkeit, seine "universelle Kraft"[186], auszumachen, der das Produkt international konkurrenzfähig machen soll.

Die konkurrierenden Drehbuchansätze des *storydriven*- und des *characterdriven*-Modells finden je individuelle, einander aber nicht ausschließende Zugangsweisen zum mythischen Erzählen. Während Vertreter des konventionellen *storydriven*-Modells im Mythos grundlegend eine sinnstiftende Lebensmetapher registrieren, realisiert er sich in Voglers Storykonzept der *mythischen Heldenreise* in einer das Identifikationspotential intensivierenden Charakterwandlung des Protagonisten. Letztlich stellt diese auf psychologischen Konzepten ruhende Ich-Entwicklung ebenfalls eine "Metapher für das Leben"[187] dar. Hinter dem Stoff der Mythen verbergen sich sowohl Erfahrungen der Menschheit mit sich selbst als Ganzem als auch Entwürfe von ihr. Im Zugriff Hollywoods auf diese Inhalte und Erzählformen manifestiert sich die Vorstellung vom Mythos als etwas universell Gültigem, als ethisch-moralische Instanz.

> "Indem wir uns in den Mythos vertiefen, können wir unter Umständen die Wahrheit über den Menschen erkennen."[188]

Hingegen hebt Heinrichs Sichtweise auf den Aufklärungs- und Deutungsanspruch des Mythos selber ab:

> "Wer Mythos sagt, darf nicht glauben, dass er damit Zugang findet zu einem gattungsgeschichtlich solideren Fundament [...]."[189]

---

[186] Vogler: Odyssee, S. 52.
[187] McKee: *Story*, S. 200 und S. 229.
[188] Hiltunen, S. 27.

Die Heldenfigur strahlt gravierend auf die Wirksamkeit beider Erzählmuster aus, des Hollywood-Erzählens und des mythischen Erzählens. Signifikant für die *mythische Heldenreise* ist ihre Bezugsetzung zur dramaturgischen Funktionalität und zur narrativen Ausgestaltung des (mythischen) Helden.

---

[189] Klaus Heinrich: *Vernunft und Mythos*, 1992, S. 108.

4.
Die Um- und Neudeutung des Heldenbegriffs in Hollywood

Der Held ist ein begriffliches Fluidum. Forschungen aus Geistes- und Begriffsgeschichte, aus Sozial- Kultur- und Medienwissenschaft betrachten den Helden aus multiperspektivischer Sicht und weisen ihm ein derart umfangreiches Feld heterogener Funktionen, Attribute und Rollen zu, dass alles über ihn bereits gesagt zu sein scheint. Dennoch wandeln sich seine Bedeutungszuschreibungen und die damit verbundenen Erscheinungsweisen kontinuierlich. In der europäischen Kulturgeschichte hat es bereits Phasen intensiver Beschäftigung mit der Heldenfigur gegeben, wie die Antike oder das Mittelalter. Der bekannteste Held entstammt als Erzählfigur dem kollektiven Wissensreservoir des antiken Griechenlands. Nachfolgend zum mythischen Erzählen trat der Held wiederkehrend in verschiedensten historischen Ausformungen in Erscheinung, wobei sich jede Epoche in Re-Aktualisierungs- und Modernisierungstendenzen ihren individuellen, modifizierten Heldentypus aneignet. Auch die Modifikation medialer Darstellungsstrategien deutet auf einen Funktionswandel der Heldenfigur. Nach einer Verschiebung des oralen Erzählens in das der Theaterbühne (die das Konzept des Helden Jahrtausende lang konservierte), und nachfolgend in das archivarische Medium der Schrift, folgte spätestens im Zeitalter der digitalen Informationsgesellschaft eine erneute Ausdifferenzierung von Motiven und Themen und somit eine Ausbildung neuer populärer Heldenfiguren.

Der Held ist ebenso ein integrativer Teil künstlerischer Darstellungen und Erzählungen wie inszeniertes und instrumentalisiertes Politikum; ebenso individuelles Idol wie Element des kollektiven Gedächtnisses.[190] Zum Helden gehört die öffentliche, mediale Inszenierung, man erzählt von ihm und seinen (mitunter zerstörerischen) Taten. Auf rezeptionspsychologischer Ebene vermag er sowohl eine kollektive Orientierungsgröße als auch ein subjektives Identifikationsangebot darzustellen. Diesen letztgenannten Faktor macht sich die amerikanische Unterhaltungsindustrie zunutze, indem sie Geschichten über einen heldenhaften Protagonisten generiert, der mit positiven moralischen Eigenschaften ausgestattet ist. Ihm liegt stets eine Wertung zugrunde, die zumeist affirmativ stilisierend ausfällt. So stellt das *Reallexikon der deutschen Literaturwissenschaft* fest, dass der Held das Positive privilegiert, durch "positive Merkmalsätze die Sympathien auf sich lenkt".[191]

Mythische Helden können als Vorbilder für fiktive Filmhelden prinzipiell in jedem Filmgenre erscheinen, überproportional jedoch gemäß ihrer Affinität zu physisch betonten Handlungen und aufgrund der ihnen zugeschriebenen heroischen Attribute im Action- bzw. Abenteuer-Genre.[192] So gilt Herakles seit der Renaissance als Muster eines tugendhaften Ideals von Ehre und Manneskraft, als "Mann der Tat". Seine Attribute (überschäumende kämpferische und sexuelle Potenz) finden sich – mal mehr, mal weniger explizit dargestellt – in der Figur des Actionhelden wieder.

Überwiegend halbgöttlicher Geburt ist der Held ein aus der Gesellschaft Ausgeschlossener und über Sterbliche Herausgehobener. Durch außerordentliche Ereignisse und Fähigkeiten, vermag er sich zudem über Naturgesetze (auch die Schwelle zum Totenreich) hin-

---

[190] Wulff blättert in seinem Aufsatz *Held und Antiheld*, 2002, die Kernbegriffe des Helden auf. Das *Reallexikon der deutschen Literaturwissenschaft* bestimmt den Helden genrespezifisch als "Zentralgestalt einer epischen oder dramatischen Handlung mit meist repräsentativer Funktion, die im Mittelpunkt des Leser-Zuschauerinteresses steht". Weimar (Hg.): *Reallexikon der deutschen Literaturwissenschaft*, 1997, S. 591.

[191] Ebd.

[192] Ein möglicher Bezug zwischen einem Mythenheld und einem spezifischen Heldentyp amerikanischer Filmgenres kann aufgrund der Fülle an Heldenfiguren nicht identifiziert werden, z.B. Achilles = Rambo oder Odysseus = Indiana Jones. Peter Rabenalt entdeckt im amerikanischen Genre des *road movies* den mythischen Archetyp der Odyssee. Rabenalt: *Filmdramaturgie*, 1999, S. 109f.

wegzusetzen.[193] Aufgrund seiner geheimnisvollen Herkunft gehört der Heros keiner Sphäre ganz an, bewegt sich in Zwischenbereichen, steht am Rand von Werten, von Gesellschaftsordnungen und daher in unmittelbarem Kontakt mit Widerspruch und Ambivalenzen. Auch das stetige Pendeln zwischen dem Totenreich und der Welt der Lebenden bringt Spannung in die Heldenfigur. Seine Affinität zur Inkorporation von Gegensätzen resultiert in der Tendenz zum Gestalt-, Geschlechts- und Identitätswandel.[194]

Die ideologische Anpassungsfähigkeit der Heldenfigur führt zu der Situation, dass ihr diejenigen Funktionen und Qualitäten zugeschrieben werden, die den kontemporären Vorstellungen des Heroischen entsprechen. Zwei Weltkriege im 20. Jahrhundert haben indes, zuvorderst in Europa, zur weitgehenden Auflösung des emphatischen Heldenkonzepts geführt. In Amerika folgt ein vergleichbarer ideologischer Wandel der Heldenfigur im allgemeinen Diskurs mit Abzeichnung des Vietnamkrieg-Desasters Mitte der 1960er Jahre, was sich – bezogen auf das vorliegende Forschungsinteresse – vermehrt an seelisch gebrochenen Superheldenfiguren des *Marvel*-Verlags bemerkbar macht.

Ernst Schreckenberg markiert in seinem Beitrag *Die Reise des Helden* das Jahr 1977 als Wendepunkt in der Heldenkonstruktion des amerikanischen Mainstreamfilms. Dominierten bis in die 1970er Jahre hinein ambivalente Helden die Leinwand, die "das Scheitern des *American Dream* personifizieren",[195] so ändert sich der Zugriff auf den Helden ab den späten 1970er Jahren radikal. Schreckenberg entdeckt noch in den Jahren 1974 und 1976 mit *Chinatown*

---

[193] Vgl. Daemmrich/Daemmrich: *Themen und Motive in der Literatur*, 1995, S. 189: "Das Leben des Helden folgt einem Erzählmuster deutlich abgegrenzter Stationen der Entfaltung: ungewöhnliche Geburt (göttliche oder halbgöttliche Abstammung, Einwirkung eines Zaubers); Augenblick des Erkennens, erste Äußerung zukünftiger Größe (z.B. Omen späterer Taten); außergewöhnliche Unternehmungen im Land (z.B. Rettung der Unterdrückten); denkwürdiger Tod."

[194] Die Heldenzuschreibung ist zumeist männlich dominiert, da "Mann" mit Gewalt konnotiert wird, wobei ein osmotisches Überschreiten von geschlechterspezifischen Begrenzungen bereits für den antiken Mythos konstatiert werden kann. Heinrich weist in *arbeiten mit herakles* auf die ambivalente Zweigeschlechtlichkeit des Herakles hin.

[195] Schreckenberg: *Die Reise des Helden*, 2006, S. 77.

(Roman Polanski) und *Taxi Driver* (Martin Scorsese) zwei Filme, in denen der Held

> "eine moralisch zwielichtige, angreifbare Figur geworden [ist], die eher den Rand der Gesellschaft als den gesellschaftlichen Mainstream repräsentiert."[196]

Aber nur kurze Zeit später präsentiert George Lucas mit seinem Science-Fiction-Abenteuer *Star Wars* (1977) eine Um- und Neudeutung des Heldenbegriffs unter Zuhilfenahme des *Monomythos*. Der neue Held vereint sowohl integre, altruistische Persönlichkeitsstrukturen als auch tatkräftige Handlungsbereitschaft, bietet positive Orientierungsmuster.

Im Zentrum populären Filmerzählens steht das individuelle aktive Handeln eines Protagonisten, dessen Aktionen die Handlung funktional entwickeln, motivieren und vorantreiben.[197] Da Hollywood vorwiegend Ware für ein Massenpublikum produziert, braucht es Figuren, die besonders einprägsam aber zugleich transnational verständlich sind. Deren Funktionen hängen zwar von der jeweiligen Intention der Filmemacher und den Modi der jeweiligen Filmproduktion ab, dennoch hat sich eine stromlinienförmige Charakterisierungsschablone herauskristallisiert, die sich wiederum auf den Handlungsverlauf und die Erzählintention auswirkt. Der amerikanische Kulturraum orientiert sich zur Konstituierung der Comic-Superheldenfigur vermehrt an Grundmotiven tradierter Helden(bilder) der europäischen Antike, die er mit popkulturellen Fragmenten zu einem "filmischen Amalgam" verschmilzt.[198] Deren Kontinuität scheint an das Phänomen ihrer Variabilität gebunden:

> "Vielleicht haben gerade die Figuren das Potential zur Popularität, die einerseits einen mythologischen Bedeutungskern formulieren, der sich andererseits immer wieder als symbolisch produktiv in je historisch spezifischen Konstellationen erweist."[199]

---

[196] Ebd.
[197] Field: *Drehbuch*, S. 21 und 67; Seger: *Geheimnis*, S. 215f.; McKee: *Story*, S. 127.
[198] So urteilt Schreckenberg in seinem Aufsatz *Die Reise des Helden*, 2006. Zu einer ähnlichen Auffassung gelangen Kinder/Wieck: *Zum Schreien komisch, zum Heulen schön*, 2001, S. 319ff.
[199] Montage a/v, 8/2/1999, S. 6.

Drehbuchautoren verwenden statt *Hauptfigur* wiederholt den (in der deutschen Übersetzung verwendeten) Begriff *Held*.[200] Das englische Wort *hero* ist – ungeachtet der deutschen Übersetzungsgründlichkeit – in filmdramatischen Kontexten nicht als wertneutral gebrauchtes Synonym für eine textfunktionale Hauptfigur im Sinne von *protagonist* oder *leading actor* anzutreffen, sondern bezeichnet einen aus der Gesellschaft in besonderem Maße herausgehobenen, mit positiven Werten ausgezeichneten Protagonisten. Es scheint nicht abwegig, die wertende Übersetzung *idol* oder *brave man* aus dem expliziten Rückbezug auf mythische Heldengestalten und Narrationsmuster herzuleiten, die von Hollywood grundlegend positiv besetzt werden und im Falle der *mythischen Heldenreise* die Position einer gestalterischen Richtschnur eingenommen haben. Überraschend einig sind sich die untersuchten Drehbuchautoren die Figuren*konzeption* betreffend, besonders intensiv behandeln Vogler, Seger und McKee diesen Aspekt in ihren Publikationen.

Bei den praktischen Charakterisierungs*techniken* differenzieren die Meinungen allerdings stark. Seger behält stets die Vermarktungsstrategie des Drehbuchs im Auge, wenn sie auf Verkaufsfördernde Aspekte der Figurenkonzeption hinweist:

> "Wenn Sie Ihr Augenmerk auf Mehrdimensionalität und Transformation legen, wird es Ihnen dabei helfen, Figuren zu schaffen, die die Zuschauer nicht so leicht vergessen werden. Und indem Sie diese Elemente verstärken, werden Sie außerdem Identifikation und kommerzielles Potential verbessern."[201]

Sowohl der *storydriven*- als auch der *characterdriven*-Drehbuchansatz gründen auf der Strategie eines psychischen Veränderungsprozesses des Helden, die wiederum auf dem Kernelement des dramatischen Plots basiert: dem Konflikt, der eine Konstellation widerstreitender Kräfte verankert und die Handlung vorantreibt. Im Gegensatz zu Field, der das äußere Ziel bzw. Problem hervorhebt, das hauptsächlich an einen Antagonisten gebunden ist, schenken Seger, McKee und Vogler dem inneren Ziel/Wunsch/Trauma weitaus mehr Aufmerksamkeit.

---

[200] Z.B. Field: *Drehbuch*, S. 105.
[201] Seger: *Geheimnis*, S 232.

4.1
Der Heros als Prinzip der Selbstfindung

Da Field auf die strukturelle Prägung fokussiert, muss seine Figurenkonzeption konsequenterweise sekundär bleiben. Obgleich seine Richtlinien den "Antrieb der Hauptfigur"[202] klar definieren und ein "rundum lebensechtes Charakterportrait"[203] erstellen, reduzieren sie die Mittel zur Figurencharakterisierung oberflächlich auf deskriptive Einordnungen des Aussehens, der Erstellung einer fiktiven Biografie, der Angabe von Beruf, Beziehungen und privater Situation.[204] Die Differenzierung folgt dem dualen Konzept "Inneres" und "Äußeres".[205] Differenzierter vermag Field nicht vorzugehen, da ihm sein *Paradigma* kaum Raum zur Entwicklung einer organisch gewachsenen Geschichte lässt, geschweige denn zu einer komplexen oder gar widersprüchlichen Figur. Indes scheint er seine Ausgestaltungskriterien überarbeitet zu haben, denn in seinem im Jahr 2000 erschienenen *Screenwriter's Problem Solver* entwickelt er den *Kreis des Lebens*,[206] der aus einem biographischen Trauma resultiert, als die Figur zwischen 10 und 16 Jahre alt ist. Field schlägt dieses exakt umrissene Alter vor, weil diese Zeit die persönlichkeitsprägende Phase der Ich-Entwicklung sei.

Ähnlich argumentiert Michaela Krützen in *Dramaturgie des Films* (2004), deren Backstory*wound*, einem Kindheitstrauma oder unverarbeitetem Erlebnis in der Vorgeschichte der Filmfigur nicht unähnlich, den Ausgangpunkt für ihre Modellbildung markiert.[207] Besonders häufig kommt der Tod eines Elternteils zum Tragen, für den drei Merkmale gelten:

---

[202] Field: *Handbuch*, S. 67.
[203] Ebd., S. 22.
[204] Vgl. Ebd., S. 23ff.
[205] Vgl. das Diagramm in Field: *Drehbuch*, S. 25.
[206] Field: *Screenwriter's Problem Solver*, 2000, S. 204. Da die Figur wie ein Kuchen in vier Teilaspekte zerschnitten werden kann, um die emotionalen, körperlichen, geistigen und intellektuellen Ereignisse zu isolieren, die die Figur prägen, nennt Field das Modell den *Kreis* des Lebens. Vgl. ebd., S. 209.
[207] Krützen: *Dramaturgie des Films*, 2004, S. 25ff. "Typische" *Backstorywounds* aktueller Hollywoodfilme: Tod, Trennung, Gewalterfahrung und Versagen: Ebd., S. 41ff.

1) Die Hauptfigur ist zu diesem Zeitpunkt zwischen 8 und 12 Jahren
2) Das Kind erlebt das Sterben persönlich, es ist Augenzeuge des Ereignisses
3) Die Umstände führen zu Schuldgefühlen beim mittlerweile Erwachsenen, auch wenn objektiv kein Versagen vorliegt[208]

Hinsichtlich dieser Kriterien setzen die Comicverfilmungen *Spider-Man*, *Batman* und *Hulk* auffallende Parallelen: Die Eltern (oder ein Elternteil) des Titelhelden werden vor den Augen des Heranwachsenden ermordet. Comic-Superhelden fügen sich somit bruchlos in die Modelle des Lebenskreises und der Backstorywound ein. Gleichermaßen erhebt Vogler die Behebung eines inneren Mangels oder seelischen Traumas, unter dem die Helden leiden und welches sie während ihrer (Seelen)Reise zu überwinden suchen, zur Grundausstattung des Hauptcharakters. Auch hierbei scheint der Verlust der Eltern signifikant als Stimulans für die psychische Heldenreise zu dienen:

> "Ihnen fehlt etwas Wichtiges, oder ihnen ist gerade etwas weggenommen worden. In vielen Fällen haben sie einen Familienangehörigen verloren; Mutter oder Vater sind gestorben, oder ein Geschwister ist entführt worden."[209]

Das von Vogler projektierte Trauma koppelt den inneren Konflikt kausal an den äußeren. Die innere Story, die simultan zur äußeren abläuft, erfüllt die Kriterien eines seelischen Heilungsprozesses, wie ihn auch Seger entwirft.[210]

McKee legt Wert auf eine fundierte Figurencharakterisierung. *Charakterisierung* ist in diesem Fall "die Summe aller beobachtbaren Eigenschaften", während *Charakter* das bezeichnet, "was hinter der Maske steckt".[211] Obgleich McKee das Rückgrat jeder Erzählung an den tiefen, unbewussten Wunsch des Protagonisten nach Wieder-

---

[208] Ebd., S. 42.
[209] Vogler: *Odyssee*, S. 175. Zwar akzentuiert die *mythische Heldenreise* die zentrale Position des Protagonisten, gleichwohl scheint der ausgeprägte Fokus auf das dramaturgische Gerüst das Gegenteil zu betonen. Denn Vogler reduziert den individuellen Entwicklungsprozess des Protagonisten auf ein Stimulans für die Filmhandlung, die dramaturgisch eine Abfolge von festgelegten Stationen bildet.
[210] Vgl. Seger: *Geheimnis*, S.165-177.
[211] Ebd., S. 403.

herstellung des gestörten Gleichgewichts bindet, dessen Wurzeln "in das innerste Selbst"[212] reichen, "stellen sich Actionhelden einem Konflikt nur auf der außerpersönlichen Ebene".[213] Diese Klassifizierung kann mit dem Hinweis widerlegt werden, dass die unter *Action* subsumierten Comic-Superhelden zuvorderst mit inneren Konflikten zu kämpfen haben. McKees Figurendesign zielt auf die ebenfalls von Vogler und Seger entworfene "Sinnsuche"[214] mit einer "tiefgreifenden inneren Wandlung" ab.[215]
Um sein inneres Ziel zu erreichen und – seelisch stabilisiert – den äußeren Konflikt lösen zu können, muss sich der Protagonist einer populär-psychologisch fundierten Charakterwandlung stellen. Dieser Entwicklungsprozess beginnt bereits in der ersten Phase, dem *Ruf zum Abenteuer*, und endet mit der glückenden Rückkehr.[216] Als Stadium der inneren Grenzüberschreitung bewirkt der symbolische Tod des Helden(Egos) dessen Wesensänderung. Müller und Wunderlich unterstreichen in diesem Zusammenhang eine spezifische Komponente der Heldenkonstruktion. Seine mythische Aura gründet darauf, gegen alle Widerstände sein eigenes Leben aufs Spiel zu setzen:

> "Der Held handelt als einsamer Protagonist, der gegen Schicksal und Mächte vorbildhaft Ideale anstrebt und im Kampf um diese untergeht."[217]

Um als Hauptfigur eines populären Spielfilms – oder eines Superheldenfilms – aufzutreten, vollzieht die Filmdramaturgie eine Transferleistung von der Selbstaufopferung des Helden zur Opferung des Gegenübers, da er im (zur Konvention geronnenen) *Happy End* als strahlender Sieger hervorgeht. Ernst Schreckenberg diagnostiziert

---

[212] McKee: *Story*, S. 212.
[213] Ebd., S. 232.
[214] Ebd., S. 217.
[215] Ebd.
[216] Siehe Vogler: *Odyssee*, S. 348ff. den Abschnitt *Entwicklungsbogen*. Seger bezeichnet die Charakterwandlung als *Charakter-Bogen*. Seger: *Geheimnis*, S. 181.
[217] Müller/Wunderlich, 2001, S. 18. Ähnlich klingt die Forderung von Vogler: "Der Held ist jederzeit dazu bereit, etwas sehr Wertvolles – vielleicht sogar sein eigenes Leben – um eines Ideals oder der Gesellschaft willen zu opfern." Vogler: *Odyssee*, S. 92.

mit Bezug auf das *Happy End*, dass ein Scheitern im optimistischen Konzept der *Heldenreise* nicht vorgesehen sei.

> "Der tragische, der gebrochene, der verzweifelte Held, der sich womöglich nicht erst auf eine Reise einlässt, ist nicht mainstream-kompatibel."[218]

Die psychoanalytischen Grundansichten verpflichtete *mythische Heldenreise* orientiert aber gerade auf eine transformatorische Heil- und Ganzwerdung des Helden, der an einer Gebrochenheit oder Verzweiflung leidet. Erklärtes Ziel der Reise ist die Behebung eines Mangels, welches sich im Zulassen eines unterdrückten Bedürfnisses oder dem Abwerfen begrenzter moralischer Vorstellungen äußert. Obwohl die Möglichkeit des Scheiterns im Storymodell der *mythischen Heldenreise* prinzipiell nicht vorgesehen ist, lässt Vogler das potentielle Sterben des tragischen Helden nicht unberücksichtigt.[219]

Der Held teilt in seiner Funktion als Archetyp universale Erfahrungen mit; die Struktur *des* (Initiations-)Mythos gilt analog zur Struktur *des* Heldenmythos. Psychologisch-funktionell steht der Held repräsentativ "für die Suche des Ich nach Identität und Ganzheit",[220] ist zudem als metaphysischer Grenzgänger zwischen den Welten in der Lage, die Beschränkungen des Erdverhafteten Ichs zu überwinden und ins Transzendentale zu weisen. Historisch veränderliches oder Inkongruentes wird dabei ausgeblendet. Vogler metaphorisiert den Helden zum psychischen perpetuum mobile, zum "Symbol für die stetige Transformation der Seele und für den Lebensweg eines jeden Menschen."[221]

An diesem Punkt muss die Inkongruenz der beiden avisierten Symbolisierungen ins Auge stechen, da die "stetige Transformation der Seele" in jedem Lebensstadium erfolgen und beliebig wiederholt

---

[218] Schreckenberg: *Die Reise des Helden*, 2006, S. 84. Nichtsdestotrotz beweisen als Action-Blockbuster konzipierte Spielfilme das Gegenteil, etwa wenn in *Gladiator* (USA 2002, Ridley Scott), *Poseidon* (USA 2004, Wolfgang Petersen), *Im Feuer* (USA 2004, Jay Russell) oder *I am Legend* (USA 2007, Francis Lawrence) die Protagonisten sterben.
[219] Vgl. Vogler: *Odyssee*, S. 342.
[220] Ebd., S. 88.
[221] Ebd., S. 103.

werden kann, während der "Lebensweg eines jeden Menschen" naturgemäß nur einmalig beschritten werden kann. Leitet die *Heldenreise* ihre Funktionalität für den Plot also dominant von der symbolischen, in zwölf Stadien geordneten Ich-Konstituierung im Sinne einer erst- und einmaligen Identitäts-Findung eines Heranwachsenden ab (nur *Spider-Man* handelt tatsächlich von einem Teenager)? Oder akzentuiert sie die Heilung einer bereits bestehenden, aber latent defekten Identität? Schreckenberg weist darauf hin, dass eine symbolische Ich-Werdung innerhalb des *Monomythos*, die eine "erzählerische Spiegelung eines Reifeprozesses zwischen Kindheit, Jugend und Erwachsenenstadium"[222] abbildet, keine apodiktische Umsetzung erfordere. Dem Publikum eines Comic-Superheldenfilms gehören aller Wahrscheinlichkeit nach nicht ausschließlich pubertierende männliche Rezipienten an, denen eine vermeintliche Orientierungshilfe zur Ich-Konstituierung und Integration in die soziale Gemeinschaft dargeboten werden soll. Die Berufung zur Seelenreise könne daher "leise erfolgen oder laut und in jedem Lebensalter. Immer aber entschleiert sie das Geheimnis einer Verwandlung."[223]

Die *mythische Heldenreise* bezeichnet nach Vogler eine nach innen gewendete Reise in die Psyche des Helden. Dieser unterzieht sich einer Transformation seiner Persönlichkeit, wie sie auch für unterschiedliche Entwicklungsstufen des Menschseins gelten (erwachsen werden, Heirat, Mutterschaft, Tod). Das Reisemuster symbolisiert demzufolge die Konsolidierung einer bereits bestehenden Identität durch aktives Tun, eine "allmähliche Veränderung eines Charakters",[224] die festgelegte Stadien der Weigerung, der Erkenntnis etc. durchläuft.

Einig sind sich die vorliegenden Drehbuchratgeber darin, dass die Hauptfigur "menschlicher" wirke und Empathie beim Publikum evoziere, wenn ihr "interessante Fehler" verliehen werden oder sie "mit einer sichtbaren körperlichen Verletzung oder einer tiefen seeli-

---

[222] Schreckenberg, *Die Reise des Helden*, 2006, S. 78.
[223] Campbell: *Heros*, S. 57.
[224] Vogler: *Odyssee*, S. 348.

schen Wunde"[225] versehen wird, die der Held heilen muss, um "das fehlende Stück seiner gebrochenen Psyche wiederzufinden."[226] So konstatiert McKee, dass

> "Dimensionen faszinieren. Widersprüche im Wesen oder im Verhalten fesseln die Aufmerksamkeit des Publikums. Deshalb muss der Protagonist die meistdimensionale Figur der Besetzung sein, damit sich die Empathie auf die Hauptrolle richtet"[227]

Der Auffassung, dass kleine menschliche Schwächen den Helden sympathisch und liebenswert erscheinen lassen, schließt sich Christopher Vogler an, indem er einen rezeptionspsychologischen Aspekt akzentuiert:

> "In einem Helden, der innere Zweifel, Denkfehler, alte Schuldgefühle und seelische Verletzungen oder seine Angst vor der Zukunft überwinden muss, werden wir ein Stück von uns selbst wieder erkennen. [...] Es scheint sogar, als könne es [das Publikum] sich umso besser mit einer Figur identifizieren, wenn diese wenigstens einige neurotische Züge aufweist."[228]

Comic-Superhelden scheinen bei der Figurenkonzeption eine nicht unwesentliche Vorbildfunktion einzunehmen, so dass Vogler die von ihm angestrebte komplexe Charakterisierung der Hauptfigur auf diesen Heldentyp projiziert:

> "Selbst Superman zeigt Schwächen, die ihn menschlicher erscheinen lassen und ihn uns sympathisch machen: Seine Ohnmacht gegenüber Kryptonit, seine Unfähigkeit, durch Blei hindurchzuschauen, und seine geheime Identität, die ständig von Enthüllung bedroht ist."[229]

Der mediale Held ist nicht referenzlos, verweist immer auf eine historische Wurzel. Zwischen dem Comichelden und dem mythischen Helden spannt sich allein semantisch ein rotes Band: überhöhen ihn seine übermenschlichen Kräfte und Fähigkeiten doch ins Transzendent-Titanenhafte. Und so entwickeln Kinder und Wieck in ihrem Genreüberblick *Zum Schreien komisch, zum Heulen schön* (2001) vier Grundtypen der Heldengestaltung im Abenteuergenre, wie es sich im 19. Jahrhundert in den USA ausgebildet hat: den

---

[225] Ebd., S. 179.
[226] Ebd.
[227] McKee: *Story*, S. 407.
[228] Vogler: *Odyssee*, S. 95. Erweiterung durch den Autor.
[229] Ebd., S. 178.

heroischen Helden, den romantischen Helden, den Abenteurer und den Spezialisten.[230] Die Autoren stellen fest:

> "Diese Helden gründen natürlich in den großen mythologischen Gestalten von Achill bis Artus [...] Oder aber die alten Heroen und Helden werden mit neu erfundenen abenteuerlichen Herausforderungen konfrontiert und so reanimiert (u.a. Herakles, Robin Hood, Sindbad)."[231]

Kinder und Wieck liefern auch gleich die Begründung für den Adaptionsmodus, denn bei deren Figurenentwicklung werde

> "viel eher auf vormoderne Standards des Heldischen zurückgegriffen, und das ganz einfach deshalb, weil diese Heldenbilder viel eindrücklicher vorgeprägt – weil viel weniger differenziert – in den kollektiven Phantasien existieren. Das verdeutlicht sich besonders bei den Comichelden. Im Comic werden die alten europäischen Helden reanimiert und zugleich ist der Comic der Ort, wo die mythischen Helden in moderne Superhelden umgeformt werden: Superman gleich Herakles."[232]

Obgleich Kinder und Wieck hier von mehreren, heterogen gestalteten Heldenfiguren unterschiedlichster kulturhistorischer Kontexte sprechen, schlagen sie lediglich die Brücke von Herakles zu Superman. Weitere europäische und/oder mythische Helden entgehen offenbar einer deutlichen motivischen Verbindung zu gegenwärtigen Superhelden. Aber Superman ist eben *nicht gleich* Herakles, da im Konstruktionsverfahren der Superhelden Quellen aus verschiedensten (popkulturellen) Medien und Kulturen ineinander greifen: Artefakte mythischen Erzählens, Versatzstücke aus trivialen und historischen Romanen, Pulp-Comics, Radiosendungen und Filmen.[233] Durch ihre ausführliche Anleitung zur Konfliktfindung, Erschaffung mehrdimensionaler Figuren, Nebenfiguren und Dialogführung ist Segers Leitfaden zu Figurenkonzeption und Charakterzeichnung (*Von der Figur zum Charakter*, 1999) weitaus detaillierter als der Ansatz der anderen Autoren. Sie bestimmt die Ausformung einer Figur durch die vier Grundelemente der Psychologie: die innere

---

[230] Zur Gruppe der Spezialisten zählen die Autoren den Arzt, den Piloten und den Detektiv. Kinder/Wieck: *Zum Schreien komisch, zum Heulen schön*, 2001.
[231] Ebd., S. 19.
[232] Ebd., S. 321.
[233] Besonders die aus den Pulp-Magazinen entwickelten Radiosendungen, etwa *The Shadow* (gesendet von 1931 bis 1949), beeinflussen die Konstruktion einer Doppelidentität. Siehe z.B. auch Salzmann: *Super- und andere Helden*, 2003.

Vorgeschichte, das Unbewusste, den Charaktertypus und die Psychopathologie, die sie mit vielen Beispielen unterfüttert.[234] Die Autorin entwirft eine Klassifikation realistischer und nichtrealistischer Figuren. Letzte werden wiederum untergliedert in symbolische Figuren, nichtmenschliche Figuren, Fantasy-Figuren und mythische Figuren.[235] Allerdings scheint die Autorin wiederholt von ihrer getroffenen Unterscheidung methodisch abzuweichen, wenn sie Superhelden einmal zu den symbolischen Figuren zählt, ein andermal unter den mythischen Figuren subsumiert. Symbolische Figuren, deren Wurzeln Seger in griechischen Tragödien erkennt, zeichnen sich durch Eindimensionalität aus:

> "Viele Schurken und viele Superhelden sind symbolische Figuren. Der Joker in BATMAN repräsentiert das Böse, während Superman für 'Wahrheit, Gerechtigkeit und den American Way of Life' steht."[236]

Konträr zur symbolischen Figur setzt Seger bei der mythischen Figur auf spezifische, primär heroische Eigenschaften. Und so kann Superman

> "ebenfalls als mythische Figur angesehen werden. Auch Batman scheint eine mythische Figure [sic!] zu sein, da die Batman-Geschichte und die Batman-Figur etwas über die dunklen Seiten und Psychosen unserer Gesellschaft enthüllen."[237]

Hier ist offensichtlich ein aufklärender Aspekt ausschlaggebend für eine komplexere Figurengestaltung, obgleich unklar bleibt, ob Superman nun eine symbolische oder eine mythische Figur darstellt oder eine hybride Konstruktion aus beidem. Vollends verwirrt ihre Feststellung, dass es nicht einfach sei,

> "mythische Figuren zu erschaffen [...] Sie sind sowohl menschlich als auch symbolisch, wobei keine der beiden Eigenschaften überwiegen darf."[238]

Demzufolge wäre Superman sowohl eindimensional, als auch psychologisch komplex, als auch menschlich-mythisch. Es stellt sich die Frage, ob Comic-Superhelden eine Gattung von Heldenfiguren

---

[234] Seger: *Charakter*, S. 80ff.
[235] Ebd., S. 193ff.
[236] Ebd., S. 195.
[237] Ebd., S. 206.
[238] Ebd., S. 209.

darstellen, die sich unter keiner gesonderten Klassifikation fassen lassen, sondern das Muster individuell aufbrechen.

Wie gezeigt werden konnte, werfen die untersuchten Drehbuchratgeber einheitliche Blickrichtungen auf Figurenkonzeption und Figurencharakterisierung. Sie installieren hinlänglich bekannte Kategorien: der Protagonist soll Empathie auslösen und zur Identifikation einladen – günstigenfalls über das Kinoerlebnis hinaus. Diese emotionalen Wirkungseffekte würden um ein Vielfaches intensiviert, sofern der heldenhafte Protagonist glaubwürdig und sympathisch, aber zugleich charakterlich komplex gezeichnet ist und eine dramatische Fallhöhe durchlebt. Er hat also diejenige ambivalente Anforderung erfüllen, zugleich mehrdimensional *und* kohärent zu sein. Übereinstimmend wird zudem die Konstruktion eines auf Empathie beruhenden "Bandes" oder einer "Verbindung" zwischen Publikum und Hauptfigur als essentiell für den kommerziellen Erfolg eines Films beschworen – größtenteils ohne explizite Nennung oder gar handwerkliche Umsetzbarkeit dieses Begriffs.[239]

Die teilweise voneinander abweichenden, teilweise sich berührenden Modellvorschläge der Heldenfigur stellen dessen psycho-pathologische Ich-Entwicklung oder Ganz-Werdung in klar strukturierten Etappen ins Zentrum der Handlung. Die handlungsorientierten Konzepte betreiben die Ich-Entwicklung erwartungsgemäß weniger intensiv als der figurenorientierte Ansatz, da die "klassische" aktorientierte Drehbuchdramaturgie die Aufmerksamkeit auf Situation und Konflikt lenkt, während die *mythische Heldenreise* ihren Blick auf die Figurenkonstruktion und ihr Entwicklungspotential selbst richtet. Die Helden(seelen)reise wird dabei als spirituelle Selbsterfahrung modelliert, um einen tieferen Sinn des Erdendaseins zu erfahren. Der Zuschauer erhält von beiden theoretischen Ausrichtungen die Möglichkeit, den Wandlungsprozess des Helden in jeder Phase mitzuerleben, was ein hohes Potential emotionaler Anteilnahme mit ihm zur Folge haben kann.

---

[239] Siehe zum Begriff "Publikumsband" McKee: *Story*, S. 161f.

Der empathische Zugang zum Charakter des Helden wird hergestellt über Gestaltungsprinzipien seiner Schwäche und seines "Mensch-Seins". Die weiteren Untersuchungen des Comic-Superheld und seiner Erzählstrategie werden die Einlösung oder auch Nicht-Einlösung dieser Komponenten zur Disposition stellen.

5.
Vom Comic zum Film I. Bewegungsbilder der Originalvorlage

Superman wurde 1933 in Cleveland, Ohio, vom damals 17jährigen Collegestudenten Jerome "Jerry" Siegel und seinem befreundeten Amateurillustrator Joseph "Joe" Shuster erschaffen. Nachdem mehrere Zeitungsverlage die Figur abgelehnt hatten, erschien sie erst im Juni 1938 als "Lückenfüller" in Heft Nr. 1 des Magazins *Action Comics* im Verlag National Allied Publications.[240]
Superman – in der Doppelgestalt als Außerirdischer Kal-El, der sich hinter seiner Tarnexistenz als linkischer Reporter Clark Kent versteckt – ist konkurrenzlos der dauerhafteste, gewinnbringendste und populärste Superheld weltweit, obwohl er überproportional rechtschaffen und zuweilen etwas bieder wirkt. Er begründete mit seinem Auftreten zugleich einen neuen Industriezweig, einen neuen Heldentypus und das einzige genuine Genre der Comicgeschichte. Viele der wesentlichen Merkmale, die das Genre definieren, finden sich in Superman angelegt: eine Geheimidentität, übermenschliche Kräfte, ein farbenfrohes Kostüm, eine altruistische Grundeinstellung bei gleichzeitiger privater und/oder sozialer Isolation. Es existiert keine Kraft, keine menschliche Fähigkeit, die er nicht besäße – außer durch Blei zu blicken. Im Vergleich zu den Superkräften des *man of steel* sind alle anderen Superhelden bloß Spezialisten.[241]

---

[240] Kurze Zeit später benannte sich der Verlag zuerst in *National Comics* und danach in *Detective Comics* um, da die Leser die Abkürzung DC (für die ebenfalls von *National Allied* herausgegebene Comicreihe *Detective Comics*) mit dem Verlag assoziierten. Bis heute heißt er DC.

[241] Der Ursprung seiner Superkräfte wurde in *Action Comics* Nr. 262 nachträglich damit erklärt, dass die Erde um die gelbe Sonne kreist, nicht um die rote Sonne Kryptons. Das nachträgliche Herumdoktern an den Superkräften, um neue Fähigkeiten zu verleihen oder bestehende zu erweitern, nennt der Fan "retconning" (retroactive continuity repair = rückwirkende Kontinuitätsreparatur). Vgl. Kakalios: *Physik der Superhelden*, 2006, S. 49.

Superman setzt sich aus intermedialen Parametern mehrerer populärer Heldenfiguren der 1930er Jahre zusammen: dem Roman- und Filmhelden *Zorro* sowie dem aus Pulp-Magazines bekannten Abenteuerhelden *The Phantom*.[242] Beide spielen mit dem Doppelthema der Identität/Nicht-Identität und verstecken sich hinter geheimnisvollen Masken. Die von Edgar Rice Borroughs erfundene Science Fiction-Figur *John Carter from Mars* bringt das Außerirdischenthema in die Superman-Comics hinein. In der Figur kollidieren Wahrscheinliches und Unwahrscheinliches ebenso wie divergierende Zeitebenen, wie Umberto Eco in seinem Aufsatz *Der Mythos von Superman* (1964) konstatiert. Superhelden müssen einerseits zyklisch-archetypisch sein, müssen andererseits aber auch prozesshaft "einer Entwicklung unterzogen werden".[243] Superman muss "resistent bleiben und sich gleichwohl nach den Mustern der Alltagsexistenz verschleißen"[244] – ein Paradoxon. Seine Zeichner verstanden ihn möglicherweise gerade aufgrund seiner Fähigkeit, kollidierende Erzählzeiten zu vereinen, jeweils als einen Spiegel seiner Zeit, wie Massimo Moscati diagnostiziert:

> "Superman gab stets die herrschende Zeitstimmung wieder: In der Zeit des Krieges war er die Symbolfigur des amerikanischen Soldaten, in der Ära Kennedy machte er seine Popularität erfolgreich dem Kampf gegen Armut, Behinderung und Slum-Elend zunutze, um schließlich in der Reagan-Ära wieder eher finstere Missionen erfüllen zu müssen."[245]

Er wurde aufgrund seiner hohen Popularität wiederholt für Propagandazwecke eingesetzt, vor allem im Zweiten Weltkrieg gegen die Feindbilder Deutschland und Japan sowie im Kalten Krieg gegen die Sowjetunion. Er kämpfte in seinen Geschichten gemeinsam mit

---

[242] The Phantom wurde 1936 von Lee Falk erfunden und erschien im King Features Verlag, verfilmt 1996 (USA, Simon Wincer).
[243] Eco: *Der Mythos von Superman*, 1992, S. 196.
[244] Ebd., S. 198. Georg Seeßlen macht die Qualität der Superheldencomics an deren Fähigkeit zur multibeweglichen Erzählordnung fest. Vgl. Seeßlen: *Gerahmter Raum - gezeichnete Zeit*, 2000.
[245] Moscati: *Comics und Film*, 1988, S. 138. Zum pointierten Kommentar im Comic: Hausmanninger: *Superman*, 1989.

alliierten Truppen gegen intrigante Japaner, hinterlistige Russen und sogar gegen Adolf Hitler selbst.[246]
Nach einer TV-Zeichentrickserie 1941 folgte erst 1948 ein 15-teiliges Movie-Serial mit Kirk Alyn in der Rolle des Superman: *The Adventures of Superman*. Alyn spielte ebenso im Serial *Atom Man vs. Superman* (1950). Von 1952 bis 1957 lief die Fernsehserie *Adventures of Superman* mit George Reeves in der Hauptrolle, zwei kurze Kinofilme wurden produziert: *Superman and the Mole Men* (1951) und *Superman* (1952).

Batman wurde vom 23jährigen Werbezeichner und Cartoonisten Robert "Bob" Kane erfunden und erschien 1939 in Nr. 27 der Reihe Detective Comics im Verlag National Comics, heute DC. Er sollte als Komplementärentwurf zum Vorgängerhelden Superman einen zusätzlichen kommerziellen Erfolg für den Verlag einfahren. Maßgebliche Beeinflussung erfuhr die Heldenfigur durch den Texter Bill Finger, der Batmans Privatidentität, den exaltierten Milliardär Bruce Wayne, erschuf. Er ließ sich bei der Namenswahl von Ikonen des Widerstands, dem schottischen Unabhängigkeitskämpfer Robert I. (the bruce) und "Mad Anthony" Wayne, einem General im amerikanischen Unabhängigkeitskrieg, inspirieren.[247]
Bob Kane, der sich schon von frühester Kindheit an für technische Errungenschaften und ihre Zeichnungen interessierte, kommentiert die Idee zu Batman folgendermaßen:

> "And I saw this book by Leonardo da Vinci when I was 13. And da Vinci had a quote: Your bird shall have no other wings but that of a bat. And actually, there it was for me: a Batman."[248]

---

[246] Zur Verknüpfung von Realgeschichte und Comicgeschichten siehe Schweizer: Ideologie und Propaganda in den Marvel-Superheldencomics, 1992. Martin Hennig hinterfragt den Zusammenhang zwischen Heldenkonzeption des Comic-Superhelden (good guy, bad guy, normal guy) und dem Gesellschaftsentwurf der entsprechenden Filme (systemstützend, systemkritisch, systembildend). Der Superheld wird dabei zum zeitdiagnostischen Instrument. Hennig: *Warum die Welt Superman nicht braucht*, 2010.
[247] Vgl. Steranko: *The Steranko History of Comics Nr. 1*, 1972.
[248] Batman 2-Disc-DVD

Neben dem Fledermausartigen Gleiter da Vincis, dem so genannten Ornithopter, gelten Abenteuerfilme wie *The Mark of Zorro* (USA 1920, Fred Niblo) oder Robert Rineharts *The Bat Whispers* (USA, 1926) als Inspirationsquellen für die Konzeption des Helden.[249] Obgleich die wesenhafte Doppelung Tier-Mensch spätestens seit den ägyptischen Götterdarstellungen im kulturellen Gedächtnis der Menschheit verhaftet ist, könnte das Vampir/Fledermausthema auch auf Bela Lugosis Darstellung des *Dracula* (USA 1931, Tod Browning), einer Mischung aus mysteriösem Mann von Welt und verführerischem Monsterwesen, zurückzuführen sein.[250] Zusätzlich folgt die Figurenkonstruktion bekannten Gestalten der Abenteuer- und Popliteratur, wie sie der Pulp-Fiction-Held *The Shadow* zur Perfektion bringt, dessen Figur in populären Radiohörspielen auftrat.[251]

Wie Superman verlor auch Batman durch einen Gewaltakt seine Eltern (ein Motiv, das in vielen anderen Superheldencomics sowie in allen vorliegenden Verfilmungen thematisiert wird), dennoch hat Batman die Geschichte der Comic-Superhelden aufgrund seines psychisch komplex gestalteten Wesens in stärkerem Maße beeinflusst als sein Vorgänger Superman es je vermochte – möglicherweise deshalb, weil er über keine "echten" Superkräfte verfügt und somit weitaus menschlicher erscheint.

Im Jahr 1943 inszenierte Lambert Hillyer ein 15-teiliges Movie-Serial unter dem Titel *The Batman* mit Lewis Wilson in der Hauptrolle. 1949 folgte ein zweites Serial mit Robert Lowery als Batman: *Batman and Robin* (Spencer Gordon Bennet). Der erste Versuch, Batman abendfüllend auf die Leinwand zu transportieren, erfolgte

---

[249] Ein narratives Motiv aus *The Bat Whispers* inspirierte Bob Kane 1942 für das Batsymbol, das auf dem Dach der Polizeistation den dunklen Ritter zu Hilfe ruft. "Ein Prototyp davon erschien immer an der Wand, wenn die Fledermaus im Film ihr nächstes Opfer ankündigte." Bob Kane, http://www.batmans.de/batman-chronik.html (Zugriff am 13.08.2014).

[250] Zur Genese Batmans vgl. Beatty: *Batman – die Welt des dunklen Ritters*, 2002; Cotta Vaz: *Tales of the Dark Knight*, 1989; Daniels: *Batman*, 1999.

[251] *The Shadow*, als Hörspiel gesendet von 1931 bis 1949. Er tritt als erste superheldenähnliche Figur in einer Großstadt in Erscheinung und verfügt über den Doppelcharakter Millionär/Rächer.

1966 unter der Regie von Leslie H. Martinson *Batman: The Movie* (deutsch: *Batman hält die Welt in Atem*). In dieser Kinoadaption sind konkrete Bemühungen erkennbar, stilistische Merkmale der Comicvorlage ins Filmbild zu transportieren, die sich ganz dem "Camp" verschrieben haben: aufdringlich grelle Kulissen, die Soundwords "bumm" oder "pow" als farbige Lettern im Bild, und zu Knallchargen verkürzte Superschurken. Neben dieser eher kultig-trashigen Interpretation existieren mehrere Zeichentrickserien und deren filmische Zeichentrick-Auskopplungen aus den 1980er und 1990ern.

Spider-Man erschien 1962 zunächst als eine unter mehreren Figuren im Heft Nr. 15 der Comic-Serie Amazing Fantasy im Marvel-Verlag. Ein Jahr später erhielt der von Autor Stan Lee und Zeichner/Co-Autor Steve Ditko erfundene Held unter dem Titel *The Amazing Spider-Man* eine eigene Serie. Spider-Man war der erste Superheld des amerikanischen Superheldengenres, der als Teenager konzipiert wurde und mit dem sich somit die meist jugendliche männliche Leserschaft identifizieren konnte. Der sozial ausgegrenzte Schüler Peter Parker hat auch dann noch mit privaten Problemen zu kämpfen (vor allem mit Mädchen und Taschengeld), nachdem ihn eine atomar verstrahlte Spinne in ein Halb-Mensch-Halb-Tier-Wesen verwandelt. Sein ausgeprägter Verantwortungssinn macht ihn phasenweise mehr zum Helden als seine Superkräfte. Der Erfinder Stan Lee über seine Erfindung, die er Spidey nennt:

> "Ich glaube, Spidey hat deshalb so einen bleibenden Eindruck hinterlassen, weil er vielleicht der realistischste Charakter unter allen Superhelden ist. Er hat nie genug Geld, steckt ständig in Schwierigkeiten, und die Welt jubelt ihm nicht gerade zu – im Gegenteil, die meisten Leute halten ihn für suspekt und trauen ihm nicht über den Weg. Kurzum, er ist in vielerlei Hinsicht ein Mensch wie Du und Ich."[252]

Die "freundliche Spinne aus der Nachbarschaft" kann auf keine konkreten literarischen oder medialen Vorbilder zurückgeführt werden. Stan Lee erwähnt, dass Spider-Man teilweise von *The Spider*

---

[252] DeFalco: *Spider-Man*, o.J., S. 1.

inspiriert wurde, einem Romanhefthelden aus den 1930er Jahren.[253] Seine Unfall-Herkunft, die er neben Hulk und Daredevil auch mit anderen im Marvel-Verlag erschienenen Superhelden teilt, ist gleichzeitig der Katalysator für die Helden des Silver-Age[254]: das missglückte naturwissenschaftliche Experiment, das die Furcht vor der Vernichtungsmacht und Unkontrollierbarkeit von Kernwaffen während des Kalten Krieges widerspiegelt.

Spider-Mans erste Cartoon-Serie für das Fernsehen entstand 1967, zehn Jahre darauf verfilmte E. W. Swackhamer den Comic-Helden mit Nicholas Hammond in der Hauptrolle unter dem Titel *Spider-Man - der Spinnenmensch*. Dieser TV-Film zog zwei Fortsetzungen nach sich: *Spider-Man schlägt zurück* (*Spider-Man strikes back*, 1978) und *Spider-Man gegen den gelben Drachen* (*Spider-Man - The Dragon's Challenge*, 1979). Eine TV-Serie (*The Amazing Spider-Man*) folgte 1978-1979 mit demselben Akteur als Protagonist.

Der Superheld **Hulk** wurde von Autor Stan Lee und Zeichner Jack Kirby entworfen und erschien im Mai 1962 sogleich in der eigenen Comic-Reihe *The Incredible Hulk* im *Marvel*-Verlag. Als das Naturwissenschaftsgenie Bruce Banner bei einem Feldversuch mit Gammastrahlung einen Jungen rettet, trifft ihn die Strahlenwolke und lässt in ihm regelmäßig den zerstörerischen Hulk entstehen, der erbittert gejagt wird, aber eigentlich nur in Ruhe gelassen werden möchte.

Hulks Charaktergestaltung setzt sich aus einer Kombination klassischer literarischer und filmischer Vorbilder zusammen: dem Monster aus *Frankenstein* (USA 1931, James Whale) und der Doppelgestalt *Dr. Jekyll und Mr. Hyde* (USA 1931, Rouben Mamoulian).[255]

---

[253] *Spider-Man* DVD Deluxe Edition, exklusiver Hintergrundkommentar. Zur Figurenkonstruktion siehe auch Gross: *Spider-Man Confidential*, 2002.

[254] Vgl. diesen Begriff bei Sieck: *Der Zeitgeist der Superhelden*, 1999. Ebenfalls durch nicht näher spezifizierte Weltraum-Strahlung modifizierte Helden sind die seit 1961 im Marvel-Verlag erschienenen *Fantastischen Vier*, verfilmt 2005 (USA, Tim Story).

[255] Hulk trat zuerst grauhäutig in Erscheinung, erhielt in späteren Ausgaben jedoch eine grüne Färbung, da die Drucktechnik die Farbe Grau nicht gleichmäßig darstellen konnte.

Stan Lee wirft bereits Anfang der 1960er Jahre die grundsätzliche Frage nach der ideologischen Verortung sowie den grundsätzlichen Möglichkeiten des Held-Seins auf, indem er akzentuiert, dass Hulk "kein typischer Held"[256] sei, wobei es auf die Definition des Begriffs "Held" ankomme. Er wollte ein "heroisches Monster" erschaffen, ein

> "Geschöpf, das im Grunde seines Herzens gut war, das aber von der Gesellschaft unentwegt gejagt und gehetzt wurde."[257]

Optisch orientierte sich die Figur Hulk in den ersten Comicausgaben in Frisur und kantigen Gesichtszügen an der Monster-Maske des Schauspielers Boris Karloff aus dem genannten Horrorfilm *Frankenstein*. Um dem Superhelden Hulk genug Komplexität zu verleihen,

> "betrat Bruce Banner die Bühne. Durch seine Hinzunahme schien die Serie die Züge einer griechischen Tragödie zu gewinnen. Wir hatten eine gequälte Seele, die nie wusste, wann sie sich unkontrollierbar in ein wütendes Monster verwandeln würde."[258]

Bereits 1966 entstand die *Marvel-Super-Heroes*-TV-Serie, in der Hulk eine Rolle spielt. Mit Bill Bixby als Dr. Banner und dem Bodybuilder Lou Ferrigno als Hulk wurden 1977 zwei TV-Filme gedreht, die eine TV-Serie nach sich zogen (1978 bis 1982). Nach 1982 wurde die Serie mit 13 Episoden im Animations-Format fortgesetzt. Ende der 1980er entstanden zwei Fernsehspecials: *The Incredible Hulk Returns* und *The Trial of the Incredible Hulk*.[259] Ein letzter Fernsehfilm entstand in den 1990er Jahren: *The Death of the Incredible Hulk*.

Daredevil wurde 1964 von Stan Lee und Bill Everett für den Marvel Verlag erfunden und erschien (wie Hulk) von Beginn an in einer eigenen Comic-book-Serie. Daredevil alias Rechtsanwalt Matthew "Matt" Murdock war der erste Superheld mit einer physischen Behinderung, er ist blind. Obwohl er nach einem Unfall mit radioakti-

---

[256] DeFalco: *Hulk*, 2003, S.7.
[257] Stan Lee weiter: "Der unglaubliche Hulk war meine ganz persönliche Hommage für *Frankenstein*." Ebd.
[258] Ebd. Auf die Doppelidentität der Superhelden geht die Arbeit in einem gesonderten Abschnitt ein.
[259] Dieser Film wartet zudem mit der ersten Realversion von Daredevil auf.

ver Säure über übermenschliche Radarfähigkeiten und ausgeprägte Kampfkunst verfügt, führt Daredevil als einer der ganz wenigen Superhelden eine als Blindenstock getarnte Waffe.[260] Ähnlich wie bei Batman unterzog Comiczeichner Frank Miller von 1979 bis 1983 die Figur einer Neuorientierung und etablierte *Daredevil* als eine der erfolgreichsten Serien des Marvel-Konzerns, indem er die Facette des gewaltbereiten Antihelden akzentuierte. Miller über Daredevil:

> "Er ist ein Held mit Fehlern, da er viel Gutes tun will und dabei viel Schaden verursacht. Matt hätte ein Bösewicht sein sollen. Er hatte eine schreckliche Kindheit. Sein Liebesleben ist schrecklich. Klar, die Mädchen sahen toll aus, aber am Ende starben sie alle."[261]

Unter Miller entwickelte sich Daredevil zur künstlerisch anspruchsvollsten Comic-Superheldenserie der 1980er Jahre. Erstaunlich mutet daher die Tatsache an, dass von Daredevil bis zum Jahr 1989 keine Realverfilmung produziert worden ist, sondern die Figur lediglich in einzelnen Episoden anderer Superhelden-Cartoonserien auftauchte, etwa Anfang der 1980er in der Serie *Spider-Man and his Amazing Friends*, dann 1990 bei den *Fantastic Four* und wieder bei *Spider-Man: The Animated Series*. 1989 schließlich trat Daredevil, dargestellt von Rex Smith, im Fernsehfilm *The Trial of the Incredible Hulk* auf.

Der 2005 auf DVD erschienene *Daredevil Director's Cut* ist 30 Minuten länger als die Kinofassung von 2003 und umfasst einen weiteren Subplot.

Die Idee, Superheldencomics für Film und Fernsehen zu adaptieren, ist kein Novum der letzten 25 Jahre, sondern eingebunden in einen jahrzehntelangen Prozess der intermedialen Verquickung von Comic und Film. Seit dem ausgehenden 19. Jahrhundert, als beide Medien nahezu parallel entstanden sind, haben sie sich gegenseitig thema-

---

[260] Batman trägt ebenfalls Waffen und verwendet weitere technische Hilfsmittel.
[261] DVD *Daredevil* Director's Cut, 2005.

tisch, semantisch und ästhetisch beeinflusst.[262] Zeichner von Action-, Abenteuer- und Superheldencomics haben sich von filmsprachlichen Ausdrucksmitteln ebenso inspirieren lassen wie Filmemacher Comicspezifische Erzählmodi aufgriffen, so dass beide Medien nahezu identische Termini visuell-ästhetischer Instrumentarien entwickelten, sie übereinstimmend benennen und deren Gebrauch perfektionierten: u.a. Close up, Totale, Schnitt, Perspektive.[263] Die permanente Weiterentwicklung und ästhetische Verzahnung beider Medien speist sich bis in die Gegenwart aus der immer neuen Komposition von Bild, Text und Ton, wobei sich der Film über digitale Bildbearbeitung der schier grenzenlosen Phantasie der Comics anzunähern beginnt.

Bereits in den 1930er Jahren entstand in Amerika die ideale Entsprechung des jungen Comicbooms: das (Movie-)Serial, eine Art filmische, 15 - 20 Minuten lange Fortsetzungsgeschichte, die periodisch im Kino gezeigt wurde – zumeist in Samstagvormittag-Matineen oder als Vorfilm vor dem eigentlichen Hauptfilm. Simon Ofenloch zählt in seiner Monographie *Mit der Kamera gezeichnet. Zur Ästhetik realer Comicverfilmungen* ganze 231 Serials in den Jahren zwischen 1930 und 1956 auf.[264]

---

[262] In den Comicwissenschaften besteht Unklarheit darüber, ob als erster "richtiger" Comic *Down Hogan's Alley* von Richard Felton Outcault gilt, der 1895 in der *New York World* erschien, oder *The Yellow Kid*, ebenfalls von Outcault, der 1896 als Nachfolger von *Down Hogan's Alley* erstmalig einen Protagonisten in Serie präsentierte. Die Diskussion scheint nicht abgeschlossen, da Eckart Sackmann in der historischen Ausgabe 14/1894 der *Nürnberger Lustige Blätter* den Sprechblasencomic *Ein Bubenstreich oder Die schlafende Schildwache* des heute nicht mehr bekannten Zeichners W. Schuh entdeckte: http://www.comicforschung.de/fund stuecke/fundbubenstreich.html (Zugriff am 13.08.2014).
Zur Comicgenese: Platthaus: *Im Comic vereint*, 1998; Dolle-Weinkauff: *Comics*, 1990; Metken: *Comics*, 1970; der Bildband *Comic-Welten*, 1992.

[263] Vgl. zum medialen Transformationsprozess: Mosacti: *Comics und Fillm*, 1988; Ofenloch: *Mit der Kamera gezeichnet*, 2007; Knigge: *Comics*, 1996. Eine Zwischenstelle zwischen Comic und Film dürfte das beim Filmdreh verwendete Storyboard einnehmen. Vgl.: Begleiter: *Storyboard*, 2003.

[264] Ofenloch: *Mit der Kamera gezeichnet*, 2007, S. 14. Das thematische und personelle Repertoire der Abenteuer- und Superheldencomics bot den produktionsästhetischen und ökonomischen Vorteil, bereits eine visuelle Vorlage zu liefern, die mit einfachen Mitteln umgesetzt werden konnte.

Nachdem in den 1950er Jahren das Kino allmählich vom Fernsehen als Massenmedium abgelöst wurde, verlagerte sich die Adaption der Comics in das neu entwickelte Format der Fernsehserien. Dieser Prozess kehrte sich 20 Jahre später wieder um, als sich ab Ende der 1970er Jahre der amerikanische Kinofilm den Pop-Kosmos in Form von Action-Blockbustern öffnete, die bekannten Superheldencomics als Geschichten-Steinbruch rehabilitierte und mittlerweile einen wahren Boom an kommerziell erfolgreichen Superheldenfilmen losgetreten hat. Dieser Effekt lässt sich ebenso im journalistischen Diskurs ablesen. Nationale wie internationale große Tageszeitungen rezensieren die erscheinenden Filme in erheblichem Umfang, Print- und Onlinemagazine widmen ihnen gar eigene Titel.[265]

5.1
Laufende Bilder des Kinos – starre Bilder des Comics?

Der eindrücklichste Unterschied zwischen dem Erzählmuster des Comics und dem des Films – neben dem offensichtlichen Defizit des Tons beim Comic – ist das Potenzial zur unterschiedlichen Darstellung von Bewegung. Das statische Layout der Comics steht in Kontrast zur Beweglichkeit und dynamischen Montage der Filmbilder.[266] Und dennoch differenziert die Erzähltechnik beider Medien lediglich aufgrund ihrer produktionstechnischen Gegebenheiten. Comic und Film berühren sich in einem wesentlichen Punkt: Sie erzählen Geschichten mittels linear fortlaufender, bildhafter Sequenzen und stellen durch Komprimierung des Handlungsverlaufs visuelle und inhaltliche Sinnzusammenhänge her. Herausgehobene Ausschnitte

---

[265] Z.B. die Zeitschrift *Schnitt* in ihrer Ausgabe 02/2007. Auch die Zeitschrift MAX publizierte bereits 2005 eine Comic-Ausgabe, in der Interviews und Reportagen von den besten Comiczeichnern der Welt illustriert wurden. MAX, Nr. 5, 28.4.2005.

[266] Die vorliegende Arbeit versteht sich nicht als Analyse des Mediums Comic. Sie beschränkt ihren Gegenstand auf den Action- und Superheldencomic. Zur Narratologie und Theorie des Comics siehe z.B. Hein/Hüners/Michaelsen (Hg.): *Ästhetik des Comic*, 2000; McCloud: *Comics richtig lesen*, 1994; Schüwer: *Erzählen in Comics*, 2002. Auch Weltliteratur wie "Moby Dick" wurde im Comic aufgegriffen. Siehe hierzu: Schmitz-Emans: *Literatur-Comics*, 2012.

werden dabei in verschiedenen Einstellungsgrößen gezeigt und per Montage aneinandergereiht.

Um die unterschiedlichen Gestaltungsprinzipien von Bewegung in beiden Medien besser fassen zu können, zeigt dieser Abschnitt die verschiedenen technischen und grafischen Darstellungsmittel des Comics in ihrer jeweiligen Opposition zum Filmmedium auf – eingegrenzt auf ihren für den Untersuchungsgegenstand erforderlichen Grad.

Während bis in die 1970er Jahre hinein in Deutschland der Comic noch weitgehend als manipulative, der niederen Triebbefriedigung dienende Trivialliteratur verteufelt wurde,[267] ist inzwischen unumstritten, dass der Comic als sequentielle Kunstform zu den komplexesten Erzählmedien zählt, wenn nicht gar *das* komplexeste Erzählmedium, darstellt. Der Comic zeichnet sich

> "durch eine widersprüchliche und multilineare Organisation von Bild und Text aus – gekennzeichnet von Fragmentarisierung, Überdeterminierung, Doppelcodierung und Polyphonie."[268]

Die Herausforderung an den Leser, aus der einzigartigen medienästhetischen Wort-Bild-Kombination des Comics eine linearkausale Handlung zu extrahieren, ist lange Zeit verkannt worden. Im Gegensatz zur Einschätzung von Oswald Wiener, dass die Comics "unmöglich 'Denken' vermitteln können, da sie Denkvorgänge bei dem Leser nicht in Gang setzen können",[269] bestimmt der Leser die Geschwindigkeit der Informationsaufnahme und -verarbeitung beim Comic autonom, während der piktorale Fluss des Kinofilms unaufhaltsam am Betrachter vorüberzieht.

Das bewegte Bild, das der Zuschauer während der Filmvorführung kognitiv wahrnimmt, entsteht aus einer gleichmäßig angeordneten Reihung von Einzelframes, die im Lichtstrom eines kontinuierlich ablaufenden Projektors auf eine Leinwand projiziert werden. Der

---

[267] Vgl. Cordt: *Der Rückfall ins Primitive*, 1954; Hesse (Hg.): *Schmutz und Schund unter der Lupe*, 1955; Doetinchem/Hartung: *Zum Thema Gewalt in Superheldencomics*, 1974.
[268] Meteling/Suhr: *Schrift-/Bilder*, 2000, S. 281.
[269] Zimmermann (Hg.): *Vom Geist der Superhelden*, 1973, S. 145.

Zelluloidstreifen bewegt sich mit einer Rate von 24 Bildern pro Sekunde vorwärts. Diese schnelle Abfolge suggeriert im Zusammenspiel mit minimalen Positionsänderungen im Frame aufeinanderfolgender Einzelbilder ein lineares Bewegungskontinuum.[270] Da die Wahrnehmung des Rezipienten an das Filmbild geheftet ist, eröffnet sich auf der Leinwand eine Illusion der Welt in "Realzeit". Findet indes keine Positionsänderung innerhalb der Frames statt, stellt sich das *Freeze Frame* ein, die Suggestion eines Stillstands.

Die Rezeptionssituation des Comics hat für den Inhalt zweier unmittelbar aufeinander folgender Bilder, den Panels, zur Konsequenz, dass sie entweder Kontinuität oder Diskontinuität erzeugen können, auf jeden Fall eine Lücke aufweisen - beim Film wäre diese Differenz bei zwei unmittelbar aufeinander folgenden Frames für das menschliche Auge unsichtbar. Panels werden zwar intentional linear gelesen, sind aber flächig, d.h. nonlinear auf der Seite verteilt. Der Leser muss seine Phantasie einsetzen, um aus fragmentiertem Text, Bild und Symbol eine Handlungseinheit zu bilden. Der Comic Strip erinnert visuell an einen Filmstreifen: Einzelbilder präsentieren jeweils einen Handlungsausschnitt und frieren Bewegungen – und damit die Zeit – ein.[271] Diese Einzelbilder können aber im Gegensatz zum Film einerseits vom Rezipienten gesondert betrachtet werden und sind andererseits jederzeit in den Kontext rückführbar. Auch besteht die Möglichkeit, zwischen den Heftseiten vor- und zurückzublättern.

Die Leserichtung bewegt sich im europäischen Comic von links nach rechts und Zeilenweise von oben nach unten. Aus dem Spannungsverhältnis von eingefrorener Dynamik des Bildes und kognitiver Aktivität des Lesers gewinnt der Comic seinen Vorteil, den er aus-

---

[270] Vgl. Richter: *Digitaler Realismus*, 2008, S. 44.
[271] Zu den Parallelen gestalterischer Möglichkeiten von Film und Comic: Fuchs: *Batman, Beatles, Barbarella: Der Kosmos in der Sprechblase*, 1985. Zur je spezifischen Montagetechnik in Comic und Film: Ihme: *Montage im Comic*: http://www.comicforschung.de/tagungen/06nov/06nov_ihme.pdf. (Zugriff am 13.08.2014).

spielt, um Bewegungen darstellen zu können. Von Panel zu Panel vergeht kontinuierlich Handlungszeit, die der Leser aufgrund graphischer Informationen oder persönlicher Erfahrungswerte über die Dauer eines Ereignisses (z.B. das Anzünden einer Zigarette) konstruieren muss. Die Leserichtung wird dabei visuell gelenkt, da einige Bildelemente aufgrund ihrer Signalwirkung die Aufmerksamkeit auf sich ziehen, indem sie beispielsweise proportional großflächiger gezeichnet werden oder eine abweichende Rahmung aufweisen. Auch ist es geübten Comiclesern möglich, sich innerhalb weniger Sekunden einen Überblick über eine Panelsequenz zu verschaffen. Dabei steht es dem Rezipienten frei, entweder zuerst den Text (Textteile oder Textfragmente) zu lesen oder die Panels zu betrachten, wobei aufgrund der visuellen Reize zumeist zuerst die Bildinhalte überblicksartig erfasst werden. Danach wird der Text gelesen, für den subjektiv mehr Zeit benötigt wird.[272]

Der Text wird entweder in Sprech- oder Denkblasen, den *Balloons*, oder Blockkommentaren, den *Captions*, mitgeteilt, wobei verschiedene graphische Formen und Umrandungen der Blasen Hinweise auf den je spezifischen Gemütszustand der sich äußernden Figur geben. Das gleiche gilt für das *Lettering*, den gestalteten Text von Hand oder per Schreibmaschine, wobei Schrifttyp und Schriftfarbe den Sprecher/Denker charakterisieren. Text und Panel transportieren dabei gleichwertig den Inhalt und zielen auf synästhetische Wirkung:

> "In Comics wird die Schrift *auch* betrachtet, und Bilder werden *auch* gelesen. [...] Beide gemeinsam konstituieren das *panel*."[273]

Mitunter ergänzen oder ersetzen Bildsymbole, Onomatopöien oder Piktogramme den Text durch Herzen, Blümchen, Sterne, Fragezeichen, Gewitterwolken etc. Deren Bedeutung muss der Leser erst herstellen; gewöhnlich werden für sich wiederholende Gemütszu-

---

[272] Nichtsdestoweniger kann der Text simultan zum Bild rezipiert werden. Eine den Kommentaren und Sprech- oder Denkblasen vergleichbare Funktion haben *Inserts*, die ohne Umrandung im Panel stehen. Zur Untersuchungen der Wort-Bild-Korrelation vgl. z.B. *Comic Welten*, 1992; Scott McCloud: *Comics richtig lesen*, 1994.
[273] Schüwer: *Erzählen in Comics*, 2002, S. 210.

stände die gleichen Symbole verwendet, z.B. eine schwarze Wolke für Zorn.

Martin Schüwer zeigt in seinem Aufsatz *Erzählen in Comics: Bausteine einer plurimedialen Erzähltheorie*,[274] dass Gilles Deleuzes Überlegungen zu Bewegungsabläufen im Kinofilm durchaus für die Erzähltheorie des Comics nutzbar gemacht werden können.[275] Deleuze klassifiziert die Film-Elemente in unbewegliche und bewegliche Schnitte. Der bewegliche Schnitt bezeichnet ein in sich bewegtes und bewegliches Gebilde, das von zwei Filmschnitten begrenzt ist und damit die kleinste filmische Einheit darstellt: das Bewegungs-Bild, ähnlich einer singulären Kameraeinstellung. Es friert den Augenblick aber nicht ein, sondern präsentiert ein dynamisches Geschehen, das jeweils auf einen bestimmten Zeitraum bezogen bleibt:

> "Die Einstellung ist das Bewegungs-Bild. Insofern sie die Bewegung auf ein sich veränderndes Ganzes bezieht, ist sie der bewegliche Schnitt auf Dauer."[276]

Deleuze unterscheidet zudem zwischen den Verfahren der Antike und der Moderne, zwischen antiker *Pose* und dem modernen *Momentschnitt*:

> "Für die Antike verweist die Bewegung auf intelligible Elemente: Formen oder Ideen, die selbst ewig und unbeweglich sind. [...] Eine so aufgefasste Bewegung besteht also im geregelten Übergang von einer Form zur anderen, das heißt in einer Ordnung von *Posen* oder *hervorgehobenen Momenten* wie in einem Tanz."[277]

Schüwer hebt die Pose, die bei Deleuze auf etwas Transzendentes verweist, unter Bezugnahme auf die Sportpsychologie auf eine Ebe-

---

[274] Schüwer: *Erzählen in Comics*, 2002. Vgl. Ders.: *Visuelle Aspekte der erzählerischen Sprache der Comics: Senso-motorisches Bild und Zeit-Bild*. In: Brunken/Giesa (Hg.): *Erzählen im Comic*, 2013.
[275] Deleuze: *Kino 1: Das Bewegungs-Bild*, 1997.
[276] Ebd., S. 40. Demgegenüber steht das über Montagetechniken sichtbar gemachte Intervall, das Zeit-Bild. Zu der Auseinandersetzung mit dem Zeit-Bild vgl. Kerstin Volland: *Zeitspieler*, 2009.
[277] Deleuze: *Kino 1: Das Bewegungs-Bild*, 1997, S. 16f.

ne, "die die Einfühlung in die Bewegung" erleichtert.[278] Da sie eine Position einnimmt, an der die Bewegung ihre Richtung wechselt, kennzeichnet die Pose einen Moment, der zwischen äußerstem Stillstand und höchster Dynamik ausgerichtet ist. Schüwers Abgrenzung zwischen dem "genauen Moment des Bewegungswechsels, der ein Moment der Ruhe ist und dem daher etwas Statisches anhaftet"[279] und einer "Position kurz davor, der noch die Dynamik eines durchgezogenen Schlages innewohnt",[280] weist einen gewissen Interpretationsspielraum auf. Der herausgehobene Moment wird im Comic auf zwei Arten eingesetzt: in "mythischen Heldenkämpfen" wie auch bei "akrobatischen Bewegungsabläufen", letztere "im Sinne der Einfühlung".[281]

Posen bieten die Gelegenheit, dominante Akzente der Heroisierung zu setzen und offenbaren eine Tendenz zur Übertreibung der ohnehin hypertrophen Heldenkörper. Sie werden aus leichter Untersicht gezeichnet und finden auf bildgestalterischer Filmebene ihr Pendant in einer leichten Kamerauntersicht.[282] Obgleich die kraftvoll-maskuline Pose die adäquate Ausdrucksmöglichkeit für kämpfende Körper im Superheldencomic ist, lassen sich gleichfalls Posen auffinden, die zeitenthoben und statisch anmuten. Batman, Spider-Man und Daredevil nehmen wiederholt Statuengleiche Posen auf Dächern und Hausvorsprüngen ein. Dort sinnen sie über ihr Handeln und integrieren sich zugleich in ihren urbanen (Lebens-)Raum. Auf die konkreten Superheldenfilme bezogen ergibt sich folgendes Bild: Dialogszenen werden häufiger als heroisierende Posen eingesetzt, um die Heldenfigur zu charakterisieren. Zudem nimmt der Aspekt hybrider Bildgestaltung an Bedeutsamkeit ebenso zu wie der künstlerische Anspruch, den psychologischen Entwicklungsprozessen der Heldenfigur (relativ) viel Erzählraum zu geben.

---

[278] Schüwer: *Erzählen in Comics*, 2002, S. 190.
[279] Ebd., S. 190f.
[280] Ebd., S. 191.
[281] Ebd.
[282] Alternativ kann eine heroisierende Pose aus Obersicht gefilmt bzw. gezeichnet werden, wodurch der Held kleiner und menschlicher wirkt.

Momentschnitte formen hingegen einen beliebigen Ausschnitt der Realität, willkürlich durch "jeden beliebigen Moment",[283] ähnlich einer Momentaufnahme, die die Zeit in einem fixen Moment anhält. Er korrespondiert mit einem Schnitt auf eine ungerichtete, noch im Beweglichen verhaftete Zwischenbewegung des Körpers. Diese findet im Comic seltenere Umsetzung, da sie die Einfühlung in die dargestellte Bewegung erschwert.[284]

5.2
Erzählen über Bewegungsdarstellungen im Comic

Während Bewegung – sei es von einem Körper, einem Objekt oder von Kamerabewegungen ausgehend – im Kinofilm kontinuierlich (und damit in einer bestimmten Zeitspanne) abläuft, ist die Bewegungsdarstellung im statischen Einzelbild des Comics komplizierter. Sie ist gleichsam in einer Momentaufnahme eingefroren, der bis in alle Ewigkeit dieser Moment bleibt. Und doch verfügt der Comic über Strategien, eine Einzelbildinformation in die Illusion einer fließenden Bewegung zu übersetzen. Im Gegensatz zum Film stellt er ein Bewegungskontinuum nicht über die Zeit, sondern über den Raum her: im *Dazwischen*, in der graphischen Leerstelle zwischen zwei Panels. Denn die Betonung des Zwischenraums fordert zugleich seine Überwindung.

Für ein erstes Erfassen einer konstant ablaufenden Handlung sind die räumliche Verteilung der Panels auf einer Comic-book-Seite zu einem homogenen Ganzen sowie eine klare räumliche Konstellation der Akteure innerhalb eines Panels hilfreich. Bildaufbau, Bildinhalt, Bildsymbolik, Mimik und Gestik, Seitengliederung, Farbgebung, Format und Umrandung des Einzelbildes sind hierbei von Bedeutung. Es bedarf allerdings vorrangig der Phantasie und Interpretati-

---

[283] Deleuze: *Kino 1: Das Bewegungs-Bild*, 1997, S. 17.
[284] Um die Illusion ihrer Dynamik zu erwecken, werden Zwischenbewegungen im Comic vorwiegend mit Geschwindigkeitslinien, so genannten *Speed lines*, gezeichnet.

on des Lesers, die einzelnen Momentaufnahmen konstruktiv in eine lineare Sequenz zu übersetzen, um aus der Reihe starrer Bilder eine flüssige Bewegungsdarstellung zu suggerieren.

Die Bewegung lässt sich im Comic auf mehreren Ebenen darstellen:
1) durch Induktion des *Zwischenraums* zweier Panels. Da sich die Panels prozesshaft zu einer linearen Sequenz verbinden, liegt die Bewegungsdarstellung zwischen den Panels.
2) durch graphische Bewegungsdarstellung *innerhalb* des Panels. Hierzu zählen *Speed lines*, die Aufteilung einer Comicseite, das Einfrieren eines besonders dynamischen Punktes der Bewegung in einer Pose oder das Betonen einer beliebigen Zwischenbewegung.
3) durch Montage mehrerer Panels zu einer Sequenz. Viele kleine Panels = Zeitlupe, ein großes Panel = Innehalten der Action.

Der amerikanische Comicforscher Scott McCloud erkennt (nicht nur) sechs verschiedene Modi des Übergangs von einem (Handlungs-)Panel zum nächsten, von denen sich zwei auf je unterschiedliche Formen der Bewegungsdarstellung beziehen: Beim Übergang *von-Handlung-zu-Handlung* steht jedes Panel für eine eigene Handlungseinheit, während der *von-Augenblick-zu-Augenblick*-Übergang verschiedene Stufen der gleichen Handlung präsentiert.[285] Beide Übergangsformen beeinflussen den Rhythmus des Wahrnehmungsprozesses, denen ein Faktor gemeinsam ist: der Zwischenraum der Panels. Dieser graphisch inszenierte Zwischenraum fordert die Phantasie des Lesers und ist in der deutschen Comicforschung mit unterschiedlichen Termini besetzt: McCloud bezeichnet ihn als *Gutter*,[286] Bernd Dolle-Weinkauff dagegen verwendet den Terminus *Hiatus*.

---

[285] McCloud: *Comics richtig lesen*, 1994, S. 78ff.
[286] Ebd., S. 47. Die deutsche Ausgabe übersetzt *gutter* nur teilweise wortgetreu mit "Rinnstein". Die differenzierte Terminologie unterstreicht die (noch) mangelhafte eigenständige Comic-Narratologie in Deutschland. Im Folgenden findet der Begriff Gutter Verwendung.

Das üblicherweise in der Farbe Weiß gehaltene Gutter wird als Hintergrund zu den schwarz umrandeten Panels wahrgenommen. Mittlerweile färben Comiczeichner den Zwischenraum auch schwarz, bunt oder lassen das Gutter ganz entfallen, etwa wenn mehrere kleinere Panels in ein größeres dynamisch integriert werden. Die kleinen Panels werden dann nur über einen schmalen schwarzen Rahmen abgegrenzt. Der Interpretation eines kontinuierlichen Bewegungsflusses ist diese graphisch komplexe Anordnung jedoch nicht abträglich, sie intensiviert sogar die induktive Leistung des Rezipienten, wie McCloud feststellt:

> "Hier, in der Grauzone des Rinnsteins, greift sich die menschliche Phantasie zwei separate Bilder und verwandelt sie zu einem einzigen Gedanken."[287]

Die Zeitspanne, die der Leser aktiv zwischen die einzelnen Augenblicksauschnitte interpretiert, bleibt seiner individuellen Lesegeschwindigkeit und Phantasie überlassen, sofern er keine textuellen Informationen erhält ("am nächsten Morgen"; "gleich danach" etc.).

Neben der aktiven Teilnahme des Lesers versuchen Zeichner mittels graphischer Mittel, das statische Einzelbild selber "in Bewegung zu versetzen", um (Handlungs-) Zeit vergehen zu lassen. Dies geschieht überwiegend mit Hilfe von *Speed lines*.[288] Sie treten als Fläche oder in geschwungener Linienform hinter den bewegten Objekten auf und können durch ihre Form und Häufigkeit auch Art und Geschwindigkeit der Bewegung darstellen. Gelegentlich erscheinen sie auch als Geschwindigkeits*flächen*. Wie eng die künstlerischen Gestaltungsweisen von Comic und Film verzahnt sind, zeigt ein weiterer Modus der Bewegungsdarstellung. Statt auf Körperbewegung

---

[287] Ebd., S. 74.
[288] *Speed lines* sind international und Genreübergreifend ein geläufiges Mittel zur Bewegungsdarstellung innerhalb eines Panels. Daneben kommen auch Schlieren/Verwischungen der Bewegung oder Verwackelungseffekte zum Einsatz. Diese Techniken sind abhängig von Zeichner, Erscheinungsland und Genre des Comics. Im französischen Comic *Asterix* verwenden Zeichner oft Verwackelungseffekte, während in den 1960er Jahren in den USA mit dem graphischen Verwischen einer Bewegung experimentiert wurde. Beide Verfahren orientieren sich an überlangen fotografischen Blenden-Einstellungen. Vgl. McCloud: *Comics richtig lesen*, 1994, S. 120ff.

kann der Comiczeichner den Akzent ebenso auf das "Vorbeiziehen" der Umgebung am Betrachter setzen. Dadurch wird ein "selbst bewegtes *panel* evoziert, das einer Kamerafahrt im Film vergleichbar ist."[289] Schüwer schlägt für dieses Darstellungsmittel den Begriff "Fließlinien" vor.[290]

Einen für die Bewegungsimagination nicht zu unterschätzenden Faktor stellt die Körperbewegung dar, die in unterschiedlichen Bewegungsphasen und wechselnder Perspektive wiedergegeben werden. Der Standpunkt, den Georg Seeßlen in seinem Aufsatz *Gerahmter Raum – gerahmte Zeit* (2000) einnimmt und dort in der zeichnerischen Bewegungsstruktur von Helden- und Actioncomics einen durchweg ideologischen Charakter zu erkennen glaubt, scheint eher fragwürdig zu sein. Er identifiziert hinter dem graphischen Aufbau eines einzelnen Panels

> "ein moralisches Raster für Bewegungen, das offenbar über alle Kulturen hinweg gültig ist. Darin ist die Bewegung von links nach rechts eine Bewegung von der Vergangenheit in die Zukunft, eine Bewegung von unten nach oben die Bewegung von der Verdammnis zur Erlösung. Dabei ist auf der anderen Seite das linke untere Viertel eines Bildes dem der weiblichen, das rechte obere Viertel eines Bildes dem der männlichen Wesenheit zugeordnet. Die 'heroische' Bewegung im Bild oder die Zusammensetzung dieser Bewegung in der Abfolge der Panels führt also stets von links unten nach rechts oben."[291]

Ein Superhelden- oder Actioncomic, der nach dem oben beschriebenen Muster gezeichnet wäre, zöge eine vorhersehbare, monotone und daher kaum Spannung erzeugende Erzählstrategie nach sich. Zudem beweist ein Blick in eine beliebige Auswahl an Superheldencomics in einer beliebigen Zeit von 1940 bis in die Gegenwart, dass sich Seeßlens Muster so gut wie nie realisiert. Eine spannende, actiongeladene Geschichte zu erzählen, indem die gerichtete Körperbewegung einer Figur innerhalb eines Panels konstant von links unten nach rechts oben und damit "fest situiert in einem historisch-moralischen Kontinuum"[292] erfolgt, ist nahezu unmöglich. Zumal

---

[289] Schüwer: *Erzählen in Comics*, 2002, S. 190.
[290] Ebd.
[291] Seeßlen: *Gerahmter Raum – gerahmte Zeit*, 2000, S. 81
[292] Ebd., S. 82. Zum Medienwechsel vom Comic in den Film vgl. Caneppele/Krenn: *Film ist Comics*, 1999.

sich die Perspektiven der Actioncomics vermehrt an filmsprachlichen Gestaltungsmöglichkeiten orientieren, die im Umkehrschluss das behauptete historisch-moralische Kontinuum für jedes einzelne Bewegungsbild im Film herstellen müssten.

Ein weiterer Punkt lässt sich zu den beiden bereits genannten anführen: die optische Organisation der Panels, die, konträr zum stets identisch großen Filmbild, extrem variabel ausfallen kann. Während der Film (auch durch Musik) Stimmung und Atmosphäre erzeugen kann, indem er die Kamera eine Weile stehen lässt, sind Größe, Form und Rahmengestaltung signifikante Indikatoren für den Handlungsablauf im Comic und haben Auswirkungen auf das Rezeptionsverhalten. Ein "stummes" Solitärpanel kann den Eindruck von Zeitlosigkeit hervorrufen, indem es einer Bedeutungsaufgeladenen Augenblicksdarstellung entspricht; ein breites Panel hingegen beeinflusst das subjektive Zeitempfinden dahingehend, dass man den Eindruck hat, es "dauert länger".[293] Diese graphischen Kompositionen betonen im Superheldencomic das individuelle in-sich-gehen des Protagonisten vor dem entscheidenden Kampf, nach einer privaten Auseinandersetzung oder im Schlussbild der Geschichte – und nicht immer vermittelt es die "typische" heroische Pose.
Mehrere hintereinander montierte schmale Panels nahezu identischen Gehalts suggerieren eine Dehnung der Zeit, ähnlich einer filmischen Zeitlupe. Zugleich aktiviert dieser Modus den Eindruck, einem "authentischen", harmonischen Bewegungsablauf zu folgen.
Kamerabewegungen werden ebenso oft vom Comic imitiert, wie dieser mit verschiedenen filmischen Schnitt- und Montagetechniken experimentiert.[294] Dabei entspricht der Wechsel von Panel zu Panel einer Einstellung im Film, das Gutter simuliert eine Kamerafahrt oder einen Schnitt. Das Transformationsexperiment, Filmsprachliche Mittel auf den Comic zu übertragen, stößt jedoch an seine medialen Grenzen ob der Kürze und Komprimiertheit der Comics. Der

---

[293] Vgl. McCloud: *Comics richtig lesen*, S. 108ff.
[294] Was der Comic dagegen nicht herstellen kann, ist die nahtlose Schärfenverlagerung in der Raumtiefe innerhalb eines Panels.

Eindruck einer koordinierten Bewegung bleibt zumeist lückenhaft, da sie weder gerichtet noch genau nachvollziehbar ist.

Infolge dieser überblicksartigen Perspektiven, die auf die differenzierenden Bewegungsgenerierenden Darstellungsverfahren im Comic geworfen wurden, kann festgehalten werden, dass der Film Bewegungen über Verzeitlichungs- und Dynamisierungsprozesse vermittelt, während sie der Comic primär innerhalb der Raumdimension gestaltet, die dem Panel (oder der Comicseite) zur Verfügung stehen. Die Bewegung innerhalb eines Comicpanels ist somit ausschließlich als Positionsänderung im Raum definiert, da der Leser den entsprechenden Zeitfaktor aus dem Kontext erschließen muss. Das Problem der Bewegungsadaption von Superheldencomics löst der Film auf den ersten Blick also dadurch, dass er in der kinematographischen Bildfolge das räumliche Nebeneinander der Comics in ein zeitliches Nacheinander einzelner Bilder im Projektionsprozess übersetzt. Dadurch ergibt sich aber eine zeitliche Verlängerung der Bewegung, die nicht – wie im Comic – allein aus einzelnen hervorgehobenen Momenten bestehen kann.

Vergleichbar mit den narrativen Basisformen der Filmkomposition, die Wuss kategorisiert, weist Schüwer auf die rezipientenseitig nötige Dechiffrierung verschiedener Informationsmerkmale hin:

> "Textmerkmale agieren als Stimuli [...] und aktivieren beim Rezipienten sowohl literarische als auch realweltliche kognitive Schemata bzw. frames. [...] Im Wechselspiel zwischen diesem Vorwissen und den textuellen Informationen entstehen im Rezeptionsprozess fiktionale Welten."[295]

Narration und Dramaturgie erstrecken sich folglich beim Comic auf die Koordinierung von starren Bildern, Text, Symbolen zu einer

---

[295] Ebd., S. 187. Der Einsatz von Onomatopöien im stummen Medium Comic ist im Grunde genommen redundant, da die essentielle Information bereits im Bild gegeben ist: dass ein Telefon klingelt, wird überwiegend durch gezackte "Schall"-Linien visualisiert, die einen durch den Klingelton bebenden Apparat simulieren; es bedarf daher nicht des Wortes "klingel" im Panel. Onomatopöien kommen bis auf die Parodie *Batman hält die Welt in Atem* (USA 1966, Leslie H. Martinson) in keiner Comic-Superheldenverfilmung vor. Vgl. Havlik: *Lexikon der Onomatopöien*, 1981.

linearen Sequenz. Ihr Sinn erfolgt interaktiv durch die Rezeptionsbeteiligung des Lesers, die durch graphische Fertigkeiten des Künstlers optisch geleitet und unterstützt wird.

Infolge der differenzierten Verwendung von Bewegungen *der* Bilder und *in* Bildern unterscheidet sich die Rezeptionssituation zwischen Comic und Film. Da im Comic immer eine sichtbare Einheit vorliegt, in Form mindestens eines graphisch gestalteten Panels, räumt er dem Leser somit die Souveränität ein, Tempo und Rhythmus der Rezeption individuell zu gestalten. Die Einzelbilder bleiben dabei erhalten, können daher gesondert betrachtet werden, sind aber jederzeit in den Kontext zurückführbar. Die Diskontinuität der fragmentierten Handlung ergibt erst im kognitiven Zusammenspiel mit Text und Symbolen eine kausal-lineare Erzählstruktur.

Der Film bedingt andere perzeptivische Erfahrungen. Obwohl sich der (analoge) angehaltene Filmstreifen kontextlos auf das jeweilige Einzelbild reduzieren lässt, und somit ausschnittweise einer Comicseite ähnelt, kontrolliert er die Zeit, sobald der Projektor anläuft. Er macht Bewegungsabläufe und Bewegungsdarstellungen unmittelbar sinnlich erfahrbar, da sie in einem kontinuierlichen piktoralen Fluss vorüberziehen und Bewegungsflüsse nicht erst von der Phantasie des Zuschauers kognitiv "hergestellt" werden. Der Zuschauer, dessen Blick auf die Leinwand fixiert ist, nimmt das Prozessuale der (überwiegend) in Echtzeit ablaufenden Bewegung als Realabbildung war. Erst abweichende bildästhetische Formen wie Zeitdehnung oder Zeitraffung (etwa durch Zeitlupe oder Schärfenverlagerung) durchbrechen die realistische Illusion der Filmerzählung, wodurch sich eine temporäre analytische Haltung seitens des Rezipienten einstellt. Der filmtechnische Effekt der Zeitdehnung ist im vorliegenden Superheldenfilm *Spider-Man* vornehmlich an Visualisierungsstrategien der Superkräfte gebunden.

Der Kinofilm kann ein scheinbar kontinuierliches Geschehen vor Augen führen, während sich der Comic gerade durch die Diskontinuität auszeichnet, die nur bestimmte Stadien einer Handlung zeigt, aber dennoch Bewegung zu generieren vermag. In welcher Weise re-organisieren film- und computergestützte Innovationen konventionelle Bewegungsabläufe (und mit ihnen die präsentierten Heldenbilder)? Und wie beeinflussen sie das Visual Design der Comic-Superheldenfilme?

5.3
Computergestütztes Erzählen im Film

Durch seinen – für den Rezipienten in Echtzeit ablaufenden – Zeitfluss der Objekt- und Körperbewegung suggeriert der Superheldenfilm den Anschein des Natürlichen, da die fiktiven Abenteuer in den Schein der Realität eingebettet sind, um *Real-Life*-Charakter und letztlich emotionale Nähe zum Protagonisten herzustellen. Unerheblich ob Analogmaterial, digitale Animation oder hybride Komposition: die Illusion der Realität wird ironischerweise stets durch künstliche Mittel hergestellt, da Hollywood dem Regelwerk des *Continuity System*[296] folgt, einem standardisierten Regelwerk für die "unauffällige" Präsentation von Objekten, Schauspielern und ihrem Verhalten, und um Kamera- und Schnitttechnik hinter dem Bildinhalt "verschwinden" zu lassen. Dazu gehören standardisierte Kameraperspektiven und -bewegungen, die Einordnung der Figuren in einen Handlungsraum durch *Master Shots*, der *Cut on Action* bei Bewegungsabbildungen, sowie die Einhaltung der 180°-Kameraachse während eines Dialogs, um den Eindruck eines Anschlussfehlers zu vermeiden. Entsprechende "unauffällige" Schnitte und weiche Überblenden vermitteln, obgleich sie die aufgezeichnete "Wirklichkeit" zerschneiden und neu modellieren, Kontinuität, Kohärenz und Realität.

Nach den Organisierungsprinzipien des *Continuity System* richten sich gleichfalls die Special-Effects-Abteilungen der Comic-Superheldenfilme. Dabei versteht diese Studie unter dem Begriff *Special Effects* eine breite Palette an Effekten, die mittels analoger Tricktechniken, Modellen, *Matte Painting*, Green- oder Bluescreen-

---

[296] Der Begriff geht auf Bordwell/Staiger/Thompson: *The Classical Hollywood Cinema*, 1985 zurück. Ebd., S. 194-213. Das System selber gewann seit den Anfängen des Filmdrehs stetige Bedeutung für einen einheitlichen Produktionsablauf.

Verfahren oder computergestützten Bilderzeugungs- und Bildbearbeitungsprogrammen wie der bekannten virtuellen Kamera, *Keyframing, Computer Generated Imagery* (CGI),[297] *Compositing, Image Processing* oder einer Synthese aus allen Verfahren erzeugt werden.[298] Zu den Effekten zählen auch neuere Soundtechnologien, die an dieser Stelle der Vollständigkeit halber Erwähnung finden. Das in amerikanischen Filmproduktionen eingesetzte Dolby-Surround-Verfahren weist synästhetisches Potential auf, da der Rezipient den Ton nicht nur dreidimensional hört, sondern über Vibrationen am eigenen Leib spürt. Das Kinoerlebnis gerät so zur sinnlich-ganzheitlichen Filmerfahrung.

Die Anfänge der Special Effects lassen sich hingegen im Handwerklichen ausmachen. Da die Produktion *Superman* unter dem Motto realistischer Glaubwürdigkeit stand, musste sich das Team eine Technik einfallen lassen, um Supermans Flugkünste auch ohne Hilfsmittel aus dem Computer überzeugend darzustellen. Christopher Reeve flog auf verschiedene Arten: an Drähten, auf Gestellen, vor blauem oder schwarzem Hintergrund. Spezielle Beleuchtung, Kameraführung und Harmonie von Hintergrund und Vordergrund erreichten aber nicht das geforderte Resultat und so experimentierten Technik- und Kamerateam an einer neuen Technik, dem so genannten Zoptic-Verfahren. Rolf Giesen erläutert deren Funktion:

---

[297] CGI sind dreidimensionale computergenerierte Bilder. Computer*generiert* bedeutet dabei nicht, dass der Computer autark eine einzelne Bewegung, eine gesamte Figur oder ein Objekt generieren kann, sondern bezieht sich einzig auf die Berechnung und Erzeugung realistisch wirkender Bewegungsabläufe. In den vorliegenden Betrachtungen bezieht sich die CGI primär auf die filmische Hybridform des menschlichen Körpers.

[298] Die Aufzählung gibt nur einen Teil der gegenwärtig verwendeten technischen Verfahren wieder. Es existiert gegenwärtig keine eindeutige Definition des Begriffs *Special Effects*. Zu dieser Diskussion und dem Versuch eines Ordnungssystems anhand ihrer chronologischen Organisation innerhalb des Filmproduktionsprozesses vgl. Flückiger: *Visual Effects*, 2008, S. 22ff. *Compositing* meint die Verknüpfung mehrerer Bildteile zu einem Ganzen; *Image Processing* ist die Veränderung von Bildern mittels Filtern oder Computerprogrammen; *Rendern* bedeutet die Berechnung des Bildes aus einer zuvor definierten Kameraperspektive.

"Zoran Persicis Zoptic-Frontprojektionen ließen Superman Christopher Reeve über Dächer und Türme schweben. Reeves Position veränderte sich bei der Aufnahme in keiner Sekunde. Das übernahm die Zoom Optic [= Zoptic]. Zoomte die Kamera auf den Superman-Darsteller, dann verkleinerte die mit der Kameralinse synchronisierte Zoomlinse des Frontprojektors das Hintergrundbild entsprechend, sodass es für die zoomende Kamera gleich groß blieb. Das sah dann so aus, als fliege Superman auf die Kamera zu."[299]

Das Zoptic-Verfahren zählt zu den analogen Special Effects, da es über kameratechnische Überblendungen funktioniert und nicht per Computer berechnet wird. Alle übrigen Effekte des Films sind ebenfalls über konventionelle Methoden entstanden, etwa mittels Mehrfachbelichtung, Trickaufnahmen, Modellaufnahmen oder Rückfrontprojektionen. Auch in der zehn Jahre später entstandenen Verfilmung *Batman* (1989) waren Computeranimationen oder digitale Effekte noch unausgereift, stattdessen arbeitete das Team mit Modellen und Matte Painting. Computertricks wurden primär dazu eingesetzt, Drahtseile zu retuschieren, an denen die Schauspieler und Stuntmen während Actionszenen hingen.

In den neueren Verfilmungen *Spider-Man*, *Daredevil* und *Hulk* setzen die Schauspieler kaum noch mit körperlicher Agilität ihre Figur für Actionszenen in Bewegung, wie noch bei *Superman* oder *Batman*. Unter computertechnisiertem Zugriff wird der Superheld mittels CGI entweder unterstützend oder vollständig her- und dargestellt.

Ab Ende der 1980er Jahre begann das amerikanische Kino, mit enormem finanziellem und technischem Aufwand, computergestützte Special Effects in den Actionfilm einzubauen, vorrangig um spektakuläre Schauwerte zu erzeugen.[300] Aber diese effektorientierte Erzähl- und Wirkungsstrategie dürfte inzwischen von differenzierteren Erzählmodi abgelöst worden sein, wie sie Barbara Flückiger und Sebastian Richter in ihren Monographien modellieren. Während Flückiger in ihrer Überblicksdarstellung *Visual Effects* (2008) die ästhetisch-narrativen Besonderheiten digitaler Effekte

---

[299] Giesen/Megelin: *Künstliche Welten*, 2000, S. 153.
[300] Zum Beispiel in den Blockbustern *The Abyss* (USA 1989, James Cameron) oder *Jurassic Park* (USA 1993, Steven Spielberg).

im populären Spielfilm befragt, konzentriert sich Richter in *Digitaler Realismus* (2008) auf die neue, hybride Bildästhetik. Beider Ergebnisse lassen sich in die vorliegenden Überlegungen integrieren, weil sie dazu beitragen, den Superheldenfilm auch in seiner filmphysikalischen Machbarkeit zu fassen.

Im Gegensatz zum analogen Zelluloidfilm bestehen digitale Filmbilder aus gitterförmig angeordneten Pixeln, deren Eigenschaften durch einen binär kodierten mathematischen Wert definiert sind. Obgleich die Projektionsgeschwindigkeit dem Analogfilm angepasst ist, ist das digitale Bild während der Aufnahme und der Projektion in ständigem Aufbau begriffen, da ein Pixel kontinuierlich mit dem nächsten verschmilzt.[301] Da Computergestützte Bilder aufgrund ihres Herstellungsverfahrens zumeist nicht fotorealistisch sind, werden sie für den Zuschauer unauffällig in die Spielfilmhandlung integriert, um den Schein des Natürlichen zu wahren:

> "Ziel der nahtlosen Integration von unterschiedlichem Datenmaterial ist meist eine realistische Gesamtanmutung der hybriden Bewegungsbilder."[302]

Richter legt dar, dass es sich bei animierten Bewegungsbildern um Neukonfigurationen des virtuellen Raums handelt – eine Eigenschaft, die vom Prinzip der mechanischen Kamera grundlegend verschieden ist.

> "Während mobilisierte Film- (und Video-)kameras den physikalischen Raum erkunden und erfahren, handelt es sich bei der virtuellen Kamera um eine Software, mit deren Hilfe in einer computergenerierten Animation bestimmte Parameter der Visualisierung festgelegt werden können."[303]

Computergraphiken simulieren zwar Abbildungs- und Darstellungskonventionen sowie Inszenierungsstrategien analoger (physikalischer) Kamerasysteme, aber "der Bildraum wird nach ganz eigenen Prinzipien neu organisiert."[304] Dazu werden bekannte, in ein Wissen

---

[301] Zu den technischen Aspekten digitaler Filmproduktion siehe Flückiger: *Das digitale Kino:* In: montage a/v 12/1 2003; Richter: *Digitaler Realismus*, 2008.
[302] Richter: *Digitaler Realismus*, 2008, S. 82.
[303] Ebd., S. 108. *Animation* bezieht sich hier nicht auf Zeichentrick, sondern auf Realfilme.
[304] Ebd., S 91.

um Standards und Genrekonventionen geronnene Kameraeinstellungen oder Perspektivwechsel imitiert. Ihre Glaubwürdigkeit wiederum bestimmt sich durch ihre Positionierung innerhalb der Filmhandlung; in den untersuchten Comic-Superheldenfilmen werden Analog-Digital-Hybride vorrangig in Actionszenen oder vergleichbaren bewegungsintensiven Szenen eingesetzt. Durch ihre vorherige Einführung in die Filmhandlung nimmt der Zuschauer übernatürliche, die menschlichen Sinne und Fähigkeiten entgrenzenden Kräfte des Helden bzw. vollständig animierte Figuren allein durch ihre gegenständliche Ähnlichkeit zum realen Schauspielerkörper als "echte" Körperbilder wahr.

Da Montagetechniken Bewegungsintensität und Bewegungswahrnehmung des Gesamtfilms beeinflussen, indem sie den Zeitverlauf beschleunigen oder verlangsamen, verändert sich mit digitalen Bewegungsmodi auch die Gesamtstruktur des Films. *Superman* und *Batman* evozieren Dynamik durch konventionell eingesetzte leichte Untersicht, unterschiedliche Kameraperspektiven und schnelle Schnittfolgen. Die Montagetechniken passen sich jedoch den innovativen Bewegungs-, Körper- und Raumgenerierenden Verfahren aus dem Computer an. Durch erhöhte Schnittfrequenz wirken die neuen Superheldenfilme *Spider-Man*, *Hulk* und *Daredevil* dynamischer. Im Gegensatz zum Analogfilm kann der Zuschauer über digital erzeugte oder bearbeitete Special Effects in den Strudel hybrider Bewegungsbilder, in den virtuellen Raum und die Erzählung regelrecht hineingezogen werden. Vorraussetzung für diesen Effekt ist die nahtlose Integration digitaler Effekte in reale Filmaufnahmen, um die Illusion des Realen herzustellen.

Die zunehmende Digitalisierung der Filme trägt folglich entscheidend dazu bei, Fähigkeiten zu visualisieren, die nicht (mehr) physikalischen Gesetzmäßigkeiten unterliegen. Da alle Comic-Superhelden in modernen Großstädten wie New York agieren und somit in einem urbanen Kulturraum angesiedelt sind, können ihre außergewöhnlichen Fähigkeiten im Wechselspiel mit Amerikas Wolkenkratzerschluchten eindrucksvoll in Szene gesetzt werden.[305] Besonders einprägsam setzen die Filme Fähigkeit des Fliegens, Schwebens oder Springens – sei es aus eigener körperlicher Kraft und Fähigkeit heraus oder unterstützt durch technische Hilfsmittel – in Szene. Die durch Hochhäuserschluchten entstehenden vertikalen Räume setzen differenziertere Bewegungen voraus als die horizontalen Räume auf dem weiten Land (besonders deutlich ist der Unterschied zum Westerngenre). Comiczeichner Dave Gibbons erläutert das zugrunde liegende Konzept:

> "Dieses Starre, Vergitterte, fast Gefängnisartige der modernen Stadt passt sehr gut dazu, dass eine athletische Figur über diese Stadt hinweg fliegt, völlig losgelöst von der Schwerkraft, ohne sich um Hindernisse zu kümmern."[306]

Derzeitig geht die Tendenz des Kinos hin zum digitalen Ton, zur digitalen Produktion und zur digitalen Projektion.[307] Field gibt zu bedenken, dass Produktionsfirmen Handlungsstränge vernachlässigen und sich vermehrt nach den Möglichkeiten der Technik richten könnten, technische Voraussetzungen somit maßgeblich Inszenierungsstrategie und künstlerische Darstellungsprinzipien zu bestimmen drohen:

> "Die Kunst und Technologie der computergenerierten Bilderzeugung entwickelt sich so schnell voran, dass die Studios aktiv nach Projekten suchen, in denen das Ereignis wichtiger ist als die Geschichte oder die Figuren."[308]

Je ausgefeilter und ausgeklügelter die computergestützte Filmtechnik werde, umso mehr würden sich auch die Storylines den reorganisierten Umständen anpassen und eine dramaturgische Struktur

---

[305] Bereits der Vorspann von *Spider-Man* führt den Zuschauer in die Welt des arachniden Superhelden ein. Der synthetische Mikrokosmos eines Spinnennetzes weitet sich nach den Credits zum Makrokosmos einer Stadt; ähnlich verfährt *Batman*, wo düstere Straßenzüge in vager Beleuchtung das Batsign bilden oder *Daredevil*, wo einzelne erleuchtete Hochhausfenster räumlich hervorzutreten scheinen und zuerst in Blindenschrift, danach in Normalschrift die Credits formen.
[306] ARTE-Dokumentation *Von Superman zu Spiderman*, 2001.
[307] Zum Phänomen des digitalen Kinos vgl. Belton: *Das digitale Kino – eine Scheinrevolution*. In: montage a/v 12/1, 2003; Steinmetz (Hg.): *Das digitale Dispositif Cinéma*, 2011.
[308] Field: *Screenwriter's Problem Solver*, 2000, S. 189.

zugunsten visueller Attraktion vernachlässigen. Demgegenüber argumentiert Flückiger, dass Plotkonstruktionen in Verbindung mit Special Effects die Regel seien:

> "Spektakel statt Narration dürfte daher die absolute Ausnahme sein, Spektakel in Verbindung mit Narration die Regel, zumindest im Hollywood-Blockbuster."[309]

Im Ergebnis der vorgenommenen Filmanalysen steht, dass reine Schauwerte nicht geboten werden, einige akzentuierte Szenen jedoch den jeweils dominierenden, technischen Innovationen angepasst wurden. Somit können die Filme insbesondere in Kampfsequenzen ungewohnte und einzigartige Bewegungsmuster des Helden (und somit neue Wahrnehmungseffekte) präsentieren.

5.4 Bewegungsformen des Helden in der virtuellen Realität

Nicht nur Körper, auch Produktionsgrößen wie Bild, Ton, Inserts oder Musik können mit Computerhilfe vereinheitlicht werden, was den Produktionsprozess von mitunter störenden Faktoren abkoppelt. Voraussetzung für hybride Bewegungsbilder sind die physikalisch basierten Ansätze *Motion Capturing* und *Keyframing*, die wesentliche technische Schritte zur Erstellung einer kontinuierlichen Bewegung einer Computeranimierten Figur darstellen.[310]

Für die Erschaffung einer möglichst realistisch anmutenden CGI muss zuerst ein Fundus an Bewegungs- und Handlungsmöglichkeiten der Figur per Motion-Capture-Verfahren in einen Computer eingelesen werden. Ein Darsteller führt – während an seinem Körper etwa 30 Marker angebracht sind – die gewünschten Bewegungen vor mindestens 24 Kameras aus, die im Kreis um ihn aufgestellt sind und

---

[309] Flückiger: *Visual Effects*, 2008, S. 467.
[310] Eine technische Weiterentwicklung der Motion-Capture-Szenen sind Performance-Capture-Szenen, die nicht nur Körperbewegungen, sondern auch Gesichtdausdrücke scannen. Vgl. Jackèl/Neunreither/Wagner: *Methoden der Computeranimation*, 2006.

mit einer Frequenz von 60 Bildern pro Sekunde die Bewegungsabläufe aufzeichnen. Diese werden mit speziellen Techniken in einem aufwändigen Procedere auf ein vorgefertigtes Computermodell, eine Art digitales Skelett übertragen.[311]

Das seit 1969 durchgeführte Verfahren der *Keyframing Animation* ist eine Art virtuell animierte Kamera, die übermenschliche Bewegungsabläufe erzeugen kann, wie sie z.B. Superhelden ausführen. Sie beruht darauf, dass ausgewählte Schlüsselpositionen (= *keyframes*) definiert und ihre Position auf einer Zeitachse festgelegt werden – die Zwischenschritte werden per Computer interpoliert.[312] Der Vorteil von Keyframing besteht in der Erfassung vieler heterogener Parameter eines Objektes: seine Ausrichtung im Raum, seine Oberflächenbeschaffenheit, seine Bewegungsmodi.

Interessanterweise scheinen die aktuellen digitalen Aufzeichnungsverfahren zu den Techniken früherer Bewegungsaufzeichnungsapparate zurückzuführen, da beide Verfahren Bewegungen mechanisch eintakten. Denn auch das Chronophotographie-Verfahren von Eardweard Muybridge zeichnet eine fließende Bewegung als Linie mehrerer Punkte auf und bereits 1880 hatte Étienne-Jules Marey einfache, sich wiederholende Bewegungszyklen systematisch aufgezeichnet.[313] Muybridge hatte – aus heutiger Sicht – eine Zwischenstufe zwischen Bewegungsdarstellung im Comic und Bewegungsdarstellung im Film entworfen, indem er Bewegung und Zeit in serielle Bilder bannte. Er entwickelte grundlegende Prinzipien der Extraktion von Bewegungsdaten mittels fotografischer Aufzeichnungsverfahren, indem seine Versuchspersonen weiße Punkte und Streifen auf schwarzer Kleidung trugen, deren Positionen eine Kamera einfing und auf diese Weise in einer Art Reihenfotografie deren Bewegungsmuster sichtbar machte. Muybridges Fotomontagen erlaubten es, die einzelnen Bewegungsmomente in einem räumlichen Inter-

---

[311] Vgl. z.B. Flückiger: *Visual Effects*, 2008, S. 148f.
[312] Sehr viel ausführlicher ist Flückiger: *Visual Effects*, 2008, S. 130.
[313] Vgl. z.B. Hill: *Eadweard Muybridge*, 2001. Braun: *Picturing Time: The Work of Etienne-Jules Marey*, 1992. Die Virtuelle Ausstellung *Freeze Frame* im National Museum of American History: http://americanhistory.si.edu/muybridge/ (Zugriff am 13.08.2014).

vall nebeneinander zu sehen, ähnlich wie eine Montage von Comicpanels. Per Induktion ergänzt der Zuschauer auch hier die fehlenden Bewegungsmomente in den Zwischenräumen und verfällt somit der Illusion eines kontinuierlichen Bewegungsablaufs.

Die beiden vorgestellten Bildbearbeitungs- und Bewegungsgenerierungs-Verfahren Keyframing und Motion Capturing beeinflussen die Wahrnehmung von Bewegung im Comic-Superheldenfilm, indem sie hybride Bewegungsbilder entwerfen. Mit dieser Computertechnologie erweitern sich die Möglichkeiten des Films, dem menschlichen Protagonisten die graphische Qualität sowie die übermenschlichen Fähigkeiten der Comicvorlage zu verleihen, um ein Vielfaches. Übermenschliche Bewegungsabläufe der Comichelden können glaubhaft und wirkungsvoll in das Filmmedium transferiert werden. Dies führt konsequenterweise zu neuen (synthetischen) Bewegungsformen des Helden. Besonders evident ist diese Entwicklung bei *Hulk*, *Daredevil* und *Spider-Man*. Im Fall von *Hulk* wird der Schauspieler in Action- und Kampfszenen nicht einmal mehr temporär ergänzt, sondern vollständig durch eine CGI-Figur ersetzt.

Aber mit einer innovativen Bewegungstypologie der Superhelden geht ein Wahrnehmungswechsel beim Zuschauer einher, da der Held in einem Moment aus Fleisch und Blut besteht und im anderen ein Pixel-Wesen aus dem Computer ist. Zwar können sowohl beim Motion-Capture-Verfahren als auch beim Keyframing-Verfahren beliebige (Körper-)Bewegungen geformt werden, diese sind aber der physikalisch-physiologischen Basis enthoben, wodurch sich das Fortbewegungsmuster einer Figur modifiziert. Entsprechend besteht die Herausforderung darin, bestimmte Charakteristika des menschlichen Bewegungsablaufs wie die physische Masse, das komplexe Zusammenspiel von Muskeln und Gelenken oder die natürliche Gravitation auf ein binäres Computermodell zu übertragen. Der exaltierte Bewegungsstil der Comic-Superhelden könnte ansonsten als steif, unharmonisch und künstlich wahrgenommen werden.

Obgleich in den neueren Superheldenfilmen eine hybride Kombination technischer Verfahren eingesetzt wird, um den realistischen Illusionismus zu erzeugen, plädiert Flückiger für das Keyframing:

> "Motion Capture ist als Aufzeichnungsverfahren in den physikalischen Gesetzen der Natur verwurzelt und eignet sich daher besonders für die Übertragung von Bewegungsmustern von Lebewesen aus der realen Welt – seien dies Hunde, Pferde oder Menschen. Geht es jedoch darum, überdimensionierte Monster oder Superhelden zu animieren, ist Keyframe-Animation das Verfahren der ersten Wahl. [...] Die übernatürlichen Fähigkeiten von Superhelden wie in DAREDEVIL oder SPIDER-MAN lassen sich überhaupt nur mittels Keyframe-Animation herstellen."[314]

Aus diesem Grund werden im Hybridprozess die Marker-Positionen mittels Motion-Capture-Verfahren aufgezeichnet, um anschließend mit Hilfe der Keyframing-Methoden zur Erzeugung einer Animation be- und verarbeitet zu werden.

Diese neuen Verfahren wirken sich auf die Heldeninszenierung und die Gesamtkomposition der Comic-Superheldenfilme aus. *Spider-Man* integriert körperliche und kameratechnische Bewegungsdynamiken, die einander stützen und zur Heroisierung der Heldenfigur beitragen. Peter Parker besitzt die ins Humane übertragenen und um ein Vielfaches potenzierten Qualitäten derjenigen Spinnenarten, die zuvor innerhalb der Filmhandlung vorgestellt wurden: den "Spinnensinn" (eine Art neuronales Frühwarnsystem), ein reißfestes Netz und enorme Sprungkraft. Daher unterliegt der Held nach der genetischen Modulation durch die Superspinne nicht mehr den konventionellen physikalischen Gesetzen, sondern bewegt sich wie eine Mischung aus Spinne und Mensch, vollführt schließlich akrobatische, grazile Bewegungen, bei denen die Schwerkraft aufgehoben scheint. Die Doppelwesenhaftigkeit von Mensch und Spinne erschließt sich über signifikante Wendungen des Körpers während des Schwebezustands an einem Spinnenfaden, oder einer Collage aus verschiedenen Kampfstilen. In diesem Film wurden viele Actionsze-

---

[314] Flückiger: *Visual Effects*, 2008, S. 152f.

nen noch auf konventionellem Weg mit Stuntmen gedreht, die die Postproduktion mit Hintergrundaufnahmen kombinierte.[315]

Die Dynamisierung des Raums ist ein weiteres signifikantes Merkmal der Superheldenfilme. Digitale Kamerafahrten stellen innovative Raumdimensionen her, die mit analogen Kamerasystemen nicht realisierbar wären. *Spider-Man, Daredevil* und *Hulk* finden mittels schnittloser Endlosfahrten durch (digital erzeugte) Straßenzüge eine adäquate Ausdrucksmöglichkeit für die spezifischen, den Naturgesetzen scheinbar enthobenen Bewegungstypologien der Comic-Superhelden. Beschleunigte Kamerafahrten durchmessen in *Spider-Man* in Windeseile sämtliche Dimensionen und entgrenzen so die Wahrnehmung des alltäglichen Raum-Zeit-Gefüges. Die digitale Kamera ist an keine physikalische Beschränkung gebunden und simuliert über die Aufhebung der konventionalisierten Raumkonstruktion Schwerelosigkeit, indem sie Spider-Man aus ungewöhnlichen, der Schwerkraft scheinbar enthobenen Perspektiven heraus "begleitet". In der letzten Filmsequenz stellt der Superheld seine Künste in harmonischen tanzähnlichen Bewegungen zur Schau, begleitet von der digitalen Kamera, die um den Protagonisten herumzuschweben scheint oder temporär seine Sicht übernimmt.

Da die Perspektive des Zuschauers maßgeblich an den vermittelnden Blick der Kamera gebunden ist, wird sein Blick über das Stilmittel der subjektiven Kameraeinstellung in den Raum der Erzählung "hineingezogen". Vorwärts- und Querfahrten intensivieren die Illusion einer physischen (und emotionalen) Nähe, indem sie dem Zuschauer ermöglichen, gemeinsam mit Spider-Man durch Manhattans gewaltige (per Bildbasierter Modellierung erstellte) Häuserschluchten zu schwingen (Sequenzen 10 und 22). Zugleich produzieren diese immersiven Effekte Aufmerksamkeits- und Schauwerte. Bildkompositorische Mittel wie die subjektive Kamera und Bildgenerierende Stilmittel wie die digitale Kamera übernehmen auch in *Hulk*

---

[315] Vgl. Cotta Vaz: *Hinter der Maske von Spider-Man*, 2002 sowie Zusatzmaterial auf der DVD *Spider-Man*.

und *Daredevil* vergleichbare funktionale Aufgaben der Evozierung emotionaler Nähe. Sie fangen den Helden aus multiperspektivischer Sicht ein – ein Verfahren, das im Comic nur über fragmentierte Augenblicksmomente visualisierbar ist. Obgleich das Stilmittel der subjektiven Kamera für den Comic-Superheldenfilm nicht neu erfunden worden ist, haben deren Frühformen mit dem Software basierten Immersionskonzept des Comic-Superheldenfilms nicht mehr viel gemein, da die Parameter des physikalischen Raums aufgehoben scheinen, was ein Gefühl der Entfremdung und Differenz zum Vertrauen erzeugt.[316]

Wie die vorliegenden Filme die Superkräfte konkret visualisieren, beschreibt Punkt 7.1 dieser Studie anhand der Beispiele *Daredevil* und *Spider-Man*. Da der Empfang wie auch der Einsatz der Superkräfte an dramaturgische Wendepunkte gebunden sind, rückt zunächst der formal-narrative Aufbau der Filme in den Blickpunkt.

---

[316] Erinnert sei an den Film noir, beispielsweise *Dark Passage* (deutsch: *Das unbekannte Gesicht*, alternativ *Die schwarze Natter*; USA 1947, Delmer Daves) oder *Lady in the Lake* (deutsch: *Die Dame im See*. USA 1947, Robert Montgomery). Auch *Superman* (1978) verwendet mehrfach die subjektive Einstellung, um Supermans Flugkünste für den Rezipienten erlebbar zu machen.

6.
Vom Comic zum Film II. Adaptions- und Dramaturgieprinzipien

Als Vorbemerkung zur Comicadaption soll an dieser Stelle das Problem der Genreeinordnung angerissen werden. Genres klassifizieren Filme grob anhand grundlegender dramaturgischer und narrativer, zuweilen stilistischer Muster, ordnen ihnen festgelegte strukturelle Konventionen, z.B. Thema, Setting, Konflikt, Figurenkonstellation, Zeitstrukturen und Werte zu und machen somit den Gang der erzählten Geschichte berechenbar.[317] Zuschauer assoziieren mit Genres bestimmte Effektmöglichkeiten und Atmosphären, ihre Klassifikation vereinfacht daher die Einordnung der zu erwartenden Filmgeschichte und übt als Orientierungshilfe Einfluss auf die Vorauswahl des Zuschauers innerhalb der Vielfalt möglicher zu konsumierender Filme aus.

Obgleich das amerikanische Kino eine der professionell organisiertesten Filmproduktionsindustrien der Welt ist, spielt das Thema *Genre* im Gros amerikanischer Drehbuchmanuale eine weitestgehend untergeordnete Rolle, da das allgemeine Erlernen eines Handwerks im Vordergrund steht, keine Ausrichtung der Drehbuchrezepte nach speziellen Genres.[318] Daher findet dieser wichtige Punkt in den vorliegenden Anleitungen nur marginale Diskussion, lediglich McKee integriert die Bedeutung von Publikumsreaktionen auf Genres in sein Lehrbuch, indem er 25 Genres und unzählige verwandte Subgenres und Supra-Genres unterscheidet.[319] Der versierte Zuschauer ist mit Genrestandards vertraut, erkennt anhand mentaler Schemata mühelos narrative, figurale und bildästhetische

---

[317] Vgl. Hickethier: *Film- und Fernsehanalyse*, 1996, S. 213: "Genres stellen inhaltlich-strukturelle Bestimmungen von Filmgruppen dar [...], sie organisieren das Wissen über *Erzählmuster, Themen und Motive.*"
[318] Für die TV-Serie als mediale Gattung existieren dagegen Drehbuchanleitungen.
[319] Vgl. McKee: *Story*, S. 93ff.

Prototypen nach mehrmaliger Sichtung wieder, und ist entsprechend "gewitzter als die meisten Filme", wie McKee anerkennt.[320]

> "Kein Film kann ohne das Verständnis für die Reaktionen und Erwartungen des Publikums funktionieren. [...] Das Publikum ist eine ebenso bestimmende Kraft für das Story-Design wie jedes andere Element."[321]

Eine verbindliche Einteilung der Filmgenres wird in der Literatur kritisch diskutiert und scheint aufgrund historisch wechselnder, künstlerisch-medialer Parameter problematisch, da vermeintlich genrespezifische Kategorien mit der Zeit aufweichen und mit anderen verschwimmen oder sich motivisch mit ihnen überlagern können.[322] Das populäre Kino subsumiert zum gegenwärtigen Zeitpunkt Comic-Superheldenfilme allgemein unter *Action* oder *Science Fiction*, seltener *Fantasy* und *Horror*; gelegentlich werden Kombinationen wie *Fantasyaction* angegeben.[323] Die Verleihfirmen und die *Internet Movie Database* rubrizieren die Superheldenfilme weitestgehend unter Action:

Superman: Action/Science Fiction/Family[324]
Hulk: Action-Science Fiction[325]
Batman: Crime/Drama/Thriller[326]
Daredevil: Action/Crime/Fantasy[327]
Spider-Man: Action-Adventure-Fantasy[328]

Dass sich der Actionfilm erst ab den 1980er Jahren in den USA als mehr oder minder homogener Produktionsmodus etablierte, be-

---

[320] Ebd., S. 15.
[321] Ebd.
[322] Zur historischen und filmtheoretischen Einordnung der internationalen Genre-Diskussion vgl. z.B. Schweinitz: *"Genre" und lebendiges Genrebewusstsein*, in: montage a/v, 3/2/1994; Hickethier: *Genretheorie und Genreanalyse*, 2007.
[323] Vgl. die Website www.superheroeslives.com. Dort läuft die Comicverfilmung *Spider-Man* unter der Definition "Action + Fantasy + Science Fiction + Thriller", *Hulk* unter "Action + Drama", *Superman* unter "Action + Thriller + Romance".
[324] http://www.imdb.com/title/tt0078346/ (Zugriff am 13.08.2014).
[325] http://www.imdb.com/title/tt0286716/ (Zugriff am 13.08.2014).
[326] http://www.imdb.com/title/tt0096895/ (Zugriff am 13.08.2014).
[327] http://www.imdb.com/title/tt0287978/ (Zugriff am 13.08.2014).
[328] http://www.imdb.com/title/tt0145487/ (Zugriff am 13.08.2014).

gründet das *Handbuch populäre Kultur* mit fehlenden konkreten Genrezuweisungen:

> "Als Klassifikations- und Produktionskategorie wird der Begriff 'Action' auch erst seit kurzer Zeit verwendet, während der moderne Actionfilm selbst sich nicht nur auf die Genres Krimi und Western, sondern auf das gesamte Erbe des als 'Abenteuer' bezeichneten populären Kinos, das bis in die Stummfilmzeit mit ihren beliebten Actionfilm-Serien reicht, beziehen kann."[329]

In den Plots des Actionfilms dominiert der Kampf zwischen Gut und Böse, die Identifikationsfigur ist häufig ein physisch potenter männlicher Held, der in der Regel eindeutige moralische Prinzipien vertritt – Merkmale, die ebenso auf den Comic-Superheldenfilm zutreffen. Comics sind wie Actionfilme ein prädestiniertes Medium für Heldendarstellungen und ihre Bewegungen. Auf der ästhetisch-narrativen Handlungsebene sorgen rasante Kamerafahrten und schnelle Montage für Dynamik, Tempo und Spannung. Entsprechend werden dem Actiongenre neben den eben genannten Parametern ebenfalls die spektakuläre Inszenierung, der Einsatz von Special Effects sowie eine grundlegende Affinität zu Gewalt zugeordnet.[330]

Eine Kombination dieser Elemente erzeugt spannende Unterhaltung. Der Kampf zwischen Gut und Böse setzt die dramaturgischen Spielräume des Filmhelden, doch reine Action um der Action willen ist in den untersuchten Superheldenfilmen nicht projektiert, wie das Beispiel *Spider-Man* demonstriert: Lediglich in zwei längeren Sequenzen finden körperliche Kämpfe statt. Da seitenlange, allzu ausufernde Kampfhandlungen einer fortschreitenden Handlungsführung hinderlich wären, kommen sie auch in der Comicvorlage so gut wie nicht vor. In den Geschichten dominiert deshalb – wie in deren Verfilmungen – der Dialog.

---

[329] Hügel: *Handbuch populäre Kultur*, 2003, S. 100.
[330] Ebd., S. 98f.

6.1
Dramaturgie I: Adaption in Theorie und Praxis

In Sachen Adaptionsforschung von einer literarischen bzw. literarisch-graphischen Quelle in Filmmedium hat es die deutschsprachige Forschung bislang vernachlässigt, eine überblicksartige Darstellung zu verfassen.[331] Ulrike Schwab gibt in *Erzähltext und Spielfilm* (2006) einen Überblick über verschiedene fachspezifische Ansätze der Adaptionsforschung.[332] Kritik an sprach- und literaturwissenschaftlich fundierten Beiträgen zur Adaptionsforschung übt die Autorin, indem sie auf deren (selbst auferlegte) disziplinäre Beschränkung aufmerksam macht. Sie würden der eigenständigen ästhetischen Ausdrucksform des Mediums Film, der praktischen Ebene seiner Gestaltung, nicht ausreichend Rechnung tragen, medienstrukturelle Ausrichtungen vermissen lassen und sogar "Skepsis gegenüber der künstlerischen Kompetenz der Kinematographie"[333] äußern:

> "Die Filmadaption wird nicht als dem kinematographischen System zugehörig betrachtet, sondern in Verlängerung des Ausgangstextes und unter dessen Voraussetzungen modelliert, analysiert und ästhetisch beurteilt. Der Diskussionsrahmen ist eingeengt auf die (überkommene) Konstellation von 'Literatur' und 'Film'. Dadurch wird die Komplexität des Forschungsgegenstandes eingeebnet und er erscheint ohne Kontext."[334]

Untersuchungen zu einem je konkreten Werkpaar ("klassisch"-literarische Vorlage und Spielfilm) würden als Indikatoren für das Verhältnis von Literatur und Film *an sich* generalisiert, ungeachtet des Genres, der historischen Produktionshintergründe oder weiterer inter- und intramedialer Bearbeitungen desselben Stoffes. In der Verkennung praxisorientierter Modelle sei "die theoretische Herleitung alles, der konkrete Befund fast nichts."[335] Schwabs Konkretisierungen gehen mit den bereits dargelegten Standardisierungsten-

---

[331] In den USA ist diese Praxis bereits weiter fortgeschritten; vgl. Seger: *Drehbuch*.
[332] Schwab: *Erzähltext und Spielfilm*, 2006.
[333] Ebd., S. 40. Vgl. den Abschnitt *Die sprach- und literaturwissenschaftliche Orientierung*, Ebd., S. 43ff.
[334] Ebd., S. 43f.
[335] Ebd., S. 48.

denzen Hollywoods überein. Voraussetzung für die Adaption einer typographischen Vorlage in das kinematographische Medium ist es, ein Millionenpublikum anzusprechen:

> "Die implizierte Reichweite des Spielfilms bedingt in der Regel bei der Filmadaption Popularisierungseffekte, wie sie den ästhetischen Normen des Kinos entsprechen. Änderungen gegenüber der Vorlage antizipieren kinematographisch geprägte Zuschauererwartungen."[336]

Ihr Untersuchungsansatz bezieht sich auf Romanverfilmungen, ist also nur bedingt auf die graphische Vorlage eines Comics anwendbar. Dennoch macht sie entscheidende Aussagen zum intermedialen Adaptions- und Transformationsprozess, denn ihr Interesse gilt der Korrelation von internen Faktoren des Erzählgegenstands (Spielfilm und Erzähltext) und externen Faktoren des Medienwechsels und seinem Produktionsbackground. Die Autorin stellt damit einen in der Adaptionsforschung bislang übersehenen Faktor in den Mittelpunkt: die Medialität des Erzählmediums Film mit seiner Anordnung filmtechnischer und künstlerischer Komponenten nach organisatorischen Prinzipien.

Schwab fragt nach signifikanten systemischen Verschiebungen beim adaptionsbedingten Medienwechsel und ermittelt Parameter zur Bestimmung der Analyse. Ihr dreiphasiges Analysemodell setzt bei den "prototypischen" Komponenten an, die eine Erzählung beschreiben: Thema, Struktur (Plot), Charakter, Atmosphäre und *Point of View*.[337] Danach folgt der Perspektivwechsel auf die Seite der Filmadaption in Form des jene Merkmale zu bearbeitenden und inhaltlich strukturierenden Drehbuchs. Als da wären: Werden Aspekte der Erzählhaltung, der Bauform und der Stilistik des Ausgangsmaterials umgesetzt? Und wenn ja, wie sieht die Anpassung bzw. Strukturierung von Handlung, Charakteren und Spannungsbogen aus? In diesem Zusammenhang konzeptualisiert Schwab diejenigen Parameter, die auch in der vorliegenden Studie im Hinblick auf den Transformationsprozess vom Comic in den Film modelliert werden:

---

[336] Ebd., S. 30.
[337] Vgl. ebd., S. 64. Der *Point of View* entspricht einer von Szene zu Szene neu konstituierten Erzählhaltung.

- drehbuchtheoretische Perspektiven auf Bauform, narrative Konzeption und emotionale Wirkung
- das in populären Spielfilmen überwiegend anzutreffende Prinzip der Entwicklungsdramaturgie
- Spannungserzeugung durch Konflikt und Plot Points
- Wechselwirkung von filmisch dargestelltem Informationsangebot und kognitiver wie emotionaler Rezeption

Der dritte, praktisch ausgerichtete Analysevorgang bezieht sich auf Grundlage der beiden vorangegangenen Stufen auf die Filmanalyse selber, auf ein Instrumentarium technischer und ästhetischer Gestaltungsmittel. Eine Filmanalyse müsse für die Modellierung eines Gesamteindrucks des produktionsästhetischen Designs nicht in toto erfolgen:

> "In der Summe können die Untersuchungen von exemplarischen Szenen und Einstellungen zur Bestimmung eines "visuellen Stils" oder "Bildstils" führen".[338]

Dem Transformationsprozess der zweiten Phase kommt in Schwabs Modell besondere Funktion zu, da der Einfluss auf das filmische Gesamtergebnis zu einem Großteil vom Drehbuch als Ort der Stoffbearbeitung abhängig ist.[339] Im Hinblick auf den vorliegenden Untersuchungsgegenstand verlagert sich die Gewichtung des Adaptionsvorgangs auf die filmische Endversion selbst, da eine detaillierte Analyse der Drehbuchmanuskripte im Vergleich zu ihren Vorlagen aufgrund der ausufernden Fülle an Comicmaterial entfallen muss. Nichtsdestoweniger erlaubt seine Funktion als unmittelbare Vorlage für den Produktionsprozess implizite, in der Gegenständlichen und audiovisuellen Erscheinung manifestierte, Rückschlüsse auf narrative Konventionen und dramaturgische Bauprinzipien zu ziehen.

---

[338] Ebd., S. 65. Auch die vorliegende Arbeit schließt, anhand ausgewählter Szenen und Sequenzen auf die ästhetische Gesamtkomposition des Comic-Superheldenfilms - ausführliche Sequenzprotokolle geben einen Überblick zu Visual Design und dramaturgischem Gefüge.
[339] Ebd., S. 95 ff.

6.1.1
Spannungserzeugung im Comic-Superheldenfilm

Drehbuchautoren sind aufgrund produktionstechnischer Vorgaben (ca. 120 Minuten Filmlänge sind Standard für einen populären Spielfilm) angehalten, zugunsten einer Figurenzentrierten Kausalität aus dem breiten stofflichen und thematischen Angebot der Comicvorlagen bestimmte Plotlinien und Figuren auszuwählen und einzustreichen. Wo signifikante Eingriffe in das Ausgangsmaterial stattfinden, müssen diese aber nicht zwangsläufig zu Lasten der Komplexität der Filmerzählung gehen, im Gegenteil. Der Modus der physischen Transformation von Batman bleibt im Dunkeln – im Gegensatz zu Daredevil, dessen körperliches Training und jahrelange Ausbildung mehrere Sequenzen einnehmen (inklusive Voice-over-Kommentar). Indem *Batman* diesen Abschnitt bewusst offen lässt, heroisiert der Film seinen Protagonisten.

Zum kanonisierten Repertoire der Figurenkonstellation des Superheldenfilms ist das duale Prinzip von Pro- und Antagonist zu zählen; das *Love Interest* tritt zum dualen Figurensystem als Konfliktverstärkendes Moment hinzu.[340]

Obgleich der Zuschauer erst im Augenblick der wahrgenommenen Handlung ihr eine Bedeutung zuweist, besteht die Notwendigkeit, bereits während des Konzeptionsprozesses eines Drehbuchs festzulegen, welche Plotkonstruktion eine entsprechende Story(re)konstruktion begünstigt oder ihr entgegenwirkt. Bordwell und Thompson betonen die Informationsvergabe ebenso wie der Drehbuchlehrer Eugene Vale.[341] Dramaturgisch motivierte Sprünge, Lücken und

---

[340] Ein optischer Gaumenkitzel für Fans der Marvel-Helden bietet regelmäßig der Cameo-Auftritt des Zeichners Stan Lee in allen bisher verfilmten Marvel-Comics. *Daredevil* bietet zudem prominente Comiczeichner als Statisten auf oder erwähnt sie namentlich: Lee ist eine Anspielung auf Stan Lee. Gerichtsmediziner Kirby (dargestellt von Zeichner Kevin Smith), spielt auf den Zeichner Jack Kirby an. Pater Everett, der Angeklagte Quesada, die Boxer Colan, John Romita, Kane, Miller, Mack und Bendis tragen ebenfalls Namen bekannter Zeichner. Frank Miller hat ebenfalls einen Miniauftritt: Er spielt den Mann mit Bleistift in der Stirn.

[341] Vale: *Die Technik des Drehbuchschreibens für Film und Fernsehen*, 2000, S. 79ff. Er nennt die selektive Gestaltung der Handlungselemente "Informationsauswahl".

Wendungen der Handlung ermöglichen ein Spiel mit Erwartungen des (durchschnittlich erfahrenen) Zuschauers an ein bestimmtes Setting, stereotype Handlungs- und Figurenkonzeptionen etc., indem es zum Beispiel Genrekonventionen bewusst verletzt.

Batman und *Daredevil* irritieren die schematisierten Erwartungen des Publikums, indem diese beiden Filme ihren Protagonisten unmittelbar nach Filmbeginn vermeintlich sterben lassen. Andererseits können mögliche Verständnislücken mithilfe deutlich gekennzeichneter zeitlicher, räumlicher oder kausaler Berührungspunkte gefüllt werden. Ferner legt die Informationsvergabe fest, welche Erzählstrategie die Handlung verfolgt, ob es sich um ein analytisches Drama wie bei *Hulk* handelt, eine verschachtelte Rückblende wie bei *Daredevil* oder eine segmentierte Biografie wie bei *Superman*.

Eine weitere Form der Informationsvergabe, die im Superheldenfilm zur Erzeugung von Spannung genutzt wird, ist das strategische Einfügen von zeitlichen Ellipsen hinsichtlich handlungsrelevanter Sequenzen. Die Zuschauer werden veranlasst, aus den zur Verfügung stehenden Informationen eigenständig kognitiv eine kohärente Geschichte zu formen und Hypothesen bezüglich vorangegangener oder folgender Aktionen zu generieren. Ziel ist es, den impliziten Sinn einer Sequenz zu erschließen. Durch bestimmte Situationsauswahl oder bewusst gesetzte Informationsdefizite und das damit einhergehende Wissensgefälle beim Zuschauer kann Spannung erzeugt werden, indem der Zuschauer eine für den Handlungsfortgang relevante Information erfährt oder sie ihm vorenthalten wird.

Ein Beispiel aus *Hulk*: Der Vater stürmt mit einem Messer auf den kleinen Bruce zu, es erfolgt ein harter Filmschnitt und der inzwischen Jugendliche erwacht schreiend – offenbar aus einem Alptraum. Eine blonde Frau, die ihn tröstet, nennt er "Mutter" (Sequenz 2). Der Zuschauer erinnert sich aber an eine noch wenige Minuten zuvor gezeigte dunkelhaarige Frau. Eine kurze Szene zeigt, wie sie den Jungen zur Welt bringt. Zwangsläufig stellt sich der Zuschauer die Frage, wer diese blonde Frau ist und was mit seiner leiblichen Mutter geschehen ist. Diese Frage wird erst im Höhepunkt der Filmhandlung aufgelöst.

Im Dienst der Erzählung steht produktionstechnisch gesehen nicht nur der dramaturgische Spannungsbogen *vor* dem Filmprozess. Gravierenden Einfluss hat ferner die strukturierende Dramaturgie der technisch-künstlerischen Postproduktionsphase. Schnitt und Montage üben Kontrolle über den Plot aus und strukturieren damit den Rezeptionsprozess.[342]

6.2
Auswahl und dramaturgische Bearbeitung der Comicvorlagen

Das dramaturgische Strukturgebilde der vorliegenden Superheldenfilme basiert im Wesentlichen auf der Komprimierung und dem Arrangement einzelner Comic-Erzählstränge zu einem linear-kausalen Plotgefüge mit zwei Handlungssträngen.[343] Sie stützt sich dabei auf Kriterien wie die gezielte Informationsvergabe zu Spannungszwecken oder die Maximierung des dramatischen Konflikts zum Zwecke der emotionalen Ansprache des Publikums. Die Auswahl und Verbindung der einzelnen Segmente ist dabei in allen fünf Superheldenfilmen individuell gelöst.

Da ein nicht unerheblicher Teil der zahlenden Kinobesucher die Abenteuergeschichten der Superhelden kennen dürfte – vorwiegend im Erfindungsland USA – und somit einen wirtschaftlich nicht unterschätzbaren Faktor ausmacht, versucht das jeweilige Regie- und Produktionsteam, Erwartungen an eine "werktreue Inszenierung" der Superheldenfiguren gerecht zu werden. Die jeweils erste Verfilmung eines Comic-Superhelden für das Kino – wie sie im Untersuchungsgegenstand vorliegt – nähert sich daher der bekanntesten

---

[342] Vgl. z.B Mikos in: *Medienpraktisch* 1/1998.
[343] Hier ist bewusst der Begriff des Plotgefüges verwendet worden, um das Ineinandergreifen von Hauptplot und Subplots zu betonen. Es gibt auch Beispiele für ein reziprokes Verfahren: *Darkman* (USA 1990, Sam Raimi) erschien zuerst als Film, wenige Monate danach als Comic. Dem ersten Film folgen sogar zwei Fortsetzungen.

aller Geschichten des jeweiligen Helden an: der *Origin Story*, in der dessen "Erschaffung" in einer Initiation geschildert wird.

Ein Beleg für die Einbindung genrerelevanter Vorkenntnisse sind die zahlreichen intermedialen Anspielungen auf das Horrorgenre, dominant die bedrohlich inszenierte Hand des Antagonisten (vgl. Abb. 4 und 5). Entgegen der Behauptung Voglers, sein Storyschema der *mythischen Heldenreise* sei über alle Maßen Erfolg versprechend und für jedwede Erzählvariation geeignet, findet eine dramaturgische Anlehnung daran nur bei *Spider-Man* statt. *Superman*, *Batman*, *Daredevil* und *Hulk* lehnen sich an eine Drei-Akt-Struktur an, die sie mit Elementen, Stationen und figuralen Archetypen der *Heldenreise* anreichern. Da diese grundlegenden Stationen in allen untersuchten Filmen gleichermaßen in Erscheinung treten, werden sie im Folgenden nur einmalig aufgeführt, zu ihnen zählen die Berufung des Helden, die Initiation, sowie (oftmals weibliche) Mentorfiguren, die insbesondere in *Spider-Man*, *Hulk* und *Superman* dessen künftiges Heldendasein antizipieren.

Da sich die Figur des Comic-Superhelden in einem Spannungsfeld medialer und kulturhistorischer Kontexte bewegt, kommt der Aktualisierung der Comicvorlage eine besondere Bedeutung zu. Indem sie sich an das alltagsreale Umfeld des Zuschauers anlehnt, verlangt sie von ihm eine geringere *Suspension of Disbelief*. Bei *Spider-Man* und *Hulk* resultiert die Aktualisierung des Stoffs aus Perspektiven auf die naturwissenschaftlich-technologischen Innovationen Nanotechnologie[344] und Genforschung.

Superman orientiert auf Akzentsetzung einer komplexen Biografie, anstatt aus der Fülle der Comicvorlagen eine einzige zusammenhängende Geschichte zu extrahieren. Aufgrund der punktuellen Beleuchtung von Supermans Abenteuer zerfällt der Handlungsbogen in drei große Akte. Der erste Akt umfasst seine Herkunft (Sequenzen 2 - 8), der zweite konzentriert sich auf das Doppelleben

---

[344] Die Nanotechnologie ist eine Interdisziplin der Biologie, Chemie, Biochemie, Physik und Informatik. Seit 1985 ist der Bau von nanomechanischen Antriebselementen möglich, wie sie der Film suggeriert.

Clark/Superman in Metropolis (Sequenzen 9 - 17) und der dritte präsentiert Supermans Kräfte (Sequenzen 18 - 24).[345] Regisseur Richard Donner definiert das Konzept seiner Inszenierung folgendermaßen: "Superman wurde ein Film in 3 Akten, weil das zur Optik und Geschichte der Figur passt."[346]

In drei separaten Akten bleibt genügend Zeit, mit verschiedenen Erzählstilen in je verschiedenen Setdesigns zu experimentieren. Im Mittelakt ist als großes romantisches Element der gemeinsame Flug von Lois Lane und Superman in den Sternenhimmel integriert, die der Beziehung zwischen ihnen eine romantische Bedeutung verleiht (Sequenz 16).

Tom Mankiewicz übernahm gemeinsam mit Donner die Endfassung des Drehbuchs, das jahrelang umgeschrieben wurde – unter anderem von Mario Puzo. *Supermans* Dramaturgiegerüst baut auf den dominierenden Drei-Akt-Typus populärer Filmdramaturgie. Während des Produktionsprozesses hatte Vogler sein Storymodell der *mythischen Heldenreise* noch nicht entwickelt, weshalb "typische" Reisestationen und -figuren der Filmhandlung nicht diesem Storyschema zugeordnet werden können. Aufgrund der außerirdischen, als quasi-göttlich interpretierbaren Herkunft Supermans liegt ein Rekurs auf eine Auswahl authentisch mythen- und märchenhafter Erzählstationen nahe, die in einer – der *Heldenreise* nahe kommenden – Reihung angeordnet sind. Deren Elemente sind im Konkreten die Reise an den Nordpol, der Initiationspriester in Gestalt des leiblichen Vaters, die "andere Welt" in Manifestation der Stadt Metropolis, der Widerpart in Gestalt Lex Luthors, Prüfungen und Sieg.

Eine physische Initiation wird nicht in Szene gesetzt, da Superman von Beginn an ein mit übermenschlichen Kräften ausgestattetes Wesen ist, dessen genetische Disposition keine zusätzliche Modifikation benötigt, um Superheld zu sein. Sie wird ersetzt durch eine Unterweisung bzw. Erziehung durch seinen Mentor-Vater.

Die Figur Lex Luthor ist einer der langlebigsten Erzfeinde Supermans, trat das erste Mal im *Action Comic* Nr. 23 (1940) auf und

---

[345] Vgl. Sequenzliste SUPERMAN im Anhang.
[346] *Superman*, Special DVD, Disc 3: *Die Entstehung von Superman – the Movie*.

nahm in den Zeichentrickserien der 1960er und 70er Jahre eine fixe Größe im Figurenensemble an. Lois Lane trat bereits in der ersten Geschichte 1938 auf.

Batman folgt einem Erzählkonzept, das sich größtenteils von der Entwicklungsdramaturgie löst, da Regisseur Tim Burton eine eigenständige Interpretation der Figur im Sinn hatte und als "junger Wilder" dem dominierenden Erzählmuster Hollywoods ohnehin kritisch gegenüberstand.[347] Das Drehbuch kombiniert und re-organisiert diverse Versatzstücke der Comicvorlagen zu einem kausal-linearen Plot und formuliert ein quasi-analytisches Drama, indem es gravierende Informationen erst in einer *Backstory-Exposition*[348] enthüllt.
Um Batmans Initiation außen vor zu lassen und dennoch mit Erwartungshaltungen des Publikums zu spielen, wendet der Film einen interessanten Erzählkniff an: Bereits in der ersten Szene des Films irrt eine Familie, die aus einer Kino- oder Theatervorstellung kommt, durch die düsteren Gassen Gotham Citys. Der kundige Batman-Fan erwartet die wohlhabende Familie Wayne zu sehen, die nun Opfer eines Verbrechens wird; eine Stadtkarte in der Hand des Jungen sowie ländliche Kleidung identifizieren die Personen jedoch als Ortsunkundige. Überdies wird das Elternpaar nicht getötet, sondern "nur" niedergeschlagen und ausgeraubt, die Gangster von Batman zur Strecke gebracht. Mit dieser kurzen Szene führt der Film zugleich den Schauplatz, den Protagonisten und eine verzerrte Spiegelung von dessen Initiation ein – letztere als (Immer-)Wiedergutmachung für den Tod seiner Eltern.
In der Comic-Ausgabe *Batman* Nr. 1 (1940) führte die Serie bereits den berühmtesten, gefährlichsten und beharrlichsten Widerpart der Heldenfigur ein, den Joker; das Filmdrehbuch konzentriert sich auf den Konflikt zwischen den beiden. Zusätzliche Bedeutung verleiht es der dramatischen Konfrontation der Gegner, indem es den Mörder der Waynes durch den Joker ersetzt und somit die Pro-/Antagonist-Antinomie kausal miteinander vernetzt.

---

[347] Siehe Zusatzmaterial der DVD *Batman*.
[348] Vgl. McKee: *Story*, S. 364.

Burtons Sichtweise auf Batman lag eine Entscheidung für die Erzählstrategie des Unbekannten und Mysteriösen der Figur zugrunde. In der fehlenden Initiation des Superhelden ist der Hauptindikator für diese individuelle Dramaturgie auszumachen.[349] Der durch Vorwissen geprägte Zuschauer vermutet bereits in der ersten Szene den Mord der Waynes zu sehen, unterliegt aber einem bewusst gesetzten narrativen Gag des Regisseurs. Die physische Metamorphose des Helden, seine Motivation, die Herkunft seiner technischen Hilfsmittel, all das bleibt im Dunkeln – und somit der Phantasie des Zuschauers anheim gestellt. Auf diese Weise bewahrt Burton den Mythos des Fledermausmenschen vor allzu großer Rationalisierung und führt Batman in jene Zeitlosigkeit zurück, die die Originalfigur im Comic ausgezeichnet hatte.

Die **Spider-Man**-Originalstory *Amazing Fantasy* Nr. 15 bildet das dramaturgische Grundgerüst des Films, dessen Höhepunkt dagegen mit Erzählmotiven verschiedener bekannter Storylines spielt, diese aber hinsichtlich ihrer narrativen Konsequenz variiert: Im Jahr 1973 erschien die Geschichte um die Entführung von Peters Freundin Gwen durch den Grünen Kobold auf die George Washington Bridge; Spider-Man kam jedoch zu spät und konnte sie nicht retten, Gwen starb.[350] Auch in der Verfilmung *Spider-Man* entführt der Grüne Kobold Peters Geliebte, diesmal ist es jedoch Mary-Jane, er flieht mit ihr auf die Queensboro Bridge und Spider-Man rettet seine Geliebte. Eine weitere Aktualisierung betrifft den naturwissenschaftlichen Hintergrund der Geschichte: Statt einer atomar kontaminierten Spinne beißt eine genetisch veränderte den späteren Helden

---

[349] In Ausgabe 33/1940 von *Batman* wird die Initiation Batmans gewissermaßen "nachgeholt": der gewalttätige Tod der Eltern, der Racheschwur des Waisenjungen, seine harte physische und psychische Ausbildung, seine Entscheidung für das Kostüm der Fledermaus. Sowohl das dritte Sequel *Batman forever* (USA 1995, Joel Schumacher), der tief in die Psyche des Helden eindringt, als auch Christopher Nolans finstere Neuinterpretation *Batman Begins* (USA 2005) greifen die initiatorische Szene aus *Batman* Nr. 33 auf, indem sie der Konfrontation des Waisenjungen mit seinem späteren Totemtier inhaltstragende visuelle Bedeutung verleihen.

[350] Erschienen in: *The Amazing Spider-Man* Nr. 121: *The Night Gwen Stacy Died*.

und während Peter im Comic einen mechanischen Netz-Wurf-Apparat inklusive künstlicher Netzflüssigkeit entwirft, integriert die genetische Modifikation im Film die Netzdrüsen in Peters Handgelenken.

McKee beschreibt in seinem Ratgeber *Story*, dass das *auslösende Ereignis* entscheidend für das Storydesign und die Informationsvergabe ist. Es beschwöre die dramatische Hauptfrage herauf und antizipiere den Höhepunkt, also das, worauf der Zuschauer gespannt warte.[351] *Spider-Man* verbindet das auslösende Ereignis, die körperliche Metamorphose des Helden, meisterhaft mit dem Höhepunkt, indem eine Doppelinitiation von Protagonist und Antagonist in derselben Sequenz eintritt (Sequenz 4). Diese frühe Doppelinitiation lässt Erzählraum für das Beziehungsgeflecht der Hauptfiguren sowie humorbetonte Einlagen; Actionszenen bleiben Episode. Damit erfüllt *Spider-Man* die standardisierten Unterhaltungs-/Actionfilmkategorien, wie sie in den dominierenden Drehbuchkonzepten abgefasst werden.

Der antagonistische Part, der Grüne Kobold, erschien zum ersten Mal in *Amazing Spider-Man* Heft Nr. 14 (1964), also bereits recht früh in der Entstehungsgeschichte des Superhelden. Er gehört damit zu den bekanntesten und langlebigsten Hauptgegnern Spider-Mans, wurde mehrfach "entsorgt" und reaktiviert.

Mit *Hulk* verbindet *Spider-Man* die physische Initiationssituation in einem Laboratorium; wie in einem Experiment werden die Figuren mysteriösen Mächten und Energien unterworfen, die sie annehmen und kontrollieren lernen müssen.

Hulk reduziert den dramatischen Konflikt auf ein Familiendrama bei gleichzeitiger naturwissenschaftlicher Aktualisierung: Der Nanophysiker Dr. Bruce Banner wird bei einem Laborunfall fiktiven "Nanomeds" sowie einer tödlichen Dosis Gammastrahlung ausgesetzt. Als weiteren problematisierenden Faktor trägt Banner in der Filmversion vererbte genetische Veränderungen durch Selbstversuche seines Vaters in sich. Durch Kombination dieser drei Faktoren

---

[351] Vgl. McKee: *Story*, S. 215.

verwandelt er sich unter psychischem Druck temporär in den zerstörerischen Hulk.

Gerade weil Hulk aufgrund seiner grünen Haut, seiner lila-farbenen Hose und seiner abnormen Hypophyse das Comicgenre optisch betont, braucht die Story den ernsten Familienhintergrund, um sich zu "erden". Die Autoren wählten zur Illustration des Familienkonflikts einen dramaturgischen Kunstgriff: Der Antagonist ist zugleich der Vater des Protagonisten. Beide treffen nur in zwei Sequenzen aufeinander: unmittelbar vor der Initiation des Helden und am Ende der Filmhandlung. Der Plotkern wurde der *Origin Story* entlehnt, zusätzlich demonstriert Regisseur Ang Lee über unterschiedliche Erzählorte einzelne Stationen auf dem Entwicklungsweg des Superhelden, der sich permanent auf der Flucht befindet.[352] Damit akzentuiert er die Orientierungslosigkeit des Helden, die als Indiz seiner Deutung der Figur des Helden identifiziert werden kann. Eingebettet ist die Geschichte in Strukturen eines analytischen Dramas, etwa wenn die (bei *Batman* ähnlich konstruierte) Backstory-Exposition des Helden den zweiten Plot Point markiert, in der der Vater in einer quasi-psychoanalytischen Sitzung als Mörder der Mutter entlarvt wird. Viermal transformiert Bruce in den Hulk, kämpft jedes Mal gegen einen anderen Gegner (Sequenzen 8, 10, 14 und 18). Die in Gestalt von General Ross persönlich motivierte und durch das Militär organisierte Jagd auf Hulk gerät dabei zur spektakulären Materialschlacht, zur Nummernrevue, in deren Verlauf Amerikas Infanterie, Panzerkräfte, Helikopter- und Jagdbomberstaffeln systematisch von Hulk vorgeführt und demontiert wird.

Der Antagonist, der die Form dessen annimmt, was er berührt, ist eine Referenz auf den Hulk-Gegner "Absorbing Man" (*Journey into Mystery*, Nr. 114, 1965). Seine Transformation in das gigantische Elektrowesen am Ende des Films ist ein weiterer Verweis auf einen Hulk-Gegner: "Zzzax" (*Hulk* Nr. 166, 1973).

---

[352] Die Etappen der Flucht: Ein Labor, sein Haus, ein Krankenhaus, ein Ferienhaus, ein Militärbunker, eine Wüste, ein Straßenzug San Franciscos, eine Lagerhalle, ein See, ein Dschungel.

Im Gegensatz zu den übrigen untersuchten Superheldenfilmen bezieht sich *Daredevil* bis auf das strategische Erzählmoment der Initiation nicht auf Geschichten der Anfangsjahre, sondern primär auf populäre Geschichten aus den 1980er Jahren, die von Frank Miller gezeichnet wurden und zu den erfolgreichsten der gesamten Serie zählen. Regisseur Johnson, der ebenfalls das Drehbuch schrieb, versucht, dem Geist der Gesamtvorlage ein würdiges Denkmal zu setzen und konzipiert dazu eine a-chronologische Handlungsführung, die mit den standardisierten Erzählkonventionen des linear-kausalen Action-Hollywoodkinos bricht. *Daredevil* wartet mit einem raffinierten Kunstgriff auf: der Einschachtelung einer zweiten Erzählebene. Die Erzählgegenwart dient als Verankerung einer Rückblende, die über drei Viertel der Handlungszeit einnimmt. Zu Beginn der Rahmenhandlung flüchtet der schwer verwundete Daredevil in eine Kirche. Hier erfährt er seine erste von mehreren De-Maskierungen innerhalb der Handlung, aus Daredevil wird Matt – eine unerwartbare narrative Innovation des Comic-Superheldenfilms. Sein Kommentar:

> "Man sagt, man sieht sein ganzes Leben noch mal vor sich ablaufen, wenn man stirbt. Das stimmt – sogar für einen Blinden"

hält einen weiteren unerwartbaren Schock für den Rezipienten bereit, denn der Held kündigt damit seinen unmittelbar bevorstehenden Tod an. Eine weiche Überblende führt die Handlung zurück in Matts Kindheit. Sie setzt kurz vor der körperlichen Initiation ein, umfasst den Tod des Vaters und den Racheschwur, springt dann rund 20 Jahre weiter zum inzwischen erwachsenen Matt, umfasst das gesamte Geschehen der Filmhandlung bis zum Punkt, an dem Daredevil verwundet in die Kirche flüchtet. Unmittelbar vor dem finalen Furor kehrt die Erzählung, diesmal entgegengesetzt mit einem digitalen *Ride* aus dem Auge des Protagonisten heraus, zu ihrem Ausgangspunkt in der Kirche zurück.[353] Entgegen der anfäng-

---

[353] Vgl. Flückiger: *Visual Effects*, S. 385. Rides durchmessen in Windeseile sämtliche Dimensionen des Raumes oder visualisieren kognitive Strukturen. Sie bieten dadurch "die Möglichkeit, der Extension der Sinne in alle Koordinaten des Universums." Ebd.

lichen Ankündigung des Helden, in naher Zukunft zu sterben, überwindet er im Kampf seine beiden Widersacher.
Bereits bei Eintritt in die Rückblende unterläuft Johnson ein gravierendes konzeptionelles Missgeschick: Die für den Aufbau emotionaler Anteilnahme nötige Information, wer der maskierte Mann eigentlich ist, fehlt zu diesem Zeitpunkt und wird erst durch einen Off-Kommentar nachgereicht. Dieser gibt umfangreiche Informationen über den Helden preis – doch nur darüber, dass wichtige Informationen *vorenthalten* werden, hält der Plot das Interesse der Zuschauer wach. Insofern befolgt Johnson den Ratschlag McKees nicht, dass schmerzhafte Geheimnisse die maßgeblichen Bestandteile der Exposition darstellen, weshalb sie zuletzt enthüllt werden müssten; dafür sind *Batman* und *Hulk* Beispiele par excellence.[354]

Der erste Teil des Films, der Daredevils Rückblick in seine Kindheit umfasst, wurde Millers Graphic Novel *Daredevil: Man without Fear* (1993) entnommen. Die Nebenhandlung um die Beziehung zwischen Matt/Daredevil und Elektra entstammt Millers Daredevil-Miniserie *Visionaries Volume 2* (1981/82); die Ermordung Elektras durch Bullseye konkret dem Heft *Daredevil* Nr. 181 (1982). Das Drehbuch weitet die duale Figurenkonstellation aus, indem es den Protagonisten mit gleich zwei Antagonisten konfrontiert. Eine Verknüpfung mit Segmenten der *mythischen Heldenreise* ist in der Spielfilmfassung nicht erkennbar – ein Indikator für eine Erzählweise, die vom dominierenden Hollywood-Schema abweicht.

Die Originalstory schildert die physische Initiation des Helden mit dem in Superheldencomics der 1960er Jahre verhandelten Thema der kollektiven Furcht vor atomarer (Ver-)Strahlung. Während der junge Matt einen blinden Mann vor einem LKW rettet, der Atommüll geladen hat und der seine Ladung nun über den Lebensretter ergießt, variiert die Verfilmung dieses Ereignis. Matt, der die Beherrschung verliert, läuft buchstäblich "blindlings" vor einen Gabelstapler, der Fässer mit einem nicht näher spezifizierten Inhalt ("biohazard") verlädt und diesen über Matt verspritzt. Während im Comic ein wiederum blinder alter Mann den blinden Jungen trai-

---

[354] Vgl. McKee: *Story*, S. 358.

niert, verzichtet das Drehbuch auf diese Mentorfigur und nimmt stattdessen den Jungen selber und dessen autodidaktisches Einüben neuer Fähigkeiten ins Visier.

Die auffälligste Abwandlung gegenüber der Vorlage betrifft die Figur Kingpin: In den Comics von europäisch-weißer Hautfarbe, wird er in der Verfilmung von Michael Clarke Duncan gespielt, einem afro-amerikanischen Schauspieler. Regisseur Johnson über seine Entscheidung:

> "Ich glaube, man wird der Figur eher gerecht, wenn man den besten Mann nimmt, anstatt nach der Hautfarbe zu gehen."[355]

Beim Kingpin handelt es sich originär um einen Antagonisten aus Spider-Man-Comics, der in die Daredevil-Serie übernommen wurde. Da beide Figuren in New York angesiedelt sind, publiziert der *Marvel*-Verlag unter anderem ein Cross Over beider Helden in gemeinsamen Comicabenteuern. Der Kingpin erschien zum ersten Mal in *The Amazing Spider-Man* Nr. 50 (1967). Der Charakter "Bullseye" wiederum wurde von Autor Marv Wolfman bereits für das Heft *Daredevil* Nr. 131 (1976) entwickelt.

Es soll nicht unerwähnt bleiben, dass drei der untersuchten Filme diesen in eine Reihe überführen: Von Superman und Batman gibt es je vier zusammenhängende Filme, von Spider-Man drei Filme.[356] Dabei greift der alte Kinokassentrick: Erfolgreiche Geschichten werden nicht nur als Sequels fortgeschrieben, sondern zuweilen auch als Prequels in die Vergangenheit verlängert.

Der serielle Fortsetzungscharakter der Filme umfasst vorwiegend eine fixe dramaturgische Wiederholung bei gleichzeitiger Variation der Story. Die Heldenfigur erfährt eine tiefer gehende Psychologisierung, als prominente Beispiele sind Batman und Spider-Man zu

---

[355] Interview im Making-of-Daredevil, *Daredevil* DVD Director's Cut, 2005.
[356] Dass Batman und Superman durch die Filme *Batman Begins*, *The Dark Knight* und *The Dark Knight Rises* (USA 2005, 2008 und 2012, Christopher Nolan) sowie *Superman Returns* (USA 2006, Bryan Singer) und *Man of Steel* (USA 2013, Zack Snyder) in jüngster Zeit erneut Gegenstand filmischer Interpretation geworden ist, soll an dieser Stelle der Vollständigkeit halber erwähnt werden. Auch Spider-Man erlebte einen Relaunch: *The Amazing Spider-Man* (USA 2012, Marc Webb).

nennen. Die Fortsetzung verlangt zudem nach einem Mehr an Allem: aufwendigere Actionsequenzen, neue, noch gefährlichere Gegner, tiefere Emotionen, größere dramatische Fallhöhe. Während der erste Film eine Grundbasis an Wissen schafft, baut sie sein Nachfolger aus. Die Initiation, im ersten Film integrativer Teil der Filmerzählung, entfällt, da der Superheld und sein Alter Ego dem Publikum bereits bekannt sind. Ausschnittsartig präsentiert *Spider-Man 2* in der Pretitle-Sequenz Schlüsselszenen des Vorgängerfilms, so dass auch uneingeweihte Zuschauer der Handlung mühelos folgen können. Der Plot kann demzufolge auf ein Minimum reduziert werden, um dennoch ein Maximum an Story für den Zuschauer bereitzustellen. Krützen betont die Kalkulierbarkeit des Risikos, da in die Sequels die sogenannte *Inbuilt Audience* strömt: Fans des ersten Teils, die nicht zusätzlich mit Werbung angelockt werden müssen, sondern unbekannte Abenteuer eines bekannten Helden erleben möchten.[357]

Obgleich sie an den Kinokassen erfolgreich waren, können *Batman* (411,3 Mio. Dollar Kinoeinspielergebnis des ersten Films)[358] und *Superman* (300 Mio. Dollar) als Negativbeispiele einer missglückten Überführung der Figur in eine Serie angeführt werden. Im Fall von *Superman* wurde der zweite Film bereits parallel zum ersten gedreht, eine Fortsetzung war festes Planziel.[359] Ein geglücktes Beispiel für eine kommerziell erfolgreiche Filmreihe ist dagegen *Spider-Man* (821,7 Mio. Dollar), dessen Fortsetzung es geschafft hat, der Figur dasjenige Quantum an Tiefe zu verleihen, was der Handlung gleichzeitig an Action zugesetzt wurde. So gerät Spider-Man im zweiten Teil (USA 2005, Sam Raimi) in eine persönliche Schaffenskrise und wird im dritten Teil (USA 2007, Sam Raimi) mit seiner

---

[357] Vgl. Krützen: *Dramaturgie des Films*, 2004, S. 304.
[358] Zahlen aus: http://www.cinema.de/bilder/die-erfolgreichsten-superhelden,3217545.html (Zugriff am 13.08.2014).
[359] Nach dem zweiten Teil und einem erneuten Regiewechsel geriet Superman mit jeder neuen Fortsetzung in den Strudel einer Klamauk-Welle. Dasselbe widerfuhr Batman, dessen überzeichnete Joel-Schumacher-Verfilmungen *Batman Forever* (USA 1995) und *Batman & Robin* (USA 1997) eine Rückführung der Figur zum Camp-Charakter der schrillen TV-Serie aus den 1960er Jahren akzentuieren sollten, jedoch dem Missverständnis unterlagen, dass Comics komisch sind.

"dunklen Seite" konfrontiert, die er ungehemmt auslebt. Von *Hulk* (245 Mio. Dollar) ist ein Sequel erschienen,[360] von *Daredevil* dagegen nicht, der aufgrund unerwartet schlechter Umsatzeinnahmen ("nur" 179 Mio. Dollar) keine Fortsetzung rechtfertigte.[361]

6.3
Dramaturgie II: Das strategische Erzählmoment der doppelten Initiation

Aufgrund einer natürlichen oder synthetischen Metamorphose wird aus einem sozial Unterlegenen der Superheld, der seine Omnipotenz dem Kampf gegen das Böse widmet. Das ist die stabile Hintergrundstory annähernd aller Comic-Superhelden.[362] Das dramaturgisch hervorstechende Schlüsselelement der Initiation ist demzufolge kein künstlerischer Einfall der jeweiligen Regie, sondern unmittelbar mit der Figurenkonstruktion des Comic-Superhelden verbunden.[363] Wie bereits ausgeführt, bezieht sich Voglers Storymodell der *mythischen Heldenreise* auf Initiationsmythen, die die Umwandlungsphase stark betonen. Sie ist Dreh- und Angelpunkt der (physischen) Transformation des Initianden. Kulturübergreifend ähnliche Symbole der Umwandlungsphase sind Unstrukturiertheit, Mehrdeutigkeit, Sterben, Verwesen und Geboren-werden.[364]

Auch die Superhelden-Initiation markiert einen Bruch mit dem vertrauten Fortgang des Lebens, indem es in einem synthetischen Vorgang den Superhelden erst "erschafft". Dessen leibliche Hülle und altes Ich "sterben" während des Vorgangs, der Superheld wird "ge-

---

[360] *The incredible Hulk* (USA 2008, Louis Leterrier).
[361] Allerdings gab es ein Spin-off: *Elektra* (USA 2005, Rob Bowman).
[362] Superman bildet die Ausnahme in der vorliegenden Untersuchung. Auch Batman ist nur bedingt zu denjenigen Superhelden zu zählen, die eine Metamorphose durchleben.
[363] Im Folgenden wird der Begriff "Initiation" synonym verwendet für die "Schwellenphase" eines Übergangsrituals, wie sie van Gennep oder Turner in den Blick genommen haben.
[364] Vgl. Turner: *Liminalität und Communitas*, 1998. Mit welchen ästhetisch-stilistischen Mitteln die Superheldenfilme den physischen Initiationsvorgang präsentieren, greift die Untersuchung zu einem späteren Zeitpunkt wieder auf.

boren". Eine Verankerung des initiatorischen Moments in der dramaturgischen Struktur des Superheldenfilms ist daher zwingend erforderlich. Es ist auffällig, dass die drei neueren Verfilmungen *Spider*-Man, *Hulk* und *Daredevil* dieses Moment sehr zeitig im dramaturgischen Gerüst positionieren: *Spider-Man* in Sequenz 4 mit auslösendem Ereignis in Sequenz 2, und *Daredevil* bereits in Sequenz 2. *Hulk* antizipiert bereits in Sequenz 2 die später erfolgende Initiation in Sequenz 6.

Diese frühe Positionierung der Initiation ist nicht in Übereinstimmung zu bringen mit der gängigen Drehbuchliteratur, die in dieser Studie einer Sichtung unterzogen wird. Denn strukturell verzeichnet die *Heldenreise* die Initiation im zweiten Akt, in der Regel "etwa in der Mitte der Geschichte"[365] oder alternativ verzögert am Ende des zweiten Aktes. Damit stimmt dieser Wendepunkt überein mit den *storydriven*-Ansätzen von Field, Seger und McKee, die die Initiation zwar nicht terminologisch explizieren, aber in Form des dramaturgischen Höhepunkts konzeptualisieren. Im Zenit des Plots erfährt der Initiant innerhalb der *mythischen Heldenreise* ein simuliertes Wiedergeburtsmysterium. Diese "entscheidende Prüfung"[366] konfrontiert den Helden mit der gegnerischen Macht und dem symbolischen Tod, um danach wiedergeboren zu werden und "verwandelt" zurückzukehren – zumeist auf einer höheren Bewusstseinsebene. Vogler lässt keinen Zweifel an der Notwendigkeit des Wiedergeburtsszenariums: "Helden müssen sterben, damit sie wiedergeboren werden können."[367] Und er gibt auch gleich den Grund dafür an:

> "Tod und Wiedergeburt ist [sic!] das dramatische Geschehen, an dem das Publikum besonderen Gefallen hat."[368]

---

[365] Vogler: *Odyssee*, S. 277.
[366] Vgl. ebd., S. 273. Mit "Entscheidende Prüfung" benennt Vogler das achte Stadium der Reise.
[367] Ebd., S. 274. Vgl. ebd., S. 313: "Auch die Unsterblichen der alten Griechen waren ein kleiner exklusiver Kreis. Nur den Göttern und einer Handvoll glücklicher Menschen war es gegeben, vom Tode befreit zu sein. [...] Unter diesen wenigen finden sich Herkules, Andromeda und Äskulap." Zum Wiedergeburtsmysterium vgl. van Gennep: *Übergangsriten*, 1981 und Turner: *Liminalität und Communitas*, 1998.
[368] Ebd.

Setzt man nun Drehbuchtheorie und Filmpraxis zueinander in Bezug, ergibt sich für den Superheldenfilm folgende signifikant abweichende Anordnung: Obgleich der symbolische Tod des Helden qua definitionem in der *Mitte* der Handlung angelegt ist, realisiert sich seine physische Initiation bereits zu *Beginn* der Filmhandlung, deutlich vor dem Höhepunkt.

Die Initiation macht aus dem Protagonisten "ein von Grund auf neues Wesen"[369], Hulk erlebt sie "wie eine Geburt" (Sequenz 16). Entsprechend ist die Initiation in Szene gesetzt: voller mysteriöser Symbolik. Die Gleichsetzung von komatösem, mit Visionen begleitetem Todesschlaf von Spider-Man, Daredevil und Hulk macht den Superhelden zur Zentralfigur eines Wiedergeburtsmysteriums. Legt man die in der *mythischen Heldenreise* genannten Geburtsassoziationen vom Handlungshöhepunkt den vorliegenden Filmen zugrunde, erfährt Hulk sogar eine doppelte physische Initiation, da der Handlungshöhepunkt eine weitere Wiedergeburt symbolisiert. Diese realisiert sich in einer uterusartig gestalteten Flüssigkeitskapsel, in der der Held bewusstlos und an Schläuche fixiert liegt, bevor er ausbricht (Sequenz 19). Oftmals erhalten die Helden in der Folge der Initiation "einen neuen Namen"[370] und "neue Kräfte oder neue Fähigkeiten"[371] – Merkmale, die zwar den frühen Initiationspunkt der Superhelden beschreiben, aber strukturell den Höhepunkt der *Heldenreise* kennzeichnen.

Da ein Aufeinanderfallen zwischen dem dramaturgisch strukturierenden Element des Höhepunkts und der konkret sich ereignenden Superhelden-Initiation ausgeschlossen werden kann, wie verhält es sich dann mit einer Verbindung von Superhelden-Initiation und erstem Plot Point? Aufgrund seiner dramaturgisch integrativen Funktion, der Handlung eine signifikante Richtungsänderung zu geben, steht das Moment der Initiation dem ersten Plot Point strukturell nahe, der sich etwa 25 bis 27 Minuten nach Filmbeginn ereignen soll, wie Field und Seger skizzieren. In diesem Zusammenhang weist

---

[369] Ebd., S. 313.
[370] Ebd., S. 314.
[371] Ebd.

die deutsche Filmprofessorin Michaela Krützen auf die erzähltechnische Bedeutung der Plot Points für die Perspektivänderung des Protagonisten hin. Damit eine motivierte Entwicklung der Handlung erfolge, müsse die Hauptfigur eine signifikante Charakterveränderung vollziehen, womit die Autorin für eine figurenorientierte Festlegung der Wendepunkte plädiert:

> "Der Wendepunkt ist keine beliebige Wendung im Verlauf der Handlung, sondern eine Umorientierung in der Entwicklung der Hauptfigur(en)."[372]

Und was läge näher als die körperliche Modifikation des Superhelden als wesentlichen Wendepunkt zu bestimmen? Da die physischen Initiationen von Daredevil und Spider-Man jedoch bereits 8 bzw. 13 Minuten nach Filmbeginn eintreten, kann eine Annäherung an das Zeitmuster des ersten Plot Points ausgeschlossen werden. Supermans Initiation markiert zwar das Ende des ersten Aktes, könnte daher mit dem ersten Plot Point zusammenfallen, ereignet sich aber nicht – wie von Field projiziert – bei Minute 25, sondern erst bei Minute 45, weicht demzufolge hinsichtlich der Zeitangaben signifikant ab. Da *Batman* dem Zuschauer die Partizipation an der Helden-Initiation verweigert, besetzt alternativ die Initiation des Antagonisten strukturell den ersten Plot Point; Tim Burton fand in der, die Initiation ausblendende, Mystifizierung der Figur eine adäquate Ausdrucksmöglichkeit für ihre (sich rationalen Deutungen widersetzenden) Ambivalenz. Lediglich *Hulk* erfüllt das Kriterium, da Initiation des Protagonisten und erster Plot Point zeitlich-strukturell korrelieren.

Eine einheitliche Richtlinie, an welcher Position im dramaturgischen Ablauf der Initiationsmoment erscheint, wird in den fünf Comic-Superheldenfilmen kaum deutlich, da jeder Film seine individuelle Lösung komponiert. Strukturell fungiert die Initiation als Katalysator. Daredevils physische Initiation setzt bereits katalysatorisch in der Sequenz 2 ein, während der Tod des Vaters die wesentliche Umkehr der Handlungsabsicht der Hauptfigur bewirkt.

Die konventionelle Handlungslinie der *mythischen Heldenreise* setzt eine charakterliche Veränderung des Protagonisten voraus, ohne

---

[372] Krützen: *Dramaturgie des Films*, 2004, S. 111.

die die finale Struktur der Reise weder motiviert noch einem Ende zugeführt werden kann. Aus diesem Grund sieht sie am Ende der Handlung eine zweite, psychische Transformation des Helden vor. Dieses narrative Moment weist Vogler als Stadium der "Wandlung" und "Auferstehung"[373] in der *mythischen Heldenreise* aus. Hier wendet der Held die auf seiner Seelenreise erlernten Tugenden und Kräfte wirksam an und beweist seine Zugehörigkeit zur "guten" Seite. Da Vogler sein Konzept als dramaturgische Anleitung für den populären Actionfilm versteht, fällt der Moment der Auferstehung mit dem Showdown oder der "Klimax"[374] zusammen, die "immer mit der Katharsis einhergehen"[375] sollte, und der einen "Augenblick höchsten Bewusstseins"[376] für Held und Publikum bedeute. Dieser Ansicht stimmt Robert McKee zu, formuliert es aber in gängigeren dramaturgischen Begriffen. Für ihn stößt der Held an seine persönliche Grenze, eine "Krise", die im Idealfall mit dem "Höhepunkt" zusammenfällt.[377] Der Höhepunkt sei der wichtigste Umschwung der Handlung, müsse daher "von Bedeutung erfüllt"[378] sein, denn "Bedeutung erzeugt Emotion."[379] Unter "Bedeutung" versteht McKee eine irreversible Umwälzung der Werte und kommt zum Schluss, dass diese Veränderung "das Herz des Publikums" bewege.[380]

Durch aktive Veränderung der inneren Seinszustände besitzen die Superhelden Schicksalsmächtigkeit, prominent am Beispiel Superman zu sehen, der sich dem Vatergebot widersetzt, nicht in den universalen Zeitverlauf einzugreifen. Die Auseinandersetzung mit dem eigenen Geworfensein in einen Heldenstatus berührt indes weniger eine Subjektwerdung als mehr die Aufarbeitung des individuellen Kindheitstraumas. So folgt Spider-Man zum Ende des Films den mahnenden Worten seines Onkels, dass aus großer Kraft große Verantwortung erwachse und entscheidet sich gegen ein Leben mit

---

[373] Vogler: *Odyssee*, S. 356.
[374] Ebd., S. 344.
[375] Ebd., S. 346.
[376] Ebd., S. 347.
[377] McKee: *Story*, S. 326ff.
[378] Ebd., S. 332.
[379] Ebd.
[380] Ebd., S. 333.

seiner Geliebten. Daredevil begreift, dass Rache nur Gegengewalt gebiert und lässt den Bösewicht laufen ("Ich bin nicht der Böse!"). Hulk löst sich von seinem Kindheitstrauma, indem er es seinem Vater symbolisch zurückgibt. Da Batmans physische Initiation bereits entfällt, wird seine geistige Auferstehung durch eine klassische Anagnorisis ersetzt: Batman erkennt im Joker den Mörder seiner Eltern.

Die Auferstehung findet in *Daredevil* und *Hulk* ihre visuelle Präsentationsweise durch eine Beziehung zum Wasser, das kontextuell eine reinigende, taufende Funktion innehat.[381] Erst in diesem Stadium ist der Initiationsprozess auf dramaturgischer Ebene abgeschlossen. Erst nach dieser letzten erfolgreich bestandenen Prüfung darf der Superheld seinen offiziellen Helden-Namen tragen – signifikant in der die Filmhandlung abschließenden Selbstausrufung von Spider-Man und Daredevil. Während Spider-Man seine eingangs gestellte Frage "Wer ich bin?" mit "Ich bin Spider-Man" beantwortet, wandelt sich Daredevil von einem Nemesisgleichen roten Rächer zum "Schutzteufel".[382] Hulks Face-to-Face-Ansprache des Publikums und der aus der Comicserie bekannte Satz "Sie machen mich wütend" gilt analog. *Batman* fällt auch in diesem Punkt aus dem Schema, da der Titelheld bereits in der ersten Sequenz klarstellt: "Ich bin Batman."
Dieses zweite psychische Initiationsmoment ereignet sich in jedem der untersuchten Comic-Superheldenfilme und hat zur Konsequenz, dass die charakterliche Entwicklung des Helden von zwei Ereignissen eingerahmt wird. Die dramaturgischen Abläufe sind folglich so koordiniert, dass sich die Heldentransformation in zwei temporär getrennte Phasen gliedert, die erst in ihrer Korrelation eine Gesamtinitiation ergibt – wobei *Batman* die bereits mehrfach betonte Ausnahme ist.
Die an den Filmanfang verlegte, exponierte Informationsvergabe der physischen Transformation modifiziert diejenigen Handlungslinien, die seitens der Drehbuchtheorie vorgegeben sind. Die Neuan-

---

[381] Siehe zum Aspekt der Abwaschung der Sünden durch das Wasser: Vogler: *Odyssee*, S. 338.
[382] Im Original "Guardian Devil".

ordnung der dramaturgischen Segmente folgt in *Superman*, *Spider-Man*, *Hulk* und *Daredevil* einem stabilen, linearen Handlungsmuster:

Exposition, Initiation I, Prüfungen, Höhepunkt, Initiation II, Epilog.

Damit weicht der Comic-Superheldenfilm von einer standardisierten Actiondramaturgie innovativ ab und entwirft eine abgewandelte Abfolge des Reise-Grundmusters. Vogler selbst betont sein flexibles und variables System der *mythischen Heldenreise*, indem er auf die jeweiligen Erfordernisse der Geschichte hinweist:

> "Jedes Element aus der Geschichte des Helden kann an jedem beliebigen Punkt der Geschichte auftauchen [...] ohne dass dies der Wirksamkeit der Geschichte Abbruch täte."[383]

Das Initiationsdouble zielt auf einen hohen Faktor emotionaler Anteilnahme am Werdegang der Heldenfiguren, wie er von allen vorliegenden Drehbuchkonzepten gefordert wird. Denn das Faszinosum an Comic-Superhelden scheint nicht deren Abenteuer mit verschiedenen Stadien zu sein, sondern *wie* der Held mit der neuartigen Situation des Held-Seins umgeht. Der Auffassung von Eick, dass Superhelden "meist einem geringeren emotionalen Wandel im Film [unterliegen], weil sie als Superhelden beginnen und auch enden"[384] widerspricht nicht nur die prinzipielle Entwicklungsforderung des Charakters seitens der *Heldenreise*, sondern vernachlässigt zudem das dramaturgische Gefüge eines Comic-Superheldenfilms. Denn durch das doppelte Eintreten eines Schlüsselereignisses für den Helden nähert sich der Plot einem einzigen großen Initiationsvorgang, beschreibt eine kohärente Entwicklungslinie der Heldenerschaffung. Die erwünschte Identifikation wird in den vorliegenden Comic-Superheldenfilmen also weniger durch raffinierte Wendungen des Plots als vielmehr durch die umfangreiche Schilderung ei-

---

[383] Vogler: *Odyssee*, S. 390f.
[384] Eick: *Drehbuchtheorien*, 2006, S. 80.

nes Initiations- und Reifungsprozesses des Protagonisten ausgelöst.[385]

Da jeder populäre Hollywoodfilm auf der Strategie der (Ver-)Wandlung des Helden gründet, findet die aus der Doppelinitiation resultierende Entwicklung des Superhelden ihre visuelle Entsprechung am Filmanfang und am Filmschluss, denn der Held des Schlussbildes "ist nie der der ersten Sequenz, auch wenn er am gleichen Ort stehen sollte."[386]

Um die Wandlung greifbar zu machen, setzen die untersuchten Comic-Superheldenfilme charakteristische Kameraperspektiven ein, um Anfangsbild und Schlussbild ineinander zu verschränken. Vom Zuschauer größtenteils unbewusst wahrgenommen, beeinflussen sie die moralische Beurteilung der Filmfiguren. Charakteristisch tritt diese Strategie der visuellen Komposition in *Batman* zutage, der seine Titelfigur in dramaturgisch wichtigen Szenen durch zwei kontradiktorische Kameraperspektiven charakterisiert: durch Top Shot sowie durch Untersicht (Abb. 1 und 2).

---

[385] Wobei Länge und Umfang der Initiation die Frage aufwerfen, ob sie beim Superheld überhaupt geglückt ist. Betrachtet man ihn analog einem Initianden, so befindet er sich nach dem Zeitpunkt seiner physischen Transformation in der Schwellenphase. Nachdem der Held alle Prüfungen gemeistert hat, müsste laut van Gennep/Turner die Rückkehr zur sozialen Gruppe erfolgen, dargestellt in der Angliederungsphase. Diese entfällt jedoch in den untersuchten Filmen; der Held bleibt allein.

[386] Krützen: *Dramaturgie des Films*, 2004, S. 95.

Abb. 1:
Schatten auf Bruces Gesicht.

Abb. 2:
Schatten auf Batmans Gesicht.

Hulk und *Daredevil* zeigen ihre Protagonisten in der letzten Einstellung aus extremer Aufsicht bzw. Vogelsicht. Bei *Hulk* führt diese Perspektive thematisch zurück zur ersten Einstellung des erwachsenen Bruce Banner, der im Spiegel etwas Beunruhigendes, ein fremdartiges Selbst erblickt. Am Ende seiner Entwicklungslinie hat diese fremdartige innere Natur, sinnbildlich im grünen Dschungel, das Helden-Ich annektiert. Daredevil indes, der im Anfangsbild als verwundet, unbeweglich und schwach in Szene gesetzt wird, ist im Schlussbild beweglich und gesund. Nichtsdestoweniger präsentiert ihn eine subjektive Kameraeinstellung in einer fallenden Bewegung seltsam distanziert – wobei der Zuschauer mit ihm in den Abgrund fällt.
In *Spider-Man* erweitert die letzte Einstellung das leere Spinnennetz zu Beginn des Films um eine (menschliche) Spinne, die den begrenzten Raum des Netzes bereits verlassen hat. Die Statik der anfänglichen Einstellung bricht auf zugunsten einer mobilen digitalen Kamera. Supermans Flug als Baby durchs All findet sein visuelles Pendant ebenfalls in einem Flug ins All.
Spider-Man, Hulk und Daredevil erwidern in der letzten Einstellung den Blick des Zuschauers, um dadurch einen besonders nachdrück-

lichen Impuls der emotional aufgeladenen Nähe zu ihrer Filmfigur zu setzen. Auch Superman gibt die Fiktionalität seiner selbst preis, indem er am Ende der Filmhandlung in die Kamera blickt. Diese Reflexivität auf das eigene Medium korrespondiert mit dem Beginn der Filmhandlung, an welchem ein künstlicher Theatervorhang beiseite gezogen wird, um den Blick auf die "Leinwand" freizugeben (vgl. Punkt 8.1 dieser Studie).

7. Das Visual Design der Superheldenfilme

Wie bereits dargelegt wurde, stellt Computertechnik, je näher ein Film an die Gegenwart rückt, einen wesentlichen Faktor im Transformationsprozess vom Comic in den Film dar. Das Filmmedium bietet aufgrund seiner Bewegungsbilder breitere Rahmenbedingungen für das Zur-Schau-Stellen hyperhumaner Fähigkeiten. Fliegen, Schweben, Springen sind im Film nicht auf einige wenige Panels beschränkt, sondern können minutenlang zelebriert werden – inklusive einer beweglichen virtuellen Kamera, die um den Helden kreist.[387] Um weitere visuelle Gestaltungsmodi der Superheldenfilme aufzuzeigen, die sich im Spannungsfeld zwischen ästhetisch-stilistischer Eigenständigkeit und Angebundenheit an die Comicvorlage bewegen, wird das Visual Design in die Betrachtungen integriert.[388]

7.1
Visualisierung der Superkräfte in *Daredevil* und *Spider-Man*

Der blinde Daredevil vermag mittels eines ausgeprägten Radar- bzw. Sonarsinns Schemen und Umrisse der näheren Umgebung erkennen und sich daher zielsicher und souverän durch den (ihm unbekannten) Raum zu bewegen. Während der Originalcomic Daredevils Radarsinn analog zu Spider-Mans "Spinnensinn" über feine gezackte Linien darstellt oder sich mit kommentierenden Erklärungen behilft, spielt der Film seinen Vorteil der Bewegungsdarstellung aus und macht die subjektiven Sinneswahrnehmungen des Protagonis-

---

[387] Demgegenüber steht die spezifische Rezeption des Comics: Ein Leser kann und wird sich unter Umständen sehr lange mit einem einzigen Panel beschäftigen und es betrachten.
[388] Zur "Comicästhetik" in Comicverfilmungen siehe Ofenloch: *Mit der Kamera gezeichnet*, 2007.

ten mittels digitaler Effekte für den Zuschauer individuell erlebbar. Eric Horton, Special-Effects-Leiter des *Shadow World*-Supersinns: "Er nutzt Sonar wie Fledermäuse oder Delfine und sieht quasi mit dem Gehör."[389]

Die visuelle Umsetzung dieser Fähigkeit erscheint als Point-of-View-Einstellung scharf umrissener Gegenstände vor bläulich-dunklem Hintergrund, die von aufblitzenden hellblauen Schemen überlagert werden. Abstufungen erleichtern den Zugang zur jeweils nur wenige Sekunden sichtbaren Wahrnehmung des Helden: So symbolisieren Wolkenartige Nebel menschliche Ausdünstungen wie Atmen oder ausgeatmeten Zigarettenrauch; scharf gezogene helle Umrisse kennzeichnen Gebäude(teile) oder die architektonischen Fixpunkte von Innenräumen; einzelne helle Punkte formieren sich zu einem Gewebe und bilden Gesichter ab (Abb. 3). Letzterer Effekt wird ausschließlich für die Hauptfiguren Elektra und Kingpin eingesetzt, mit denen Daredevil in enger Beziehung steht.

Abb. 3:
Elektra im Regen – wie Daredevil sie sieht.

Das Illusionsgefüge des Films wird durch den Einsatz des deutlich als künstlich zu identifizierenden Point-of-View-Verfahren nicht aufgebrochen, sondern sogar noch potenziert, da es als Stimulus

---

[389] *Dardevil* Director's Cut-DVD, Making of. Dort sind Originalabdrucke zu sehen, die einen Eindruck von der Schwierigkeit vermitteln, in einem graphischen Medium einen Blinden "sehend" zu machen: Die längere Erklärung "I have another power I wasn't even aware of! I can hear his pulse rate! It's speeding up, indicating he's lying! My supersense of hearing is like a built-in lie detector!" wird in der Gerichtsszene einfach durch ein pulsierendes Herz visualisiert.

der Identifikation dient. Dem Rezipienten wird temporär gestattet, in die Rolle des handelnden Superhelden zu schlüpfen und gleichsam mit dessen Blick zu verschmelzen. In der ersten Hälfte des Films kommt der Radarsinn vermehrt zum Einsatz, damit der Zuschauer eine visuelle Vorstellung davon erhält, wie der Superheld seine Umgebung subjektiv wahrnimmt (Sequenzen 3, 5 und 6).

In der zweiten Filmhälfte erscheint er nur noch in Szenen, die sein Liebesverhältnis zu Elektra akzentuieren (Sequenzen 11 und 12), sowie im finalen Doppel-Duell mit den beiden Antagonisten (Sequenzen 17 und 18). Ausgewählte Details, die Leib und Leben des Protagonisten gefährden, sollen in Großaufnahme die sensible Funktion von Matts Hypersensorium bildhaft und glaubhaft vermitteln: Der Zuschauer sieht *und* hört, was Matt *nur* hört, z.B. eine Pistolenkugel, die im Lauf gespannt wird (Sequenz 6).[390]

Zusätzlich zur Aufhebung der bereits erwähnten Raum-Zeit-Koordinaten forciert *Spider-Man* die Heroisierung des Helden durch die Ausweitung der Sinne. Sein "Spinnensinn" dehnt die Zeit und liefert unbekannte Einblicke in mehr oder minder bekannte Bewegungsabläufe. Ein durch wellige Linien dargestelltes "seltsames Kribbeln" weist Peter auf eine potentielle Bedrohung hin, Momente höchster Gefahr akzentuiert der Comic, indem er Peters Gesicht zur Hälfte von der Spider-Man-Maske bedeckt.[391] Das Prinzip des Instinkts ist denkbar einfach, wie Tom DeFalco erläutert:

> "Der Spinnensinn verrät Spider-Man zwar nicht exakt, worum es sich bei der jeweiligen Bedrohung handelt, sagt ihm aber immer, wann und wohin er ausweichen muss, um der Gefahr zu entgehen."[392]

Ähnlich wie Daredevils Radarsinn erzeugt *Spider-Man* das neuronale Frühwarnsystem des Superhelden mit Hilfe kameratechnischer Mechanismen, die in dieser Form auch im Analogfilm realisierbar wä-

---

[390] Im Comic helfen Erklärungen: "He moves instinctively, anticipating the trajectory of the steel-jacketed bullet... and bracing for the jolting and possibly fatal impact... but he never runs!" Abgefilmte Comicseite im *Making of* der Daredevil Director's Cut DVD.
[391] DeFalco/Zahn: *Spider-Man*, 2001, S. 22.
[392] Ebd.

ren: durch einen Wechsel der Kamerageschwindigkeit in Kombination mit selektiver Schärfenverlagerung. Zusätzlich schwillt das Geräusch der Gefahrenquelle hörbar an. Nichtsdestoweniger nutzt das Special-Effects-Team eine Variante aus dem Computer, ähnlich dem Bullet-Time-Effekt, in der sich die Kamera um ein stillstehendes Objekt zu bewegen scheint. John Dykstra, Visual-Effects-Designer von *Spider-Man*, erläutert das Vorgehen:

> "Das Gesichtsfeld eines Menschen umfasst zwischen 50 und 90 Grad, aber Peters Spinnen-Sinn erlaubt ihm, eine sehr viel weitere Spanne im Blick zu haben: rund 180 Grad, ungefähr wie das Fischauge einer Kameralinse. Der Sinn isoliert dann die potentielle Bedrohung vom Rest der visuellen Leinwand. [...] Er hebt die Figuren hervor, die eine Bedrohung darstellen, stellt den Fokus auf sie scharf und bewegt sich auf sie zu."[393]

Dieser Special Effect ist nicht durch eine physikalische Kamerafahrt zu erreichen. Vielmehr handelt es sich um eine Aneinanderreihung von durch mehrere Kameras aufgenommenen Einzelbildaufnahmen derselben Szene, was den optischen Eindruck einer Kamerafahrt hinterlässt. Per Rendering, künstlicher Überblendung und Erzeugung von Zwischenschritten werden unvermeidbare Abweichungen von den Einzelpositionen der gedachten Kamerafahrt sowie minimal abweichende Einstellungen korrigiert. Auch den Spinnensinn kontrolliert Peter erst nach und nach; bei seinem ersten Einsatz schafft er es durch Zufall, Mary-Jane zu imponieren, indem er sie reflexartig nach einem Stolperer auffängt (Sequenz 6). In der nachfolgenden, den Effekt ausführlich vorstellenden Szene fokussiert Peter (die Spinne in ihm reagiert intuitiv) eine Fliege. Nachdem die optische Ausgestaltung des Spinnensinns in die Filmhandlung eingeführt worden ist, begrenzt sich deren Erscheinung auf einen erschreckten Blick des Darstellers in Verbindung mit einem flirrenden Geräusch, um den Effekt nicht abzunutzen oder die Action unnötig zu retardieren.

Einen narrativen Aspekt digital zusammengefügter Bilder stellt die selektive Schärfenverlagerung dar, die ein typisches Merkmal fotografischer Bilder ist.[394] Der Film spielt über dieses technische In-

---

[393] Nachzulesen im Filmbook der *Spider-Man* DVD Deluxe Edition, 2002.
[394] Vgl. Flückiger: *Visual Effects*, 2008, S. 265f.

strument seine optischen Vorteile gegenüber dem still gestellten Comicbild in den Vordergrund. Flückiger erklärt den narrativen und ästhetischen Effekt der selektiven Schärfe:

> "Sie hebt hervor, was für die Narration von Bedeutung ist, und lässt jene Elemente im Vorder- oder Hintergrund verschwimmen, die dem Zuschauer nur vermittelt präsent sein sollen. Sie isoliert die dargestellte Figur von ihrer Umwelt und stellt damit eine Verbindung zwischen Figur und Rezipient her, von der es wenig Ablenkung gibt."[395]

Der Effekt selektiver Schärfenverlagerung markiert in *Daredevil* und *Spider-Man* essentielle narrative Momente: Während *Spider-Man* mehrfach den Spinnensinn visualisiert, verfehlt Daredevil im Kampf mit Bullseye seinen Blindenstock, durch den Natchios getötet wird und Daredevil unter Mordverdacht gerät. In Zeitlupe und aus mehreren Perspektiven heraus, begleitet die Kamera den Blindenstock auf seinem unheilvollen Weg (Sequenz Nr. 13).

Der Radar- und Spinnensinn von Daredevil und Spider-Man sind Beispiele dafür, wie durch digitale Special Effects die Sinneseindrücke des Zuschauers erweitert werden können, um Heroisierungstendenzen der filmischen Erzählweise zu unterstützen.

7.2
Intermediales und intramediales Visual Design

Die Filmästhetik des Comic-Superheldenfilms ist von einer dualen Ausrichtung gekennzeichnet: von einer intramedialen und einer intermedialen. Er verhält sich zu weiteren Filmgenres intramedial reflexiv, indem er auf signifikante genretypische Bilder rekurriert. Paradigmatisch loten *Batman*, *Hulk* und *Daredevil* stereotypisierte Bildmotive des Horrorfilmgenres und des *Film Noir* aus.[396] Die Ästhetik des *Film Noir* übte bereits recht früh nach ihrem Aufkommen Einflüsse auf die gestalterischen Ausformungen amerikanischer

---

[395] Ebd., S. 266.
[396] Zum Horrorfilm siehe z.B. Biedermann/Stiegler (Hg.): *Horror und Ästhetik*, 2008. Moldenhauer/Spehr/Windszus (Hg.): *On Rules and Monsters*, 2008. Ursula Vossen (Hg.): *Filmgenres: Horrorfilm*, 2004.

Superhelden- und Kriminalcomics aus, indem sie im so genannten *hard-boiled*-Stil graphisch den *Film Noir* imitierten.[397] Das Spiel aus Licht und Schatten verleiht den Comiczeichnungen eine dramatisch-theatralische Tiefe, die, in das Filmmedium übertragen, ihre wirkungsästhetische Dimension ausspielen kann.

Die Topoi des detektivischen Einzelgängers sowie des korrupten, Mafia-infiltrierten Polizeiapparats sind in *Batman* und *Daredevil* ebenso fixe narrative Kriterien wie das expressionistische Licht- und Schattenspiel, die einsame (regennasse) Straße bei Nacht stilistische Kriterien darstellen – bei *Batman* tritt als Nebenfigur die blondmähnige Femme fatale Alicia hinzu.

Abb. 4:
Jokers Hand im Abflussbecken.

Die Hand stellt ein signifikantes Motiv des Horrorgenres dar, das den untoten Wiedergänger ankündigt, daher Schrecken erzeugt und seinen optischen Niederschlag nahezu ausschließlich im Umfeld des Antagonisten findet. Die aus dem Abflussbecken ragende Hand Jokers (Abb. 4) ähnelt bildästhetisch der aus seinem vermeintlichen Grab ragenden Hand des Kobolds in *Spider-Man*. Beider Hände kündigen die baldige Rückkehr des Untoten an. Auch von Lex Luthor

---

[397] *Hard-boiled* bezeichnet einen flächigen, kantigen Zeichenstil in Schwarz-Weiß, der mit harten Licht- und Schatteneffekten arbeitet und von der Filmsprache des *film noir* inspiriert wurde. So gilt Will Eisners *The Spirit* (ab 1940, verfilmt 2008, USA, Frank Miller) als Vorläufer des *hard-boiled*-Stils. In den 1980er Jahren erlebte diese Zeichenschule ein Revival, neben Alan Moores *Watchmen* (verfilmt 2009, USA, Zack Snyder) zählen Frank Millers Superheldeninterpretationen zu den bekanntesten, die im *hard-boiled*-Stil erscheinen.

sieht man zuerst nur seine Hand, die mittelbar über eine computergesteuerte Anlage einen Polizisten tötet. Auf diesen Bildcode greifen die Regisseure wiederholt zurück, um sie dem Antagonisten zuzuordnen.

Auch Ang Lee inszeniert in den ersten Minuten von *Hulk* die (an)greifende Hand des Antagonisten David Banner Alptraumhaft als zerstörendes Organ (Abb. 5). Dabei verläuft die Blickachse des Zuschauers kongruent zur Handlungsachse der Figur, die dadurch dem Zuschauer eine passive Rolle aufzwingt, ihn zum Objekt degradiert.

Abb. 5: Davids Hand greift vermeintlich nach dem Zuschauer.

Spider-Man verfährt anders: Das erste, was der Zuschauer vom Protagonisten sieht, ist seine an eine Schulbusscheibe hämmernde Hand. Diese wird in seiner Initiation dadurch motivisch wieder aufgenommen, dass ein fünfzackiges, handähnliches, synthetisches DNA-Fragment in eine bestehende Lücke "eingreift" (vgl. Abb. 12). Die Hand ist insofern essentielles ausführendes Organ für Spider-Man, als aus seinem Handgelenk das Spinnenseil herausschießt.

Weiteres wesentliches Element des Horrors ist die Nacht, die sich stilbildend durch die Kompositionen von *Batman*, *Hulk* und *Daredevil* zieht. Viele actionbetonte Szenen spielen bei Nacht, lassen einerseits vieles nur erahnen und erzeugen dadurch Spannung, andererseits verwischt das Special-Effects-Team auf diese Weise allzu signifikante Hinweise auf den Einsatz von computergestützten Effekten und Figuren. Es kann festgehalten werden, dass der Comic-Superheldenfilm signifikante Bildcodes aus dem Horrorfilm assimiliert und sie zu einem eigenständigen ästhetisch-narrativen Gefüge synthetisiert. Es steht zu vermuten, dass dieses Verfahren dazu beitragen soll, mit dem genrerelevanten Wissensspeicher der Rezipienten zu spielen.

Zweitens finden auf einer intermedialen Verweisebene signifikante Bildmotive der Originalcomics ihr künstlerisch-stilistisches Pendant im Production Design der Superheldenfilme. Diese visualisieren bereits herausgehobene Erzählmomente prägnant, sie sind ohne großen Aufwand nachzustellen und erfüllen zudem vorgeprägte Vorstellungen und Phantasien potentieller Kinogänger weitgehend. Der formale Medienwechsel vom Comic in den Kinofilm wird dabei vorrangig von denjenigen neueren Filmen unternommen, die computergestützte Techniken einsetzen.

Das Panel wird dabei keiner erkennbaren medienspezifischen Neuausrichtung unterzogen, sondern direkt ins Filmbild adaptiert. Bei diesen Bildkompositionen präsentiert das Kamera-Auge das, was in der Vorlage das Leser-Auge sieht – eine sehr wirkungsvolle Erzählstrategie, da bekannte bildästhetische Inhalte Assoziationen wecken. Auf diese Weise kann mit einem Minimum an Aufwand ein Maximum an Bedeutung vermittelt werden.

Aber selbst ohne Wissen um die Vorlage ist ein müheloser Rezeptionsprozess gewährleistet. Der Zuschauer kommt dann in den Genuss eines originalen Filmerlebnisses, ohne etwaige Vorkenntnisse mit der filmästhetischen Zweitverwertung abzugleichen. *Daredevil* veranschaulicht dieses Konzept bereits in den ersten Minuten der Filmhandlung. Das den Film eröffnende Bildmotiv, in dem sich Daredevil wie ein Märtyrer an ein Dachkreuz einer Kirche klammert, übernahm Regisseur Johnson direkt aus dem Comic *Guardian Devil* (1999, Zeichner: Joe Quesada). Im Comic ist das einer seiner bevorzugten "Aussichtspunkte" (Abb. 6). Die Filmadaption bedient mit einer analogen Kameraeinstellung einerseits die Erwartungen der *Inbuilt-Audience*, definiert den Panelinhalt aber neu, indem sie den Helden schwer verletzt zeigt (Abb. 7). Begründet werden die bis in die Lichtstimmung hinein exakten Imitationen zumeist mit dem

Abb. 6:
Daredevil im Comic ...

Abb. 7:
... und im Film.

Verweis auf den Charakter der Comicvorlage, die der Film einer Hommage gleich einfangen möchte. Zusätzlich finden sich auch Einstellungen, die dem Comic zwar entlehnt sind, aber mit Hilfe eigener Visualisierungstechniken des Films verwirklicht wurden, wie *Hulk* demonstriert. Es sind vor allem Aspekte in der Darstellung von Körper und Raum, an denen die ästhetischen und narrativen Comic-Transformationen in den Film sichtbar werden. Die Animatoren von *Spider-Man* benutzten "klassische" Spider-Man-Posen der Comicvorlage, um die Figur möglichst nah an deren typisierter Ästhetik zu gestalten:

> "Wir haben mit allen Comics gearbeitet und suchten die Pose aus, die am besten zu einer gegebenen Situation passte. Bei dem letzten Schwung sieht man viele typische Schlüsselposen für Spider-Man. Seine Hände über seinem Kopf erhoben, seine Handgelenke gebogen und seine Finger in einer bestimmten Form, das ist ein gutes Beispiel für diese Art Posen."[398]

---

[398] Kommentar der technischen Gewerke als Untertitel auf der DVD *Spider-Man*, 2002.

Allerdings setzt nur die letzte Sequenz des Films diese Art artifizieller Körperhaltungen in Szene, zuvor werden sie in einigen kurzen Szenen lediglich angerissen.

In der Praxis weisen nur *Batman* und *Hulk* ein homogenes Set- und Visual Design auf, welches sich sowohl deutlich vom Comic abhebt als auch im Comicstyle verhaftet ist. Infolgedessen werden nur diese beiden Filme auf den folgenden Seiten exemplarisch betrachtet, während Beobachtungen über das produktionsästhetische Design der anderen drei Filme in die Ausführungen zu deren Erzählstrategie integriert werden. *Hulk* gerät aufgrund seiner raffinierten Farbdramaturgie und des Einsatzes Comicimitierender Charakeristika zu einem optisch durchkomponierten Kunstwerk, während *Batman* durch sein effektvolles, inhaltsintensivierendes Set-Design beeindruckt.

7.3
Beispiel *Batman* – Im Reich der Schatten

Der konzeptionelle Ansatz des Films gibt dessen ästhetische Gestaltung vor: geheimnisvoll-düstere Comicwelt statt realistischem Illusionismus. Demzufolge findet sich im Set-Design eine düstere Grundstimmung wieder, das – komplettiert von Modellaufnahmen und Low-Key-Lichtstimmung – ein homogenes Visual Design erzeugt: Gotham City, die urbane (Seelen-)Hölle auf Erden. Das Produktionsdesign von Anton Furst mischt unterschiedliche architektonische Stile verschiedener Epochen zu einem schmuddeligen, expressionistisch anmutenden Look in Stahl und Backstein mit Anleihen von Barock, Gotik, Steampunk und Fantasy. Furst ließ sich von Albert Speer und dessen faschistischen Monumentalbauten beeinflussen; zusätzlich inspirierten Arbeiten des japanischen Architekten Shin Takamatsu das Set-Design, dazu trat der Deko-Stil des New York der 1940er Jahre.

Dieser architektonische Moloch erzeugt im Zusammenspiel mit einer verzerrten Perspektive eine Atmosphäre permanenter Bedrohung und trumpft zugleich mit einem Wiedererkennungswert auf, den er gerade durch seinen Stilmix erreicht. Regisseur Tim Burton über diese Idee:

> "Wir gingen von einer Parallelversion von New York aus oder einem Fehler der Baubehörde... Was wäre mit New York geschehen, wenn es sich so weiter entwickelt hätte wie Anfang der 80er? Als sich alles enorm verschlechterte?"[399]

Dass Gotham City auch als "God damn City" ausgesprochen werden kann, unterstreicht die Endzeitversion des Set Designs. In dieser Stadt scheint die Apokalypse Wirklichkeit geworden zu sein, es entsteht der Eindruck, als sei diese "von Gott verdammte Stadt" der Tor zur Unterwelt: Überall zischt Dampf aus undichten Heizrohren, lauern Kriminelle in stockdunklen Ecken. Deutlich ist der gemalte Hintergrund vieler Panoramashots erkennbar, was die überzeichnete Gesamtatmosphäre zusätzlich unterstützt (Abb. 8).

Abb. 8:
Gotham City

Das urbane Dekor strahlt seine Düsternis auf alle anderen Objekte ab. So imitieren die runden Luftschächte des "Fluegelheim Muse-

---

[399] *Batman*, 2-Disc-Special-Edition.

ums" den Motorventilator des Batmobils und tauchen im Design von Vicky Vales Kissen wieder auf.

Das Batmobil gehorcht wie das treue Pferd im Western auf Zuruf. Zwei schlitzartige Fenster imitieren sinnfällig Batmans hervorstechende Augen, die Heckspoiler ergänzen den Fledermausflügel-Look, der die alptraumhaften Aspekte des urbanen Setdesigns spiegelt. Auch das Flugzeug Batwing zeichnet sich durch die typischen Fledermausheckspoiler aus. Designer Anton Furst:

> "Ich wollte, dass das Batmobil zeitlos wirkt. Ich wollte kein futuristisches Fahrzeug oder die Imitation eines Wagens aus den fünfziger Jahren. Ich habe versucht, den brutalsten Ausdruck eines Autos darzustellen – ein Image, das auch Sex und Gewalt suggeriert."[400]

Nichtsdestoweniger erinnert es mit seinen weichen Rundungen an einen Oldtimer der 1950er Jahre.

Das Set Design dient nicht nur als optisches Dekor, sondern unterstützt durch seine narrativen Qualitäten die Filmhandlung und stellt den visuellen Rahmen für die Filmhandlung sowie eine adäquat düstere Atmosphäre für das Schattenwesen Batman her, indem es das Fundament für seine innere Befindlichkeiten bildet. Batman ist (als Feldermaus) zwangsgebunden in sein urbanes Umfeld Gotham City (die Stadthöhle), eine Existenz außerhalb dieser Stadt ist nicht vorstellbar – analog zu Spider-Man, dessen Spinnenkräfte jenseits der Wolkenkratzerschluchten New Yorks wirkungslos blieben. Eine Korrespondenz zwischen Set Design und Held stellt auch Simon Ofenloch her, der betont, dass sich Gotham City

> "als übergreifender Seelenraum der ursprünglichen, ambivalenten Titelfigur dar[stellt], die bei ihrem unbarmherzigen Kampf gegen die Unterwelt bisweilen selbst die Grenzen des Legalen überschreitet und zur ständigen Rechtfertigung ihrer Existenz und ihres fortwährenden Kreuzzuges gegen das Verbrechen auf ein Andauern der Mißstände in Gotham City gar angewiesen und diesen daher nicht wirklich antipathisch gegenüber zu stehen scheint."[401]

Der Film beginnt mit einem optischen Clou: Nach einer langen Kamerafahrt durch ein anscheinend nächtliches, vom blassen Mondlicht beschienenes Labyrinth löst sich die Kamera vom Gebilde, der

---

[400] Marriott: *Batman*, 1989, S. 71.
[401] Ofenloch: *Mit der Kamera gezeichnet*, 2007, S. 94.

Bildkader erweitert sich und der Rezipient erkennt das Batsign: eine stilisierte Fledermauskontur mit ausgebreiteten Flügeln. Weitere visuelle Zitate des Comics ziehen sich motivisch durch die Filmhandlung, von denen der imposanteste derjenige ist, bei dem Batman im Batwing Jokers Giftgasanschlag vereitelt:

> "Beim Anflug auf die Stadt schwebt Batman durch die gemalten Straßenschluchten, hebt dann in den Himmel ab, durchbricht eine wattige Wolkendecke, um das *Batwing* vor einem gelblich leuchtenden Mond zu platzieren, dessen Silhouette wiederum dem *Batlogo* entspricht – ein schöner Gag."[402]

Die zahlreichen Szenen, die bei Nacht oder in Gebäuden mit schummeriger Beleuchtung spielen, fundieren den Low-Key-Stil und bilden eine optische Basis für diverse Horrorelemente, deren wesentliches Element die Nacht ist. Entsprechend ergänzt das Visual Design einige konventionelle Bildmotive des Horrorfilmgenres: Fledermäuse an Felswänden (Sequenz 17), Jokers totenstarre Hand im Abflussbecken (Sequenz 7, siehe Abb. 4), Jokers Mumienartig bandagierter Kopf nach der missglückten plastischen Operation (Sequenz 8).

Obwohl die Komparsen Mäntel und Hüte nach der Mode der 1940er tragen, spielt der Film in keiner real verankerten, sondern in einer fiktiven Zeit, da zahlreiche moderne technische Geräte, Multimediaprodukte und High-Tech-Waffen zum Einsatz kommen.

7.4
Beispiel *Hulk* – Dynamik durch Split-Screen und Morphing

Hulk besticht durch seine Adaption einer "Comic-Ästhetik"[403]: Regisseur Ang Lee übersetzt die räumliche Erzählorganisation des Comics in die filmspezifische Split-Screen-Technik, um die (symmetrisch geordnete) Panelstruktur einer Comicseite zu imitieren, parallele Handlungsstränge zu synchronisieren bzw. dieselbe Handlung aus unterschiedlichen Perspektiven zu beleuchten.

---

[402] Merschmann: *Tim Burton*, 2000, S. 111.
[403] Zu diesem Begriff vgl. Ofenloch: *Mit der Kamera gezeichnet*, 2007.

Regisseur Lee und Film Editor Tim Squyres hätten das Comic-Layout inspirativ genutzt und zudem versucht, "mehr" aus den Motiven herauszuholen, als die Optik einer Comicseite und des Analogfilms erlaube.[404] Nahtlose, unmerkliche Übergänge im Stil des *Continuity System* sind Ang Lees Sache nicht. Wiederholt öffnen und schließen sich Bildfenster, sie werden verschoben, vergrößert und verkleinert, überlagern sich. "Insgesamt geben diese Übergänge dem Film seine Dynamik", erläutert Mark Casey von Spezialeffekte-Firma *Industrial Light & Magic*.[405]

Ein dem Split-Screen kontrastierendes Verfahren ist das *Morphing*. Dabei werden Einzelaufnahmen in eine kontinuierliche Bewegung überführt. Dieses künstlerische Verfahren dient dazu, den komplexen Vorgang der Heldeninitiation vorzubereiten und in einen wahren Bilderrausch zu verwandeln, wodurch Lee eine Neugestaltung konventioneller (Film-)Bewegungsbilder erreicht (Sequenzen 6). Ein weiteres Beispiel für die Anwendung des Morphings: Hulk erinnert sich am Ende des Films in Gedankensplittern an seine Kindheit, seine Mutter, an Betty. Deren Gesichter überlagern sich und gestalten collageartig das Antlitz des Helden (Sequenz 14). Die Prozessstruktur der Bildgestaltung folgt dabei dem filmischen Leitmotiv der permanenten Gestaltwandlung, die den Pro- wie auch den Antagonisten charakterisiert.

Ein ähnliches und zu Beginn der Filmhandlung eingesetztes Verfahren des gleitenden Übergangs ist die *Plastic Transition*,

> "eine kaleidoskopartige Abfolge von Szenen, die, genau besehen, eigentlich nicht mehr geschnitten und montiert werden, sondern gleichsam organisch auseinander hervorgehen."[406]

Bauer beschreibt das Verfahren als ein gleitendes Ineinanderlaufen zweier oder mehrerer Elemente vor einem Hintergrund, der allmählich ausgetauscht wird und auf diese Weise einen raffiniert ausgeführten Szenenwechsel markiert (Sequenzen 1 und 2).

---

[404] Interview auf der DVD *Hulk*.
[405] IL&M wurde 1975 von George Lucas gegründet, um für seinen Film *Star Wars* die optischen Effekte zu generieren.
[406] Bauer: *Don't Say Yes to Another Excess*, 2007, S. 94.

Bereits eine der ersten längeren Einstellungen des Vorspanns spiegelt als Mikrokosmos sowohl motivische Leitthemen als auch die innovative künstlerische Konzeption wieder: Eine grünliche Zelle bildet in einem Split-Screen die untere Hälfte einer Kugel, während die obere Hälfte einen blauen Planeten zeigt. Sie deutet auf das Spaltungsthema einerseits, die Farbdramaturgie andererseits hin, ferner auf den Groß-Klein-Kontrast, der die Figur des Comic-Superhelden determiniert.

Abb. 9:
Übereinanderliegende, sich bewegende Bildelemente in "Hulk".

Die aus dem Comic übernommenen, semantisch aufgeladenen Farben des Protagonisten, Grün und Purpur, werden erweitert um ein klares, der Vaterfigur zugeordnetes Blau, um die psychische Spaltung des Helden und die Rivalität zur Vatergeneration auszustellen. Farbsymbolisch sind sowohl das Kinderzimmer als auch der Arbeitsplatz des Protagonisten determiniert vom "väterlichen" Blau. Um einen "Comiclook" zu vermeiden, wurden verwaschene Farbnuancen gewählt, die einen düsteren und kalten Eindruck hinterlassen.
Der Split-Screen verfolgt die Idee, den Zuschauer in eine dem Geschehen gegenüber überlegene Position zu versetzen, da er Zusammenhänge aus mehreren Perspektiven simultan wahrnehmen

kann. *Hulk* allerdings stellt die Wahrnehmungskompetenz des Zuschauers zuweilen auf eine harte Probe: Da sich Objekt- und Kamerabewegungen der Gesamtleinwand auf mehrere kleine "Leinwände" ausdehnen, vervielfachen sich die separat ereignenden Bewegungen, müssen vom Zuschauer laufend synchronisiert werden. Differenzierende Bewegungsformen in mehreren unterschiedlich großen Bildausschnitten verwirren jedoch die Wahrnehmung und suggerieren temporär den (beabsichtigten) Eindruck räumlicher Orientierungslosigkeit (Abb. 9).

Thematisch als auch filmästhetisch kennzeichnen viele Einstellungen und Motive Anleihen vom Horrorgenre. Lee betont in einem Interview seine Abneigung gegen Schubladendenken:

> "Eigentlich versuche ich Genres zu vermeiden, aber ich muss mich jedes Mal für eins entscheiden, um mit dem Publikum klar zu kommen. Davor graut es mir, weil es mich einschränkt. Ich habe jedes Mal den Drang, aus diesen Konventionen auszubrechen. Deshalb weiche ich in jedem Fall ein wenig vom Genre ab. [...] Bei Hulk hatte ich zum Beispiel gar nicht vor, einen Comicfilm zu drehen, sondern eher einen Horrorfilm."[407]

Damit führt Lee seine Inszenierungs- und Visualisierungsstrategie zurück zu den Wurzeln der Figur und ihren bereits festgestellten Einflüssen der namenlosen Horrorfigur "Frankensteins Monster". Charakteristisch für das Horrorgenre sind Schockelemente, die sich im Gefühl des unmittelbar-angegriffen-werdens des Publikums niederschlagen. Wiederholt füllt eine unerwartet vorschnellende Hand den Bildkader aus, scheint nach dem Publikum zu greifen (Sequenzen 1 und 16). Ein weiteres stilistisches Horrorelement zeigt sich in der Anspielung auf *King Kong*, als Hulk seine Betty sanft mit seiner riesigen Hand auf ein Autodach hebt (Sequenz 11).

Durch den Film zieht sich zudem eine vom Horrorgenre inspirierte Lichtdramaturgie, die den Eindruck gefährlicher Situationen evoziert. Bereits der Filmbeginn assoziiert durch starkes Seitenlicht auf das Gesicht des in einem unaufgeräumten Labor hantierenden David Banner eine unheilvolle Atmosphäre, die – es fehlt allein der

---

[407] Aus: http://www.critic.de/interview/der-subtext-des-western-1319/ (Zugriff am 13.08.2014).

zuckende Gewitterblitz – auf die konventionalisierte Lichtgestaltung klassischer Horrorfilme verweist. Dadurch aktiviert der Film Vorkenntnisse des Rezipienten bezüglich stereotypisierter Darstellungsformen.

In der finalen Vater-Sohn-Konfrontation drückt dagegen starkes Ober- und Seitenlicht die Charaktere herab, seziert sie, stellt sie grell auf einer Bühnenartigen Rampe aus. Als Bruces sterbende Mutter zum Horizont greift, ereignet sich dort eine Atomexplosion in Ausformung eines grünlichen Atompilzes, die im Verlauf des Films motivische Wiederholung erfährt, und dadurch umso eindrücklicher das Trauma symbolisiert, unter dem Bruce leidet.[408] Das Bild des Atompilzes trägt zugleich die "Super-Metapher des rüstungstechnischen Overkills"[409] in der Entstehungszeit der Figur Hulk während des Kalten Krieges.

---

[408] Der Originalcomic behauptet, Hulk sei "im Herzen einer Atomexplosion geboren". DeFalco/Löffler: *Hulk*, 2003.
[409] Aurich/Jacobsen/Jatho (Hg.): *Künstliche Menschen*, 2000, S. 34.

8.
Visuelle und narrative Inszenierungsstrategien der Filme

Obgleich Hollywoods Drehbuchkonzepte eine eindeutige begriffliche Zuordnung zum Mythos vermissen lassen, ist eine Grundauslegung erkennbar: die Idee zeitloser, allgemeingültiger Wahrheiten des Menschseins in Form dramatischer, emotional ansprechender Aufarbeitungen. Diese Idee wird voranging von Seger und Vogler installiert. Seger subsumiert unter dem Terminus eine mittels handwerklicher Regeln erlernbare und praktizierbare "tiefe Verbindung"[410] zwischen Filmhandlung und Zuschauer, die einer temporären emotionalen Einfühlung in den Protagonisten nahe zu kommen scheint. Während sie im Mythos zudem die Idee kollektiver Sinnstiftung entdeckt, die "für das Leben der Zuschauer von Bedeutung"[411] sein soll, verbindet Vogler ihn mit der Vorstellung einer quasi-religiösen Weltauslegung und tiefenpsychologischen Lebensdeutung.
Da die Autoren keine Vorgaben hinsichtlich des Transferprozesses machen, um die Idee dieser Verbindungen strukturell oder ästhetisch ins Filmbild zu heben (abweichend von Voglers Storymodell der *mythischen Heldenreise*), ist die Frage zu beantworten, ob und wie die fünf ausgewählten Superheldenfilme den Mythos in prominenten Erzählmomenten oder ästhetisch-stilistischen Ausgestaltungsmodi zu erkennen geben.
Voranzustellen sind grundlegende Analyseergebnisse: Jeder der besprochenen Comic-Superheldenfilme weist eine auktoriale Erzählstrategie auf; *Spider-Man* und *Daredevil* begleiten oder rahmen die Handlung zusätzlich durch Off-Kommentare, die dem Geschehen – verhaftet in Hollywoods Darstellungsillusionismus – Authentizität verleihen sollen. Humorvolle Einlagen und eine parodierend-

---

[410] Seger: *Geheimnis*, S. 162.
[411] Seger: *Charakter*, S. 209.

ironisierende Präsentationsstrategie des Protagonisten erfüllen einerseits produktionstechnische Maßgaben der Unterhaltungssparte – paradigmatisch sind hier *Superman* und *Spider-Man* zu nennen – andererseits gibt sich in diesem künstlerischen Verfahren eine entheroisierende Neuausrichtung der Heldenfigur zu erkennen, auf die die Arbeit noch eingehen wird.

Wiederholt werden Gewaltszenen mithilfe ironischer oder flapsiger Bemerkungen des Superhelden überspielt, so etwa bei *Superman* und *Spider-Man*. Witzig-lakonische Einzeiler, die ein so genanntes *comic relief* bewirken können, überdecken Gewaltexzesse und dienen "als psychologisches Regulativ gegenüber den Schockeffekten, macht sie erträglich, wenn die Zumutung zu groß wird."[412]

Der künstlerischen Handschrift des Regisseurs kommt zwar eine besondere Funktion bei der Einordnung und Beurteilung eines Filmwerks zu, da der individuelle künstlerische Ausdruck die Filmographie eines Regisseurs unverwechselbar macht – so besitzt Tim Burtons Œuvre infolge seiner morbid-skurrilen Optik einen hohen Wiedererkennungswert. Jedoch kann nicht für jeden der Filme ein eindeutiger Stil einem Regisseur zugeordnet werden, sofern dieser im Laufe seiner Karriere heterogene Filmgenres bedient, wie der taiwanesische Regisseur Ang Lee, der als Meister des Genrehoppings gilt.

8.1
Superman von Richard Donner (1978)

1977 wagte sich der amerikanische Regisseur Richard Donner, der zuvor mit dem Gruselfilm *Das Omen* (USA 1976) internationale Erfolge gefeiert hatte, an den ersten abendfüllenden Auftritt eines Superhelden auf der Großbildleinwand und die bis dato teuerste Filmproduktion aller Zeiten.[413] Für die Filmversion konnten Gene Hackman als Lex Luthor und Margot Kidder als Lois Lane gewonnen

---

[412] Eder: *Die Figur im Film*, 2008, S. 411.
[413] Einen Bericht über die Entstehung liefert David Michael Petrou, der die Filmarbeiten begleitete. Petrou: *So entstand Superman – Der Film*, 1979.

werden. Der 24jährige Film-Newcomer Christopher Reeve überzeugt in der Doppelrolle als Clark/Superman.

Es kann aufgrund mehrerer Aussagen der Produktionsbeteiligten geschlossen werden, dass im Inszenierungskontext der Begriff "biblisch" eine tragende Rolle einnimmt. Bereits in den Anfängen deutscher Beschäftigung mit dem Superheldencomic im Allgemeinen und der Figur Superman im Besonderen sind ideologische Verbindungslinien zu religiösen Motiven gezogen worden, da Supermans erdferne Abstammung, seine untadelige charakterliche Disposition sowie sein Eingebundensein in einen tadellosen Moralkodex Assoziationen an eine Erlöserfigur im christlichen Sinne auslösen.[414] Auch *Superman* lässt bewusst interpretativen Spielraum für "Bezüge zur christlichen Heilslehre".[415]

Zwar bezeichnet Lois Superman als "Gott" (Sequenz 16), und Drehbuchautor Tom Mankiewicz pointiert eine entsprechende Assoziation:

> "Krypton wollte ich als beinahe biblischen Ort gestalten. [...] Die Metapher wird deutlich, wenn Jor-El Superman zur Erde schickt, so wie Gott Christus schickt, um die Menschheit zu retten."[416]

Der "biblische Ort" Krypton ist allerdings optisch in zeitgenössischen architektonischen Ideen verhaftet, die ab den 1950er Jahren zum Zukunftsmodell einer Stadt avancierten. Produktionsdesigner John Barry entwarf für *Superman* eine filigrane Kristallwelt unter einer Kuppel, die auf die Konstruktionsweise der *geodätischen Kuppel* des amerikanischen Architekten Richard Buckminster Fuller zurückgeht (Abb. 10).[417]

---

[414] Siehe zu dieser These z.B. Wermke: *Comics und Religion*, 1976. Auch Flückiger spricht von einer "Jesusfigur", Flückiger: *Visual Effects*, 2008, S. 463.
[415] Friedrich: *Der Amerikanische Traum und sein Schatten*, 2007, S. 49 (Fußnote).
[416] *Superman* Special DVD.
[417] Aus einer dreiviertel *Biosphère*, einem energieeffizienten, erschütterungsfreien Kugelgebilde bestand der Pavillon der USA auf der Expo 1967 in Montreal. Dass die Konstruktionsweise Fullers keine Utopie ist, beweist das *Eden Project* in Cornwall, ein 50 Hektar großer Botanischer Garten, der 2001 fertig gestellt wurde. Siehe z.B. http://www.bfi.org/. Ein Beispiel für eine Zukunftsstadt unter einer künstlichen Atmosphäre liefert der Science-Fiction-Film *Logan's Run* (deutsch: *Flucht ins 23. Jahrhundert*), USA 1976, Michael Anderson.

Abb. 10:
Kryptons Kugelwelt

Da die Inszenierung im weiteren Handlungsverlauf auf religiöse Metaphern oder Symbole verzichtet, steht zu vermuten, dass der Filmbeginn den märchenhaft-phantastischen Aspekt der Herkunftsgeschichte Kal-Els akzentuieren soll, während sich der Hauptteil dessen Alltagstauglichkeit widmet. Religiöse Bildcodes verschmelzen in *Superman* mit ausgewählten Mythen- und Märchenmotiven wie der Aussetzung des "Königskinds" zu einer narrativen Symbiose. Daher scheint der religiöse Typus des Erlösers als ideologische Folie zu dienen, in die sich die Figur Superman einpassen lässt, ohne sie vollends auszufüllen.

Vor der eigentlichen Handlung, die sich in die stilistisch-narrativen Abschnitte Mythisch-Episch – Komödie – Katastrophenfilm kategorisieren lässt, holt Regisseur Donner in einem optischen Kunstgriff den Original-Superman-Comic aus dem Jahr 1938 in die "Gegenwart" des Cinemascope-Farbfilms. Zuerst öffnet sich (noch in schwarz-weiß gehalten) ein Theatervorhang, um vom beginnenden Farbfilm buchstäblich gesprengt zu werden. Mittels sich permanent steigernder Tricktechnik "fliegt" der Rezipient zu Supermans Heimatplaneten Krypton. Dort angelangt, behauptet Marlon Brando im

Off die Ernsthaftigkeit des Unterfangens: "This is no fantasy, no careless product of wild imagination." Obgleich Brandos Filmfigur damit den drohenden Untergang seiner eigenen Zivilisation meint, kann dieser Satz auch als Kommentar zum Gesamtkonzept gelesen werden: Der Film soll über schablonenhafte Erwartungen an eine lustig-poppige Comic-Superheldenverfilmung (wie die 1966er Parodie *Batman hält die Welt in Atem*) hinausweisen und Realitätsverhaftung offenbaren – ironischerweise mit den illusionistisch-ästhetischen Instrumentarien des Films.

Supermans bildgestalterische Komposition folgt im ersten Akt einer die Genesis des Helden glorifizierenden Inszenierungsstrategie, um den "biblischen" Charakter Supermans zu unterstreichen: glühende Planeten im Weichzeichner, lange Einstellungen, orchestral-triumphierender Score, helle Lichtstimmung, erhabene Gesten würdevoller Gutmenschen in leuchtenden Gewändern. Nachdem Kal-El auf der Erde gelandet ist, dehnt der Film diese filmsprachlichen Mittel auf die Portraitierung Amerikas aus (Sequenzen 5, 6 und 7). Am Ende des ersten Abschnitts fliegt der erwachsene Superman quasi aus dem Filmbild hinaus und nimmt das Motiv des Grenzensprengens vom Anfang des Films bildlich auf.

Erzählt der erste Abschnitt des Films die Genese des Protagonisten als semi-fantastisches Märchen, so blendet er in einem harten Schnitt unmittelbar nach Supermans Initiation zu der lärmenden Großstadt Metropolis über und führt ein in seinen hektischen Alltag als Reporter Clark. Neben der Poesie (Sequenz 16) nehmen Slapstick und Humor einen großen Raum ein, etwa wenn Clark verzweifelt versucht, in allgemeiner Redaktionshektik eine Flasche zu öffnen, die sich schließlich sprudelnd über ihn ergießt (Sequenz 9). Diese Szene macht unmissverständlich deutlich, dass einem neuen Schauplatz zugleich ein neuer Spielstil der Darsteller entspricht: betont körperlich, überakzentuiert, schnell aufgesagt. Das Redaktionskollegium und das Widersacherteam bewegen sich nah an der Grenze zur Karikatur.

Die Handlung fußt augenscheinlich auf einer idealisierten Realität. Wiederholt setzt der Film bekannte Bauwerke Amerikas ins Bild, obgleich die Handlung in der fiktiven Stadt Metropolis spielt. Die markante Architektur der Freiheitsstatue, der Twin Towers, des Empire State Buildings, der Grand Central Station, der Golden Gate Bridge oder des Hoover Staudamms wird ostentativ ausgestellt. Das eigentliche Hauptereignis aber sind Supermans Flugkünste, die in epischer Breite in Szene gesetzt werden und den zweiten mit dem dritten Akt verbinden. Das Publikum ist via subjektiver Kamera "live" bei seinen Aus"flügen" dabei und wird ganz nah an den Helden herangeholt (Sequenz 16).

Der dritte Akt des Films wiederum hebt den Inszenierungsstil des zweiten auf und bricht mit Erwartungshaltungen an einen klassischen Showdown. Er setzt stattdessen die übermenschlichen Kräfte Supermans geschickt in Szene, die ihre adäquate bildästhetische und motivische Ausdrucksmöglichkeit im Genre des Katastrophenfilms finden, der während der 1970er Jahre überaus erfolgreich im internationalen Kino lief. Etwa wälzt Superman einen gewaltigen Felsbrocken gen Tal, um ein Dorf vor einer Überflutung zu bewahren. Das in Kleinformat gepresste Weltuntergangsszenario ist als Ersatz für den Showdown ein findiger narrativer Clou. Indem *Superman* seinen Titelhelden gegen eine (menschengemachte) Naturkatastrophe antreten lässt, verleiht er ihm etwas Titanenhaftes, was im Kampf mit einem menschlichen Gegner verschwendet wäre. Überdies schlägt der letzte Akt motivisch den Bogen zum ersten, da er die Idee des Grenzensprengens und -überwindens wieder aufnimmt, um sie mit einer mythisch-biblischen Metaphorik zu kombinieren: Aus Wolken formen sich die beiden (außerirdisch-göttlichen und menschlichen) Vaterfiguren und führen die Entscheidung herbei. Nur über Regelbruch erfährt Superman Emanzipation.

Für die musikalische Untermalung wurde der Oscarprämierte Komponist John Williams engagiert, der kurz zuvor für *Der weiße Hai* (1975) und *Star Wars* (1977) jeweils den Academy Award für die beste Originalfilmmusik errang. Williams erschuf eine Titelmelodie, die "heroisch, schwer und orchestral ist, ohne sich dabei ernst zu nehmen."[418]

---

[418] *Superman*, Special DVD.

8.2
Batman von Tim Burton (1989)

Die künstlerische Handschrift von Tim Burton ist nicht nur für Cineasten klar erkennbar: Sie besitzt einen Hang zur opulenten Theatralik, zum makabren Humor, zu skurrilen Gestalten, zu Horrormotiven und zur düsteren Neo-Gotik-Szenerie. Nach zehn Jahren Vorbereitung, mehreren gescheiterten Drehbuchentwürfen und etlichen Schauspielerumbesetzungen begannen 1988 die Dreharbeiten. Michael Keaton wurde für die Titelrolle besetzt, Jack Nicholson gibt den Gegenspieler, den psychopathischen Todesclown Joker. Kim Basinger übernahm die Rolle der Vicky Vale.

Das Produktionsteam entschied sich dafür, einen individuellen Adaptionsprozess einzuschlagen und eine Erzählung zu entspinnen,

> "die sich wenig um die gängige Dramaturgie eines Actionfilms oder Erwartungen von Comic-Fans kümmert und stattdessen die Frage nach der Identität des Protagonisten ins Zentrum rückt."[419]

Friedrichs Einschätzung bedarf insofern einer Korrektur, als sich *Batman* durchaus einer "gängigen Actionfilm-Dramaturgie" verpflichtet. Aufwändig inszenierte Explosionen, abenteuerliche Verfolgungsjagden, aufwändig choreographierte Kampfszenen oder der stereotype Showdown zwischen Pro- und Antagonist erfüllen die Kriterien an Action-Standards. *Batman* rückt allerdings von der Norm ab durch die bereits erwähnte Auslassung der Initiation.

Die Erzählung begibt sich zudem in medias res und präsentiert den Superhelden kämpfend. Jedoch schießt ein Schurke Batman nieder, was einen nicht erwartbaren Auftakt und ein kalkuliertes Schockerlebnis für den Rezipienten bedeutet. Die intendierte Irritation von Erwartungshaltungen oder stereotypisiertem Vorwissen bewirkt eine maximierte Anstrengung zur Informationsverarbeitung auf Seiten des Publikums. Verknappung der Informationen meint im vorliegenden Fall also nicht deren Reduktion, sondern deren Konzentration auf singuläre Aspekte bei gleichzeitiger Erfüllung des mysteriös-geheimnisvollen Inszenierungskonzepts. Den ersten

---

[419] Friedrich: *Der amerikanische Traum und sein Schatten*, 2007, S. 37f.

Kampf lässt Burton teilweise mit gekanteter Kamera drehen, die dadurch charakteristische Bildeinstellungen des Comics imitiert. Im Gesamtkontext der *Batman*-Adaption kann der Einsatz gekanteter Kamera aber lediglich als liebevolle und nur punktuell eingesetzte Hommage an die Comicvorlage verstanden werden, keinesfalls als motivische oder Inhaltstragende Komponente.

Trotz mysteriöser Grundstimmung, die bereits im Abschnitt über das Visual Design Gegenstand der Untersuchung war, und die – das Geheimnisumwitterte und Abgründige der Figur Batman erforschend – mutmaßlich synonym für *mythisch* in Anspruch genommen wurde, tendiert *Batman* gegen Ende der Filmerzählung zum überzogenen Comicstil, etwa wenn Batman in der Kathedrale eine Bank umstößt und alle weiteren Bänke im Domino-Verfahren umstürzen (Sequenz 18); wenn Batman Jokers Handlanger in einer Art Kampf-Ballett besiegt (ein Walzer untermalt die groteske Szenerie; Sequenz 18) oder wenn der Joker nach seinem Sturz vom Glockenturm einen Abdruck im Asphalt hinterlässt (Sequenz 19). Nichtsdestoweniger ist der Film unterhaltend und kurzweilig, da der Joker eine zynisch-kalauernde Ebene in die Geschichte hineinbringt, etwa als Vicky in seine Fänge gerät und sich folgender Dialog in der Tradition des *comic relief* entspinnt:

Vicky: "Sie sind ja irre."
Joker: "Na sowas, ich dachte, ich sei Fisch."[420]

Batman reflektiert seine eigene historisch gewachsene, bildhafte Beschaffenheit und Kommunikationsstrategie, die der Film im Motiv des omnipräsenten TV-Bildschirms verhandelt (Sequenzen 2, 9, 11, 14 und 15). Der Topos des Fernsehbildschirms verfolgt die Funktion, dem sinnlich eindrücklichen Kinoerzählen harte Fakten und Informationen gegenüberzustellen, er ist hauptsächlich Plattform für Mitteilungen, enthüllt Informationen, die die äußere Handlung motivieren. Fünfmal informieren sich Bruce und der Joker (bzw. Jack) innerhalb der Filmhandlung via Fernsehgerät und fiktiver Nachrich-

---

[420] Sequenz 12.

tensendung *Action News* über die Pläne des jeweiligen Gegners, sprechen Drohungen und Warnungen aus oder geben öffentliche Statements ab.

Neben dem TV-Bildschirm, der die moderne Medienlandschaft repräsentiert, erscheint wiederholt das *Monarch Theatre*, das keineswegs ein Kino, sondern ein Theater ist (Sequenzen 1, 13, 16 und 20). Im *Monarch Theatre* stand in der Nacht, in der die Waynes getötet werden, ein Musical auf dem Spielplan: Eines der wenigen originären Genres, die Amerika neben dem Jazz und dem Comic hervorgebracht hat. Diese drei Genres stellen die Grundlagen der amerikanischen Kultur und Unterhaltungsindustrie dar, von der Hollywood ein Teil ist. *Batman* erzählt damit nicht nur die Story eines Comic-Superhelden, sondern auch die kulturhistorische Verankerung der Massenmedien Comic, Fernsehen und Film in der Kulturgeschichte Amerikas.

Das Konzept der Mystifizierung findet ihre akustische Entsprechung in Danny Elfmans Score, einer teils melancholischen, teils triumphalen orchestralen Orgie mit Kirchenglocken, Blechbläsern, Pauken, Trompeten und Chören. Dem Stilmix der Architektur entspricht ein Stilmix der Musikauswahl. Themen spiegeln Figuren: Die *Batman*-Titelmelodie – zugleich die Ouvertüre – ist einem Marsch nachempfunden; für den Joker komponierte Elfman mehrere Walzer, die eine burleske Zirkus- und Jahrmarktsatmosphäre aufgreifen. Der Joker führt Easy-Listening-Musik oder Popsongs in einem tragbaren Rekorder mit sich.

8.3
Spider-Man von Sam Raimi (2002)

Regisseur Sam Raimi verfilmte *Spider-Man* im Jahre 2002, so dass der Film pünktlich zum 40jährigen Jubiläum der Comicfigur in die Kinos kam. Raimi begann seine Karriere Anfang der 1980er Jahre als Regisseur von Horror- und Splatterfilmen wie der *Evil-Dead*-Trilogie (ab 1981; deutsch: *Tanz der Teufel*) die auch wegen ihrer offensichtlichen B-Movie-Ästhetik zu Kultfilmen avancierten. Peter Osteried entschlüsselt Raimis Leidenschaft für Comics als Stimulans für dessen Regiearbeiten:

> "Sowohl was den Aufbau einer Geschichte wie auch die "Kameraführung" bei den bunten Comic-Heften anging, stellten sie einen wichtigen Bestandteil in der Ausbildung von Raimis visueller Wahrnehmung dar."[421]

Ungewöhnliche oder "Comicartige" Kameraeinstellungen sind in der Tat zu konstatieren, etwa beim ersten Auftritt Spider-Mans in der Öffentlichkeit: Er rauscht im Gegenlicht und aus Untersicht aufgenommen geradewegs in Richtung Kamera (Sequenz 12). *Spider-Man* ist hochkarätig besetzt: Tobey Maguire spielt Spider-Man, Kirsten Dunst dessen Angebetete Mary-Jane und der ewige Filmbösewicht Willem Defoe verleiht Spider-Mans Kontrahenten Norman Osborn die Aura eines Mad Scientists.

Die Story-Konstruktion legt von Beginn an den Fokus auf den stärksten aller Gegner: sich selbst. Raimi antizipiert motivisch den Gestaltwandel seines Protagonisten, indem bereits im computergraphisch inszenierten Vorspann blau-rote Neuronen geheimnisvoll aufblitzen und sich DNA-Stränge kombinierend neu verbinden. Keine signifikante künstlerische Ausdrucksform wie bei *Hulk*, kein homogenes Design wie bei *Batman* – Raimi verlegt sich ganz auf seinen Titelhelden, den er mit (selbst)ironischen Statements in das Konzept des Jedermann einpasst, ihn aber zu keiner Zeit lächerlich vorführt. Peters Kommentare, die seine biografische Geschichte einrahmen, sind kein Kunstgriff des Regisseurs, sondern direkte Übertragung aus der Comicvorlage. Sie bieten Einblicke in das Seelenleben des Helden: Peters Denkprozesse sind im Schriftbild der Comicvorlage manifest und nehmen einen großen Raum jeder Story ein. Ein gewichtiger Inszenierungsaspekt der ansonsten ästhetisch wenig auffälligen Verfilmung ist es, die Balance zwischen Dramatik und Komik zu finden. Raimis Inszenierungsentscheidung bedeutet somit ein Abrücken von einer wirkungsästhetisch-mythisierten Dimension, betont den Unterhaltungsfaktor.

---

[421] Osteried: *Sam Raimi Chronicles*, 2000, S. 4.

Ein Straßenmusiker, der im U-Bahn-Eingang zur Gitarre inbrünstig aber schieftönend ein Lied über Spider-Man schmettert (eine Textvariante des 1967er TV-Serien-Titelthemas), kokettiert ebenso mit der Figur wie fiktive Interviews mit New Yorker "Bürgern" (Sequenz 12). Die Interviewten repräsentieren einen bunten Querschnitt der amerikanischen Bevölkerung, sie erzählen in kurzen quasi-dokumentarischen Eindrücken unmittelbar in die Kamera hinein. Die interviewten jungen Frauen finden den neuen Superstar "sexy" und "scharf", während die älteren und beleibteren Männer in ihm einen vermeintlichen Konkurrenten entdecken. Es zeugt von enormer Ironie, dass der 17-jährige bebrillte, schüchterne Hänfling Peter Parker in seiner öffentlichen Rolle als Spider-Man zum Sexsymbol aufsteigt, während er privat seiner Angebeteten nicht nahe zu kommen vermag. Mit einer latenten Erotisierung des Superhelden Spider-Man geht eine Ironisierung einher, wie sie auch für Superman und Batman identifiziert werden kann.

Die leitmotivisch eingesetzten Farben Rot, Blau und Grün sind bestimmten Figuren zugeordnet. Normans Imperium *OsCorp Industries* sowie sein schlossartiges Domizil über den Dächern Manhattans sind mit grünen Wänden, Möbeln, Fußböden, Luftschächten und Accessoires als Verweis auf dessen Zukunft als Grüner Kobold ausgestattet. Das Serum und der den physischen Initiationsvorgang des Antagonisten begleitende Nebel im Labor sind ebenfalls grünlich eingefärbt. Peters bläuliche Tapete in seinem Jugendzimmer erinnert durch ihr Muster an Spinnennetze, bereitet dadurch dessen spätere Existenz als Spider-Man optisch vor. Der Moment des Netzwerfens ist unterlegt mit einem quietschenden Geräusch, das an das Ausquetschen einer Tube erinnert; Spider-Mans Schweben ist unterfüttert mit rauschenden, wehenden Tönen, so dass sich für seine Auftritte ein eigenständiger Klangraum herstellt.

Danny Elfmans Komposition gründet auf zwei ähnlich klingenden musikalischen Themen, die mit der Filmhandlung eine narrative Synthese eingehen. Im Laufe der Handlung, je mehr Peter sich in die Rolle des Superhelden hineinfindet, gewinnen beide an Ausdruckskraft.

8.4
Hulk von Ang Lee (2003)

Die Handschrift des taiwanesischen Regisseurs Ang Lee entzieht sich aufgrund ihrer individuellen Herangehensweise an jedes einzelne Filmprojekt einer eindeutigen Zuordnung. Lee hatte zuvor unter anderem mit der Jane-Austen-Verfilmung *Sinn und Sinnlichkeit* (1995) erfolgreich einen Kostümfilm, mit *Eissturm* (1997) ein intensives Familiendrama und mit *Crouching Tiger, Hidden Dragon* (2000) einen Martial-Arts-Fantasy-Film inszeniert. Der australische Schauspieler Eric Bana brilliert in der Rolle des innerlich zerrissenen Bruce, Nick Nolte stellt seinen Vater dar, Jennifer Connelly interpretiert die energische Betty.[422]

Thematisches Kondensat der Verfilmung ist die analytische Aufarbeitung einer Familientragödie. Konsequent erscheint daher die Entscheidung für eine ernsthafte Haltung der Heldenfigur gegenüber. *Hulk* gibt die Titelfigur zu keinem Zeitpunkt der Lächerlichkeit preis und verzichtet komplett auf parodistische oder komödienhafte Einlagen. Konflikte zwischen Eltern und Kindern spielen im Film eine zentrale Rolle und bilden das dramatische Gegengewicht zu den tricktechnisch ausgefeilten und aufwändig gestalteten Actionsequenzen. Der Bruch zwischen den Generationen wird in der Nebenhandlung von Betty und ihrem Vater gespiegelt. Auch hier findet kein Happy-End statt, da beide Figuren in dem fiktiven Raum bleiben, der ihnen narrativ zugeordnet wurde: Betty im Labor und General Ross in der Wüste.

Die wesentliche Enthüllung des Traumas, um das sich Bruces Visionen und Alpträume drehen, erfolgt in Form einer Backstory-Exposition im zweiten Plot Point. Dadurch erhält die Geschichte Akzente eines analytischen Dramas und intensiviert die emotionale Spannung im Rezeptionsprozess. Statt einer konventionellen Einführungsszene durchläuft ein Prolog in enormem Zeitraffer nicht nur punktuell die biographische Vorgeschichte des Protagonisten, son-

---

[422] Der Kinospielfilm *Hulk* (2003) war in Deutschland offiziell ab 12 Jahren freigegeben, die DVD ist 1 Minute länger und ab 16 Jahren freigegeben.

dern beleuchtet die Evolution der ersten vier Milliarden Erdenjahre von der Keimzelle bis zum Primaten. Markante Motive dieses Entwicklungsprozesses, der vor der Geburt des Protagonisten stattfindet, kehren in den Visionen des Helden wieder.

Die Mehrzahl der Bildcodes, die die Backstorywound des Protagonisten umkreisen, kann der Traumsymbolik zugeordnet werden. Lee etabliert Hände und Augen als Handlungstragende Erzählelemente. Diese kombiniert und intensiviert er mit den Motiven der Tür, dem Element Wasser, dem Spiegel zu einer komplexen Deiktik narrativer Leitmotive für den psychischen Status quo des Superhelden. Schöpferisches Ausdrucksmittel und kreative Eigenleistung des Regisseurs sind dabei das Wasser und die Tür, die in dieser motivischen Verwendung nicht im Originalcomic vorkommen.

Das wandelbare Element Wasser symbolisiert die unbewussten Tiefenschichten von Bruces Persönlichkeit, die eine Entwicklung in mehreren Stationen durchlebt: zuerst schmutzig trüb im Waschbecken, dann dunkel reflektierend in einem kleinen Teich, leuchtend blau im Militärbunker, schließlich ungetrübt und klar im Bergsee. Das Wasser birgt jedoch auch Gefahren für den Helden: Er liegt gefesselt in einem Wassertank (Sequenzen 13 und 14), stürzt in die Bucht von San Francisco (Sequenz 16) und kämpft in einem See gegen seinen in ein immaterielles Wesen transformierten Vater (Sequenz 18).

Mit der Tür schließt sich visuell eine Klammer, die als sinnbildlicher Grenzübergang zwischen zwei Sphären den symbolischen Transformationsprozess des Helden veranschaulicht. Der aus der Tür stürzende Vater mit dem Messer in der Hand manifestiert sich als emotionales und somatisches Trauma in Bruce. Nachdem die erste Metamorphose in den Hulk erfolgte (Sequenz 8), erscheint die Tür, die bildlich aufgetreten wurde, nicht mehr in den Träumen des Protagonisten. Ihre Archetypik lässt die Tür in die Nähe von Voglers Symbolik der *Schwelle* rücken.

Im Gegensatz zu Spider-Man wird naturwissenschaftliche Forschung nicht als Initiations-Katalysator, sondern inhaltstragend eingesetzt. Nanotechnologie, Physik und Biomedizin werden vor allem über das

Morphing- und Split-Screen-Verfahren als ein sich-in-Mustern-auflösen dargestellt, bei denen viele Aufnahmen nicht mehr exakt zu identifizieren sind und osmotisch transformieren. Somit werden die Experimente über das Layout heterogener Kameraperspektiven in den Umkreis der Fantasy gehoben:

> "Da der Zuschauer visuell überfordert wird, übersieht er, wie unglaubwürdig und unerklärlich das Geschehen eigentlich ist."[423]

Ein Beispiel: Der Vorspann setzt sich aus Kameraeinstellungen in Groß- und Detailaufnahmen, teilweise Mikroaufnahmen, zusammen, die über verzogene Schwenks, Zooms oder digitale Effekte miteinander verbunden sind. Die gesamte Sequenz ist zudem schnell geschnitten, was verwirrend und klaustrophobisch wirkt. Die multiperspektivischen Bildkompositionen sind allerdings nicht als Referenz auf einen dokumentarischen Charakter authentischer Wissenschaftsvermittlung zu verstehen oder als optisch attraktives Füllsel. Ang Lee setzt sie Inhaltstragend und Inhaltsintensivierend ein, indem Motive auf eine Metaebene verlagert werden: Der Protagonist beobachtet wiederholt mikrobiologische Prozesse oder Zellstrukturen, die sich unter seinem Mikroskop verändern. Die Erzählung antizipiert darüber die Seelen-Sezierung des Superhelden (Sequenzen 1, 3, 5, 13, 14, 17). Auch zerfällt die formale Ausführung phasenweise in separate Bildsplitter, die Split-Screens, um die innere chaotische Verfassung des Helden zu demonstrieren; der Superheld wird dabei selbst zum Zerfallsprodukt. Daneben korrespondiert die prozessuale Struktur des dynamisch-morphenden Bildaufbaus mit der Transformation von Bruce zu Hulk. Der Superheld kämpft nicht gegen ein externes Monster – sein verrückter und größenwahnsinniger Vater fungiert eher als Alibi-Antagonist – er selbst ist das Monster und somit sein eigener Gegner.

Da sich *Hulk* optisch wie narrativ von den übrigen Comic-Superheldenfilmen abgrenzt, finden sich diese Inszenierungsaspekte in den musikalischen Motiven wieder. Danny Elfmans auf sechs abfallende Töne reduziertes Hauptthema unterstreicht die unruhi-

---

[423] Bauer: *Don't Say Yes to Another Excess*, 2007, S. 90.

ge, gehetzte Stimmung des Protagonisten. Zudem verleiht der Klagegesang einer Frau ausgewählten, Emotionen weckenden Szenen eine mysteriös-epische Aura.

8.5
Daredevil von Mark Steven Johnson (2003)

Im Jahr 2003 verfilmte der erst 29jährige Regisseur Mark Steven Johnson den Superhelden *Daredevil* für das Kino und verfasste zugleich das Drehbuch. *Daredevil* war erst sein zweiter Spielfilm. Johnson blieb dem Comicgenre treu und inszenierte 2007 *Ghost Rider*, schrieb ebenfalls das Drehbuch. Daredevil wird dargestellt von Schauspieler Ben Affleck, als seine Antagonisten treten Colin Farrell und Michael Clark Duncan an. Jennifer Garner spielt Daredevils Geliebte und Gegnerin Elektra.

Johnson bindet durch den Off-Kommentar zwar Stilistiken der Comicvorlage ein, in Form der in Textfeldern stehenden Erklärungen und Gedanken der Hauptfigur. Jedoch dient ein (gut gemachter) Voice-Over eigentlich zur Erklärung von Lücken im Plot, oder kommentiert kontrapunktisch die Szenerie. In *Daredevil* aber beschreibt die Hauptfigur lediglich das ohnehin im Plot verankerte und visualisierte Geschehen, ohne eine weitere Facette der Handlung herauszuschälen. Er erklärt die Exposition, anstatt sie zu dramatisieren. Vieles wird nicht der eigenständigen Interpretations- oder Phantasietätigkeit des Zuschauers überlassen, sondern behauptet. Das direkte Erzählen verstummt zudem nach der Exposition und wird erst in der letzten Szene wieder aufgenommen, strukturiert dadurch den Film in drei Teile.

Eine der wenigen amüsanten Szenen wird nicht dem Protagonisten, sondern seinem Widersacher Bullseye zugedacht, der als von einem Millionär angeheuerter Auftragskiller in einem Flugzeug in der Touristenklasse im Mittelsitz eingeklemmt ist und von einer älteren, äußerst kommunikativen Dame mit deren Familiengeschichte traktiert wird. Der verzweifelt mit den Augen rollende, hyperventilierende, schwitzende Bullseye vermag sich nicht anders zu helfen, als seine Sitznachbarin "unschädlich" zu machen: Er schnippt ihr geschickt eine Erdnuss in den Hals, woraufhin sie tot zusammensackt (Sequenz 10). Diese Parodie eines aus der Fassung gebrachten Profikillers bricht mit der Erwartungshaltung, die der Rezipient in der vorhergegangenen Szene von ihm hatte. Dort wird Bullseye als cooler, Bier trinkender, gern im Mittelpunkt stehender Prolet eingeführt. Mittels Ausklammerung einer wirkungsintensiven humorigen Inszenierung, beispielsweise durch selbstironische Relativierungen des Protagonisten, versucht sich der Film als ernsthafte Comic-Adaption in der Tradition von *Batman* zu behaupten. Bullseyes Gebaren aber ist theatralisch, mit ausladenden Gesten, die Figur wirkt überzogen und ausgestellt – ein irritierender Fakt, ist doch die Inszenierung darauf ausgelegt, gerade *keinen* überdrehten Comicstil zu imitieren.

Mit *Superman* verbindet *Daredevil* die christlich-biblische Ikonographie, die sich motivisch durch die Comicadaption zieht – auch in *Daredevil* wird demzufolge ein christlich orientierter Wertekanon als Synonym für *mythisch* verwendet. Das Symbol des reinigenden Wassers soll die Vorstellung einer Reinwaschung des Helden von seinen Sünden suggerieren (Sequenzen 7, 10, 11, 13 und 17).[424] Den christlich-religiösen Motivkontext erkennt in seiner gesamten semantischen Fülle ausschließlich der kundige *Daredevil*-Leser, da er sich auf die fiktive Biografie des Superhelden bezieht, dessen Mutter einst ins Kloster ging. Für den "normalwissenden" Zuschauer eröffnet sich lediglich eine motivisch-ästhetische Teufel-Engel-Antinomie, wenn der Held über den Dächern der Stadt neben steinernen Engelsfiguren hockt – eine weitere Reminiszenz an *Batman* – oder Engelreliefs in seiner Wohnung hängen hat.
Der große erzählerische Schwachpunkt von *Daredevil* ist die mangelhafte Investition in Erzählzeit, um Charakterentwicklungen voranzutreiben, anstatt unmittelbar zur Action überzugehen. Diese konzeptionellen und gestalterischen Schwächen verhindern eine

---

[424] Zum Aspekt der Abwaschung der Sünden vgl. Vogler: *Odyssee*, S. 337.

sympathisierende oder empathische Rezeptionshaltung des Titelhelden. Kampfszenen assoziieren mittels des Einsatzes schneller Schnitte, rascher Perspektivwechsel und – prominent im ersten Kampf – durch Flicker-Effekt eine gegenwärtige Videoclip-Ästhetik, die Regisseur Johnson aus eigener Berufserfahrung kennt, herleitet und anwendet. Unterlegt werden die handfesten Prügeleien mit Rockmusik. Generell hat Musik einen wichtigen Stellenwert bei der Charakterisierung des Pro- und Antagonisten. So wird Matt zur kontradiktorisch-musikalischen Untermalung der melancholischen Textzeile "I gave my life away" eingeführt, der Kingpin mit dem Hip-Hop-ähnlichen Statement "I'm an outlaw". Graeme Revells Score alterniert zwischen düsterer, melancholischer Orchestermusik, Techno, New Metal und Rock, verleiht der Geschichte somit einen modernen Sound.

Fazit
Die filmanalytische Untersuchung der fünf aus dem Korpus der Comic-Superheldenfilme ausgewählten Exemplare ergibt, dass der Handlungskanon der Comic-book-Vorlagen überwiegend zu einem linear-kausalen Strang gebündelt und in einem tradierten dreiaktigen Aufbau angeordnet wird – *Daredevil* kennzeichnet mit einer verschachtelten Rahmenhandlung ansatzweise eine alternative Struktur. Unsichtbare Schnitte und klar strukturierte Sequenzübergänge erfüllen die Forderungen Hollywoods nach einem illusionistischen Realismus vor dem produktionstechnischen und produktionsästhetischen Hintergrund des *Continuity System*. Die Filme entziehen sich der eindeutigen Zuordnung zu einem Filmgenre. Sie orientieren sich an Erzählstandards des Actiongenres und synthetisieren diese mit Handlungs- und Bildelementen aus Horror, Komödie, Krimi, Fantasy, Drama und Science-Fiction zu einer individuellen narrativ-ästhetischen Ausgestaltung. Der Einbezug einer romantischen Liebesgeschichte erfüllt das Konzept des *Love Interest*.

Der Geschichte vom Superhelden, der die Gesellschaft – und sich selbst – vom Bösen errettet, haftet der Nimbus eines universellen Erzähltopos an, wie er sich in Voglers *mythischer Heldenreise* realisiert. Die untersuchten Superheldenfilme erfüllen diese "Grundlagen des modernen Geschichtenerzählens"[425] jedoch nur eingeschränkt. Sie variieren ihre produktionsästhetischen Gestaltungsweisen lediglich durch punktuelle Anreicherung ausgewählter Stationen der *Heldenreise*.

Der Fakt, dass Voglers als "magische[r] Schlüssel zur Welt der Story"[426] bezeichneter Erzählablauf keinen breiteren Niederschlag findet, überrascht. Obwohl sich die *Heldenreise* als kalkulierte Storyline an einer größtmöglichen Vermarktung orientiert und einen systematischen Leitfaden liefert, modifizieren alle Filme die festgelegte Anordnung der zwölf Stadien, indem sie eine doppelte Initiation setzen – das hat die vorliegende Studie bereits herausgearbeitet.

Die Pragmatik der *Heldenreise* ist im Bereich der narrativen Architektonik zu finden. Anhand herausgehobener archetypischer Erzählmotive und Bildcodes, wie dem Initiationspriester in *Superman*, verklären die Filmemacher ihre Superhelden-Geschichten einerseits, stilisieren sie andererseits, um ihnen eine mythische Wertigkeit zuzuschreiben. Vor allem in *Hulk* erfahren archetypische Motive wie die Tür in einer Art Traumsymbolik ihren künstlerischen Widerhall.

Doch auch der Terminus *Mythos* erfährt in der Drehbuchliteratur derart schwammige Umschreibungen, dass eine konkrete praktische Umsetzung in den Comic-Superheldenfilm nicht identifiziert werden kann. Die Regisseure subsumieren entweder die universal wirkmächtigen Erzähl-Dimensionen "Schicksal" und "Tragik", oder verarbeiten ihn synonym in einer metaphorisch-christlichen Aura, wie die mit biblischen Motiven assoziierten Darstellungen von *Superman* und *Daredevil* demonstrieren. Umfassend setzen die Filme einen Bezug zum Mythos als symbolische Nahtod-Erfahrung in Szene, wie die Inszenierungen der Helden-Initiation im Folgenden zeigen werden. *Mythisch* gibt sich somit über die dramatisierenden Synonyme *geheimnisvoll*, *biblisch* oder *schicksalhaft* zu erkennen.

---

[425] Ebd., S. 52.
[426] Ebd., S. 46.

Um die synthetische Erzählstrategie Hollywoods zu benennen, unterscheidet die Arbeit im Weiteren zwischen mythischem Erzählen und *mythisiertem,* also vom Mythos inspirierten, Erzählen. Obgleich die filmischen Erzählweisen narrative Standards und Stereotypen immer wieder neu variieren, gestalterisch mit Bildcodes und Stilelementen verschiedener Genres spielen sowie ein heterogenes produktionsästhetisches Design aufweisen, und somit eine begriffliche Unschärfe zwischen mythischem und mythisiertem Erzählen partiell nicht ausgeschlossen werden kann, dienen die Bezeichnungen zur begrifflichen Kennzeichnung beider Positionen.

Mythisiertes Erzählen reduziert die reflexiv-analysierende Erzählperspektive des griechischen Mythos auf ein aus dem Initiationsmythos entnommenes, formales Skelett und einen Pool narrativer Verfügungsmasse, wie rückschließend auf Heinrichs Mythenauslegung konkretisiert werden kann. Während Hollywoods mythisierende Erzählweise etwas *Allgemein*menschliches oder *Allgemein*gültiges im Mythos sucht und behauptet, erzählen der antike Mythos und der in ihm wirksame Heros von singulären Schicksalen, nicht von allgemeinen.

9.
Initiation – Doppelidentität – Maske

Der Initiation verdanken die Superhelden ihre Superkräfte, die hauptsächlich Ausdehnungen menschlicher Sinne beschreiben.[427] Jene Kräfte geben sich oft durch Muskelkraft zu erkennen – offenbar gilt bei ihnen als heroische Tat, was körperliche Höchstleistung ist. Der körperliche Transformationsprozess des Helden manifestiert sich in einem visuellen Leinwandgeschehen und ist in denjenigen thematischen Kontext gebettet, den sie in jedem Comic-Superheldenfilm verhandelt: die Konfliktzone der Naturwissenschaft.
Das Ende des 20. und der Beginn des 21. Jahrhunderts haben eine noch nie zuvor gesehene Ausdehnung der naturwissenschaftlich-technologischen Forschungen und Techniken gebracht, die sich als thematisches Kondensat im Initiationsvorgang niederschlagen. In den *Marvel*-Helden adaptierenden Comic-Superheldenfilmen *Spider-Man*, *Daredevil* und *Hulk* manifestiert sich Naturwissenschaft – als tertium comparationis – in Form unkontrollierbarer eigenständiger Systeme, die sich durch zunehmende Komplexität einer effektiven Steuerung entziehen. *Spider-Man* und *Hulk* unterziehen das Skandalon der mit atomarer Verstrahlung drohenden Nukleartechnologie seit den 1940er Jahren einer konsequenten Neudefinition, um es in Gestalt zukunftsweisender Komplexe wie Nanotechnologie, Molekularbiologie und Genforschung zu aktualisieren. Da eine Comic-Verfilmung visuell arbeitet und Vorgänge zuspitzt, findet die physische Initiation der Superhelden ihre audiovisuelle Umsetzung weniger in einer komplexen fachspezifischen Informationsvermitt-

---

[427] Die Ausweitung körperlicher Kräfte ist als Motiv aus Märchen, Legenden und Mythen bekannt. Eine Analogie spezifischer Superheldenkräfte mit einem spezifischen Märchenmotiv (z.B. Siebenmeilenstiefel – Superschnelligkeit) würde sich für eine literaturwissenschaftlich ausgerichtete Forschung anbieten.

lung, als vielmehr in der Tendenz, mit (visuellen) Klischees zu spielen, sie gar zu verfestigen.

9.1
Initiation 2.0 – Nanotechnologie, Genetik, Gammastrahlung

Dass *Superman* eine nichtwissenschaftlich fundierte Initiation präsentiert und *Batman* sie ganz und gar ausblendet, wurde bereits dargelegt. Nichtsdestoweniger thematisieren auch diese beiden älteren Verfilmungen Naturwissenschaften, geben bestimmte Zeitstimmungen wieder: die dominante Wissenschaft in *Superman* ist *rocket science*. Diese "Raketenwissenschaft" ist keine eigenständige Wissenschaft, sondern bewegt sich im Feld von Raumfahrt, Weltraumforschung, Informatik und Physik. Sie bezieht sich auf das Wettrennen der Weltraumeroberung im Kalten Krieg. Abschussbilder von echten Raketen unterstreichen das Untergangsszenario. In *Batman* ist es der Überwachungsstaat, der in Gestalt des omnipräsenten Monitors auftritt.

Der stärkste und älteste Wissenschaftsmythos ist die künstliche Erschaffung oder Veränderung menschlichen Lebens; aber kein Wissenschaftler erschafft im Comic-Film aktiv einen Superhelden. Es ist ironischerweise die empirisch erklärbare, strengen vorhersagbaren Regeln unterworfene Naturwissenschaft selbst, die Impulse für eine plötzliche und unerwartete Transformation des Helden setzt. Da im Film naturwissenschaftlich-technische Experimente missglücken und ein unkalkulierbares Eigenleben entwickeln, hebt sich die Trennung von empirischer Wissenschaft und Alchimie/Magie temporär auf. Dadurch stellt die Initiation die Ambivalenz der heilenden *und* zerstörenden Macht von Wissenschaft und Technologie in den Brennpunkt des Geschehens.

Das missglückte Experiment manifestiert sich zumeist im Motiv der magischen Substanz. Sie realisiert sich in *Spider-Man* als Spinnengift sowie in Normans "Leistungsverstärker", bei *Hulk* als die Synthese aus Gammastrahlung und Nanopartikeln und in *Daredevil* als nicht näher spezifizierte "lebensgefährliche" Säure. Bei *Batman* ist das missglückte Experiment auf die Figur des Jokers verlagert, der in einen Bottich brodelnder grüner Flüssigkeit stürzt. Mittels subjektiver Kamera, Close-ups, schnellen Schnitten, dramatisierender Musikuntermalung und Computerbasierten "Einblicken" in den sich verändernden Heldenkörper, wird dieser sich wider Willen ereignende Vorgang als unentrinnbares opakes Schicksal mystifiziert. Auch wird durch solche künstlerischen Mittel der Eindruck vermittelt, dass die ablaufenden "Umwandlungsprozesse" im Heldenkörper molekularchemisch erklärbar seien.

In den untersuchten Superheldenfilmen finden sich eine außergewöhnlich hohe Anzahl von Visualisierungen der intrazellulären Struktur des menschlichen Gehirns oder eines humanoiden DNA-Stranges. Der künstliche Blick in das Bewusstsein des Superhelden, den insbesondere die drei neueren Filme *Spider-Man*, *Hulk* und *Daredevil* dem Rezipienten gewähren, verfolgt das Ziel, ein hohes Potential an Empathie mit dem Protagonisten zu initiieren. Sie gewähren ihn jedoch nur einmalig, im Moment der physischen Transformation.
Gleichzeitig folgen Produktionsdesigner dem Primat des realistischen Illusionismus, der über Darstellungskonventionen filmisch-fotografischer Bildästhetiken hergestellt wird. Dabei ergibt sich das Dilemma, dass Neuronenstrukturen oder DNA-Stränge zwar Aspekte der Wirklichkeit sind, aber medial nur ungenügend darstellbar sind. Die neurophysiologischen Strukturen und Prozesse der Comic-Superhelden zeigen daher mit ihren überfärbten und mit Geräuschen unterlegten Kunst-Genen hybride Bildkonstruktionen, die von jeder realistisch-medizinischen Abbildung abrücken.[428]

Neue technologische Verfahren computergestützter Bilder ergänzen und intensivieren die Initiationsprozesse in *Hulk*, *Spider-Man* und *Daredevil* um den Faktor der "subjektiven Erfahrung", in welchem

---

[428] Mediziner und Neurowissenschaftler färben DNA-Stränge zu wissenschaftlichen Präsentationszwecken und für leichtere Visibilität.

eine virtuelle Kameralinse die Funktion des Zuschauerblicks übernimmt und ihn in unbekannte Regionen führt. Der realistisch-fotografische Erzählstil, der eine der ästhetischen Grundtendenzen des Comic-Superheldenfilms bildet, wird temporär aufgebrochen durch den Einsatz virtueller Kamerafahrten in das fiktive Bewusstsein von Spider-Man und Hulk, gar bis in dessen Molekularstrukturen, so, als befände sich die gegenwärtige Aneignung der Heldenfigur auf der Suche nach dem neuronalen Korrelat von dessen Bewusstsein.

Eine Spezialform des im Kontext der Bewegungstypologie erwähnten *Ride*, die Flückiger als *geistiges Auge* bezeichnet, ermöglicht innovative Wahrnehmungsmuster des neuronalen Netzwerks sowie die "Extension der Sinne in alle Koordinaten des Universums."[429] Mit diesem Softwareverfahren findet eine psychologisierende Sicht auf den Comic-Superhelden ihre technisch-visuelle Manifestation und Erweiterung. Die Reise ins synthetisch hergestellte Immaterielle vollzieht sich zumeist über das symbolisch besetzte Motiv der Augen als Tor zu kognitiven, mentalen und neuronalen Gebieten.
Ohne genauere Lokalisation der Gehirnregion werden dem Zuschauer imaginative neurobiologische und unterbewusste Prozesse präsentiert: aufblitzende Signalübertragungen zwischen verästelten Synapsen oder fragmentierte Visionen und Gedankensplitter des Helden. Dadurch wird der Zuschauer seinem gewohnten Raum-Zeit-Kontinuum enthoben, da ihm die rasante, digital erzeugte Bilderfahrt in zelluläre und seelische Strukturen kurzfristig die räumliche Orientierung raubt, aber kompensatorisch neue Wahrnehmungsimpulse offeriert. Zugunsten dieses ästhetischen Schauwertes durchbricht Hollywoods Mainstreamkino seinen selbst gesetzten Realitätsillusionismus.[430] Vor allem bei den *Marvel*-Superhelden Spider-Man, Hulk und Daredevil, die seit den frühen 1960er Jahren entwickelt worden sind und eine psychoanalytisch ausgelegte Figurenkonstruk-

---

[429] Flückiger: *Visual Effects*, 2008, S. 385.
[430] Da Comic-Superhelden mit übernatürlichen Kräften und Fähigkeiten ausgestattet sind, wird der Einblick in ihre tiefsten Hirnregionen vom Publikum als zum "realistischen" Gesamtbild gehörend wahrgenommen.

tion aufweisen, offenbart die räumliche Bewegungsfreiheit des *geistigen Auges* Transformationsprozesse auf zellulärer Ebene.

Obwohl **Superman** extraterrestrischer Herkunft ist, benötigt auch er eine Unterweisung durch seinen in Personalunion auftretenden Mentor-Vater. Nach einer beschwerlichen Reise wird eine geheimnisvolle Eisgrotte zur Begegnungsstätte mit dem Hologramm seines leiblichen Vaters. Ihren optischen Widerhall findet die Initiation in einer Filmästhetik, die das Weihevolle akzentuiert: Helle Farben, viel Licht, weiche Blenden, ein leichter Nebelschleier und dieselbe orchestrale "Krypton"-Fanfare wie zu Beginn des Films. Während der physischen Initiation unternimmt der Zuschauer – geführt durch Jor-Els Off-Stimme – eine tricktechnisch gestaltete "Reise" durch das Universum. Der Film malt sie mit Unterstützung der Tricktechnik der 1970er Jahre aus: optische Überblenden, farbige Wassertropfen, Wunderkerzen als Sternennebel, das aufgegriffene Reisebild zum Planeten Krypton, flirrende Synthesizer-Musik (Sequenz 8).

Batmans Initiation wird dem Zuschauer vorenthalten; seine Entscheidung, sich temporär in eine Fledermaus zu verwandeln, bleibt daher ebenso mysteriös wie die Superheldenfigur selbst. Lediglich die Backstorywound des Jungen wird innerhalb der Filmhandlung in steigernder Intensität erwähnt und als Backstory-Exposition filmisch dargestellt. Dadurch verleiht sie dem fixen Motiv des *Monarch-Theatre* relevante Bedeutung und erfüllt die Funktion einer klassischen Anagnorisis. Der optischen Wiedererkennung des Mörders geht eine akustische voraus: Jokers Frage "Hast du je im blassen Mondlicht mit dem Teufel getanzt?" setzt sie in Gang. Bruces Erinnerung an den Mord visualisiert der Film durch extreme Untersicht-Aufnahmen und gekantete Kamera.

Zusätzlich zum subjektiven gedehnten Zeiterleben mittels Zeitlupe werden flirrende Hintergrundmusik und gefilterte, gedämpfte Geräusche eingesetzt, um durch das visuelle und akustische Informationsdefizit das Gefühl einer bedrohlichen Situation für den Rezipienten sinnlich spürbar zu machen. Schnelle Montage, fragmentarische Close-ups eines Pistolenlaufs, fallender Perlen und Popcorn imitieren sowohl Comicspezifische Bildcodes als auch die Unübersichtlichkeit der Situation, die sich punktuell ins Gedächtnis des Jungen eingebrannt hat und sich unmittelbar auf die Wahrnehmung des Rezipienten überträgt. In Burtons Interpretation greift kein opakes Schicksal von außen ein – etwa in Gestalt einer genmanipulierten Spinne wie bei Spider-Man – sondern die Menschen selbst halten ihr Schicksal in Händen. Der kleine Bruce bleibt verstört und starr vor Angst zurück, sein Gesicht zur Hälfte im Schatten – ein konventioneller Bildcode für eine zerbrochene Seele, die ähnlich auch in *Hulk* Verwendung findet (vgl. Abb. 2).

Die beiden Marvel-Charaktere Spider-Man und Hulk thematisieren gegenwärtige naturwissenschaftliche Risikotechnologien, auf deren katalysatorischer Funktion die Initiation des jeweiligen Titelhelden fußt.

Spider-Mans Initiation ereignet sich konsequenterweise während eines Besuchs des (fiktiven) *Genetic Research Institute*. Dort seilt sich – aus extremer Untersicht aufgenommen – eine rot-blaue Spinne auf Peter ab, der im Umschnitt in extremer subjektiver Aufsicht gezeigt wird, wodurch der Zuschauer den Eindruck vermittelt bekommt, er selber würde am buchstäblichen Schicksals-Spinnenfaden zur Erde sinken bzw. die Spinne auf ihn fallen. Dann beißt das aggressive Tier Peter in einer digital erstellten Makroaufnahme und geradezu heimtückischer Weise, den Zuschauer fest im Blick (Abb. 11). Die physische Metamorphose des

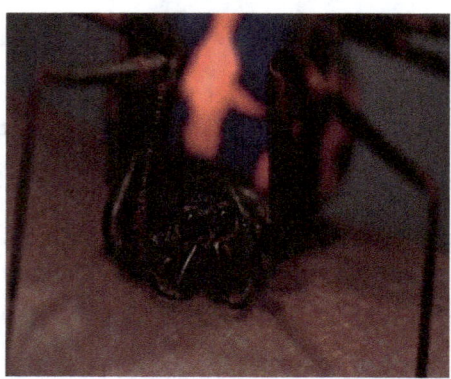

Abb. 11:
Die mutierte Spinne beißt Peter Parker.

Helden erfolgt noch in der gleichen Nacht in einem traumähnlichen, fiebrigen Schlaf. Gekantete Kamera, geheimnisvoll anmutende Blitze und bedrohliche Musik unterstreichen den gespenstischen Charakter der Szene: Auf dem Boden kauernd wird sein beginnendes Delirium unterlegt mit Satzteilen, die wie Erinnerungsfetzen hineinwehen: "Völlig neue Spezies" und "Superspinne". Symbolhafte Spinnen, Totenschädel und digital erzeugte rot-blaue Hirnsynapsen visualisieren die Visionen, die dem Helden begegnen.

Das *geistige Auge* illustriert die physische Initiation unter Bezugnahme des dem Horrorgenre entliehenen Handmotivs. Der Austausch von DNA-Molekülen findet durch eine krallenartige rot-blaue Gensequenz statt (Abb. 12). Der hybride Mensch-Spinne-DNA-Strang mündet in einer schnellen rückwärtsgerichteten Bewegung direkt in Peters aufgerissenem Auge und

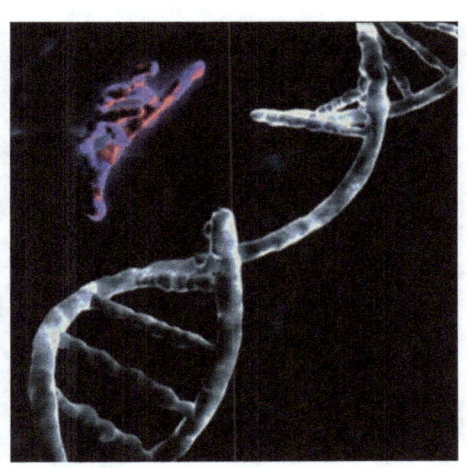

Abb. 12:
Eine DNA-"Hand" schließt die Lücke.

leitet unmittelbar über zu einer weiteren Initiation: derjenigen seines Widersachers. Das Konzept der digitalen Fahrt findet sein Pendant am Ende des Films, wenn Spider-Man durch Manhattans Häuserschluchten schwingt und sich die computergenerierte Heldenfigur in hybriden Bewegungsstrukturen vollständig auflöst.

Hulk spekuliert im Rahmen Humangenetischer Forschungen sogar über die Vision, genetisch perfekte Menschen synthetisieren zu können.[431] Die in der Comicvorlage thematisch angerissene "Vererbung der Vätersünde" auf die nachfolgende Generation wird im

---

[431] Auch dieses Forschungsfeld ist keineswegs Fiktion. In Regensburg stellt der Weltgrößte Konzern für Biowesen, die Firma Geneart, synthetische DNA her.

Kinofilm *Hulk* in einen aktuellen Kontext gerückt, der Ang Lees individueller Interpretation des Superhelden entspringt und die Geschichte nicht nur für das 21. Jahrhundert aktualisiert, sondern unter Zuhilfenahme der Humangenomforschung sogar konsequent fortführt. Bruces/Hulks Initiation erfolgt durch mehrere voneinander abhängige Faktoren, die sich innerhalb der Filmhandlung verteilen und sie dramaturgisch strukturieren.

Abb. 13:
Bruce Banner wird von Gammastrahlen getroffen.

Der initiatorisch bedeutsame Laborunfall mit Nanomeds und Gammastrahlung, illustriert durch einen grünlichen Atompilz in einer todesschlafähnlichen Vision des Protagonisten, fungiert als Katalysator für die nachfolgende physische Metamorphose. Diese resultiert aus einer Aktivierung verdrängter traumatischer Kindheitserinnerungen in Verbindung mit erblicher Vorbelastung und der Ausschüttung von Adrenalin. Den faktischen Eingriff der Gammastrahlung in den Heldenkörper unterstreicht der Film dadurch, dass sie den Bildausschnitt zum Bersten bringt – vergleichbar mit der ideellen Sprengung des Theatervorhangs bei *Superman* (Abb. 13).
Die verschiedenen Initiationsstufen gründen auf einer visuellen Strategie symbolischer Motivreihen wie der Tür. Während der physischen Initiation runzelt im Schatten einer halb geöffneten Tür ein

sichtlich irritierter Hulk die Stirn – als wäre ein schlafender Riese erwacht (Sequenz 6). Kurz danach steht der Hulk während eines Alptraums des Helden im Halbschatten hinter derselben geöffneten Tür (Ebd.). Unmittelbar vor der ersten körperlichen Metamorphose sieht man die Tür von innen eintreten – der Hulk will hinaus (Sequenz 8). Nachdem die erste Metamorphose in den Hulk erfolgte, erscheint die Tür nicht mehr in den Träumen des Protagonisten, die Initiation ist abgeschlossen.

Daredevil werden bereits als Junge durch eine Säure die Sehnerven zerfressen. Der tragische Unfall mit einer weißlichen "biohazard"-Substanz, die sich über Matts Gesicht ergießt, ist in den beiden entscheidenden Einstellungen – die Säure fliegt auf Matt zu, der entsetzt aufschreit – mit subjektiver Kamera gedreht. Danach ist das Filmbild gleißend hell, wodurch der Zuschauer kurzzeitig seines konventionellen Raumgefüges enthoben wird, um anschließend als *geistiges Auge* mit dem Zuschauer rückwärts an der fiktiven Materie eines Nervenstrangs entlang zu rasen, vom gleißenden Licht fort ins Dunkel, das lange und still als ein formloses Nichts stehen bleibt (Abb. 14).

Abb. 14:
Säure zerstört Matts Sehnerven.

Den physischen Vorgang selbst setzt der Film durch eine Komposition digital erzeugter roter Blitze und schwarz einschrumpelnder Fasern, begleitet von einem zischend-knisternden Geräusch, in Szene (Sequenz 2). Der Zuschauer "flieht" dabei vor den Säurepartikeln, denn je weiter die simulierte Kamera in den Heldenkörper vordringt, desto stärker gestaltet sich der Verätzungsvorgang. Erst ein lautes Geräusch, einer Brandung ähnlich, durchbricht das Dunkel – es ist der Moment, in welchem Matts Sinne ihre Superfähigkeit entwickeln. Der Zuschauer wird von dieser Entwicklung ebenso "überrascht" wie der Protagonist, da ihm die subjektive Kamera des computererzeugten Vorgangs gewohnte Wahrnehmungskoordinaten vorenthält. Geräusche des Tropfs, des Kardiogramms, Stimmen auf dem Flur und auf der Straße verbinden sich zu einer dröhnenden Kakophonie. Matt "sieht" durch die auf ihn einwirkenden Töne in Verbindung mit dem reflektierenden Schall schemenhaft die nähere Umgebung.

Im Hinblick auf die als Nahtod-Erfahrung in Szene gesetzte Initiation des Comic-Superhelden konnte gezeigt werden, dass sie ein integratives Erzählmoment darstellt, in welchem Technologie in den Heldenkörper eingreift und ihn nachhaltig transformiert. Sein Körper wird damit zum Träger dieser Erfahrung, die sich wiederum nicht allein im Indiz einer Superkraft offenbart. Eine vollzogene Initiation führt für den Superhelden – abweichend von Voglers Forderung – eben gerade nicht zur subjektiven Ganzheit, sondern zu einer Spaltung in eine Jedermann- und eine Superhelden-Identität. Folgend steht die Frage im Vordergrund, welche Rolle diese Doppelidentität als Impulsgeber für die Figurenkonstruktion spielt – vor allem hinsichtlich der Erzählstrategie des Superhelden.

9.2
Die Doppelidentität des Comic-Superhelden

Die Prüfung amerikanischer Drehbuchmodelle hat aufgezeigt, dass deren Maßgaben zur Heldenkonzeption einheitlich funktional auf ein emotionales Identifikationspotential ausgerichtet sind. Sowohl der *storydriven*-Ansatz als auch der *characterdriven*-Ansatz verfolgen eine kohärente Figurenkonstruktion, weichen aber in Herleitung und konkreter Ausgestaltung mitunter stark voneinander ab. Während Vale und Field einen rudimentären Eigenschaftskatalog installieren, geht McKee auf "Dimensionen"' und "Widersprüche" der Charakterdarstellung ein.[432]

Die psychologische Erforschung des Helden im *characterdriven*-Ansatz sucht die Ursprünge ihres Gegenstandes in seelischen Tiefenschichten unter Bezugnahme auf populärfreudianische Annahmen. Entsprechend lehnt Seger ihre Modellausrichtung an Voglers Konzeption der seelischen Heilwerdung an. Beide heben auf das "Trauma", den (seelischen) "Mangel", den "neurotischen Zug" des Helden ab, die es mittels einer selbstanalytischen Reise zu heilen gelte.[433] Psychologisch diagnostizierbare "Mangelerscheinungen" wie die Neigung zur Neurose oder ähnliche Sondierungen psychopathologischer Zustände sind – so postulieren es die Autoren – unabdingbare Ingredienzien für eine emotional-empathisch aufgeladene Haltung des Rezipienten zu einer Hauptfigur, da diese mit einem Fehler behaftet "menschlicher" wirke.

Im Zusammenhang mit dem gestalterischen Arrangement oben genannter Figurenparameter ist Jens Eders Begriff der populären Figur von Interesse, die er in seiner Monographie *Die Figur im Film* (2008) absteckt. Er gelangt zu dem Schluss, dass Mainstreamfilme ein Menschenbild vermitteln, das diesen unter anderem als

> "moralisch eindeutig beurteilbar, einfach verständlich, kohärent, lern- und entwicklungsfähig, autonom und nur wenig durch äußere Umstände determiniert darstellt; mit der begrenzten Einschränkung rekonstruierbarer und erklärbarer biografischer Prägungen."[434]

Doch die von Eder aufgelisteten signifikanten Merkmale stimmen mit den konkret vorliegenden Comic-Superheldenfiguren nur einge-

---

[432] McKee: *Story*, S. 407.
[433] Vogler: *Odyssee*, S. 95. Field greift die "Schwachstelle" der Figur in *Screenwriter's Problem Solver*, 2000 auf. Ausführliche Gedankenführungen finden sich bei Greiner: *Superheld und Superioritätsdynamik*, 2002, den Beiträgen des Sammelbandes *Film-Konzepte: Superhelden*, 2007 sowie des Sammelbandes *Szenarien des Comic*, 2005.
[434] Eder: *Die Figur im Film*, 2008, S. 405.

schränkt überein. Dass sie "entwicklungsfähig" sind, haben bereits die Ausführungen über die doppelte Initiation dargelegt – da Entwicklungsfähigkeit die Handlung vorantreibt, stellt sie eine Grundbedingung der Figurenkonstitution populärer Spielfilme dar. Auch auf die "Determinierung" durch äußere Umstände, die den Superhelden erst hervorbringen (in Gestalt einer sich verselbständigenden Naturwissenschaft), ging die Arbeit im Abschnitt über die physische Initiation näher ein. Die "biografische Prägung" zeigt deutlichen Bezug zur Drehbuchkonzeptionell geforderten Backstorywound des Protagonisten. Dessen tiefstes, schmerzhaftes Geheimnis, zumeist um den Verlust mindestens eines Elternteils, ist kategorischer Bestandteil (sogar Bedingung?) des Comic-Superhelden und stellt deswegen in allen untersuchten Filmen ein exponiertes Erzählsegment dar. Batman, Daredevil und Hulk erleben den Mord an mindestens einem Elternteil, Spider-Man gibt sich die Schuld am Tod des Ziehvaters, Supermans Eltern sterben in einer kollektiven Katastrophe, sein Ziehvater an Herzinfarkt. Die verlorene Kindheit der Filmfigur stellt ein zusätzliches Identifikations-Kriterium dar, da sie eine realistische Lebenswelt suggeriert, die die Tragik des einsamen Superhelden betont und gerade seiner übermenschlichen Kräfte und Fähigkeiten wegen intensiviert.

Obgleich Erzählstandards der Unterhaltungsindustrie aufgrund produktionstechnischer Vorgaben Divergentes oftmals in eine Eindeutigkeit überführen, stellt der Superheld eine einzigartige Figurenkonzeption dar. Das Merkmal "Kohärenz" ist in seinem Fall kritisch zu hinterfragen, da er eine signifikante duale Charakterdisposition aufweist, welche in einem Akt der Initiation erschaffen wird: die Superheldenidentität (das Alter Ego) und die Secret Identity (die Privatidentität):

Superman ↔ Clark Kent
Spider-Man ↔ Peter Parker
Batman ↔ Bruce Wayne
Hulk ↔ Bruce Banner
Daredevil ↔ Matt Murdock

Das aus der Comicvorlage übernommene Aufspaltungsverfahren der Figur setzt dramaturgische Spielräume, da es eine Konstellation schafft, die über die bürgerliche, zur emotionalen Anteilnahme einladende Jedermann-Identität die dramatische Story aufbaut, während Actionszenen auf den körperbetonten Handlungen des Superhelden-Egos basieren.

Die duale Identität des Superhelden variiert konventionelle drehbuchdramaturgische Festschreibungen, die auf den Fall eines Doppelcharakters nicht eingehen – obgleich Seger explizit Superman und Batman erwähnt. Infolgedessen stellt sich die Frage nach der Beschaffenheit der Figurenkonstruktion des Comic-Superhelden. Offenbar verstehen Drehbuchautoren und Regisseure Alter Ego und Secret Identity als eine kohärente Wesenseinheit. Wenn aber intakte Subjektivität die Basis für Identität darstellt, leben die körperlich modifizierten Superhelden, in denen der Ort des Subjekts nicht mehr klar ausgewiesen ist, mit ihren Alter Egos in einer unkomplizierten symbiontischen Identität?

Auf diese Frage liefern die Filme wiederum keine explizite Antwort, da sie einerseits Spider-Man, Superman und Daredevil ihre Superfähigkeiten wiederholt im Privat- bzw. Berufsleben nutzbringend anwenden lassen, andererseits für Hulk, Daredevil und Batman ein Leben in einer immerwährenden Konfliktzone entwerfen. Obwohl digitale *Rides* in das Auge von Hulk erfolgen, präsentieren sie Gedankensplitter, die Bruce Banner betreffen – eine neurologische Separation beider Figurenfacetten kann somit weitgehend ausgeschlossen werden. Und dennoch leidet Bruce unter seinem destruktiven Es. Ein Fixpunkt ist in seinem Identitätskern demzufolge nicht eindeutig herauszufiltern.

Der Begriff *Identität* blickt auf eine lange geistesgeschichtliche Tradition zurück, die allgemeine Idee der Konstruierbarkeit der individuellen Identität dagegen wird erst seit kurzem intensiv hinterfragt. Eine theoretische Auseinandersetzung mit Sinn- und Identitätskrisen, Identitätsentwürfen und sozialer Entwurzelung findet hinsichtlich einer kaum praktikablen handwerklichen Umsetzbarkeit nur begrenzten Eingang in Drehbuchleitfäden. Identität reduziert sich dort auf individualpsychologische Mangelkonstellationen, die am Ende des Plots in einer Eindeutigkeit münden (müssen).

Eine Neuorientierung auf die Heldenfigur, die neben einer Heldenfacette primär den Jedermann ins Visier nimmt, der Schwäche, Ängste und Zweifel zeigt, nimmt seit den 1960er Jahren mit Erscheinen Spider-Mans und Hulks im Marvel-Verlag ihren Ausgangspunkt und bildet in den bislang verfilmten Superheldencomics eine stilistische Konvention aus.[435] Sie deutet auf eine generelle Verschiebung von Heldenkonstruktion und Heldenwahrnehmung hin. Verkörpert Superman mit seiner Biografie vom Außenseiter, der zur Ikone emporsteigt, noch die große Verheißung des von der Wirtschaftsflaute gebeutelten Amerikas der 1930er, so repräsentiert Hulk ein Vierteljahrhundert und einen Weltkrieg später das fleischgewordene Zerfallsprodukt des atomaren Zeitalters.

Die Superhelden des Marvel-Verlags sind ein popkulturelles Konglomerat. Der Tragik der Gestalten, die wider Willen einem schicksalhaften Fatalismus ausgeliefert sind, mutet in ihrer emotionalen Wucht elementar und – im Sinne der Drehbuchliteratur – mythisch an, da sie ihre übermenschlichen Kräfte nicht nur als Segen erfahren, sondern zuvorderst als fluchbeladenes Geworfen-Sein. Infolgedessen erfährt die Doppelidentität des Superhelden eine zweigeteilte Inszenierungsstrategie, aus der ein potentieller identifikatorischer Effekt resultiert, da der Jedermann seine fiktionale Nähe zur sozialen Lebenswirklichkeit des Rezipienten ausspielt. Während die Ausformung der Superheldenfacette zum Leitbild und Orientierungsmuster durch Einhaltung moralischer Werte und Normen erhoben wird – wobei auch hier für Batman, Hulk und Daredevil eine differenzierte Sichtweise vorgenommen werden muss – quält sich der Jedermann mit Alltagssorgen, Geldnöten und Liebeskummer. Der Zuschauer vermag die Balancierung des prinzipiell unvereinba-

---

[435] Auch in weiteren Comic-Superheldenfilmen offenbart der Held immer wieder mentale Schwäche, Resignation und physische Erschöpfungszustände, etwa in *Hellboy* (USA 2004, Guillermo del Toro), *Ghostrider* (USA 2007, Mark Steven Johnson) oder *Iron Man* (USA 2008, Jon Favreau), *Iron Man 2* (USA 2010, ebd.) und *Iron Man 3* (USA 2013, Shane Black).

ren Konflikts einer bürgerlichen "Normal"-Identität mit einem extrovertierten Helden-Dasein nachzuvollziehen, da er selbst verschiedene soziale Rollen ausüben und ausfüllen muss, z.B. als Ehemann, Vater, Arbeitnehmer, Freund. Über verschiedene filmische Darstellungsmodi wird der Zuschauer an beide Identitätsfacetten emotional herangeführt.

Die vorliegenden Superheldenfilme versuchen einerseits, Sympathie für den Jedermann zu erwecken, zu intensivieren und zu steuern, indem sie ihn subtil überzeichnen und zum Stereotyp des sozial ausgegrenzten, von seiner *Peer Group* verspotteten Verlierers mit der großen Brille machen, der sich für Technik und Wissenschaft begeistert.[436] Er ist tüchtig aber unauffällig, dem Durchschnitt entsprechend, aus dessen Norm ihn lediglich seine Intelligenz heraushebt. Identifikationsprozesse, bei denen sich der Zuschauer (zumindest temporär) imaginativ an die Stelle des Superhelden begibt, kommen andererseits zumeist in Verbindung mit den bereits oben erwähnten Superkräften zum Ausdruck, die mittels subjektiver Kameraperspektiven in Szene gesetzt werden.

Gilt dem Jedermann das Mitleid, während sich der Superheld im Glanz des Ruhmes sonnt? Mitnichten, erfährt doch der Superheldenanteil der Heldenfigur zunehmend entheroisierende Tendenzen, indem wiederholt seine Schwäche und Verletzbarkeit offen gelegt und seine Funktion als Retter und Helfer subtil ironisiert werden. Etwa im Falle von Superman, der die Katze eines kleinen Mädchens vom Baum rettet und dieses von seiner Mutter, dem es freudestrahlend von einem "fliegenden Mann" berichtet, eine Ohrfeige kassiert (Sequenz 13). Dadurch hebt sich die verklärende Heilsbringerrolle, mit der Superman (nicht nur in den Anfangsjahren seiner Comicexistenz) wiederholt in Verbindung gebracht wurde und wird, in

---

[436] Eders Modell zur Analyse von Filmfiguren kann ergänzend hinzugezogen werden. Die Eigenschaften des Protagonisten sind prototypisch miteinander vernetzt, lösen Vermutungen über weitere, mit ihnen assoziierte Eigenschaften aus. Das *Halo*-Effekt genannte Verfahren ermöglicht ein Spiel mit Erwartungen und Andeutungen, deren Einlösung und deren Brüchen. Eder: *Die Figur im Film*, 2008, S. 212ff.

der konkreten filmischen Ausgestaltung von 1978 auf. Ein Vierteljahrhundert später tritt der Superheld gar als Bedrohung für die Allgemeinheit auf, als *angry man*, der vom Militär mit allen ihm zur Verfügung stehenden Mitteln zur Strecke gebracht werden muss: Hulk.
Zudem weist der Superheld (charakterliche) Lücken und Brüche auf, die sich nicht in das Bild des "bewundernswerten, tugendhaften Helden"[437] einpassen lassen und nicht in den zur Studie herangezogenen Drehbuchkonzepten aufgehen: Selbstbezogenheit bei Spider-Man, blinde Gewalt und Lynchjustiz bei Daredevil, unkontrollierbare, sich eruptiv entladende Zerstörungswut bei Hulk.

Einhergehend mit der sich verändernden Figurenkonstruktion des Superhelden ist ein Wandel seiner medialen Darstellungsstrategien zu konstatieren. Obgleich im visuellen Erzählmedium (Action-)Film vorwiegend Körperhaltungen und Bewegungsabläufe an der Konstruktion von Heldenbildern beteiligt sind, nimmt die Tendenz zur klassischen heroischen Pose in den untersuchten Filmen zunehmend ab. Supermans dynamisch-heroische Flugpose mit ausgestrecktem Arm und geballter Faust erweckt den Anschein, die Verfilmung wolle der Kulturikone Superman gerecht werden. Protzt *Superman* im Produktionsjahr 1978 noch mit Posen, sind sie ab der Jahrtausendwende kaum auszumachen. Die Heldenpose bietet Gelegenheit, punktuelle Akzente in der Figurendarstellung zu setzen, sie darf aber nicht als alleiniger ästhetischer Darstellungsmodus des Comic-Superhelden aufgefasst werden. Unter dem Gesichtspunkt der Doppelwesenheit des Helden gerinnt die Pose zunehmend zur reinen Schutzbehauptung in Actionszenen. Stattdessen enthüllen *Hulk* und *Daredevil* wiederholt den nackten (geschundenen) Leib der Jedermann-Facette. Das Phantasma des unverwundbaren Superheldenkörpers wird auf diese Weise widerlegt.
Des Weiteren ist eine merkliche Zunahme der Formenvielfalt zu konstatieren, die sich nicht zuletzt den Darstellungsmöglichkeiten der Computeranimation verdankt, so dass statische Posen um kom-

---

[437] Vogler: *Odyssee*, S. 21.

plexe Bewegungstypologien erweitert werden können. Flückiger beleuchtet unter anderem die glückende bzw. sich reorganisierende Zuschauerpartizipation durch digitalisierte Körperdarstellungen in Comic-Superheldenfilmen. Sie kommt zu dem Ergebnis, dass nicht nur die Ästhetisierung von Gewaltdarstellung einen Wandel erfahren hat hinsichtlich einer "Herausarbeitung der direkten körperlichen Erfahrung" des Zuschauers,[438] sondern dass diese Reizdimension eine *somatische Empathie*[439] hervorruft:

> "Diese unmittelbare Form der affektiven Partizipation dürfte in all jenen Momenten zum Ausdruck kommen, in welchen die Superhelden extreme Gewalt ausüben oder erfahren, genauso wie in jenen Momenten, in denen sie ihre Körper in übermenschlicher Art und Weise beherrschen, wenn sie von Dächern hechten, wenn sie die Kampfkunst beherrschen, wenn sie sich durch die Straßenschluchten schwingen".[440]

Flückiger zielt auf Momente der Kinetik, was darauf schließen lässt, dass die somatische Empathie nicht durch starre, heroisierende Posen zu erreichen ist, sondern durch Erfahrungen einer Dynamisierung des Heldenkörpers.

9.3
Die Doppelidentität des Superschurken: Spielarten des Mad Scientists

Wie gezeigt werden konnte, ist das Doppelgängermotiv ein standardisiertes Konstruktionselement für Comic-Superhelden. Gleichwertiges gilt für den Superschurken, dessen doppelte Wesensstruktur konzeptuell mit Wissenschaftsaspekten in Verbindung gebracht wird. Der Doppelgänger realisiert sich in der Figur des Superschurken wiederholt in einem Forschertyp, der sich seit den Romanfiguren Dr. Victor Frankenstein und Dr. Henry Jekyll in verschiedenste

---

[438] Flückiger: *Visual Effects*, 2008, S. 466f.
[439] Ebd., S. 467. Flückiger bezieht sich hier auf einen Begriff, den Christine Noll Brinckmann geprägt hat. Hervorhebung im Original. Brinckmann: *Somatische Empathie bei Hitchcock*, 1999.
[440] Flückiger: *Visual Effects*, 2008, S. 467.

mediale Bereiche der westlichen Kultur eingeprägt hat: dem Mad Scientist.

Die Darstellungskonvention des verrückten Wissenschaftlers ist nur eine von vielen möglichen Wissenschaftler- und Forscherdarstellungen, dafür eine äußerst langlebige Konstante in den Reflexionen der amerikanischen Populärkultur über Wissenschaftler.[441] Arno Meteling beschreibt in seinem Aufsatz *Weird Science*[442] den Topos des Mad Scientists als etablierte Größe des Comicgenres, der medienhistorisch aus Schauerromanen, Pulp Fiction, Science-Fiction- und Horrorfilmen in die Konzeption des superheldischen Figurenensembles einfließt. Insbesondere die plakativen Modellierungen des Mad Scientists in Robert Wienes *Das Cabinet des Dr. Caligari* (Deutschland 1920), Fritz Langs *Metropolis* (Deutschland 1926) oder James Whales *Frankenstein* (USA 1931) wanderten nahezu ikonographisch ins schriftbildliche Medium Comic ein, das (auch) in dieser Hinsicht filmischen Narrations- und Charakterisierungstechniken folgt.

Das Verlangen des verrückten Wissenschaftlers, sich über geltende Konventionen hinwegzusetzen, die Welt zu "verbessern" oder nötigenfalls zu vernichten, ist in Superheldencomics und deren filmischen Adaptionen ein wiederkehrendes Versatzstück seiner Grundintention. Der halb plausibel, halb fantastisch in Szene gesetzte Wirkungskreis der Naturwissenschaft verbindet sich mit der Figur des Mad Scientists zu einem stets unheilvollen Bedingungsgefüge für den Superhelden und den Rest der Film-Menschheit. Der besessene Wissenschaftler, der sich nicht scheut, Forschungen an der Grenze zur Legalität zu betreiben und sogar Experimente mit dubiosen Substanzen an sich selbst zu erproben, ist seiner Zeit immer einen Schritt voraus. Indem er Grenzen der gesellschaftlichen

---

[441] Eine verniedlichte Variante sind der verrückte Professor und der "authentische" Wissenschaftler. Siehe hierzu die Untersuchung von Pansegrau: *Zwischen Fakt und Fiktion*, 2009. Zur Darstellung von Wissenschaft und Technik in Superhelden-Comics vgl. Locke: *Fantastically reasonable*, 2005.

[442] Meteling: *Weird Science. Wissenschaft und Wahn im amerikanischen Superheldencomic*, 2004.

Norm überschreitet, wandelt sich sein geheimes Wissen zur Blasphemie. Damit ist er die adäquate Ausdrucksmöglichkeit für ein Paradoxon, welches die Superheldeninitiation zum Thema hat: die Synthese aus Faszination und Angst vor einem zunehmenden Einfluss der Wissenschaft und Technik auf das Alltagsleben.

In regelmäßigen Abständen erfährt die Figur des Mad Scientist (vergleichbar mit der Figur des Superhelden) kompositorische Umstrukturierungen und Neudefinitionen, die erkennbare Spiegelungen zeitgenössischer Diskurse darstellen, und wird somit zum "popkulturelle[n] Seismograph der jeweiligen Rezeption neuer Forschung".[443] Für die 1960er Jahre steckt Meteling einen regelrechten "Mad Scientismus" in Superheldencomics ab, der den Diskurs über (fehlgeleitete) Atomwissenschaft aufgreift.[444] Aber das Skandalon radioaktiver Verstrahlung hat die Wissenschaftlerfigur in den untersuchten Superheldenfilmen längst hinter sich gelassen. Hier macht sich der Mad Scientist die neuesten naturwissenschaftlich-technischen Errungenschaften zu Eigen: Genforschung, Nukleartechnologie und Biomedizin. Die Bedeutungszuschreibungen, die sich dabei an die entworfenen Wissenschaftsbilder knüpfen, sind durchweg negativ.

Die literarische Figur des Mad Scientist ist in einer Zeit entstanden ist, in der sich "die Naturwissenschaft noch nicht völlig von esoterischem und okkultem Wissen emanzipiert"[445] hatte. Insbesondere *Hulk* und *Spider-Man* greifen stereotypisierte Züge des Magier- und Alchemistentypus auf, um sie gleichzeitig zu aktualisieren.

Hulks Widersacher verbindet die gottgleiche Schöpferhybris eines Dr. Victor Frankenstein mit einer beängstigenden Vision reproduktiver Menschenzüchtung. David Banner, Mad-Scientist-stereotypisch mit wirrem Haar und murmelnden Selbstgesprächen, ist ein genialer aber größenwahnsinniger Gen-Spezialist. Seine Egozentrik verleitet ihn allerdings dazu, kein externes synthetisches Double zu erschaffen, sondern sich selbst genetisch zu "verbessern".

---

[443] Ebd., S. 177.
[444] Ebd., S. 182.
[445] Ebd., S. 172.

Auch *Spider-Mans* Interpretation des Mad Scientist spielt mit dem Alchemistentypus, der den wissenschaftlichen Ausbruch aus der Evolution plant. Dr. Norman Osborn tritt in Ausgestaltung eines Industriemagnaten und – nach eigener Aussage – als "eine Art Wissenschaftler" auf. Er produziert in seinem Imperium *OsCorp Industries* Waffensysteme und einen "menschlichen Leistungsverstärker" für das US-Militär. Stereotypgerecht hantiert Osborn im Umfeld seiner physischen Initiation mit einem modernen Zaubertrank, während grünliche Dämpfe durch sein High-Tech-Laboratorium wabern. Wahnsinn und (unabsichtliche) Selbstzerstörung sind die Folgen seiner Hybris.

Supermans Erzfeind Luthor verfügt über keine einzige Superkraft, was einen gleichwertigen Kampf von vornherein ausschließt. Er benötigt daher den Umweg über die magische Substanz Kryptonit, um den Superhelden zumindest temporär zu schwächen. Während Luthor in den Comics Jahrzehntelang als Mad Scientist auftrat, um Superman per Todesstrahlen oder Ähnlichem zu vernichten, modelliert der Film eine Neu-Interpretation. Luthor selbst beschreibt sich wie folgt:

> "Wie beglückwünschen Sie den genialsten Verbrecher unserer Zeit? Indem Sie mir sagen, dass ich ein Genie bin? Oh nein, das drängt sich ja förmlich auf, das wäre zu leicht. Charismatisch. Von satanischer Begabung. Das überragendste und diabolischste Genie unserer Tage!"

Luthor, der nach eigenen Angaben einen "IQ von 200" besitzt, plant "das Verbrechen des Jahrhunderts" und residiert in unterirdischen Gewölben, die mit allerhand modernster Überwachungstechnologie ausgestattet sind – ein Inventar, das ebenfalls in *Batman* eine Rolle spielt.

Auch der Joker in *Batman* steht in der Tradition des Mad Scienitsts: Er lässt in einer Chemiefabrik toxische Kosmetikprodukte herstellen. Einem missglückten Experiment gleich stürzt er in einen grünlich brodelnden Bottich, der Erinnerungen an einen Hexenkessel hervorruft. Zwei seiner Interessen, Chemie und Kunst, lebt der Joker exzessiv aus. Er schafft sich seine eigene, auf ästhetischer

Destruktion basierende Kunst- und Gesellschaftsordnung und sondern zelebriert einen Kult der Auslöschung:

> "Ich mache Kunst bis der Tod eintritt; ich bin der erste voll funktionstüchtige Todeskünstler der Welt."

Daredevil setzt erneuernde Impulse für den Mad Scientist. Im Zeitalter der Globalisierung ist der weltweit spekulierende Industriekapitalist, der seine düsteren Machenschaften unter einer Fassade der Kultiviertheit versteckt, an die Stelle des sozial isolierten verrückten Wissenschaftlers getreten. Als nicht näher definierter einflussreicher "Geschäftsmann" wohnt bzw. arbeitet der Kingpin in einem Penthouse, welches mit seinem hellen, bläulichen, mit Wasseradern durchzogenen Interieur konträr zur fensterlosen "Wohnhölle" Daredevils steht. Das sterile Innenleben des Büros verbindet die Optik eines modernen Laboratoriums mit der Ästhetik einer Machtzentrale.

9.4
Verhüllung, Enthüllung, Identitätsentwürfe – Masken und Kostüme

Wiedererkennungsmerkmal des Superhelden ist die Maske, die Bestandteil seines symbolhaften Kostüms ist. Über die Notwendigkeit der Maske als unentbehrliches Utensil zur Tarnung der bürgerlichen Jedermann-Identität hinaus, stellt sich die Frage, wie und warum sich Superhelden maskieren. Literatur- und filmwissenschaftliche Abhandlungen zur Maske von Comic-Superhelden gehen dabei in konträre Richtungen.[446]

Grundlegend kann festgehalten werden, dass sich in der Maske verschiedenartige Bedeutungselemente verschränken und überlagern. Karsten Lichau kennzeichnet die Maske in seiner Abhandlung *Die*

---

[446] Siehe z.B. Schäfer/Wimmer (Hg.): *Masken und Maskierungen*, 2000; Olschanski: *Maske und Person*, 2001. Salzmann: *Super- und andere Helden*, 2003; den Sammelband der Gender Studies von Benthien/Stephan (Hg.): *Männlichkeit als Maskerade*, 2003. Zur Kulturgeschichte der Maske vgl. Weihe: *Die Paradoxie der Maske. Geschichte einer Form*, 2004.

offene Maske als einen Referenzraum für anwesende oder abwesende Symbole. Sie

> "autorisiert eine physische Präsenz anderer Objekte, die sie begleiten, und gleichzeitig eine symbolische Präsenz einer Welt von Objekten, Wesen und Mythen, die nicht physisch anwesend sein können."[447]

Folgend sollen drei Ansätze zur Maske von Comic-Superhelden näher vorgestellt werden. Der erste Ansatz rückt die Maske als materielles Objekt in den Blickpunkt.

Die Maske als materielles Objekt
Das Aufsetzen auf das Gesicht geschieht bewusst:

> "Der Akt des Überziehens einer Maske bedeutet die Unterbrechung der alltäglichen Erscheinung, um sie durch eine andere zu ersetzen."[448]

Der Maskenträger wird zu "etwas anderem", da sein Gesicht als Sitz des Individuums für die Dauer des Maskentragens nicht sichtbar ist und die Außenseite der Maske durch spezifische Ausformung, Färbung, Materialien etc. ein "neues" Antlitz präsentiert.
Der Superheld würde bei bewusstem Anlegen einer Maske für die Dauer ihres Tragens ein Spiel mit Selbstinszenierungen betreiben, die Grenzen seiner dominierenden Identität aufheben oder zumindest zur Disposition stellen. Eine paradigmatische Figur, die die (Ganzkörper-)Maske zur Inszenierung seiner selbst nutzt, wäre in diesem Zugriff Bruce Wayne alias Batman. Eine einzige kurze Filmszene im Film *Batman* demonstriert das Anlegen des Kostüms unter erhabenen Klängen, ein heiliges Ritual suggerierend (Sequenz 16). Starkes Ober- und Seitenlicht verleihen seiner Maske und seinem Kostüm eine groteske Lebendigkeit (Abb. 17). Auch die Figur Daredevil demonstriert in einer vergleichbaren Szene seine künstliche Transformation in den Superheldenstatus (Sequenz 5).

Masken und Maskierungen kennt auch der Superschurke. Sofern die Objekt-Maske nichtgegenständliche Verhüllungen wie Make-up einbezieht, gilt sie analog für den Batman-Gegner Joker, der seine

---

[447] Lichau: *Die offene Maske*, 2000, S. 19.
[448] Ebd., S. 29.

Wunsch-Identität einfach auf das Gesicht malt und dadurch seine individuellen Gesichtszüge erhält. Diese Schminkmaske mit einem weißgrundigen Pantomimen-Gesicht, betonten Augen und rotem Mund ist nicht nur grotesk überzeichnet und geschlechtsindifferent, sie besitzt überdies im Zuge der Filmrezeption einen hohen Wiedererkennungswert. Da die Schminkmaske mit ihrem Träger physikalisch nahezu verschmilzt, legt sie dem Zuschauer suggestiv nahe, dass Jack Napier und der Joker eine kongruente Einheit bilden.
Durch das bewusste Anlegen der Maske könnte also der Held ein Spiel mit Identitätskonzepten und Grenzüberschreitungen, mit Zeigen und Gezeigt-werden betreiben, um jemand anders oder etwas anderes zu sein. Zuspitzend verortet Gerald Bär in seiner Diagnose zu Spaltungsphantasien in amerikanischen Superheldencomics das Tragen der Maske im Bereich persönlichkeitsbezogenen funktionalen Verhaltens: "Hinter diesen Masken lassen sich pubertäre Größenphantasien (Gewalt, dezente Erotik) ausleben."[449]
An die Maske heften sich demzufolge kompensatorische Fantasien aufgrund einer geringen oder negativen Selbsteinschätzung. Die Maske erfährt in dieser Perspektive eine Erweiterung ihrer Funktion und fungiert nicht länger als Symbol eines selbst gewählten, alternativen Persönlichkeitsentwurfs. Ihr fällt stattdessen die Möglichkeit zu, temporär auf die Anwesenheit eines Mangels oder Traumas zu reagieren und es zu kompensieren.

In diesem Zusammenhang hat Kurt Greiner den Umstand von Figurenkonstitutiven Kindheitstraumata zum Anlass genommen, um die psychische Verfassung von Comic-Superhelden beziehungsweise deren Trauma-Bewältigung in seiner Studie *Superheld und Superioritätsdynamik* zu befragen.[450] Zwischen dem Ausgangszustand, den Greiner als "Alpha-Status" bezeichnet, und dem Endzustand, dem "Omega-Status", steht als Zwischenstufe der Prozess der "Superhe-

---

[449] Bär: *Das Motiv des Doppelgängers als Spaltungsphantasie in der Literatur und im deutschen Stummfilm.* 2005, S. 478. Die Vorstellung vom Doppelgänger reicht motivisch weit in die Kulturgeschichte zurück, die generaliter nach der Identität des Menschen fragt, zu nennen wären z.B. die *Metamorphosen* des Ovid.

[450] Greiner: *Superheld und Superioritätsdynamik*, Wien, o. J.

roisierung"[451], den Greiner als "kompensatorische Transformation"[452] interpretiert. Dieser Prozess bezeichnet einen aktiv gestalteten Überwindungsprozess, in den die (männlichen) Jugendlichen eingreifen und ihn nach ihren Wünschen lenken. Ziel ist ein als ideal beurteilter Zustand mit einem "hohen Maß an Wohlbefinden"[453], in dem sie sich

> "möglichst stark, unabhängig, sicher, kompetent, mächtig, überlegen, potent, hyper-potent, omni-potent ... fühlen."[454]

Die infantilen Inferioritätsempfindungen manifestieren sich im Fall von Spider-Man in einer soziätaren Unterlegenheit (der Brillenträger wird gehänselt ist und Prügelknabe der Mitschüler), im Fall von Daredevil im organischen Ausfall der Sehfähigkeit und im Fall von Batman in einer traumatischen Verlustsituation der Eltern. Spider-Man verhüllt seine Mimik komplett durch eine ausdruckslose und geschlechtsindifferente Ganzkörpermaske. Diese ist aber nicht einfach "vorhanden", er entwickelt sie in einem über mehrere Sequenzen des Films hinweg dauernden handwerklichen Prozess der Superheroisierung, der mit seiner Heldengenese korreliert. Auch lässt Greiner in seinen Betrachtungen die Initiation des Comic-Superhelden außen vor. Zwar formt hartes Training den schwächlichen Jungenkörper eines Bruce Wayne oder Matt Murdock zu einem Muskelmann. Die Initiation aber, die vor allem bei Peter Parker und Bruce Banner eine physisch-synthetische Transformation einleitet, ist ungewollt und ungelenkt – und somit kein aktiv gestalteter Überwindungsprozess des Alpha-Status.

Maske als externe Manifestation des Wahnsinns
Zum konkreten Vergleich der theoretischen Ausrichtungen wird auch beim zweiten Ansatz die Figur Batman herangezogen. *Batman*-Drehbuchautor Sam Hamm erwähnt die Intention, dass Bruce Wayne nicht nur größenwahnsinnig, sondern "wahnsinnig ist. Und Bat-

---

[451] Ebd., S. 60.
[452] Ebd., S. 140.
[453] Ebd., S. 93.
[454] Ebd., S. 69. Auslassung im Original.

man ist die Offenbarung seines Wahnsinns."[455] Dem Filmkonzept liegt also ein psychopathologisch fundierter Zugriff auf die Figur zugrunde.

Damit wäre die Maske für Batman kein extern anzulegendes Requisit, sondern die Konkretisierung eines Persönlichkeitskonflikts, der durch die Maske nach außen getragen wird. In ihr materialisiert sich der seelische Schwellenzustand des Superhelden. Fungiert die Maske somit als manifeste Offenbarung einer pathogenen dissoziativen Identitätsstörung der Figur? *Batman* liefert auch für diesen Interpretationsansatz konkrete Hinweise. Der Schwebezustand des Bruce Wayne lässt sich sinngemäß greifen durch sein nächtliches fledermausartiges Kopfüber-Baumeln am Sportgerät (Sequenz 7) oder mehrere verbale Äußerungen. Auf die wiederholte Frage, wer Bruce Wayne sei bzw. ob *er* Bruce Wayne sei, antwortet er mit einem kryptischen "Das weiß ich nicht so genau" (Sequenz 4) bzw. mit dem lapidaren "die meiste Zeit" (Sequenz 14). Nur in der Rolle als Batman ist er sich seiner sicher, stellt gleich zu Beginn der Filmhandlung fest: "Ich bin Batman!" (Sequenz 1).

Auch Spider-Mans Kontrahent wird als Wahnsinniger in Szene gesetzt. Zunächst hört Norman Osborn Stimmen bzw. ein schauriges Lachen, dann spricht seine Kobold-Maske zu ihm. Sie visualisiert eine von außen hereinberechende Bedrohung, ein böses "Du", welches das "Ich" Normans vernichtet.

Maske als wahre Identität

Der dritte Ansatz formuliert die Idee der Maske als wahre Identität. Andreas Friedrich beschreibt Batmans "schizophrene Züge" anhand des Sequels *Batman Returns* (USA 1992, Tim Burton) als verzweifeltes Ringen einer "bis ins Mark gespaltenen"[456] Persönlichkeit um seelische Heilung, deren Alter Ego Batman keine Verkleidung, sondern die wahre Identität darstellt. Wenn Batman die wahre Identität ist, so wie Superman aufgrund genetischer Prädisposition die wahre Identität von Superman darstellt, dann wäre "Bruce Wayne"

---

[455] Interview auf der *Batman* Doppel DVD.
[456] Friedrich: *Der Amerikanische Traum und sein Schatten*, 2007, S, 42.

nur eine für die Öffentlichkeit erdachte Fassade, ebenso wie Supermans juveniles Alter Ego "Clark Kent".

Eine ebensolche psychologische Deutung schlägt Friedrich vor, der die Maske als Visualisierung von etwas Innerem bzw. eines von unbewussten Trieben gesteuerten Charakters einordnet:

> "Bei einem Maskenball sind Bruce und Selina die einzigen unverkleideten Gäste – vielleicht, weil sie in ihrer Freizeit keine Lust mehr auf Verstellung haben, vielleicht aber auch, weil ihre Alter Egos Batman und Catwoman nicht Verkleidungen, sondern ihre wahren Identitäten sind."[457]

Oder gibt es bei Superhelden sogar eine dritte Identitätsfacette? Diese Vorstellung formuliert Ole Frahm, da die Identität Supermans nicht klar ausgewiesen werden könne:

> "Deshalb darf Superman auch nicht als 'wahre Identität' von Clark Kent verstanden werden, und Clark Kent nicht als 'Maske' von Superman. *Beide* sind Masken."[458]

Frahm bezieht sich aber ausschließlich auf die intermedialen Erscheinungsformen der Figur in Comic und Radiosendungen der 1940er Jahre – in der konkret vorliegenden Filmhandlung von *Superman* erfährt das Spiel mit Identität und Doppelidentität keine gravierende Problematisierung.[459]

Allgemeingültige Kategorien können für die Maske des Comic-Superhelden nicht installiert werden, da die individuell ausgeprägten Funktionen der Superheldenmaske – wie an *Batman* demonstriert – intrafilmisch narrativ, dramaturgisch und kompositorisch unvereinbar sind. Sie sind zugleich Subgenreübergreifend disparat, da keine Variationen derselben Maskenfunktion (Maske als externes Objekt, Maske als Manifestation einer Identitätsstörung, Maske als wahre Identität) auftreten. Jede Figur weist ihre individuellen Zugangsformen zur Maske und zum Kostüm auf. Bruce Banner trägt weder eine materielle Maske, noch Make-up – sein Gesicht bleibt

---

[457] Ebd.
[458] Frahm: *Wer ist Superman?*, 2005, S. 44.
[459] Aber auch Superman besitzt eine Achillesferse: Wenn er sich seiner Angebeteten nähert, verleugnet er die Existenz von Clark, obwohl er sich selbst dazu verpflichtet, jederzeit die Wahrheit zu sagen.

auch nach der Transformation in den Hulk sein Gesicht. Da keine externe Objekt-Maske seine bürgerliche Identität verhüllt, entfällt zusätzlich das dramaturgische Moment der Demaskierung. Hulk behält seine gesamte Ausdruckskraft bei vollständiger Mimik, ähnlich wie der Joker mit seiner Schminkmaske. Hulks Maskenkonzept steht wiederum konträr zu Daredevil, dessen Kopfmaske durch gekräuselte Augenbrauen ein grimmiges, starres, letztlich ausdrucksloses Antlitz formt. Da sie den Gesichtskonturen von Matt angepasst ist, kommt ihr eher die Rolle einer Verdoppelung des Gesichts zu. Daredevils und Spider-Mans verspiegelte Augenpartien reflektieren das Gegenüber, bieten aber – abweichend von Hulk, Batman und Superman – selber keine Angriffsfläche bzw. keinen Zugang zu ihrem Seelenleben.

Während Superman und Spider-Man ansatzweise mit den Themen der Selbst-Bewahrung und Selbst-Auflösung spielen, indem sie ihre Masken als reines Arbeitsinstrument einsetzen, problematisieren Hulk, Daredevil und Batman sie auf unterschiedlich gestaffelte Weise. Diese drei Figuren sind gefangen in instabilen psychopathologischen Identitätsmustern, die eine Nichtintegrierbarkeit in die soziale Gemeinschaft zu intensivieren scheinen. Wie das Beispiel *Batman* demonstriert, sind die Filme selbst uneins bezüglich des Identitätsthemas, oszillieren zwischen dem unproblematisierten Verhüllungsobjekt zur Tarnung und dem problematisierten Enthüllungssymbol.

Als erweiterte Verhüllungsstrategie lässt sich das Kostüm bestimmen, das in einer polyvalenten Funktion auf die Bewahrung der geheimen Privatidentität des Superhelden, auf einen Schutzmechanismus in handgreiflichen Kämpfen und zugleich auf eine gewisse Ikonizität abzielt, nämlich den Superhelden als solchen für den Zuschauer zu identifizieren. Das Kostüm muss dabei nicht bewusst angelegt werden, wie Superman und Spider-Man belegen, die es bereits unter ihrer Alltagskleidung tragen.[460] Die Kostüme unterstützen in Funktionalität und Design die entsprechenden Superkräf-

---

[460] Vgl. z.B. Irene Salzmann: *Super- und andere Helden*, 2003.

te oder betonen eng anliegend bestimmte anatomische Überzeichnungen des muskulösen, athletischen Superheldenleibes. Optische Anleihen finden sich vor allem für Superman und Batman sowohl in bunten Zirkus- und Ringertrikotagen der 1930er Jahre als auch in den schwarzen Gewändern eines Zorro. Eine eindeutig signifikante Verwandtschaft der (amerikanischen) Superheldenkostüme mit dem (europäischen) mythischen Heros Herakles ist augenscheinlich:

> "Die neuen Helden trugen ein farbenfrohes Trikot, mit oder ohne Maske und Cape, als eine Art Markenzeichen wie einst Herakles seine Löwenhaut."[461]

Das eindrückliche Bild des muskulösen heroischen Kämpfers mit dem Löwenfell über den Schultern scheint sich ins kollektive Gedächtnis gebrannt zu haben.[462] Ein dem Löwenfell vergleichbares Cape tragen indes – bezogen auf die untersuchten Filme – ausschließlich Superman und Batman, die ältesten Figuren aus der Riege der Comicsuperhelden. Die Comiczeichner der "Silverage-Helden" verzichteten ab den 1960er Jahren auf wehende Umhänge.[463]

---

[461] Ofenloch: *Mit der Kamera gezeichnet*, 2007, S. 60.
[462] US-Spielfilme scheinen sich zur Gestaltung ihrer Figuren wiederholt am Gewand des Herakles zu orientieren. In der Fantasysaga *Die Chroniken von Narnia – Der König von Narnia* (USA 2005, Andrew Adamson) trägt die Figur der Weißen Hexe ein authentisch wirkendes Löwenfell um die Schultern und einen stilisierten goldenen Löwen-Oberkiefer als Kopfschmuck.
[463] Eine Ausnahme bildet die 1992 von Todd McFarlane entwickelte Figur Spawn, deren Cape sogar lebendig ist. Der Comic wurde 1997 verfilmt: USA, Mark A.Z. Dippé.

10.
Der Comic-Superheld: Doppelgänger – Wiedergänger

Das Doppelgängermotiv dient in vielerlei Variation als Inspirationsquelle für Autoren und Zeichner von Superheldencomics. Insbesondere aus dem stofflichen Umfeld des klassischen Schauerromans und der Gothic Novel fließt das Motiv in die künstlerischen Arbeiten ein. Der temporäre physische Wechsel zwischen Alter Ego und Secret Identity in der Figur Hulk deutet – neben der von Stan Lee explizierten Inspirationsquelle *Frankenstein* (Mary Shelley, 1818) – auf die aus Robert Louis Stevensons Roman *The strange Case of Dr. Jekyll and Mr. Hyde* (1886) bekannte Kreatur Mr. Hyde. In Kombination sind beide Figuren Opfer eines missglückten Experiments.

Der Grund für die Adaption bekannter literarischer Gruselgestalten kann in deren Wirkung intensiver Emotionen ausgemacht werden. *Frankensteins* Untertitel *Der moderne Prometheus* assoziiert eine Geschichte quasi-mythischen Ausmaßes, der "seltsame Fall" des Dr. Jekyll bringt das fantastische Element in den Motivpool ein. Da wiederum die Verfilmungen die Figurenkonstellation der Comicvorlagen adaptieren und zusätzlich signifikante ästhetische Bildcodes aus dem Horrorgenre integrieren, entsteht ein nicht endender und nicht auflösbarer Zirkel aus Adaptionen, intermedialen Verweisen und genreübergreifenden Anspielungen.

Ang Lees filmische Neudeutung fügt der Hulk-Figur eine weitere Facette hinzu, indem sie ihr einen Antagonisten entgegenstellt, der einen sich über die Grenzen der Evolution hinwegsetzenden Dr.-Frankenstein-Wissenschaftler verkörpert. Zusätzlich schürt er als Schöpfer-Vater des Protagonisten den dramatischen Konflikt. Eine bewusst herbeigeführte "Erschaffung" der Kind-Kreatur von Seiten eines Schöpfer-Vaters wie in *Frankenstein* findet hingegen nicht statt. In der Tradition poetischer Gerechtigkeit siegt in *Hulk* das bedauernswerte Kreaturwesen über seinen moralisch verkommenen Schöpfer-Vater.

Dass Comic-Superheldenfilme Bildgestaltung und Erzählung eng miteinander verweben, zeigt sich am Spiegel-Motiv, welches sie wiederkehrend mit dem Doppelgängermotiv verbinden. Gerade die effektvolle Verdoppelung des Erkennens macht den Thrill einer im bzw. über das Spiegelbild vervielfachten Filmfigur aus: Da der Zuschauer in einer konventionellen Kameraeinstellung des *Continuity System* simultan über die Schulter der Filmfigur in denselben Spiegel blickt wie diese selbst, vergrößert sich der Schrecken (oder die Überraschung) über die Konfrontation mit dem "anderen Ich".[464]

In *Hulk* dient der symbolische Spiegelblick zur Seelen-Inquisition des Protagonisten. Die erste Einstellung des erwachsenen Bruce zeigt ihn vor einem beschlagenen Spiegel. Etwas Grünes in seinem Auge zuckt und regt sich (Sequenz 2). Als Hulk bewusstlos in die Bucht von San Francisco stürzt, wiederholt sich diese Einstellung. Im freien Fall aus extremer Höhe halluziniert Bruce, wie er den beschlagenen Spiegel frei wischt und auf der anderen Seite den Hulk erblickt. Der Zuschauer blickt dabei abwechselnd über die Schulter der vor bzw. hinter der Spiegelfläche stehenden Figur, was ihn in die Position versetzt, sinnbildlich beide Seiten der Figur wahrzunehmen. Obgleich Bruce hinter seinem Spiegelbild das Fremde erblickt, erfährt er erst dadurch Ganzheit. Unmittelbar nach diesem innehaltenden, fast poetischen Bild der Entdeckung des anderen Selbst, durchstößt Hulk den Spiegel als Ausdruck der psychischen Grenze, greift nach Bruce und reißt ihn mit sich in den Abgrund (Sequenz 16).

Seine Funktion der auf die Doppelidentität der Heldenfigur abzielenden Vervielfältigung kann der Spiegel mitunter etwas subtiler veranschaulichen. In *Spider-Man* sieht der Zuschauer den späteren Superhelden zuerst im Außenspiegel eines Schulbusses – und zudem in einem Fortbewegungsmodus, den er als Spider-Man kaum mehr ausführen wird: laufend (Sequenz 1). Unmittelbar nach Peters phy-

---

[464] Siehe z.B. Herget: *Spiegelbilder*, 2009.

sischer Initiation verrät sein irritierter Blick in einen Spiegel die körperliche Veränderung – eine Szene, die in Bezug auf seinen Widersacher Norman wiederholt wird (Sequenzen 4, 5 und 9).
Auffällig oft bezeichnet das Spiegelbild die seelische Verfassung des Antagonisten, dem eine Spannbreite unterschiedlicher Ausformungen und Manifestationen pathogener Identitätsdissonanzen zugeordnet werden. Denn die duale Identität reduziert sich nicht auf die Figur des Comic-Superhelden per se, auch der Gegenspieler spaltet sich in *Batman* und *Spider-Man* in mehrere Persönlichkeitsebenen. Folglich offenbaren diese beiden Filme vermehrt eine in Auflösung begriffene Identität des Antagonisten, dessen Position als Bösewicht sie durch moralisch eindeutig verwerfliche Handlungsweisen wie das mutwillige Verletzen und Töten Unschuldiger untermauern. Nur der Kingpin aus *Daredevil* ist ähnlich eindimensional gestaltet wie Lex Luthor aus *Superman*.
Eine der ersten Einstellungen in *Batman* zeigt den späteren Joker als eitlen Pfau sich selbst bewundernd vor einem Spiegel. Nachdem er sich im schmierigen Hinterzimmer eines Arztes einer notdürftigen "Wiederherstellung" seines Gesichts unterzogen hat, betrachtet sich Jack wiederum im Spiegel – und zerbricht unter wahnsinnigem Gelächter das Symbol seiner zersplitterten Identität (Sequenz 6). Allerdings nur, um danach mit seiner neuen Identität vor einem neuen Spiegel in seinem alten Arbeitszimmer zu stehen – und sich zu bewundern. In *Spider-Man* wird der Zuschauer Zeuge des Identitätszerfalls von Norman Osborn, der in einem in einem raumhohen Spiegel sein anderes, abgespaltenes "Ich" erblickt (Sequenz 8).

Batman-Regisseur Tim Burton übersetzt zudem das Motiv des Spiegels in ein Bauprinzip auf der Montage-Ebene. Die in einer Topik-Reihe wahrnehmbaren Spiegelszenen versieht er mit kontrastierender Bedeutung.

Beispiele:
- Sequenzen 1 und 14: Gangster schießt auf Batman – Joker schießt auf Bruce

- Sequenzen 2 und 11: Jack vor dem Spiegel mit Alicia – Joker vor dem Spiegel mit Alicia
- Sequenzen 3 und 8: Grissom und Jack ("Du bist meine Nr.1") – Jack und Bob ("Du bist meine Nr.1")
- Sequenzen 4 und 13: Bruce vor seiner Abhöranlage – Batman vor seiner Abhöranlage
- In Sequenz 5 hängt Jack an der Hand Batmans über einem Abgrund, kann sich nicht halten. In Sequenz 19 hängt er wiederum über einem Abgrund, muss loslassen.

Eine sich nun anschließende Frage, mit welchen konkreten stilistischen Mitteln eine Visualisierung der genannten figurenkonstituierenden Parameter erfolgt, drohte, sich in einer schier endlosen Aufschlüsselung audiovisueller und filmästhetischer Darstellungsmittel bzw. deren Verflechtungen zu ergehen. Die folgenden Ausführungen konzentrieren sich daher auf die Inszenierung des Comic-Superhelden und seiner Doppelidentität, die als essentielles Signum seiner spezifischen Erzählstrategie aufgefasst werden kann. Um eine redundante Wiederholung zu vermeiden, wird die Bemerkung vorangestellt, dass alle untersuchten Comic-Superheldenfilme zielgerichtet visuelle Effekte einsetzen, die zur Verdichtung der Illusion dienen und emotionale Nähe zu ihren Filmfiguren aufbauen wie Erinnerungsrückblenden, Visionen und Träume. Gestaltungsstrategien der Para-Proxemik kommen in mehreren Ausformungen zur Anwendung. So vermitteln Groß- und Nahaufnahmen vom Gesicht des Filmhelden physische Nähe und im Endeffekt emotionale Nähe zu ihm. Point-of-View-Einstellungen etablieren zugleich Intimität und ungewohnte Wahrnehmungsperspektiven, indem sie den Zuschauer "durch die Augen" des Helden sehen lassen.
Um die Blickachse zwischen Publikum und Kameraauge nicht zu durchbrechen, was zur Aufhebung der Kohärenz des fiktiven Raumes führen würde, blicken Schauspieler leicht schräg an der Kamera vorbei. Auf diese Weise wird eine Selbstreflexion des Mediums verhindert und der dramatische Konflikt vollständig in der fiktiven Handlung belassen. Spider-Man, Hulk und Daredevil durchbrechen

allerdings diese Regel, da sie in der letzten Einstellung den Blick des Zuschauers in einem Akt der Face-to-Face-Ansprache zu erwidern scheinen, um darüber einen besonders nachdrücklichen Impuls der raumzeitlichen wie der emotional aufgeladenen Nähe zur Filmfigur zu hinterlassen.

10.1
Superman – Der Allmächtige im Gewand des biederen Jedermann

Obwohl Superman in Form eines Dreifach-Individuums auftritt – geboren als *Kal-El*, aufgewachsen mit künstlicher Biografie als *Clark Kent*, in die Öffentlichkeit getreten als *Superman* – trägt er keine inneren Konflikte aus. Er behält ein authentisches Selbst, weil er an einem festen Wertekosmos orientiert ist. Supermans Motto ist es, den Menschen zu dienen und "für Wahrheit, Gerechtigkeit und die Würde des Menschen zu kämpfen".[465] Gerade um solche patriotischen Dynamiken nicht bis zum Letzten auszuspielen oder als Fläche für Eindimensionalität bereitzustellen, durchwebt die Filmerzählung eine konzeptionelle Entscheidung für eine selbstironische Haltung *beider* Figurenidentitäten gegenüber, ohne sie der Lächerlichkeit preiszugeben.

Der Bruch zwischen dem überangepassten Clark und dem souveränen Superman ist gravierend, denn Superman spielt weniger mit seinem Heldenimage als mit seiner vorgetäuschten Normalität, zum Beispiel in der Szene, als Clark und Lois überfallen werden, Clark vermeintlich ohnmächtig wird und sich verstohlen darüber amüsiert (Sequenz 10).

Die von Superman erfundene Identität des Zeitungsreporters Clark Kent hat kaum mehr etwas mit dem ernsthaften, nachdenklichen Halbwüchsigen des Mittleren Westens zu tun. Er ist als vorbildlicher, biederer Durchschnittsbürger angelegt, um in der Masse Mensch unterzugehen.

---

[465] Statt "Würde des Menschen" lautet das Original "the american way"; für diesen Begriff existiert keine adäquate Übertragung in andere Sprachen.

Abb. 15:
Der biedere Jedermann

Seine überdimensionierte Hornbrille rutscht ihm kontinuierlich von der Nase, wodurch er den Eindruck eines sympathischen aber nicht ernstzunehmenden Niemand vermittelt. Eine gehemmte bis leicht devote Gestik lässt Clark betont harmlos erscheinen (Abb. 15). Umso spektakulärer ist seine Verwandlung in sein eigentliches Ich, den Superhelden; ein vergleichbares Konzept der Helden-Ironisierung verfolgt *Spider-Man*. Da Superman sein signifikantes Kostüm stets unter seiner Straßenkleidung trägt, betreibt er analog zu Spider-Man keine Verhüllung, sondern eine Enthüllung. Aber auch die erste und für die Figurenkonstitution gravierendste Transformation in den Superhelden findet nicht ohne humorvollen Unterton statt: Während sich Superman in der Comicvorlage bevorzugt in Telefonzellen umzieht, weil diese im öffentlichen Raum stehen, abgeschlossen sind und genug Platz für eine Person bieten, kommt er im Film an einer modernen halbhohen und komplett offenen Sprechsäule vorbei, ist sichtlich irritiert und läuft weiter. Er benutzt stattdessen eine Drehtür, um sich umzuziehen (Sequenz 15). Allerdings

Abb. 16:
Der strahlende Superman

muss der Zuschauer bis zur Mitte des Films warten, um Superman zum ersten Mal in Aktion zu erleben.

Superman entspricht dem idealtypischen amerikanischen, protestantischen Helden: groß, weiß, mutig und edel, mit stolz geschwellter Brust und siegessicher nach vorn gerichtetem Blick (Abb. 16). Indes ist er, trotz seiner Lesart als göttlicher Abkömmling, mehr drahtig als übertrieben muskulös, und damit relativ "menschlich".

Superman genießt es, der Warnung seines Vaters vor Eitelkeit zum Trotz, die urbane Gemeinschaft von Metropolis von gewalttätigen Störungen zu befreien und private Vermögensinteressen zu vertreten, indem er Bankräuber zur Strecke bringt – sein Anliegen ist die Menschheit selbst. Infolgedessen bewahrt er Züge vor dem Entgleisen, verhindert den Absturz der Air Force One und zerstört eine außer Kontrolle geratene Rakete. Er vermag es sogar, die Zeit zurückzudrehen und dergestalt in das Schicksal einzugreifen – eine Fähigkeit, die ihn noch über den mythischen Heros hinaushebt. Doch wenn Superman am Ende in die Vergangenheit reist, um seine Geliebte aus dem Totenreich zurückzuholen, siegt auch bei ihm das individuelle Glücksstreben – trotz seiner Unsterblichkeit.

Zudem trägt er seinen korrekten Knigge auch in die Verbrechensbekämpfung hinein, begrüßt Einbrecher, die er auf frischer Tat erwischt, höflich mit "Guten Abend". Aber er begegnet riskanten Situationen durchaus auch mit Coolness, weil er weiß, dass er unverwundbar ist. So entgegnet er einem Halunken, der ihn mit einer Eisenstange von hinten auf den Kopf schlägt, wobei die Stange am Kopf abprallt: "Böse Schwingungen?" (Beides: Sequenz 13) Bei einem Rendezvous mit seiner Kollegin Lois bietet sie ihm ein Glas Wein an, welches er mit den Worten ablehnt: "Nein danke, ich trinke nie, wenn ich fliege", was jedoch kein törichter Kommentar, sondern ernst gemeint ist und gerade deswegen zum Schmunzeln anregt (Sequenz 15).

In der Figurenspaltung Supermans in einen souveränen Bezwinger von Naturkatastrophen und Nuklearwaffen auf der einen und einen bemitleidenswerten Niemand auf der anderen Seite liegt bereits die dramatische Tragik verborgen. Denn Kal-El – der illegal Immigrierte – könnte in seiner selbst gewählten Secret Identity niemals Held sein, da er es den anderen, allen voran Lois, "nicht beweisen" kann. In diesem Punkt gehen alle untersuchten Comic-Superheldenfiguren überein: Sie müssen zwingend die Öffentlichkeit herstellen, um als Helden wahrgenommen zu werden

Ein gewichtiger Faktor zur humoresken Gestaltung der Handlung einerseits und zur Wirkungsintensivierung des Helden andererseits liegt auf der Vorführung des Schurken Lex Luthor als einen von Dilettanten umgebenen Möchtegernbösewicht. Der Eindruck einer Karikatur wird intensiviert durch zwei unfähige Helfer, die ihren Anführer mittels eigenen Ungeschicks wiederholt zum Hans Wurst degradieren. Die Öffentlichkeit tritt – nicht allein bei *Superman*, sondern ebenfalls bei *Spider-Man* und *Daredevil* – im Meinungsbildenden Organ der Presse in Erscheinung. Sie erstellt zumeist negative Images der Superhelden.[466]

10.2
Batman – Der dunkle Rächer

Batman greift Voglers Vorstellung auf, dass Pro- und Antagonist zwei Seiten derselben Persönlichkeit darstellen. Demzufolge findet nicht nur eine Spaltung innerhalb der Superheldenfigur statt, sondern auch eine partielle Abspaltung in ein externes Double; Tim Burton inszeniert Pro- und Antagonist als Spiegelfiguren des jeweils anderen. Geoff Klock, der sich literaturkritisch mit Superhelden-Comics auseinandersetzt, erläutert den signifikanten Aspekt der Protagonist-Antagonist-Antinomie bei Batman, der mit Einschränkungen auch auf weitere Superhelden übertragen werden kann:

---

[466] Spider-Man führt die Vermarktungsstrategien der Medien dahingehend ad absurdum, als er selbst für Fotomaterial von sich sorgt, um so ein positives Image von sich zu kreieren.

"Every major member of the villain's gallery operates as a kind of reflection of some aspect of Batman's personality or role so that an understanding of one of the villains always sheds light on Batman himself."[467]

Die Diskrepanz beider innerlichen Persönlichkeitsfacetten von Bruce Wayne/Batman ist von Beginn des Films an evident: Während Batman bereits die erste Sequenz dominiert und in einem pointierten Wiederauferstehungsakt die Filmhandlung einleitet, dreht dessen Zividentität dem Zuschauer den Rücken zu, muss von Vicky erst "wachgeklopft" werden (Sequenz 4).

Abb. 17:
Batmans Kostüm

Batmans erste Erscheinung zeigt ihn in extremer Aufsicht als davonhuschendes Schattenwesen. Danach fängt ihn die Kamera – bis zur Mitte des Films – aus leichter Untersicht ein, setzt ihn wiederholt mit ausgebreiteten Flügeln im Gegenlicht in Szene, damit er größer, eindrucksvoller wirkt (besonders Sequenzen 1 und 12). Mit dieser Kameraeinstellung behauptet und kreiert Burton eine an

---

[467] Geoff Klock: *How to Read Superhero Comics and Why*, 2002, S. 35. Zwei weitere Spiegelfiguren sind die weiblichen Nebenfiguren Vicky und Alicia, die ihr optisches Pendant in der jeweils langmähnigen Blondine finden.

Ernsthaftigkeit interessierte Neuinterpretation der Superheldenfigur. Da sich die Verfilmung einer ernsthaften Auseinandersetzung mit dem Trauma des Superhelden verpflichtet, entfällt weitestgehend eine ironisierende Interpretationsebene.[468] Nur in der Szene, da er sich Vicky zu offenbaren versucht, blitzt durch sein hilfloses Gestammel eine Spur Komik auf – aber hier lediglich in der Rolle der Privatidentität Bruce Wayne (Sequenz 14).

Der kommunikationsarme und sozial inkompatible Exzentriker Bruce offenbart in bizarren Momenten seine gespaltene Persönlichkeit, etwa indem er nachts Kopfüber an einem Turnreck hängt und schläft (Sequenz 7), "noch nie" in seinem Speisesaal war (Sequenz 6) oder in der Bathöhle vor einem mehrstöckigen Arrangement aus Überwachungsmonitoren, Aufnahme- und Fernsehgeräten thront (Sequenz 13 und 16). Insbesondere letztere Arrangements erinnern stark an innerlich zerrissene Gruselgestalten der Weltliteratur, erklärte Lieblingsgestalten des Regisseurs:

> "Ich mag *Die Schöne und das Biest*, *Das Phantom der Oper* – diese Themen, die Batman eigentlich sehr nahe kommen, [...] einem menschlichen Wesen, das sich als Fledermaus verkleidet."[469]

Sein Kostüm, das in Lebensgröße in einem Schrank steht, greift die die vorab eingeführten antiken "Rüstungen aus aller Welt", die in Waynes Waffenkammer stehen, motivisch wieder auf (Abb. 17).

Doch das Anlegen der Rüstung zeigt der Film lediglich als Collage ausgewählter Handlungsabläufe wie das Schließen der Gürtelschnalle in verschiedenen Perspektiven und Einstellungsgrößen. Dies verhindert weitgehend eine Einfühlung in die Transformation des Helden und intensiviert die Heroisierungsstrategie des Films. Batman geht mit seinem Kostüm eine Art körperliche Symbiose ein. Da die unbewegliche Kopfmaske starr mit seinem Torso-Anzug verbunden

---

[468] Burton hob sich das Spiel um Ironisierung und Mystifizierung für seine Fortsetzung *Batman Returns* (USA 1992) auf, die auf der anderen Seite noch düsterer ausgefallen ist. Indem Batman mehrere gleichartige Kostüme, Masken und Stiefel im Schrank hängen hat – eine ähnliche Szene greift *Spider-Man 2* (USA 2004, Sam Raimi) auf – gerät er zur selbstironischen Vervielfachung seines Selbst.

[469] Tim Burton, http://www.batmans.de/batman-chronik.html (Zugriff am 13.08.2014).

ist, kann Batman seinen Kopf nicht drehen. Er muss den gesamten Körper der Gefahrenquelle zudrehen, was einerseits seinen Bewegungsmodus enorm einschränkt, andererseits seine für das Inszenierungskonzept des Films bedeutsamen statuarischen Auftritte erst ermöglicht.

Ein charakteristisches Beleuchtungssystem unterstreicht den beabsichtigten geheimnisvollen Aspekt der Figur, indem wiederholt punktuell gesetzte Lichter auf Batmans Augen fallen. Drehbuchautor Sam Hamm begründet die Entscheidung des künstlerischen Teams, gerade diesen Interpretationsansatz zu verfolgen, mit der Intention, die ursprünglichen Absichten von Bob Kane aufzugreifen:

> "Wir fanden, dass diese Version uns am ehesten Zugang zu der Geschichte verschaffte, die wir erzählen wollten: dunkel und geheimnisvoll zu werden, was hieß, zurück zu den Wurzeln der Figur zu gehen."[470]

Batmans Gegner und Erzfeind ist der Joker, der das personifizierte Böse in der Maske des Clowns repräsentiert.[471] Er kehrt aus dem Jenseits zurück und diagnostiziert selbstreflexiv:

> "Ich bin schon tot gewesen. Es ist irgendwie befreiend. Du solltest es als eine Art Therapie verstehen." (Sequenz 9)

Der Joker verkörpert damit das furchteinflößende Urbild des Wiedergängers, der den Tod bringt; konsequenterweise hört selbst nach dessen leiblichen Zerstörung sein groteskes Lachen nicht auf. Bereits vor der Transformation in den Todesclown kokettiert er mit der Unterwelt, eine zynische Frage, die er "seine Beute" zu fragen pflegt, lautet "Hast du je im blassen Mondlicht mit dem Teufel getanzt?" (Sequenzen 14, 16 und 19).

Wie sehr Batman und der Joker einander bedingen, demonstriert der kurze Dialog zwischen beiden in Sequenz 19, während des Showdowns im Glockenturm der Kathedrale:

---

[470] Ebd.
[471] Die Gestaltung des Joker wurde maßgeblich inspiriert vom deutschen Stummfilm *Der Mann, der lachte* (1928, Paul Leni), das Psychologisierungskonzept orientiert sich an Alan Moores Graphic Novel *The Killing Joke* (1988). Vgl. *Film-Konzepte* Band 6, 2007, S. 38 oder den Audiokommentar des Regisseurs Tim Burton in: *Batman*, Special Edition, Disc 2.

Batman: "Ich muss dich töten!"
Joker: "Du Idiot. Du hast mich geboren! Du hast mich in den Bottich mit den Chemikalien geworfen."
Batman: "Du hast meine Eltern getötet. Ich bin dein Produkt und du bist mein Produkt."

Während in der Originalfassung des Films der letzte Satz Batmans "I made you. But you made me first" lautet und so die Vergeltung übende Reaktion des Protagonisten akzentuiert (und auf diese Weise der Aspekt des subjektiven Rächers in die Figur Batman hineinspielt), übersetzt die deutsche Fassung den Satz sinngemäß in das abstrakte Resultat eines Prozesses, von dem beide Teilnehmer nicht mehr rekonstruieren, wer ihn einst begonnen hat. Beiden Versionen liegt indes eine Aura der aktiven Erschaffung des jeweils anderen zugrunde, die ohne Intervention eines opaken, externen Schicksals vonstatten geht. Welche Gesetzes-, Rechts- oder Vorbildalternative sollte Batman also zum Joker bieten können? Seine "Lösung" ist nicht weniger gewalttätig und für die Gesellschaft somit nicht weniger problematisch.

10.3
Daredevil – Die Gerechtigkeit, die im Dunkel sieht

Regisseur Johnson setzt seine Hauptfigur als ernsten, grimmigen Helden und ohne ironisierende Untertöne in Szene. Da Daredevil bereits in der Comicvorlage als von Einsamkeit, Rachsucht und Hoffnungslosigkeit zermürbter Charakter auftritt, überrascht die konzeptionelle Entscheidung für eine düstere, die Ambivalenz der Figur herausstellende Interpretation – ähnlich wie bei *Batman* – nicht.

Daredevil bezeichnet sich selbst als "Gerechtigkeit", weil deren Personifikation Justitia ebenfalls blind in Erscheinung trete, worauf hinzuweisen er nicht müde wird. Als Anspielung auf das Horrorgenre besitzt der Superheld ein bizarres Möbel: einen Wasser-Sarkophag, den er als Schlafstätte gebraucht. Das mannsgroße Behältnis mit Deckel aktiviert Assoziationen des filmischen Nosferatu- bzw. Dracula-Mythos (Sequenz 7).

Da sich seine optischen Fähigkeiten bei Dunkelheit multiplizieren, kombiniert das Regieteam diese per figurationem vorgegebene Nachtaktivität mit einem Beleuchtungskonzept, das nicht nur eine Atmosphäre permanenter Bedrohung aufbaut, sondern das Dilemma des Helden veranschaulicht, als Anwalt zugleich dem institutionell verorteten Gesetz zu dienen und als Daredevil sein individuelles Recht aufzustellen. Dass Matt Murdock Rechtsanwalt, Richter und Henker in Personalunion darstellt, ist ein intendierter gestalterischer Widerspruch der Figur, der irritiert und für Konfliktpotential sorgt (Abb. 18). Während Matt als Anwalt dazu verpflichtet ist, gewaltlos zu Lösungen zu gelangen, setzt er nachts auf Lynchjustiz, weil das juristische System, für welches er tätig ist, seiner Meinung nach keine die Gesellschaft stabilisierende Gerechtigkeit unterstützt. Als Superheld agiert er gewaltsamer als alle anderen in dieser Studie untersuchten Superhelden, so zertrümmert er seinem Widersacher Kingpin beide Knie oder lässt einen (freigesprochenen, aber schuldigen) Vergewaltiger von der U-Bahn überrollen (Sequenz 6).

Das Mantra "Ich bin nicht der Böse" reflektiert Daredevils innerste Überzeugung; eine gewaltlose Auflösung der Gewaltspirale kann es für ihn nicht geben. Es ist daher an seinem Widersacher, ihn und den Zuschauer darauf hinweisen, das "niemand unschuldig" sei (Sequenz 12). Eders Kriterium der "moralischen Eindeutigkeit", die er für den Mainstreamhelden angewendet sieht, unterwandert Daredevil somit am offenkundigsten. Eine Backstorywound ist konstituierender Bestandteil seiner Figurenkonstruktion. Präziser formuliert sind es gleich drei ineinander greifende Traumata, womit Daredevil die Forderungen nach einem psychischen Defekt und damit korrelierenden Charakterschwächen übererfüllt: die Absenz der Mutter, der zur Erblindung führende Unfall, der gewaltsame Tod des Vaters.

Daredevils innere Zerrissenheit offenbart sich in den Momenten, in denen er – in Selbstgesprächen versunken – seine Gewaltexzesse zu legitimieren versucht (Sequenz 10, wieder aufgenommen in Sequenz 19). Sie manifestiert sich überdies physisch: Sein Rücken ist durch Narben entstellt, sein Körper mit Hämatomen übersät, einen im Kampf lose geschlagenen Zahn bricht er sich aus dem Mund. Sein Medikamentenschrank ist voll von verschreibungspflichtigen Schmerzmitteln: Darvon, Percocet, Vicodin, die er nach seinen nächtlichen Einsätzen apathisch kaut (Sequenz 5).[472]

Abb. 18:
Daredevil in Kampfmontur

Die Superheldenfigur ruft über auffällige Bildcodes Assoziationen an heterogene Wertesysteme hervor. So rückt eine Marien-Ikone, die blutige Tränen zu weinen scheint, sie in die assoziative Nähe eines christlichen Märtyrers (Sequenz 4). Der bereits im Abschnitt über die Inszenierung konstatierte christlich-religiöse Motivkontext greift aus auf die Biographie des Helden. Seine Herkunft aus dem New Yorker Stadtteil *Hell's Kitchen* deutet – zusätzlich zu seinem Vater,

---

[472] Darvon ist ein Analgetikum der Opium-Kategorie und starkes Schmerzmittel. Percocet gehört zur Arzneimittelgruppe der betäubenden Schmerzlinderer, hat ähnliche abhängig machende Effekte wie Morphin oder Heroin und wird daher oft als Droge missbraucht. Vicodin ist ein Schmerzmittel und wird gewöhnlich nach operativen Eingriffen verschrieben.

der als Boxer den Beinamen "The Devil" trägt – auf eine künftige Existenzform als Dare*devil*; die Rahmenhandlung des Films spielt in einer Kirche, auf geheiligtem Boden, seine Vertrauensperson ist ein katholischer Priester. Nichtsdestoweniger ist Matts Geliebte Elektra namentlich eine Figur eines griechischen Mythos und aufgrund der ostentativ ausgestellten Gewalttätigkeit des Helden ist er von einer Erlöser-Interpretation weit entfernt: keine untadelige charakterliche Disposition, kein Eingebundensein in einen gesellschaftlich legitimierten Moralkodex wie Superman.

10.4
Hulk – Das Grauen hinter verschlossenen Türen

Mit Hulk scheint sich Ang Lee an seinen eigenen künstlerischen Standards zu orientieren, die Matthias Bauer zusammenfasst:

> "Der typische Ang-Lee-Protagonist ist ein von sich selbst, das heißt: von seinem Über-Ich gehemmter Anti-Held, dem es schwer fällt, seine wahren Gefühle zu zeigen, geschweige denn exzessiv auszuleben."[473]

Auch Bruce Banner versucht, sein chaotisches Inneres zu unterdrücken, lebt es aber temporär in der Zerstörungsmaschine Hulk aus. Das Doppelgängermotiv besitzt für diese Superheldenfigur eine besonders ausgeprägte tiefenpsychologische Komponente, da der Hulk das freigesetzte, destruktive Es bezeichnet. Bruce Banner ist zwar der Abspaltung hilflos ausgeliefert, "genießt" es aber, als Hulk "die Kontrolle zu verlieren".[474] Es sei wie ein "Traum von rasender Wut, Kraft und absoluter Freiheit", worin er unterdrückte Emotionen vordergründig zu kompensieren vermag (Sequenz 11).

In gleichem Maße wie seine literarischen Vorbilder, das Monster aus *Frankenstein* und Mr. Hyde, erlebt Bruce die (vom potentiellen Schwiegervater persönlich motivierte) Jagd auf ihn als ungerechtfertigt, gesellschaftlicher Respekt bleibt ihm aufgrund seiner destruktiven Ausbrüche verwehrt. Es greift allerdings zu kurz, ihn als

---

[473] Bauer: *Don't Say Yes to Another Excess*, 2007, S. 86.
[474] Auf dem Cover des ersten Comic books der Figur Hulk ist zu lesen "Is he man or monster ... or is he both?". Zu sehen auf einer Abbildung in: DeFalco/Löffler: *Hulk*, 2003, S. 28.

"schizophrenes Mischwesen"[475] zu beschreiben, da eine psychopathologische Bewusstseinsspaltung von der Inszenierung nicht intendiert ist. Auch auf eine Projektionsfläche für eine neue, künstliche Existenzform, die sowohl biologisches als auch technisches Wesen ist, nimmt die Figurengestaltung wenig Bezug. Eine bewusst herbeigeführte "Erschaffung" der Kind-Kreatur von Seiten des frankensteinschen Schöpfer-Vaters findet nicht statt. Bruce wird auf natürlichem Weg gezeugt und geboren – der dem Mythos des künstlichen Menschen eignende willentliche Schöpfungsakt einer Kreatur schließt sich also aus.

Hulks Körperkonturen sind entgegen stereotypisierter Erwartungen an ein Monster harmonisch rundlich, er weist mit großen Augen und Stupsnase sogar Attribute des Kindchenschemas auf. Damit übererfüllt er geradezu das geforderte Identifikationspotenzial, bricht aber zugleich mit dem von Lee avisierten Horrorgenre (Abb. 19). Der inflationäre Einsatz extremer Nahaufnahmen von Eric Banas Gesicht dient dazu, über nuancierte mimetische Regungen des Darstellers Sympathie mit der Filmfigur hervorrufen. Um einen Wiedererkennungs- und Identifikationsfaktor zu garantieren, erhielt die Computerfigur die Gesichtszüge des Hauptdarstellers.

Unterstützend akzentuieren audiovisuelle Gestaltungsmittel wie Träume, Visionen etc. die Interpretation der Seele als bodenloser Abgrund. (Selbst)Analytische Rückblenden in die dunkelsten Winkel der Psyche des Protagonisten begründen dessen destruktives Verhalten und öffnen dem Zuschauer einen Zugang zur Gefühlswelt der Figur.

Abb. 19: Hulk

---

[475] Ofenloch: *Mit der Kamera gezeichnet*, 2007, S. 145f.

Möglichkeiten zur emotionalen Anteilnahme inszeniert Lee schon zu Beginn der Filmhandlung in einem Moment, der unmittelbar zur physischen Initiation überleitet: Bruce rettet einen Kollegen vor einer tödlichen Dosis Gammastrahlung. Mit dieser Tat erweist er sich als wahrer Held, bevor er zum eigentlichen *Super*helden transformiert (Sequenz 6). General Ross diagnostiziert, Bruce sei "kaputt" und zudem "verdammt", da er genealogisch vorbestimmt sei, in die (sozial unverträglichen) Fußstapfen seines Vaters zu treten (Sequenz 12). Während seiner physischen Metamorphosen erfolgt unter Schmerzensschreien ein Dehnen, Strecken und Aufbrechen seines Körpers.[476] Obgleich Hulk als Kraftprotz in Erscheinung tritt, mit ins Gigantomanische hypertrophierter menschlicher Anatomie, damit klischeehaft den antiken Heros überzeichnet, zeigt ihn eine der wenigen heroischen Posen im Dämmerlicht ein schweres Kugelgebilde schultern (es ist die ihn erschaffene Gammasphäre) – ein Bild, das Assoziationen an den mythischen Atlas weckt (Sequenz 8).

10.5
Spider-Man – Die freundliche Spinne aus der Nachbarschaft

Peter Parker leidet im Gegensatz zu Bruce Wayne oder Bruce Banner nicht unter einem Kindheitstrauma, sondern unter Schuldgefühlen. Treibende Kraft und Richtschnur seines Handelns sind die mahnenden Worte seines Ziehvaters: "Aus großer Kraft wächst große Verantwortung". Da eine tragische Backstorywound nicht angelegt ist, bestimmen Ironie und Humor die Figurencharakterisierung. Noch bevor der Protagonist im Filmbild erscheint, unterläuft die Großaufnahme eines korpulenten, sich mit Marmelade beschmierenden Jungen, die mit dem seufzenden Off-Kommentar "Ich wär ja schon froh, wenn ich der wär" unterlegt ist, gängige Zuschreibungen eines Helden und rückt diesen über die Betonung des Mitleid

---

[476] Zum Phantasma des unverwundbaren Körpers siehe Kluge: *Super Heros im Schock*, 2002.

erweckenden Losers emotional nah an den Zuschauer heran (Sequenz 1).

Zum Konzept fügt sich der Einsatz einer subjektiven Kamera beim Einüben der neuen Superfähigkeiten, von denen der heranwachsende Peter sichtlich überrascht und überfordert ist (Sequenz 6).[477] Auch Peters Auftritt als "Die menschliche Spinne" bei einem Wrestling-Wettbewerb konterkariert konventionelle Festlegungen eines Helden mit kaum zu überbietender Ironie. Peters eigens entworfene Kostümskizze antizipiert beim Zuschauer Erwartungen, die dadurch nicht eingelöst werden, dass er in einem aus Skimaske, Handschuhen und bemaltem Jogginganzug bestehenden "Kostüm" auftritt. Da will einer aussehen wie ein schneidig-muskulöser Superheld, aber bringt es stattdessen nur bis zum roten Baumwollpullover, nervös schwitzend und starr vor Schreck (Sequenz 9, Abb. 20 und 21).

Hier werden Erwartungen an einen Action-Helden, die konventionell mit Begriffen wie "souverän", "überlegen", und "erhaben" operieren, bewusst irritiert, indem sie für (einen ersten Moment) unerfüllt bleiben und dadurch Komik erzeugen. Ein ironisierendes Konzept geht einher mit ironischer Erotisierung der Heldenfigur. Dazu dient die bereits erwähnte kurze Szene fiktiver Interviews mit New Yorker "Bürgern" (Sequenz 12). Spider-Man versucht zudem in Kampfszenen konsequent, den Kontrahenten mit lakonischen Sprüchen lächerlich zu machen. Gerade *weil* er dem Gegner überlegen ist, kann er es sich erlauben, selbstironisch zu agieren – vergleichbar mit Superman.

---

[477] Zu einer alternativen Interpretation des Superhelden siehe Pantenelli/Stohler: *Body Extensions*, 2004. In der Filmthematik ein Comic-of-age-Drama mit sexuellen Konnotationen zu lesen, ist eine mögliche Lesart. Es scheint allerdings gewagt, anzunehmen, dass "die Spinnenfäden und -netze, die Peter später als Spider-Man aus dem Handgelenk heraus schleudert, metaphorisch für nicht ausgelebte Orgasmen" stehen. S. 116.

 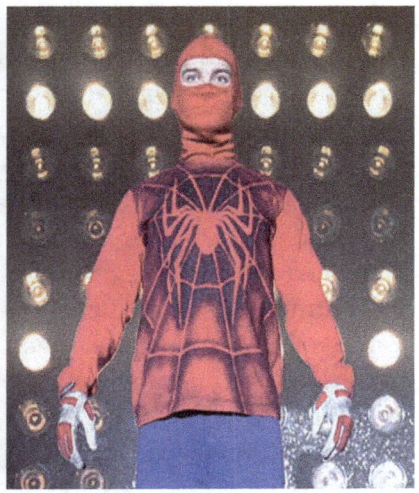

Abb. 20:
Peters Vision von sich selbst ...

Abb. 21:
... und die bittere Realität.

Ein egoistisch gefärbter Aspekt seines Charakters begegnet indes in der entscheidenden Konfrontation mit seinem Widersacher: Vor die Wahl gestellt, entweder seine Geliebte oder eine Schulklasse vor dem sicheren Tod zu retten, entscheidet sich Spider-Man für seine Geliebte. Erst nachdem er sie sicher aufgefangen hat, greift er nach der Gondel, in der die Schulklasse gefangen ist (Sequenz 20).

Da Peter nach der genetischen Transformation nicht mehr physikalischen Gesetzen unterliegt, verfügt er über einen markanten Bewegungsstil. Die Doppelwesenheit von Mensch und Spinne erschließt sich über Drehungen und Dehnungen des Körpers beim Schweben an seinem Spinnenfaden oder signifikante Posen in Kampfhandlungen, wobei Arme und Beine stets gebeugt sind. Sein Spinnenwesen stellt in dieser Hinsicht eine Spielart des Fledermaus-Themas von Batman, des Teufel-Themas von Daredevil und des Giganten-Themas von Hulk dar. Zudem intensiviert seine Bewegungstypologie narrativ-dramaturgische Intentionen der Filmhandlung.

Vergleichbar mit *Hulk* basiert auch in *Spider-Man* der tragische Konflikt innerhalb der Figurenkonstellation zuvorderst darauf, dass der Antagonist eine Vaterfigur darstellt. Zugleich deutet die Parallel-Initiation zwischen Peter Parker und Norman Osborn auf eine noch dichtere Verbindung hin, die wie bei *Batman* auf eine Abspaltung des Antagonisten in ein bösartiges Alter Ego schließen lässt. Mit Normans psychischer Veränderung geht eine Veränderung seines physischen Verhaltens einher. Während Norman stets etwas souverän-weltmännisches an sich hat, bedient sich der Grüne Kobold ausladender Gestik sowie eines geradezu theatralischen Bewegungsrepertoires, eröffnet auf diese Weise einen Raum für die Außenwirkung psychotisch-schizophrener Zustände. Die körperliche Exaltiertheit Normans erscheint mitunter als ins Mediale transformierte – seinem Alter Ego als hybrides Echsenwesen angemessene – Imitation animalischer Drohgebärden.

Fazit
Als Ergebnis der Figurenanalysen kann festgehalten werden, dass die Figur des Comic-Superhelden weitgehend diejenige ambivalente Anforderung erfüllt, die seitens der dominierenden Drehbuchliteratur vorgegeben wird: zugleich glaubwürdig und sympathisch, aber auch charakterlich komplex gezeichnet zu sein. Zusätzlich soll der heldenhafte Protagonist eine tragische Fallhöhe durchleben und möglichst einen "mythischen" Bedeutungskern aufweisen. Wie sich dieser Bedeutungskern aber konkret realisiert oder wie er handwerklich herzustellen ist, bleiben die Anleitungen schuldig.
Der Mythos, der eine emotionale Verbindung zum Zuschauer herstellen soll, lässt sich daher an visuellen Parametern ablesen. Der Comic-Superheld integriert und variiert symbolträchtige Merkmale mythischer Heroen: den (hypertrophierten) Athletenkörper, die mehrdeutige Herkunft, das signalhafte Kostüm sowie die Erscheinungsform als Mensch-Tier-Hybridwesen, welches sich nach einer physischen Initiation eruptiv entfaltet.
Dennoch sind die Superheldenfiguren mit den konventionellen Konzeptionskriterien, wie sie die Drehbuchanalysen ergeben haben, nicht gänzlich in Übereinstimmung zu bringen. Ihr Gestaltungsmo-

dus als zugleich gespaltene wie verdoppelte Heldenfigur in einen extrovertierten Superhelden-Anteil und einen bürgerlichen Jedermann-Anteil unterläuft – obschon aus der Comicvorlage adaptiert – die formalen Ordnungslinien einer kohärenten Filmfigur in mehrfacher Hinsicht.

Erstens tritt der Comic-Superheld in beiden Funktionen, als Superheld und als Privatperson, wiederholt in Gestalt des Zweifelnden, Gewalttätigen, Traumatisierten, Einsamen und Geächteten auf. Mit diesen als entheroisierend zu beschreibenden Merkmalen unterwandert die Figur des Superhelden konventionelle Zuschreibungen an einen widerspruchsfreien, "bewundernswerten, tugendhaften Helden", zu dessen Vorführen Hollywood eine Vorliebe hat.[478] So assoziieren insbesondere Batman und Daredevil eine gesellschaftliche Dystopie, in der nur noch die Katastrophe verwaltet werden kann, anstatt sie abzuwenden.

Zweitens übt der Comic-Superheld partiell nicht-legitimierte Gewalt aus, wie insbesondere die mehr destruktiv als konstruktiv ausgelegten Figuren Daredevil und Hulk demonstrieren. Er ist aber auch zugleich derjenige, der einer nicht länger auf antagonistischen Strukturen gründenden Gewalt ausgesetzt ist. Gewalt tritt in Gestalt einer als undurchschaubar inszenierten Technologie auf, die in den Heldenkörper eingreift und ihn zum *Super*körper transformiert.

Die konkret-künstlerische Ausgestaltung des Comic-Superhelden bricht die in der Drehbuchliteratur verankerten Figurenmodelle sowie die ihnen zugrunde liegenden formalen Ordnungslinien auf. Daher soll ein weiteres Verständnis von Heroismus in die Studie integriert werden. Denn die vorgestellten Beispiele der (selbst)zerstörerischen Heldenfigur zeigen, dass sie, zumindest wenn nicht nur ihre Konstruktionshülle, sondern auch ihr Inhalt beschrieben werden soll, durchaus facettenreicher zu begreifen ist. Formen als Inhalte zu lesen arbeitet Klaus Heinrich in seiner Vorlesungsschrift *arbeiten mit herakles* heraus, die den Untertitel trägt: *Zur Figur und zum Problem des Heros*. Seine Sichtweise steckt einen Gegen-

---

[478] Vgl. Vogler: *Odyssee*, S. 21.

entwurf zu Voglers Mythen- und Heldeninterpretation ab. Zudem entstanden Heinrichs Gedanken im gleichen Zeitfenster, in das auch die Neuausrichtung der Heldenfigur Hollywoods fällt: Ende der 1970er Jahre.

11.
Der Heros als Prinzip der (Selbst)Zerstörung

Das Ziel von Heinrichs Untersuchungen liegt in der Bestimmung der Begriffe *Figur* und *Problem*. Den Terminus *Figur* fasst er – unbeschadet seiner Funktion in Erzählungen – unter die gleichwertigen Bezeichnungen "Konfliktfigur" und "Vermittlungsfigur".[479] Das *Problem* des Heros ist somit zugleich das Vermittlungsproblem zwischen Konflikten, wie sie in der Gattungsgeschichte und dem Zivilisationsprozess aufgefunden werden können.[480] Indem Heroenmythologie von Konflikten erzählt, legt sie deren geschichtlichen Gehalt frei:

> "Um gattungsgeschichtliche Erinnerungen an Konflikte festhalten und auf ihre Lösungen reflektieren zu können, ist die Heroenmythologie ausgebildet worden."[481]

Eine an fundamentale Bedingungen menschlichen Lebens heranreichende Vermittlungsfigur muss gleichermaßen eine Konfliktfigur sein, da sie ansonsten in der "Auseinandersetzung mit Konflikten [...] unrealistisch und unwahr" ist.[482]

Heinrich ermittelt das Problem des Heros auf Basis heroenmythologischer, dramatischer, ikonografischer und literarischer Versatzstücke und Erscheinungsformen des Herakles. Zwischen Konflikten zu vermitteln, liegt bereits in seiner Biografie begründet. Herakles ist der Sohn des Göttervaters Zeus und der Sterblichen Alkmene und damit ein Halbgott. Halb Mensch und halb Gott vermittelt Herakles somit zwischen Menschen und Göttern, dem Sterblichen und dem Unsterblichen, gehört aber keiner dieser Sphären ganz an. Diese

---
[479] Vgl. Heinrich: *herakles*, exemplarisch S. 15, S. 25, S. 27.
[480] Vgl. ebd., S. 15.
[481] Ebd., S. 38. Da der Heros die Veränderungen im Gattungsprozess veranschaulicht, steht er für die Gattung ein. Seine Biografie ist daher nicht nur speziell seine individuelle Abfolge bestimmter Taten, sondern die der Gattung Mensch.
[482] Ebd., S. 15.

herausgehobene Stellung separiert ihn einerseits aus der Gemeinschaft, verschafft ihm andererseits eine besondere Position.

Da er einerseits sterblich ist, hat er Anteil am Leben der Menschen, das wie seines unter der Drohung von Schicksal und Tod steht. Andererseits weist sein Handeln aufgrund seiner Abstammung über menschliches Vermögen hinaus – vergleichbar mit dem der Superhelden, die aufgrund ihrer Superkräfte hypermenschlich sind. Herakles gilt seit der Renaissance, als die antike Götter- und Halbgötterwelt eine Restauration in Europa erfuhr, als Muster eines tugendhaften Ideals von Ehre und Manneskraft, als "Mann der Tat". Positiv besetzte Charakteristika waren und sind überschäumende kämpferische und sexuelle Potenz.

Die Bekräftigung des Heroentums erfolgt im Wesentlichen – und das gilt gleichermaßen für den Comic-Superhelden – über den physischen Kampf, sei es gegen Ungeheuer, Feinde oder Naturgewalten. Herakles sticht unter allen übrigen Heroen der griechischen Mythologie durch sein aktives Tun hervor; er ist der "Prototyp des *athletes*"[483], er arbeitet und kämpft mit erheblicher körperlicher Anstrengung bis zur totalen Erschöpfung. Sein Zwölfkampf, der kanonisch überlieferte Dodekathlos, ist untrennbar mit ihm verbunden. Darin erweist sich Herakles als Arbeiter, Städtegründer und Naturbezwinger, sein Athletenwerk ist jedoch auch ein Prozess der Zerstörung und Selbstzerstörung.

Seine (Arbeits-)Kraft ist in ein Dasein als Strafarbeiter des Königs Eurystheus eingebunden.[484] Dieser schickt den Heros zwölfmal in den sicheren Tod, indem er ihm undurchführbare Aufgaben erteilt, die ihn auch wiederholt in die Unterwelt reisen lassen. Indem Herakles aus dem Totenreich wiederkehrt, bringt er dessen Gefahr an die Oberfläche. Denn der Heros, der den Tod besiegt, kann jeder-

---

[483] Ebd., S. 228. Hervorhebung im Original.
[484] Herakles ist als Angehöriger der Geschlechterkette der Perseiden zudem ein Aristokrat, der – unüblich für seinen sozialen Stand – ein Dasein als Arbeitssklave führen muss.

zeit umschlagen in den transformierten, todbringenden Wiedergänger.[485]

Der Zugriff durch Euripides
Heinrich baut seine Überlegungen auf die Lesart des Heros, wie sie der griechische Dramatiker Euripides vornahm. In seiner Tragödie *Herakles* (um 411 v. Chr.) kehrt der Titelheld, nachdem er zwölf Aufgaben gemeistert hat, zu seiner Familie nach Theben zurück. Von der Göttin der Tollwut mit Wahnsinn geschlagen, verfällt der Heros in Raserei, tötet – in einer 13. Handlung – seine Familie und zertrümmert den Königspalast. Euripides nimmt mit seinem dramaturgischen Aufbau eine gravierende Veränderung gegenüber Standardüberlieferungen des Mythos vor. In ihnen liegen die zwölf Aufgaben zeitlich *nach* dem Mord an Frau und Kindern. Durch die als Strafarbeiten verhängten Aufgaben soll er seine Schuld abtragen.
Bei Euripides hingegen stellen die zwölf Aufgaben Auftragsarbeiten dar, liegen somit zeitlich weit *vor* dem Mord an der Familie. In seiner (vom Dramatiker Heiner Müller so bezeichneten) "13. Tat" rücken die beiden Momente des Zivilisatorisch-Fortschrittlichen und des Barbarisch-Rückschrittlichen ununterscheidbar nah zusammen.[486] Hier entlädt sich die positiv besetzte Potenz des Heros in einem (selbst)zerstörerischen Wurtanfall – von Euripides in nahezu zwingender Konsequenz aus den zivilisatorischen Leistungen des Heros gezeichnet. Der Dramatiker bricht in seiner Tragödie mit

---

[485] Siehe auch das Gespräch zwischen Heiner Müller und Klaus Heinrich in Heeg et.al. (Hg.): *Kinder der Nibelungen*. Siegfried, der der Drachen erschlägt und selber zum Drachen wird, tritt dort als "der alles in Brand setzende Agent des Todes" auf. Ebd., S. 41.

[486] Im Werk Heiner Müllers spielt Herakles eine wichtige Rolle, den er in drei Texten in den Mittelpunkt stellt. *Herakles 5* entstand 1964 und bezieht sich auf die fünfte Arbeit, die Reinigung des Augiasstalls. *Herakles 2 oder die Hydra* folgte 1972. 1991 verfasste Müller das Prosastück *Herakles 13*, in dem er Euripides' Zugriff auf den Heros folgt. Dramaturg Stefan Schnabel gibt im Programmheft an, dass Klaus Heinrich zu *Herakles 13* angeregt hätte. Müller: *Herakles*, S. 23. Im Jahre 1999 hatte die Collage *HERAKLES*, bestehend aus der Herakles-Trilogie, am Berliner Ensemble Premiere (Regie: Klaus Emmerich). Müller bezieht sich mit *Herakles 5* auf eine abweichende Reihung der als *athloi* bezeichneten Aufgaben. Die vorliegende Studie folgt der Reihung nach Klaus Heinrich: *arbeiten mit herakles*.

einem idealisierten Heroenstatus, indem er das narrative Motiv des Wahnsinns umfunktioniert, dramaturgisch einsetzt und ihn

> "als Desillusionierung, als Erwachen zu einer Realität vorführt, in der Heroismus nicht mehr als mit Lorbeer umkränzt, sondern als Selbstzerstörung erscheint."[487]

Euripides entwarf seine Herakles-Biografie vor dem real existierenden Hintergrund einer gesellschaftlichen Umbruchsituation des antiken Griechenland. Nachdem Athens Flotte im Jahr 413 v. Chr. vor Sizilien eine vernichtende Niederlage erlitten hatte, befand sich die Polis in ihrer größten politischen Krise, begann das Imperium langsam zu schwinden.[488] Anstatt nach seinem Tod ein Wiedergeburtsmysterium zu erfahren und Gottgleich in den Olymp aufzusteigen, wartet Herakles am Ende der Dramenhandlung darauf, von seinem Freund Theseus wie ein symbolisches Schiffswrack von der Bühne geschleift zu werden und die Worte zu sprechen: *enkartereso thanaton*, "ich werde den Tod erwarten".[489]

11.1
Die Vermittlungsbereiche des Herakles im Dodekathlos

Zusammengefasst wird die Gattungs- und Realgeschichte, die der Heros exemplarisch durchläuft, in einem Dodekathlos, der sich sowohl in räumlichen als auch in zeitlichen Dimensionen bewegt. In einer gebräuchlichen Reihenfolge umfasst er zunächst einen inhaltlich zusammenhängenden Pentathlos, der sich innerhalb der Jagdsphäre abspielt. Diese ersten fünf Arbeiten lassen sich auf dem Peleponnes verorten und zeigen Herakles in tödlicher Auseinandersetzung mit Ungeheuern oder wilden Tieren: dem nemeischen Lö-

---

[487] Heinrich: *herakles*, S. 66.
[488] Im Jahr 413 v. Chr. war die athenische Flotte im Eroberungsfeldzug gegen Sizilien vor Syrakus geschlagen worden. Mehrere zehntausend Soldaten wurden getötet oder in die Sklaverei verkauft, die Marine war vernichtet. Zuvor hatten die Perser den Athenern in der Feldschlacht von Mantieia (418. v. Chr.) eine herbe Niederlage beigebracht.
[489] Ebd., S. 33.

wen, der lernäischen Schlange Hydra, dem erymanthischen Eber, der goldenen Hirschkuh der Artemis und den stymphalischen Vögeln.

Als sechste Arbeit folgt ein Abenteuer mit einer Zwischenstellung, das aber mit den nachfolgenden in die Sphäre der Viehhaltung hineinreicht: die Reinigung des Augiasstalls. Es schließen sich eine Reihe von Arbeiten an, die den Heros ins Ausland führen und seine kolonisatorischen Taten demonstrieren: die Bezwingung des kretischen Stiers, die Zähmung der menschenfressenden Pferde des Diomedes in Thrakien, der Raub des Gürtels der Amazonenkönigin Hippolyte am Schwarzen Meer.

Den Abschluss bilden drei Abenteuer, die den Heros die Ränder der bewohnten und nicht mehr bewohnbaren Welt abstecken lassen: der Raub der Rinder des Unterweltfürsten Geryoneus, der Raub der Unsterblichkeit sichernden Äpfel aus dem Paradiesgarten der Hesperiden, der Abstieg in die Unterwelt, um den Höllenhund Kerberos an die Erdoberfläche zu holen.[490]

Voglers Storymodell der *mythischen Heldenreise* als Abenteuerfahrt mit Bewährungsproben weist keinen Konnex mit dem Dodekathlos des Herakles auf. Zwar erfolgen auch hier der Abstieg in die Unterwelt, Initiation, Prüfungen und der Kampf mit einem Antagonisten (in Tierform), jedoch in abweichender Reihung. Zudem ist das Resultat ein abweichendes: Der Held erfährt keine heilsame spirituelle Neugeburt, wie das Beispiel der euripideischen Lesart demonstriert.

Im Folgenden werden herausragende *athloi* näher dargestellt, um die Figurenkonstruktion des Heros und seine Erzählstrategie zu konkretisieren, die sich um die Vermittlung von gattungsgeschichtlichen und realhistorischen Konflikten bemüht. Den Zentralkonflikt verortet Heinrich im Bereich der Geschlechterspannung. Sie ist die soziale Erscheinungsform der biologischen Zweigeschlechtlichkeit und sie

---

[490] Die älteste Zusammenfassung seiner Taten ist in 12 Metopen am Zeustempel zu Olympia abgebildet. Indem Herakles in den Hades hinabsteigt, übertrumpft er sogar die Götter, die auf bestimmte Bereiche festgelegt sind und diese nicht verlassen können.

> "ist das, was die Gattung erinnerungsfähig macht, das, was die Gattung handlungsfähig macht; sie ist das Modell aller Spannungen und dient als Schubkraft in allen Spannungen. Sie ist sozusagen der Stoff, aus dem das bewegte Leben der Gattung gemacht ist. Sie ist also nicht etwas, was irgendwann in erotischer Kunst oder in erotischen Sphären hinzuträte, sondern sie ist das Fundament unserer Zivilisation."[491]

Dort, wo der Mythos diese Spannung des zweigeschlechtlichen Lebens für das einzelne Individuum thematisiert, kommt die Ambivalenz des Herakles zu ihrem stärksten Ausdruck. Er, der Zeus-Sohn, unterhält zu seiner Namenspatronin Hera ein paradoxes Verhältnis, wird von ihr sowohl unterstützt und nach seinem Tod in den Olymp aufgenommen als auch bereits vor seiner Geburt erbittert verfolgt. Das intensive Verhältnis des Heros zu einer weiblichen Gottheit einerseits und einer männlichen Gottheit andererseits, schlägt sich in seiner Figurenkonstruktion nieder. Entsprechend tritt Herakles innerhalb seiner zwölf Arbeiten in einem mehrdeutigen Verhältnis als Liebhaber *und* Konkurrent der Hera sowie als treuer Sohn *und* Rebell des Zeus auf. Die derart konstruierte Heldenfigur lässt vermuten, dass sich mehrere Phasen der Überlieferung in ihr überkreuzen und vermischen. Im Dodekathlos als einem kanonischen Katalog seiner Abenteuer stehen diese zeitlich oder räumlich separierten mythischen Geschichten gleichberechtigt nebeneinander.

In einer kulturhistorisch frühen Phase des herakleischen Mythos ist Herakles – "sei's als ihr Geliebter und Begleiter, sei's als ihr geliebtes Kind"[492] – gemeinsam mit Hera verehrt worden. Die Göttin stillt den Säugling mit göttlicher Milch, er führt im Gegenzug große Rinderherden während seiner zehnten Arbeit durch Italien, Britannien, Spanien, Griechenland und ans Schwarze Meer, in die damals erblühenden "Zentren der Rinderzucht und des massenweisen Schlachtens".[493] Auf diese Weise verbreitet der Heros den Kult der Göttin der Rinderherden, als die Hera unter abweichenden Namen

---

[491] Heinrich: *Sog*, S. 91. Zur Geschlechterspannung siehe auch Heinrich: *arbeiten mit herakles*, S. 171ff., oder: Brunotte: *Herakles, das Chaos und die Arbeit*, 1992.
[492] Heinrich: *herakles*, S. 154.
[493] Ebd., S. 142

im gesamten Mittelmeerraum in Erscheinung tritt und errichtet Tempel zu ihren Ehren.[494] Die Rindergöttin Hera tritt in dieser frühen zivilisationshistorischen Konstellation in ihrer ursprünglichen und erdverbundenen Version in Erscheinung, im Gegensatz zur im Olymp ansässigen Ehegattin des Zeus.
Im weiteren Umfeld seiner elften Arbeit, die Äpfel der Hesperiden zu stehlen, wird Herakles sogar als (möglicherweise kastrierter) Diener in Frauenkleidern am Hof der lydischen Königin Omphale dargestellt. Ihr dient der Heros mehrere Jahre lang.[495] Der Heros steht zudem zu Artemis, der Göttin der wilden Tiere und der Jagd, in einem besonderen Spannungsverhältnis, indem er einerseits zerstörerisch in ihr Territorium eindringt und Tiere tötet, die zu ihrem Kult gehören. Andererseits verschont er sowohl die goldene Hirschkuh, der Herakles in seiner vierten Aufgabe nachjagt, als auch den erymantischen Eber.
Während seiner fünften Arbeit, die Vögel vom Stymphalossee zu töten, bekommt Herakles Hilfe von einer weiteren weiblichen Gottheit: Er kann die Vögel erst mit seinen Pfeilen erschießen, nachdem er sie mit metallenen Klappern, die ihm Athene bereitstellt, aufgescheucht hat.

In einer späteren Phase mythischer Überlieferung tritt Herakles als der "zum Sohn und Parteigänger seines Vaters stilisierte"[496] Heros in Erscheinung, der ausschließlich seinem Göttervater Zeus dient und von Hera mit Hass und Eifersucht verfolgt wird. Seine Geburt versucht die Göttin zu verzögern, später legt sie ihm Schlangen ins Kinderbett und stellt sich ihm auf seinem Weg zum Unterweltfürsten Geryoneus derart in den Weg, dass Herakles sie unter Beschuss seiner Pfeile verjagen muss.
Auswirkungen hatte diese spätere, "männliche" Rezeption des Herakles bis in die Gegenwart durch dessen bildliche Darstellung als muskulös-viriler Kämpfer mit Keule und Löwenfell. Auf die Attribu-

---

[494] Vgl. ebd., S. 121f., 142f.
[495] Ebd., S. 155f.
[496] Ebd., S. 154.

te Löwenfell und Keule verzichtet keine Heraklesdarstellung, da sie zum essentiell Ikonographischen der Figur gehören – vergleichbar mit dem signalhaften Kostüm und der Maske des Comic-Superhelden.

Die Figur des Heros lässt sich geschlechtlich nicht eindeutig festlegen. Mal tritt er als viriler Kämpfer für Zeus auf, mal dient er in Frauenkleidern einer Göttin, mal ist er derjenige, der die göttliche Macht des Vaters herausfordert oder ihn stürzen will. Es steht zu vermuten, dass sich eine oder mehrere historische Zäsuren in die Figurenkonstruktion des Herakles eingeschrieben haben, die eine Umfunktionierung der Figur zur Folge hatten. Realhistorische Umbrüche früher Gesellschaftsstrukturen und die mit ihnen verbundenen Kulturmodifikationen wurden zu determinierenden Faktoren des Heros. Er verkörpert infolgedessen

> "die ganzen, im Laufe der erinnerten Menschengeschichte entstandenen Gegensätze, in den Kämpfen der Weltalter, der Zivilisationen, der Geschlechter, der Kultformen. Der ganze Wechsel, der sich da vollzogen hat, ist in seiner Figur gleichzeitig geworden."[497]

Als Konflikt- und Vermittlungsfigur ist Herakles somit Indikator grundlegender Veränderungsprozesse und vermittelt zwischen inkommensurablen Positionen. Er vermag es jedoch nicht, kulturhistorische oder sozialpolitische Spannungen "zu einem Moment zu machen – ebenso wenig wie wir dies bis heute vermögen."[498] Die soziale, politische und kultische Geschlechterspannung im "Fundament unserer Zivilisation"[499] bezeichnet somit die Grenze der Einheit der Figur. Und obgleich verschiedene Mythen verschiedene, voneinander abweichende Versionen des Heros erzählen, bündelt er

---

[497] Girshausen: *Regie Heiner Müller*, 2004, S. 93. Vgl. zur *Simultané*, dem Gleichzeitigen des Ungleichzeitigen: Heinrich: *Das Floß der Medusa*, 1995, S. 164.
[498] Heinrich: *herakles*, S. 156.
[499] Heinrich: *Sog*, S. 91.

sie in seiner Figur, die "dazu auffordert, sie mit ihrer Hilfe zu realisieren, mit ihrer Hilfe unter Umständen zu analysieren."[500]

Insbesondere die beiden ersten *athloi* bestimmen das weitere Leben und Wirken des Heros. Analog zum Comic-Superhelden erfährt auch Herakles eine Modifikation seiner selbst, bevor er zum "eigentlichen" Heros avanciert. Er tötet in seiner ersten Auftragsarbeit den nemeischen Löwen, der als sein "Identifikationsungeheuer"[501] fungiert. Darüber hinaus stirbt Herakles eines spezifischen Todes, der durch ein spezifisches Ungeheuer ausgelöst wird: der Hydra.

11.1.2
Initiations- und Schicksalsungeheuer

Der Löwe ist gegen Pfeil und Bogen ebenso gefeit wie gegen Eisen und Feuer. Nachdem ihn Herakles mit seinen eigenen Händen erwürgt hat, verbringt er einen 30-tägigen Schlaf in dessen Höhle, eng umschlungen mit dem toten Tier, bevor er wieder ans Tageslicht tritt. Der lange Schlaf deutet auf einen todesähnlichen Zustand hin, wie er vielgestaltig und symbolisch in Initiationsriten vollzogen wird und wie er ebenfalls auf die Superheldeninitiation zutrifft.[502] Durch die Gleichsetzung von Schlaf und Tod bildet Herakles zugleich die Zentralfigur eines Wiedergeburtsmysteriums, in welchem er einen symbolischen Tod und eine symbolische Wiederauferstehung erfährt:

"Nach dem Erwachen kehrt der Heros wie aus dem Totenreich kommend und wie ein rituell gestorbener Initiand verwandelt zurück."[503]

---

[500] Heinrich: Unveröffentlichtes Vorlesungsmanuskript, S. 1. Heinrich untersucht die Figuren Aktaion und Orpheus in *Das Floß der Medusa*, 1995. Zur Figur Prometheus vgl. Heinrich: *Gesellschaftlich vermitteltes Naturverhältnis*, 2007.

[501] Heinrich: *herakles*, S. 74. Das Löwenungeheuer ist ein Abkömmling der Unterweltschlange Echidna und des Dämons Typhon und ragt in den Kult der Hera hinein.

[502] Vgl. Campell: *Heros*; Turner: *Liminalität und Communitas*, 1998.

[503] Brunotte: *Helden des Tötens*, 1995, S. 32. Vgl. den Fieberschlaf der Comic-Superhelden Spider-Man, Daredevil und Hulk in dieser Arbeit. Auf den wirkungsintensiven Gestaltungsmodus des Rückkehrers aus dem Totenreich zielt auch der Joker in *Batman* ab, der "schon tot gewesen" ist und als wiedergängerischer Todesclown auftritt.

Vom erlegten Löwen trägt Herakles das abgezogene Fell um seine Schultern und den zähnebestückten Kiefer auf dem Kopf, quasi als "Rüstung, mit der er seine Identität signalisiert."[504] Doch hat er die raubtierhafte Wildheit und Naturmacht des Löwen nicht erfolgreich beseitigt. Denn da auch der Mensch ein Stück Natur ist, erfordern Zurichtungsunternehmungen der äußeren Natur konsequenterweise die Selbstunterdrückung der inneren Natur.[505] Daher erfährt das, was als Animalisch-Irrationales die Gefahr des Chaos bedeutet und vernichtet werden muss, im herakleischen Mythos allein eine räumliche Verschiebung. Der Löwe wütet künftig als Raubtier *in* Herakles selbst und gelangt über dessen Wanderungen – über die lokale Begrenztheit des Waldes von Nemea hinaus – überall dorthin, wo Herakles seine elf weiteren Arbeiten ausführt.

Der Triumph über die Wildheit schlägt bei ihm letztendlich in eine Verinnerlichung ihrer destruktiven Energien um. Der todbringende Amoklauf in seiner "13. Tat", die Euripides in seiner Tragödie beispielhaft ausgeführt hat, "krönt" den eigentlich zivilisationsbegründenden Dodekathlos. Demzufolge ist der Initiationsvorgang des Heros hinsichtlich seines beunruhigenden Resultats nicht in Übereinstimmung zu bringen mit der Seelenheilenden *mythischen Heldenreise*, an deren Ende eine "tugendhafte" Filmfigur steht. Im Gegenteil: Herakles führt die *mythische Heldenreise* sogar ad absurdum, da sich in der Funktion des nach dem Tod Wiederauferstandenen zugleich die Widersprüchlichkeit der Figur zu erkennen gibt.[506] Indem der Heros aus der Unterwelt zurückkehrt, schleppt er

---

[504] Heinrich: *herakles*, S. 76
[505] Die Sichtweise, dass Unterdrückung der äußeren Natur immer auch die innere Natur umfasst, steht in der Herakles-Rezeption seit der europäischen Renaissance im Fokus. Die von Xenophon überlieferte Parabel des Prodikos über "Herakles am Scheideweg" ist bereits eine sophistisch ausgelegte Version des Heroenmythos. Der jugendliche Held wird vor die Wahl gestellt, sich für ein Leben in Freude und Lust oder für eines in Tugend und Mühsal zu entscheiden. Der im Mythos nach außen getragene Kampf erscheint bei Xenophon als innerer Kampf, als seelischer Arbeitsprozess. Vgl. auch Horkheimer/Adorno: *Dialektik der Aufklärung*, 2006, S. 50ff., der Exkurs "Odysseus oder Mythos und Aufklärung".
[506] Nichtsdestoweniger räumt Vogler in seiner *mythischen Heldenreise* die Möglichkeit ein, dass der Held den Tod bringt. Vogler: *Odyssee*, S. 285. Vgl. ebd., S. 275: "Helden statten dem Tod nicht einfach einen Besuch ab und kehren dann

als todbringender Wiedergänger Grauen und Tod in die Oberwelt ein.

Im Kampf gegen die Hydra findet Herakles' ambivalentes Verhältnis zur (inneren) Natur seinen prägnantesten Ausdruck. Die Wasserschlange von Lerna, die Hydra,

> "ist das eindrucksvollste Bild der griechischen Mythologie für das Unausrottbare, für die lebendige Natur selbst. Als Mischwesen par excellence steht sie für die Mischungen des Lebens: Geburt und Sterben, Wasser, Feuer und Erde, männlich und weiblich. Sie hütet den Schatz der Erde und repräsentiert ihre Weisheit."[507]

Aus ihrem formlosen Leib wachsen mehrere bewegliche Schlangenköpfe. Schlägt man einen davon ab, wachsen sogleich zwei neue nach, ein Haupt ist sogar unsterblich. Nur mit Hilfe seines Neffen Iolaos gelingt es dem ursprünglich auf seine Rolle als Einzelkämpfer festgelegten Herakles, die Köpfe der Hydra abzuschlagen und die Stümpfe mit Fackeln auszubrennen. Doch wie der nemeische Löwe das Initiationstier des Herakles darstellt, so ist die Hydra sein Schicksalsungeheuer. Indem er die Hydra überwindet, antizipiert er seinen eigenen Tod.

> "Der Versuch, das in Schicksal und Tod drohende Nichtsein aus der Welt zu schaffen, kann nicht gelingen. Die Ungeheuer wachsen nach wie die Köpfe der Hydra, und gerade jene Erscheinungsform des bedrohenden Nichtseins, die zu überwinden die Spezialität des Heros war, bringt ihm den Untergang."[508]

Indem Herakles seine Pfeile in ihr giftiges Blut taucht, liefert ihm die Hydra eine tödliche Waffe. Kein Wesen ist gegen dieses Gift gefeit – auch der Heros selber nicht. Seine Frau Deianeira tränkt ein Hemd, das sie Herakles zum Tragen hinlegt, mit dem Blut weil sie es für ein Aphrodisiakum hält. Herakles verbrennt in gängigen Überlieferungen unter Höllenqualen auf dem Berg Oita, wo er schließlich in den Olymp aufsteigt.

---

wieder heim. Wenn sie zurückkommen, haben sie sich verwandelt. Keiner kann das Erlebnis der Todesnähe durchstehen, ohne dabei eine solche Verwandlung durchzumachen." Freilich meint die Verwandlung einen positiven Aspekt des Heldencharakters.
[507] Brunotte: *Herakles, das Chaos und die Arbeit*, 1992, S. 145.
[508] Heinrich: *Parmenidis und Jona*, S. 88.

Die beiden ersten Arbeiten des Dodekathlos beschreiben in komprimierter Form Initiation und (vorgreifendes) Ende des Heros. Waldgebiet und Sumpf sind nur um den Preis befriedet und für eine erfolgreiche Besiedlung vorbereitet, dass Herakles die lokale Begrenztheit der Gefahr sprengt. Der sich mit dem Löwenfell bedeckende Heros ist nun der Löwe, der den Tod überall dort bringt, wo er waltet. Andererseits kann der zum Löwen gewordene Löwentöter wiederum selbst getötet werden: durch die Giftpfeile der Hydra. Mit ihnen breiten sich Tod und Schrecken unkontrollierbar aus, da Herakles mit ihnen Feinde, Freunde und Unbeteiligte tötet. Ein ähnliches Schicksal erleidet Superman, dessen Kräfte nur durch das Material Kryptonit geschwächt werden können. Ironischerweise stammt das Material von Supermans Heimatplaneten.

In der Figur des Herakles sind Konflikte der Gattungs- und Zivilisationsgeschichte derart geschichtet und verknüpft, dass sich "die Einheit der Figur des Herakles auflöst".[509] Nichtsdestoweniger und trotz divergierender Positionen bleibt Herakles *eine* Figur – wobei die *Einheit* der Figur außen vor bleibt.[510]
Die von ihm und durch ihn verkörperten Gegensätze und Prozesse der Menschheitsgeschichte gerinnen in ihm zur Gleichzeitigkeit. Damit rückt die Figur in den Status von Überzeitlichkeit.

> "Und dass die Konfliktfigur des Heros sich nicht verdoppeln, sich nicht aufspalten lässt, bedeutet, dass der als derjenige figuriert, mit dem frühere Geschichtszustände als nicht angetan vorgestellt und dem die beiden Funktionen, Realgeschichte zu präformieren und Gattungsgeschichte zu präfigurieren, aufgebürdet werden können."[511]

Gattungs- und Realgeschichte mitzuteilen, deren Konflikte zwar benannt, aber keiner Lösung zugeführt werden, kann als die spezi-

---

[509] Heinrich: *herakles*, S. 153.
[510] Vgl. ebd. S. 180, S. 200 und S. 281.
[511] Ebd. S. 209. "Präformieren" bedeutet, dass über seine Taten reproduzierbare Taten wie Städtegründungen oder Kriege kenntlich gemacht werden. Der Heros ist darüber hinaus in allen fundamentalen Bereichen der Zivilisationsgeschichte tätig: Urbarmachung der Erde, Viehhaltung und Ackerbau, kultische Verehrung. "Präfigurieren" bedeutet, dass durch seine Geschichten die Einheit des Menschengeschlechts mit all ihren Triumphen, Rückschlägen und Leiden sichtbar wird.

fische Erzählqualität der Figur des mythischen Heros ausgemacht werden.

Zudem fällt bei Herakles Ungleichzeitiges und Verschiedenartiges derart zusammen, dass er "stellvertretend steht für das Subjekt, das die Gattung meint."[512] Die Gattung Mensch realisiert sich in einzelnen empirischen Subjekten, auch den bereits toten Subjekten, die pars pro toto das Gattungssubjekt herstellen. Damit die Einheit des Menschengeschlechts aber keinen immer weiter fortschreitenden Destruktionsprozess beschreibt, da die überwiegende Masse der empirischen Subjekte bereits gestorben ist, muss das Einzelsubjekt, einem Initianden nicht unähnlich,

> "die Erfahrung machen, schon zu Lebzeiten gestorben und wiederauferstanden zu sein. Es muss also die Todeserfahrung konstitutiv so in das Leben hereingeholt werden, dass die erhoffte Wiederauferstehung reale Vorläufer hat, denen kultische Prozeduren entsprechen [...]."[513]

Der Grenzgänger Herakles erfährt innerhalb des Dodekathlos einen (mehrfachen) Tod und eine (mehrfache) Widerauferstehung, wenn er in seiner ersten Arbeit mit dem nemeischen Löwen ringt und wie ein Wiedergeborener aus dessen Höhle ans Tageslicht tritt, mehrfach in die Unterwelt reist, jedes Mal wiederkehrt und nach Beendigung seines Zwölfkampfes in einer Apotheose in den Olymp aufsteigt. Es steht Menschen frei, sich mit dem Heros zu identifizieren, der – wie sie – sterben muss, aber wiedergeboren werden kann.

Diese Darlegungen machen deutlich, dass der mythische Heros konzeptionelle Ambivalenzen aufweist, die eine Glättung innerhalb der Drehbuchtheorie erfahren. Treibender Impuls der Heroenfigur ist die Reflexion über das Triebwesen Mensch, über das Schicksal und Mechanismen der Verdrängung. Sie ist keine Personifikation des affirmativ Guten, wie Vogler in seinem Storykonzept projektiert.

Heinrich arbeitet weiterhin als entscheidendes Merkmal eine bewegliche Denk- und Erzählstruktur für die Figur des Heros heraus.

---

[512] Ebd., S. 108.
[513] Ebd., S.110f.

Heinrichs Auslegung des Begriffs *Figur* ist dabei nicht in Übereinstimmung mit gängigen Figurbegriffen kunst- und literaturwissenschaftlichen Ursprungs zu bringen.[514] Die nachfolgenden Betrachtungen isolieren die Figur kurzzeitig aus ihrem vom Forschungszusammenhang vorgegebenen medialen Kontext und schließen zugleich den Rahmen, der mit den Erörterungen zum *mythologein* eröffnet wurde.

11.2
Die Figur als Erzähl- und Denkmodell im Mythos und in der Logik

Der Terminus *Figur* ist eine Ableitung vom lateinischen *fingere*: "Bilden in Lehm und Ton".[515] Ihr haftet die Sphäre der Stofflichkeit und des Beweglichen an, denn

> "bis auf den heutigen Tag inhäriert dem Gebrauch des Wortes 'Figur' die Erinnerung an den Stoff, aus dem [...] Figuren gebildet wurden."[516]

Heinrich entfaltet in seinen Überlegungen die Assoziations- und Wortgebrauchskette *Figur - fingere - gemacht - Materie - Stoff*. Die Figur, die aus Ton oder Lehm gefertigt und in kultischen Zusammenhängen verehrt wird, besteht ideell aus der "Materie, aus der wir gemacht sind".[517] Das Moment der Materialität bezeichnet in diesem Kontext "*redenden* Stoff",[518] welcher das natürliche Mensch-Sein umfasst und sich in Form von Geschichten um die Vermittlung von Gattungsgeschichte und Zivilisationsprozess bemüht. Deshalb

---

[514] Heinrich wählt bewusst *Figur* und nicht den Terminus *Figuration*, den er in den Bezirk des "immer gleichen Allgemeinen" einordnet. Heinrich: *herakles*, S. 206. *Figur* ist wiederholt Thema innerhalb der deutschsprachigen Theaterwissenschaft. Vgl.: Brandstätter/Peters (Hg.): *De figura*, 2000; Brandl-Risi/Ernst/Wagner (Hg.): *Figuration*, 2000. Im Fokus des Forschungsprojekts *Bild - Figur - Zahl* steht das Interesse an performativen Bildprozessen und Figurationen. Vgl.: Boehm/Brandstetter/von Müller (Hg.): *Figur und Figuration*, 2007.
[515] Heinrich: Unveröffentlichtes Vorlesungsmanuskript, S. 2. Vgl. Heinrich: *herakles*, S. 209, S. 214.
[516] Heinrich: *herakles*, S. 210.
[517] Heinrich: *ödipus*, S. 259.
[518] Heinrich: *herakles*, S. 17. Hervorhebung im Original.

bleibt Figur immer bezogen auf die der menschlichen Erfahrung zugängliche Realität. Anknüpfend an Erich Auerbachs Standardwerk zur Etymologie der *Figura* verweist Heinrich auf das "Lebend-Bewegte, Unvollendete und Spielende" einer Form.[519] Der Akzent liegt auf der Plastizität, der Formbarkeit der Form, in der all ihre Inhalte verhandelt werden. Da dieser Zugriff auf *Figur* in die Sphäre des Gemachten und des immer wieder Machbaren reicht, akzentuiert er deren sinnliche Komponente des Begreifens.

Über das Modell des deduktiven Schlusses bei Aristoteles expliziert Heinrich die Korrespondenz von Erzählfigur und logisch-philosophischer Denkfigur.[520] Der Syllogismus nach Aristoteles vereint als logisches Denkverfahren drei Positionen: das *Allgemeine*, das *Besondere* und das *Einzelne*. Der Mittelbegriff, der *terminus medius*, verbindet die beiden anderen Pole und stellt auf diese Weise eine Verhältnisbestimmung dar. Einer der von Aristoteles untersuchten Syllogismen gilt als Paradebeispiel für einen deduktiven Schluss[521]:

Das Allgemeine: Alle Menschen sind sterbliche Wesen.
Das Besondere: Sokrates ist ein Mensch.
Der Einzelfall: Sokrates ist sterblich.

Der *terminus medius* (hier: Mensch) verbindet die beiden Positionen und fügt die Trias zur Einheit. Die Gattung Mensch wird zum Allgemeinen, zum Einzelnen und zum Besonderen ins Verhältnis gesetzt. Der *terminus medius* taucht zwar zweimal auf, muss jedoch innerhalb des Schlusses mit sich selbst identisch sein, um zu einem eindeutigen Ergebnis zu gelangen. Dass Sokrates zu einer

---

[519] Auerbach: *Figura*, 1967, S. 55.
[520] Da das vorliegende Forschungsinteresse auf die Erzählstrategie einer populären Figur fokussiert, sollen im Folgenden die Grundlagen der antiken logischen Philosophie nicht bis ins Detail aufgearbeitet werden. Die Studie begrenzt ihre Ausführungen auf eine komprimierte Darstellung des Gesamtzusammenhangs, um den zum Verständnis des Heinrichschen Figurenbegriffs notwendigen Kontext herzustellen.
[521] Heinrich: *herakles*, S. 202ff.

bestimmten Zeit gelebt hat und unter besonderen Umständen stirbt, sterben könnte oder bereits gestorben ist, wird vom deduktiven System nicht mitgedacht, da es rein monokausale Aussagen liefert.[522]

Indem Denkfiguren der philosophischen Logik und Figuren mythischen Erzählens identischen "redenden Stoff" in divergierenden Verfahrensweisen verhandeln, bestehen zwischen beiden Mitteilungsverfahren enge Verbindungslinien. Der Stoff ist in der Genealogie auszumachen. Die Logik bildet das verwandtschaftlich-genealogische System des Mythos nach, indem sie sich auf Hesiods *Theogonie* beruft.[523] Darin leitet dieser die Kräfte und Wesen der griechischen Mythologie und Adelsgeschlechter von göttlichen Ursprüngen ab. Genealogie übt sowohl in der Heroenmythologie als auch im logischen Schlussverfahren eine ordnende Funktion aus, da

> "das Besondere, und zwar in der bis in den sprachlichen Ausdruck hinein nachlebenden Form der Geschlechterkette, das Einzelne an das Allgemeine"[524]

bindet. Ein prominentes Beispiel für einen logischen Schluss in Form einer genealogischen Kette präsentiert der Philosoph Porphyrios in seiner Einführung in die Aristotelischen Kategorien, der aus dem dritten Jahrhundert n. Chr. stammenden *Isagoge*.[525] Darin versucht er, anhand der Generationenfolge im Geschlecht der Tantaliden einen Zusammenhang nachzubilden und begrifflich zu abstrahieren: So wie Agamemnon ein Sohn des Atreus, Atreus ein Sohn des Pelops, und Pelops ein Sohn des Tantalos ist, so ist zuletzt Tantalos ein Abkömmling des Zeus.[526]

---

[522] Zur Ausbildung der griechischen Logik mit dem Grundsatz des entweder-oder vgl. Heinrich: *Parmenidis und Jona* und Henrich: *tertium datur*.
[523] Vgl. Heinrich: *herakles*, S. 200.
[524] Heinrich: *tertium datur*, S. 122. Aristoteles entnimmt den für logische Schlussoperationen zentralen Begriff *genos* der *Theogonie* des Hesiod. Vgl. Heinrich: *herakles*, S. 182ff und 218ff. Zum Zusammenhang von Theogonie, genealogischem Denken und deduktivem Verfahren siehe Heinrich: *Versuch über die Schwierigkeit nein zu sagen*, S. 29 ff. und Heinrich: *Parmenidis und Jona*, S. 20ff.
[525] Vgl. Heinrich: *herakles*, S. 182.
[526] Rolfes: *Aristoteles Kategorien*, 1920, S. 7. Vgl. Punkt 3.2.1 dieser Studie.

Aristoteles' Versuch einer logischen Systematisierung der genealogischen Folge fußt auf dem Schluss *ex anankes* (= aus Notwendigkeit), der einer Eindeutigkeit unterliegt.[527] Der Familienfluch vererbt sich – so die logische Konklusio – bis ins letzte Glied der Kette und bindet den Einzelnen an seinen Ursprung.[528] Gleichwohl befinden sich die mythischen Figuren der Tantalos-Sippe in jeder nachfolgenden Generation nicht auf demselben Wissensstand, agieren darum je unterschiedlich, wie bereits im Umfeld des *mythologein* ausgeführt wurde.

Um zu einem zwingend-logischen Schluss *ex anankes* zu kommen, müsste sich der Familienfluch ungebrochen bis in das allerletzte Glied des Geschlechts forterben. Da aber in jeder neuen Generation relativ wahllos Familienmitglieder getötet werden – mal mehr mal weniger wissentlich – kann weder ein identisches Schicksal der Beteiligten noch eine zwingend notwendige Folgerung der Geschlechterkette hergestellt oder gar behauptet werden. Die Komplexität des Genealogiemodells definiert zugleich seine Grenze: die Doppeldeutigkeit des Entspringens vom Ursprung. Einerseits beharren die einzelnen Glieder der Kette im entstammen-von bzw. identisch-sein-mit dem Ursprung und andererseits entrinnen sie dem Schicksal, entwickeln Selbständigkeit.[529]

Angewandt auf Heroenmythologie folgert das logische Schließen, sofern die Götter als *allgemeine Kategorie* angesetzt werden: Herakles, der schon seinem Begriff nach *besonders* ist, transportiert aufgrund seiner halbgöttlichen Stellung göttliche Macht in die *einzelnen* Exemplare, die Menschen. Dadurch bindet der Heros seine Abkömmlinge an seinen Ursprung. Da aber der Heros zwar von Zeus abstammt, selber jedoch nur sterbliche Nachkommen zeugt, bricht

---

[527] Vgl. Heinrich: *tertium datur*, S. 97 und Heinrich: *herakles*, S. 182.
[528] Vgl. Heinrich: *tertium datur*, S. 122. Vgl. Horkeimer/Adorno: *Dialektik der Aufklärung*, 2006, S. 17: "Das Prinzip der schicksalhaften Notwendigkeit, an der die Helden des Mythos zugrunde gehen, [...] herrscht [...], zur Stringenz formaler Logik geläutert, in jedem rationalistischen System der abendländischen Philosophie [...]."
[529] Vgl. Heinrich: *Parmenidis und Jona*, S. 15f. So wie jeder Heros ein spezifisches Schicksal erfährt, so hat jeder Superheld seine spezifische Biografie.

die Kette des göttlichen Ursprungs ein.[530] Die Figur des Heros lässt sich in den Mythen genealogisch nicht eindeutig festlegen, da Herakles einerseits treuer Diener des Zeus ist, andererseits "der dem Vater unterworfene respektive von ihm angebändigte Sohn gegen den Vater rebelliert" und selber "zum Dynastien begründenden Vater wird."[531]

Doch um zu eindeutigen Schlüssen zu kommen, reduziert die Logik ihre gedanklichen Verfahren auf die eindeutige Relation, die klare Struktur. Der *terminus medius* darf keine Verwandlung durchmachen, obschon er sich numerisch verdoppeln muss. Sofern der Mittelbegriff inhaltlich von sich selbst abweicht, sich von einer zur anderen Bedeutung "bewegt", bricht der logische Beweis zusammen. So wie aber *mythologein* all das erzählt, was die logische Philosophie für unlösbar erklärt und somit aus ihren Begriffen ausgrenzt, und so wie die Figur in einem substantiellen Verweisbezug eine Spanne zwischen Urbild und Abbild durchmisst, so hält Herakles alle Gegensätze, die er durchläuft, fest.

Seine Funktion im mythischen Erzählen erweitert sich um eine weitere Funktion, sofern die Positionen um den Faktor der begrifflichen Vermittlung inkommensurabler Positionen erweitert und zugleich abstrahiert werden. Wie weiter oben bereits erläutert, akzentuiert Heinrich unter Rekurs auf die bewegliche Sphäre der Figur deren sinnliche Komponente des Begreifens. Entsprechend fungiert der mythische Heros als dialektische Denkfigur, als

> "Grundgesetz logischen Weiterdenkens als eines dialektischen Verfahrens, in dem zutage tritt, was die Mythologie nicht verschweigt: dass ihre Figuren gegensätzlich und trotzdem jeweils *eine* Figur sind."[532]

Der Terminus *Figur* kann somit im Zugriff Heinrichs einerseits als ein "denkendes" und kulturhistorische Erfahrungen vermittelndes Erzählmodell aufgefasst werden, andererseits als ein Modell dialektischen Denkens. Der Heros stellt als mythische Erzählfigur nicht

---

[530] Vgl. Heinrich: *tertium datur*, S. 211.
[531] Heinrich: *herakles*, S. 202.
[532] Heinrich: *herakles*, S. 187. Hervorhebung im Original. Vgl. ebd., S. 204 und Girshausen: *Regie Heiner Müller*, 2004.

das dem *Logos* Vorhergehende und von ihm Überwundene dar. Vielmehr wird die ihn kennzeichnende Wissensform von den Operationen des philosophischen Beweises und des rhetorischen Arguments aufgegriffen und neu gedacht.[533]

Die Verbindungslinie zwischen der mythischen Erzählfigur und der logisch-philosophischen Denkfigur zu ziehen, zeigt deren Funktionen auf. Beider Signum ist es, Verhältnisbestimmungen zwischen Denkinhalten verschiedener Ordnungen zu leisten und zwischen widerstreitenden oder getrennten Sphären zu vermitteln. Als Figur des Heros lässt sich folglich eine bewegliche Denkstruktur bestimmen, die verschiedene Elemente des menschlichen Lebens in Verbindung bringen kann (ihre Verhältnisse bestimmen kann) – als ungestaltete und frei assoziierende Einheit von Sinn und Sinnlichkeit.

Die vorliegende Arbeit stellt sich zur Aufgabe, die Erzählstrategie der populären Comic-Superheldenfigur zu ermitteln. Da es zu einer eingeschränkten Sicht auf den Gegenstand führen würde, wollte man eine allgemeine Analogie zwischen der Figur des Superhelden und der Figur des mythischen Heros anstellen, sollen sie über akzentuierte Kriterien sowohl einander konfrontiert als auch in Bezug zueinander gesetzt werden.

---

[533] Zur Darstellung von Wissen durch Figuren vgl. Girshausen: *Regie Heiner Müller*, 2004.

12.
Schlussfolgerungen und Ausblick: Die Erzählstrategie des Comic-Superhelden

Dass Filmproduzenten eine Planbarkeit des Unwägbaren absichern wollen und daher nach Richtlinien für kommerziell erfolgreiche Filme verlangen, wurde bereits erörtert. Sie vertrauen zu einem Großteil auf die "universelle Kraft"[534] des Mythos. Obgleich Drehbuchtheorien wiederholt darauf hinweisen, dass er eine Garantie (wenn nicht gar Grundbedingung) für erfolgreiches Erzählen im populären Film darstellt, grenzt ihr prominentester Vertreter, Christopher Vogler, die umfangreichen Erzähldimensionen des Mythos auf *eine* Grundstruktur, den Initiationsmythos, ein. Zudem passt er ihn in Form einer Erzählfolie den medienspezifischen Bedingungen Hollywoods an. Voglers Storymodell der *mythischen Heldenreise* erweist sich als leicht verständliches, klar strukturiertes Storyschema in zwölf konkret umrissenen Stationen. Zudem kann man zusätzlich einen glättenden Zugriff auf die Figur des (mythischen) Helden feststellen. Die *Heldenreise* formuliert in einer anschaulichen Figurentypologie konventionelle Ordnungsmuster, die als positive Identifikationsobjekte dienen sollen.

Aber eine konkrete Umsetzung dieser "Grundlage des modernen Geschichtenerzählens"[535] konnte an den untersuchten Superheldenfilmen *Superman*, *Batman*, *Spider-Man*, *Daredevil* und *Hulk* nur partiell nachgewiesen werden. Da die Pragmatik der *mythischen Heldenreise* im Bereich der Architektonik und dramaturgischen Komposition liegt, ist auf Plotebene der Einsatz ausgewählter Wendepunkte und Archetypen zu identifizieren. Seinen umfangreichsten Widerhall archetypischer Motivik findet die *Heldenreise* in *Hulk*. Eine Mythisierung in Form von Symbolisierung ist darüber

---

[534] Vogler: *Odyssee*, S. 52.
[535] Ebd., S. 10.

hinaus als düster-geheimnisvolle Atmosphäre in *Batman*, fantastisch-märchenhafter erster Akt in *Superman* oder christliche Ikonographie in *Daredevil* aufzufinden. Um die synthetische Erzählweise Hollywoods vom originären Mythos auch begrifflich unterscheiden zu können, hat die vorliegende Arbeit der mythologisch konstruierten bzw. vom Mythos inspirierten Inszenierungs- und Visualisierungsmethode Hollywoods die Bezeichnung *mythisiertes Erzählen* zugewiesen.

Im Vergleich zu Heinrichs Ausführungen zum mythischen Herakles zeigen die Drehbuchtheorien eine Reduzierung von Komplexität auf. Obgleich der Held, der sich auf eine Reise begibt und Abenteuer besteht, wiederholt als ideale Filmfigur angeführt wird, werden Brüche, Widersprüche und Diskontinuitäten mythischen Erzählens und mythischer Heroen zugunsten harmonisierender und logifizierender Tendenzen weitgehend zurückdrängt.

Der Fokus der Drehbuchtheorie ruht auf der Idee, dass das Rezeptionsverhalten vorhersehbar ist: Aus formalen Vorgaben folgt eine fixe Prästrukturierung der kognitiven und emotionalen Aktivitäten des Zuschauers während des Rezeptionsprozesses. Individuelle Wahrnehmungsaktivitäten werden schematisiert, Wirkung erscheint somit handwerklich erlernbar. Insofern folgern die Autoren die Abrufbarkeit eines bestimmten Zuschauerverhaltens, sofern ihre dramaturgischen Regeln Anwendung finden.

Diese Erwartungshaltung ruht indes auf einem Idealzuschauer, den es womöglich gar nicht gibt. Denn die Autoren vernachlässigen die Tatsache, dass der Rezipient mit einem Pool an kinematographischem und genrespezifischem Vorwissen und individuell ausgeprägten Seherfahrungen ins Kino geht. Dieses Rahmenwissen übt jedoch wesentlichen Einfluss auf die Wahrnehmung und Verarbeitung filmischer Fiktion aus. So bieten beispielsweise ein partiell von der Comicoptik inspiriertes Visual Design und der innovative Umgang mit bildmotivischen Einflüssen verschiedener Filmgenres Gelegenheit, schematisierte Erwartungen des (durchschnittlich erfahrenen) Zuschauers an ein bestimmtes Setting, eine stereotype Figurenzeichnung etc. zu durchbrechen. Dramaturgische und narrative Genrefragmente aus Action, Science Fiction oder Horror ermöglichen ebenfalls ein Spiel mit Erwartungen, Erwartungsbrüchen und Andeutungen.

Auf die Bedeutung der Story(re)konstruktion weisen die Drehbuchmodelle – bis auf die Ausnahme McKees – nicht hin. Die komplexen Wechselwirkungen von filmischer Komposition, Informationsvergabe, Darstellungsperspektive und Hintergrundwissen des Rezipienten wurden weiterführend am Beispiel des neoformalistischen Ansatzes demonstriert.

Für das Figurenkonzept des Comic-Superhelden konnte eine Differenzierung zum Standardmodell Hollywoods beschrieben werden. Die Spaltung in mehrdimensionale Identitäten und verschiedene Spielarten des hybriden Mensch-Tier-Wesens ergeben sich ebensowenig aus den Normierungen amerikanischer Drehbuchtheorien wie der Hang des Superhelden zu gewalttätigen Aktionen. Die Überschreitung des Standardmusters hat die Herausbildung einer individuellen Figurenmodellierung zur Folge: die Doppelidentität. Anliegen der Arbeit ist es, die eruierten Spezifika im Folgenden zu bündeln und zu darzustellen.

Doppelungen der Identitäten und der Initiation
Obgleich Hollywoodstandards zu einem großen Teil erfüllt werden, indem die Ausgestaltung des Superhelden in Standards eingebunden ist und er sich darüber als Sympathie- und Empathieobjekt anbietet, ergeben sich Abweichungen von der Norm. Ein gravierender Aspekt der Verschiebung im konventionellen Verständnis der Heldenfigur findet sich in der Ausarbeitung der Doppelidentität. Sie thematisiert das Spannungsverhältnis von Identitätsbewahrung und Identitätsauflösung.

Die physische Initiation setzt den Impuls zu einer Spaltung der Superheldenfigur in disparate Identitätsfacetten: die bürgerlich konforme Jedermann-Identität und die extrovertierte Superhelden-Identität. Während sich der dramatische Konflikt unter Einwirkung psychologisierender Faktoren zunehmend in der Jedermann-Facette entfaltet, liegt die genrerelevante Action auf der Superheld-Facette. Auf die Frage, ob Alter Ego und Secret Identity als eine kohärente Wesenseinheit aufzufassen sind, liefern die vorliegenden Filme keine eindeutige Antwort. Spider-Man, Superman und Daredevil wenden ihre Superfähigkeiten wiederholt im Privat- bzw. Berufsleben nutzbringend an, während die Filme für Hulk, Batman und wiederum Daredevil ein Leben in einer immerwährenden Konfliktzone entwerfen. Superhelden sind aus der Norm herausgehoben und dadurch nur bedingt in die Gemeinschaft integriert.

Die Doppelidentität stellt zudem den Drehbuchgrundsatz der figuralen Ganzheit infrage. Auch geht die physische Spaltung einher mit psychischem Chaos und Wutanfällen (Hulk), Drogen- und Medikamentenmissbrauch sowie Lynchjustiz (Daredevil) oder Anzeichen für eine dissoziative Identitätsstörung (Batman). Batman, Daredevil und Hulk sind im Gegensatz zu Superman und Spider-Man keine Bewahrer konservativer amerikanischer Werte und Gesellschaftsstrukturen. Die drei sind sozial inkompatibel und daher nur marginal in die Gesellschaft integriert – oder gar nicht mehr, wie Hulk. Sie sind Vigilanten, die kaum noch von der Systemdestabilisierenden Funktion ihrer Gegner unterschieden werden können. Diese Lücken und Brüche lassen sich nicht in das Bild des "bewundernswerten, tugendhaften Helden"[536] der Drehbuchliteratur einpassen. Da die Figur des Superhelden von Hollywoods Dramaturgie-Standards abweicht, scheint sie eine von der Drehbuchtheorie gesondert zu betrachtende Figur zu markieren.

Die Doppelidentität des Comic-Superhelden wirkt auf das dramaturgische Gefüge des Films zurück. Elementar für Dramaturgie und Entwicklungsbogen (sowohl für die Filmkomposition als auch für den Protagonisten) ist die Initiation. Als wesentliches Ergebnis der vorliegenden Studie lässt sich die Herausbildung einer eigenständigen dramaturgischen Abfolge für den Comic-Superheldenfilm beschreiben, die den vorgegebenen Rahmen der Drehbuchdramaturgie verlässt und erweitert: die Doppelinitiation.

Voglers Storymodell der *mythischen Heldenreise* fundiert in der Abfolgeordnung eines Übergangs- oder Initiationsritus mit den Sta-

---

[536] Vogler: *Odyssee*, S. 21.

tionen *Aufbruch – Umwandlung – Rückkehr*. Wie jedoch in der Praxis der untersuchten Filme festgestellt werden konnte, sind die dramaturgischen Abläufe im Superheldenfilm so koordiniert, dass sich die Heldentransformation in zwei temporär getrennte Phasen gliedert: die physische Transformation und die bewusste Entscheidung, "das Gute" zu vertreten. Erst in ihrer Korrelation ergeben beide Initiationsmomente eine Gesamtinitiation. Der dramaturgische Bogen ist folglich dergestalt konstruiert, dass die Initiationsmomente als herausgehobene Wendepunkte den Plot in mehrere Abschnitte separieren und diese zugleich aufeinander beziehen. Dadurch weicht die Dramaturgie des Superheldenfilms signifikant von der gängigen Drehbuchdramaturgie ab, die in dieser Studie einer Sichtung unterzogen wurde.

Referenz zum antiken Mythos
Indem Hollywoods Filmemacher mythische Erzähltopoi aufgreifen, binden sie zugleich mythische Parameter an die Figur des Superhelden. Sie sind in bildlicher Ausgestaltung anzutreffen. So integriert und variiert der Superheld symbolträchtige Darstellungsmotive mythischer Heroen wie die hypertrophierte Maskulinität, das hybride Mensch-Tier-Wesen, die mehrdeutige Herkunft, Ausstattungsmerkmale wie Kostüm und Waffe.

Löwenfell und Keule, ein an Animalisches erinnerndes Äußeres, gehören zum tradierten Bild des Herakles. Auch Superhelden geben sich an ihrem Totemtier zu erkennen. Trotz synthetischem Inititationsstimulans manifestiert sich Biologisch-Animalisches in Spider-Man, Daredevil und Batman. Sie tragen die Spinne, die Fledermaus und den Teufel entweder genotypisch in ihren Körpern oder als Embleme auf ihren Kostümen. Einflüsse mythischer Symbolik sind deutlich erkennbar. Hier ereignet sich scheinbar

> "der Einbruch der bösen Vergangenheit, die sich eingekapselt hat, das Ältere, Archaische, das Unkontrollierte, was sich unkontrolliert vermehrt."[537]

Die Phantasie von Mensch-Tier-Hybriden wird seit Jahrtausenden über Mythen und Märchen tradiert, einige der bekanntesten Gestal-

---

[537] Kluge: *Superheroes im Schock*, 2002, S. 52.

ten der griechischen Mythologie sind der Minotaurus (Mensch-Stier), der Kentaur (Mensch-Pferd) oder die Sphinx (Mensch-Löwe) – die tierköpfigen Götter der ägyptischen Mythologie gelten analog. Auch bei den Antagonisten finden sich symbolhafte Anleihen aus dem Tierreich, so etwa trägt der Grüne Kobold ein Schuppenpanzerkostüm, das Assoziationen an eine Echse weckt.[538]

Momente der Heroisierung: Bewegungstypologie
Das Superheldengenre baut wie kein anderes auf die Darstellung von ins Übermenschliche übersteigerten physischen Bewegungen – sei es in der Raumorganisation des Comicpanels oder im Zeitverlauf des Kinofilms. Als wesentliches Element der heroisierenden Darstellung einer Superheldenfigur konnten daher individuelle Bewegungstypologien etabliert werden. Sie sind die adäquate Ausdrucksmöglichkeit für hypermenschliche Superkräfte, beispielsweise Spider-Mans grazile, akrobatische Bewegungen und Drehungen seines Körpers, die seine Doppelwesenhaftigkeit von Mensch und Spinne artikulieren.

Bewegungs-, Körper- und Raumgenerierende Verfahren aus dem Computer binden die Wahrnehmung in einem noch weitaus stärkeren Maße als bislang an das Kinobild. Der Zuschauer wird quasi "hineingezogen" in Actionszenen, die mittels digitaler bildästhetischer und filmtechnischer Verfahren die Grenzen der physikalischen Realität ausloten. Zudem ist eine merkliche Zunahme der Formenvielfalt an Bewegungen zu konstatieren, die sich nicht zuletzt den Darstellungsmöglichkeiten der Computeranimation verdankt.

Indem als übermenschlich in Szene gesetzte Bewegungsformen temporär die konventionelle Konstruktion von Raum und Zeit aushebeln, dramatisieren und emotionalisieren sie den Rezeptionsprozess. Durch diesen Effekt unterstützen und intensivieren die Superheldenfilme ihre Heroisierungsstrategien, wie an *Spider-Man* gezeigt werden konnte. Digitale Special Effects sind längst nicht mehr

---

[538] Auch Batmans Gegner Pingiun und Catwoman weisen animalische Anleihen auf. Vgl.: Günthart: *The Batman and How He Came To Be*.
http://www.symbolforschung.ch/files/pdf/Guenthart_Batman.pdf (Zugriff am 13.08.2014).

nur ästhetisches Stilmittel, sondern werden inhaltstragend eingesetzt wie am Split-Screen-Verfahren in *Hulk* aufgezeigt werden konnte.

Auf filmphysikalischer Ebene arbeiten die jüngeren Filme nicht mehr mit Abbildungen realer Körper auf Zelluloid, sondern mit Computergenerierten Geschöpfen. Die Erweiterungsmöglichkeiten von Bewegungsdarstellungen haben somit zur Folge, dass sich der physiologische Heldenkörper in einem kontinuierlichen Pixelauf- und Abbau "auflöst". Die virtuelle Realität führt daher zwar zu einer Ausweitung der Sinne innerhalb des rezipientenbezogenen Wahrnehmungsprozesses, führt aber zugleich zu einer materiellen Absenz des Superhelden auf filmphysikalischer Ebene. Bewegung ereignet sich nicht mehr zwischen den Einzelbildern des analogen Filmstreifens, sondern im synthetischen Verfahren selbst. Hier offenbaren sich die Möglichkeiten wie auch die Grenzen der erzählerischen Verfasstheit des Superhelden. Digitale Bildgebungsverfahren bemächtigen sich des Heldenkörpers und formen ihn um bzw. neu. Körperliche Transformationen, Tendenzen der Identitätsfragmentierung und die Superkörperlichkeit der Helden werden folglich auf handwerklicher Ebene neu bebildert sowie auf filmphilosophischer Ebene erneut verhandelt.

Momente der Entheroisierung: Psychologisierung
Es ergeben sich Störungen des Normalverlaufs, da die untersuchten Filme zunehmend Darstellungsmomente verweigern, die zum Verfahren der Heroisierung gezählt werden können. So quält sich die Identitätsfacette des Jedermann mit Alltagssorgen, Geldnöten und Liebeskummer, während die Superheldenfacette wiederholt Momente des Zweifels und der Schwäche zeigt. Ein intaktes Privatleben bleibt ihnen versagt, anders als Herakles, der als omnipotenter Geschlechtergründer gilt. Obgleich keine Körperfunktion, kein Sinn und keine Fähigkeit existieren, die bei Superhelden nicht besonders ausgeprägt sein könnten, ist der Sexualbereich davon ausgenommen. Aus Gründen der Vermarktung wird in der amerikanischen Comic- und Filmindustrie eine weitgehend "saubere" Welt etabliert. Fuchs und Reitberger stellen auf narrativer Ebene unumwunden

fest, dass eine Super-Libido die vorhandenen Super-Kräfte unnötig schwächen würde:

> "Die eine Hypertrophie ist nämlich den Superhelden versagt, mit der die stark verbreitete Sehnsucht nach einem übergroßen Genital erfüllt würde... Ihr keusches, bestenfalls monogames Verhalten seht in krassem Gegensatz zu ihren potentiellen Fähigkeiten in punkto Virilität und Potenz. Welches Paradox, dass gerade die Superhelden sich Frauen gegenüber noch schüchterner als normale Männer verhalten müssen. Gerade die vordringlichsten ihrer geheimen Wünsche müssen sie unterdrücken. Als Identifikationsgestalten sind die Superhelden so auf einem Teilgebiet völlig unvollkommen."[539]

Zwar lassen sich einige punktuelle Momente auffinden, die mit einer Erotisierung der Figur spielen, wie in *Superman* oder *Spider-Man*. Doch sie geht jedes Mal mit einer nicht zu übersehenden Ironisierung der Superheldenfigur einher. Auch mit der von Fuchs und Reitberger angeführten Entsexualisierung geht eine Ironisierung und damit konsequenterweise eine Entheroisierung einher.

Im Storymodell der *mythischen Heldenreise* dominiert die Vorstellung, dass nur, wer sich selbst als Mensch vervollkommnet, sich des Heldenstatus als würdig erweist. Emotionale Triebe oder Spannungen innerhalb der Figur gelten allenfalls als seelische Blockaden, die zur Erlangung vollständiger Identität erfolgreich "beseitigt" werden können und sollten. Die untersuchten Filme legen entheroisierende Momente nicht nur über die Reibungsfläche beider Figurenfacetten offen. Unter Einbindung psychologisierender Konzepte treten für den Superhelden identitätsstiftende und identitätsauflösende Problematiken hinzu. Permanent wird der Held mit dem Leiden und der Verunsicherung des eigenen Ichs konfrontiert. Er muss zusätzlich zur Aufgabe, die Welt (oder zumindest seine Heimatstadt) vor ihrer Zerstörung zu retten, private Alltags-Probleme bewältigen. Wo sich in der Figur des Herakles die Verarbeitungsmöglichkeiten von unerledigten Konflikten der Gattungs- und Zivilisationsgeschichte zu erkennen geben, setzt im Comic-Superhelden die Psychoanalyse an. Verdrängte Erinnerungen spielen bei Hulk und Batman eine zentrale Rolle. Das, was bei ihnen "unerledigt" ist,

---

[539] Fuchs/Reitberger: *Das große Buch der Comics*, 1983, S. 120.

betrifft also weniger gesellschaftshistorische Entwicklungsprozesse als viel eher die Brüchigkeit des eigenen Selbst – und ähnelt damit dem neurotischen Symptom. Zu dieser Inszenierungsstrategie fügen sich Darstellungen der Ermüdung, der Schwäche und seelischen Zerrissenheit, wie *Batman*, *Hulk* und *Daredevil* demonstrieren.

Die gespaltene Gestalt des Superhelden wird aufgegriffen in filmästhetischen Verfahren. So demonstrieren zersplitterte Bildelemente des (faktisch inhaltstragenden) Split-Screen und des Morphing in *Hulk* eingängig die innere fragmentierte Verfassung des Protagonisten.[540] Mit dem Softwareverfahren des *Ride* findet die exponierte psychologisierende Sicht auf den Comic-Superhelden ihre filmtechnische Manifestation und Erweiterung. Sie bietet die Möglichkeit, dem Zuschauer via computergenerierter DNA-Strukturen einen Zugang zur fiktiven Psyche des Helden zu öffnen, bricht aber zugleich den Illusionsrealismus des Mainstreamkinos temporär auf. Die neueren Comic-Superheldenfilme *Spider-Man*, *Daredevil* und *Hulk* visualisieren die Identitätszersetzung des Titelhelden auf einer Metaebene, da dessen Superheldenfacette ausschließlich in Form einer CGI erscheint und sich somit die physische Gestalt des Helden ins Virtuelle verlagert. An diesem filmtechnischen Punkt bricht die Heroisierungsstrategie der Filme, die oben dargelegt wurde, in eine Entheroisierungstendenz um. Sie deutet auf eine Verschiebung von Heldenkonstruktion und Heldenwahrnehmung hin. Brüche in der Erzählstruktur wie auch in der Figurenkonstruktion sind gleichbedeutend mit Brüchen im Verhältnis zum Zuschauer, da emotionale und genrebezogene Erwartungshaltungen nicht oder nur teilweise erfüllt werden. Somit erweitern Comic-Superheldenfilme die geforderten Standards der dominierenden Drehbuchtheorie.

Initiation 2.0
Die Initiation, die nicht ohne erhebliche Gewalteinwirkung von außen abläuft, wird jeweils als Erneuerungsritual und Wiederge-

---

[540] Eine ausführliche Diskussion über psychodynamische Prozesse innerhalb der Heldenfigur oder ihre rezeptionsästhetischen Wirkungsparameter konnte die Arbeit nicht leisten, da ein solches von Beginn an nicht intendiert war.

burtsmysterium in Szene gesetzt. In Voglers Storymodell fallen der Moment der Nahtod-Erfahrung und die Vereinigung des Helden-Ichs mit seiner "dunklen Seite" zusammen.[541] Ohnmacht, tiefer Schlaf, Koma und das Erwachen des fiebrig-verschwitzten Comic-Superhelden lassen auf ein zuvor erfolgtes Delirium oder ein dem Nahtod gleichendes Erlebnis schließen. Auch Herakles steigt erst nach einem 30 Tage dauernden Todesschlaf wieder aus der Höhle des Löwen empor. Während sich eine (selbst)zerstörerische Potenz in Herakles manifestiert, mit der er Freund und Feind bedroht oder tötet, scheint der Comic-Superheld mit positiven Superkräften gesegnet zu sein: Flugfähigkeit, Spinnenseil, Radarsystem, übermenschlicher Schnelligkeit und Kraft. Doch er leidet in mancher Hinsicht unter seinen neuen hyperhumanoiden Fähigkeiten, muss sich mit (selbst)zerstörerischen Entwicklungen seiner selbst auseinandersetzen.

Während Herakles innerhalb seines Initiationsprozesses die Macht des Löwen bekämpft, die später in ihm wieder ausbricht, weil sie sein eigenes gewalttätiges Natursein repräsentiert, ist auch der Hauptgegner des Superhelden er selbst. Auf Plotebene bekommt er es mit einer Gegnerschaft zu tun, die ein breites Spektrum umfasst. Es sind Global Player, die es auf private Vermögenswerte abgesehen haben, untote Clowns, schizophrene Echsenwesen oder Mad Scientists mit Gott-Komplex. Aber sie alle sind nur Alibi-Antagonisten. Daher bleibt am Ende der Filmhandlungen jeweils eine konformistische Scheinlösung bestehen, wird die Gefahr keiner endgültigen Lösung zugeführt, zuweilen verschiebt sie sich lediglich räumlich. Der Joker lacht selbst im Tod weiter, Lex Luthor und der Kingpin sind "nur" im Gefängnis. Ein Beispiel für etwas, das weiterwirkt, ist die Szene, in der der Grüne Kobold von seinem eigenen Gleiter getötet wird: Spider-Man trauert mit gesenktem Kopf um seinen ehemaligen Mentor, während ein Schemen der Koboldmaske über ihm schwebt (Sequenz 21).

---

[541] Vgl. Vogler: *Odyssee*, S. 286.

Auffälligste Analogie der Superheldeninitiationen untereinander ist die Herbeiführung einer physischen Metamorphose. Grundlegend ist als Initiationsstimulans das Motiv des fehlgehenden technischen Experiments an den drei Superheldenfiguren des *Marvel*-Verlags beteiligt. Wenngleich populär aufbereitet, tragen sich Kernphysik, Nanotechnologie, Genforschung und Bio-Engeneering physisch in den Körper von Peter Parker, Matt Murdock und Bruce Banner ein, indem sie sich in ihm via genetischer Transformation manifestieren und ihn transformieren. Als Gegenstand der "neuen Monsterbekämpfung"[542] ist also neben der eigenen "dunklen Seite" des Superhelden

> "die Auseinandersetzung mit einem nicht lokalisierbaren Grauen, die Auseinandersetzung mit nicht mehr in Gestaltzusammenhängen fassbaren und abhandelbaren Konflikten"[543]

auszumachen. In Form eines opaken Schicksals schreibt sich Risikotechnologie eigenmächtig in den Körper des Superhelden ein.

Der Comic-Superheldenkörper als Bedeutungsträger

Die Ausgestaltung des mythischen Heros lässt auf den von ihm vermittelten Stoff schließen: Hinter Ambivalenzen (des Herakles) stehen Konflikte (der Gattung). Da Herakles Geschlechterspannung thematisiert und zwischen gattungs- und realgeschichtlichen Positionen vermittelt, kann er das Heterogene nicht homogenisieren. Er ist Mann und Frau, Sieger und Verlierer, Herrscher und Diener, Städtegründer und Zivilisationsbedroher, Ahnvater und Familienmörder zugleich.

Dieser Aktionsradius tritt im Comic-Superheldenfilm ohne Frage geglättet auf. Zwar erzählt der Superheld von Grundkonstanten des Menschseins wie der Gut-Böse-Antinomie, aber gewalttätige Konflikte in der Ausbildung zivilisatorischer Strukturen, die ums "Verstümmeln, Verschlingen, Kannibalismus, Ausrottungen, Kastrationen"[544] kreisen, verhandelt er nicht (mehr). Seine zeitgenössische

---

[542] Heinrich: *Sog*, S. 88.
[543] Ebd.
[544] Anselm/Neubauer(Hg.): *Talismane*, 1998, S. 31.

Anbindung findet der Superheld an Themen der Technikbeherrschung und an Entwürfe gesellschaftlicher Dystopien. Während *Hulk*, *Spider-Man* und *Daredevil* sowohl Forschungen an der Human-DNA als auch die latent präsente, institutionelle Bedrohung undurchsichtiger Konstellationen von US-Militär und Rüstungsindustrie thematisieren, apostrophieren *Superman* und *Batman* Lesarten der Außen- und Innenpolitik der USA.

Obgleich **Superman** den Kalten Krieg nicht als politisches Thema markiert, sind Einzelverweise darauf entzifferbar. Der Superheld inkorporiert die *rocket science*. Er ist nicht nur schnell *wie* eine Rakete, er *ist* eine lebende Rakete und fungiert damit als Waffensystem des Staates. Indem er visuelle Codes des Katastrophenfilmgenres aufnimmt und somit die Zerstörungsgefahr der Welt auf Naturphänomene herunterbricht, schürt der Film keine greifbaren Ängste vor einem atomaren Wettrüsten und der damit verbundenen latenten Kriegsgefahr. Durch ideelle Projektion der fiktiven Gefahrensituation aus einem abgezirkelten Bereich (Kalifornien) auf ganze Kontinente stünde nämlich die Welt vor der Auslöschung, eine potentielle wiederholte Vernichtung Kryptons. Auch hätte die Zerstörung Kaliforniens – ob durch Erdbeben oder Raketenbeschuss – gravierende Auswirkungen auf das Bruttosozialprodukt der USA. Kalifornien liegt unmittelbar vor der San-Andreas-Spalte, ist aufgrund seiner geografischen Lage eines der ergiebigsten Anbaugebiete der Vereinigten Staaten. Unter der ertragreichen Erde lagern riesige Vorkommen Erdöl.

Batman stellt einen dystopischen Gesellschaftsentwurf zur Diskussion, in der (Super-)Helden nur noch die Katastrophe verwalten anstatt sie wirksam abzuwenden. Gotham City, ein düsteres, ödes Niemandsland mit moralischem Verfall, ist das Albtraum-Metropolis aus den *Superman*-Filmen. Dadurch spielt die Stadt pars pro toto auf ein Staatsgebilde an, welches die Kontrolle über seine Staatsorgane verloren hat – als treffender Gag aktiviert das Bürgermeisterbüro Erinnerungen an das Oval Office im Kleinformat: Neben der amerikanischen Flagge ziert ein Adlersymbol den Hintergrund (Sequenz 11). Auch *Batman* umkreist sozialpolitische Konfigurationen der Vereinigten Staaten. So ordnete US-Präsident Reagan 1983 die *Strategic Defense Initiative* an. Diese Initiative sollte einen umfassenden Abwehrschirm gegen sowjetische Interkontinentalraketen entwickeln, wozu auch Spionagesatelliten gehörten. Das Fernsehgerät und der omnipräsente Monitor sind entsprechend in ein assoziatives Spiel um Überwachung und auf Gewalt basierende Ordnung eingebunden. Gerade durch solches Durchscheinen von realen Subtexten ermöglichen die älteren Figuren aus dem DC-Verlag, Superman und Batman, eine Zeitdiagnose.

Daredevil gründet ähnlich wie Batman auf einem ethischen Widerspruch, in welchem sich mehrere Rechtsansprüche verschränken und unauflösbar vermischen. Der Superheld befindet sich im permanenten Zwiespalt, zugleich dem institutionell verorteten Recht zu dienen *und* sein individuelles, auf Gewalt basiertes, Gesetz aufzustellen. Nach einem Unfall mit einer chemischen Substanz blind, setzt sich Daredevil als selbsternannter Rächer und Personifikation der Justitia über gesellschaftlich-moralisch legitimierte Grenzlinien wiederholt hinweg, indem er in Personalunion zum Urteilsspruch auch gleich die Exekution ausführt. Im realen New York angesiedelt, sorgen nur mangelndes Engagement der Bürger und inkompetente Ordnungshüter dafür, dass der rachsüchtige und verbitterte Daredevil als "Schutzteufel" institutionalisiert wird.

In **Spider-Man** bricht eine DNA-Transformation in einem quasi-evolutionären Sprung phänotypisch hervor. Dass Gene zweier nicht verwandter Spezies untereinander ausgetauscht werden können, um derart bizarre phänotypische Effekte innerhalb weniger Stunden hervorzubringen, entstammt der Imagination des Horror- und Science-Fiction-Genres. Dennoch ist grundsätzlich ein Austausch einzelner Chromosomen-Abschnitte und damit einhergehend ein Austausch genetischer Information seit den frühen 1930er Jahren in

Experimenten durch Barbara McClintock bewiesen.[545] Genmanipulation ist demzufolge in der Realität verankert, wenngleich in *Spider-Man* dramatisiert. Der Film befeuert mit der Idee eines Spinnenseils keineswegs populistische Fantasy-Theorien. Es gibt Bemühungen, die adhäsiven Eigenschaften der Spinnen-Seidenproteine technisch nutzbar zu machen. Verschiedene Unternehmen – vornehmlich in den USA – arbeiten an der gentechnischen Herstellung der so genannten Silk-Like-Proteine (SLP), die in gentechnisch veränderten Pflanzen gezüchtet werden und hauptsächlich in der Medizin Verwendung finden.[546]

Die Forschungen des Superhelden Bruce Banner/**Hulk** über Nanomeds sind ebenfalls in der Realität verankert, da Nanotechnologie derzeitig zu den innovativsten Forschungszweigen zählt. Der naturwissenschaftliche Berater des Films, John Underkoffler, erläutert:

> "Die Covergeschichte der *Time* vom 17. Februar 2003 lautete *Secret of Life: Cracking the DNA Code Has Changed How We Live* und enthielt Kommentare und Vermutungen führender Wissenschaftler zur Genforschung. Darin stellte Nancy Gibbs beispielsweise fest, 'dass die Gentherapie Ärzten erlaubt, ein nützliches Gen in den Körper zu bringen, das wie eine Rettungseinheit wirken kann...' und Schäden auf subzellularem Level beheben kann – kurzum ist das der tatsächliche Hintergrund für die Forschungen von Bruce Banner und seinen Kollegen."[547]

Der Artikel der *Time* befasst sich außerdem mit der zunehmenden Diffusion humanoider und maschinell-elektronischer Intelligenz im 21. Jahrhundert. Der amerikanische Computerwissenschaftler und Spezialist für künstliche Intelligenz, Ray Kurzweil, befragte bereits 1999 die Intelligenz der technologischen Evolution, die bionische Verschmelzung von Seele und Silikonchip und ihre mögliche Ent-

---

[545] Bereits 2001 behaupteten zwei Forschungsinstitute, das menschliche Genom entziffert zu haben. Die Behauptung konnte als fehler- und lückenhaft widerlegt werden.

[546] Vgl. Teulé, Cooper, Furin, Bittencourt, Rech, Brooks, Lewis: *A protocol for the production of recombinant spider silk-like proteins for artificial fiber spinning.* Aus: http://www.pubmedcentral.nih.gov/articlerender.fcgi?artid=2720753. (Zugriff am 13.08.2014)

[547] Vgl. http://www.time.com/time/magazine/article/0,9171,1004240-1,00.html (Zugriff am 13.08.2014). Hervorhebung durch den Autor.

wicklungslinie bis ins Jahr 2099.[548] Durch "massiven Einsatz bionischer Organe",[549] so der Ethikmediziner Bert Gordijn, der sich auf Kurzweils Entwürfe bezieht, könne eine Verlängerung des Lebens erreicht werden. Er erläutert das Einsatzprinzip molekularer Technologie, die sich die Nanowissenschaft zunutze macht:

> "Zur Konstruktion dieser Organe werde man so genannte Nanorobots verwenden. [...] In den menschlichen Blutkreislauf eingebracht könnten sie seiner [Kurzweils; d.A.] Ansicht nach das natürliche Immunsystem ergänzen sowie eine große Anzahl schädlicher Faktoren – wie etwa Ablagerungen in den Arterien, Krebszellen und Krankheitserreger – beseitigen."[550]

Diese positive Möglichkeit thematisiert *Hulk* allerdings nicht, sondern dramatisiert den Mensch-Maschine-Konflikt. Er stellt Auswirkungen der biomedizinisch ausgerichteten Nanotechnologie auf den Einzelnen als risikobehaftet und wenig kalkulierbar in den Fokus. Was der Superheld überproportional an Größe und Stärke erlangt, gewinnt er gleichsam an Aggressivität und Zerstörungspotenzial. Die zu den radioaktiven Strahlungen gehörende Energie der Gammastrahlung, mit der Bruce Banner experimentiert, existiert tatsächlich. Sie gilt als gefährlich für Menschen, da sie in hoher Konzentration die Zellstruktur zerstören kann.

Herkunft, Produktion und Nutzanwendung der Zukunfts- und Risikotechnologien werden in den Superheldenfilmen – auch unter Rekurs auf die wiederholt in Erscheinung tretende Figur des Mad Scientists – als bedrohlich-geheimnisvoll inszeniert. Die Figurenkonstruktion des Comic-Superhelden greift somit einerseits auf Parameter des Mythos zurück und wirft andererseits einen Blick auf die technisierte Zukunft voraus. Mit dem technischen Fortschritt, der sich durch zunehmende Komplexität und die Geschwindigkeit des Wandels einer effektiven Steuerung entzieht, so setzen es die Filme in Szene, geht fast zwangsläufig das Phänomen der Katastrophe einher. Wie unter einem Brennglas verdichten sich in den Superheldenfilmen Sichtweisen auf Risikotechnologien, die die Frage aufwerfen,

---

[548] Kurzweil: *The Age of Spiritual Machines*,1999.
[549] Gordijn: *Medizinische Utopien* 2004, S. 38.
[550] Ebd.

welche Auswirkungen sie auf den jeweils Einzelnen haben können. Der Superheldenkörper wird aufgrund seiner spezifischen Biografie, die auf einer Katastrophe gründet - vergleichbar mit dem des mythischen Heros - zum Bedeutungsträger.

Wirkung heroenmythologischen und popkulturellen Erzählens
Die Erzählstrategie des Herakles basiert auf einer spezifischen Verknüpfungsweise eines realhistorischen Hintergrunds mit der Gattungsgeschichte der Menschheit. Sie fundiert zudem in seiner prominenten Stellung innerhalb eines Wiedergeburtsmysteriums. Mehrfach reist der Heros während seiner zwölf Arbeiten in die Unterwelt, jedes Mal kehrt er aus dem Totenreich wieder. Der Einzelne hat - vermittelt über Herakles - ideellen Anteil an diesem Mysterium und somit Zugriff auf eine "Macht des Ursprungs". Die Faszination, nach dem Tod wiedergeboren zu werden, greift Vogler in seinem Storykonzept der *mythischen Heldenreise* auf, um sie zu einer grundlegenden rezeptionspsychologischen Wirkungsweise der Heldenfigur auszubauen.

Im Gegensatz zum Identifikationskonzept Hollywoods betont Herakles die kultische und zivilisationsgeschichtliche Identifikationsfunktion der mythischen Heroenfigur. Das *Identifizieren mit* dem Heros wird somit zum *Wiedererkennen von* Kollektiv-Konflikten. Herakles fungiert nicht als Christusgleicher Heilsbringer, denn seine mehrfache Wiederkehr aus dem Totenreich birgt neben einem tröstenden Aspekt immer zugleich die Gefahr des Nichtgelingens, des bösartigen Wiedergängers. Da Herakles zudem das Gattungssubjekt repräsentiert, verhandelt er keine Ich-Werdung unter individualpsychologischen Aspekten. Der mythische Heros wirkt unter dem Zugriff von Klaus Heinrich lediglich als Erzähl- und Denkmodell, er ist keine fiktive homogene Erzählfigur mit Subjektkern. Herakles hat weder Einsicht in sein Handeln, noch wird er als Repräsentant für Einsicht gebraucht; wo er als Konfliktfigur erscheint, ist er eine solche.

Voglers Fluchtpunkt seines Storymodells der *Heldenreise* ist die Selbsterkenntnis sowohl des Protagonisten als auch (auf einer Metaebene) des Rezipienten im Spiegel eines heldenhaften Abenteuers. Diese Forderung erfüllt der Superheld zweifellos, da er kein geborener Halbgott ist, sondern als *All American Boy* aus der Mitte der Gesellschaft stammt und dadurch zu einer rezeptionspsychologischen Identifikationsfigur geradezu prädestiniert ist. Um Sympathie und Empathie beim Zuschauer hervorzurufen, werfen die Inszenierungen ein breites Spektrum an Gestaltungsstrategien imaginativer Nähe ins Feld: Raumzeitliche Nähe und Paraproxemik, parasoziale Interaktion mit der Figur und Perspektivübernahme der Figur sowie eine Vertrautheit sozialer Faktoren, die zu kognitiver Nähe und affektiver Anteilnahme mit dem Superhelden führen können. Diese Gestaltungsparameter können zudem einen heroisierenden Effekt auslösen oder ihn intensivieren.

Um den auf kommerziellem Erfolg fußenden Erzählanforderungen des populären Spielfilms gerecht zu werden, darf der Unterhaltungsfaktor nicht zu kurz kommen. Infolgedessen haben Humor, Ironie sowie intermediale, genreübergreifende und selbstreferentielle Anspielungen einen nicht unwesentlichen Anteil an Gestaltung und Wirkungsintention, wie insbesondere die Beispiele *Superman* und *Spider-Man* darlegen. Ein spielerisch-karikierender Umgang mit dem Superhelden ist hingegen ausschließlich in denjenigen Filmen zu konstatieren, deren Protagonisten an keinem Seelentrauma, der Backstorywound, laborieren. So darf man offenbar über Superman und Spider-Man lachen, über die in ihrer Kindheit traumatisierten Batman, Hulk und Daredevil hingegen eher nicht.

Fazit
Offenbar üben mythische Erzählstoffe und -strukturen eine hohe Faszination auf amerikanische Drehbuchstrategen und Filmemacher aus, da sie von Grundkonstanten des Menschseins erzählen. Vor allem Vogler greift auf ein Repertoire anthropologisch verwurzelter Erzähltopoi zurück, entkernt sie und ersetzt sie durch kalkulierte Erzählmuster, die sich zweckgebunden an einer größtmöglichen Vermarktung orientieren. Er instrumentalisiert den Initiationsmythos, indem er ihn abstrakt-allgemeinen Kategorien zuteilt. Vogler

verfolgt die Annahme, dass mythische Geschichten aus Quellen des kollektiven Unbewussten gespeist werden und somit einen Kanon konstanter Archetypen ausbilden. Die *mythische Heldenreise* folgt damit einer "Neutralisierung zum Zweck an Archaischem sich erfreuenden Erbaulichkeit"[551] und ist ein Indikator für das Verknappungsverfahren Hollywoods. Wie die Argumentationen zum *mythologein* unter dem Zugriff von Klaus Heinrich darlegen, ist der (Heroen)Mythos keineswegs als ungebrochen oder heilsam aufzufassen. Der Heros ist keine Personifikation des affirmativ Guten. Gleichsam als verdichtete Masse Mensch eröffnet er einen Erzähl- und Assoziationsraum, der historisch-kulturelle Dynamiken und Spannungsverhältnisse vermittelt und scheinbar Vergangenes aufschließt. Verdrängtes und Abwesendes spielt in die Figur des Heros herein. Es kehrt durch seine Bewusstmachung wieder und wirkt dadurch bedrohlich und faszinierend zugleich. Der Schrecken, den Herakles im Mythos verbreitet, ist indes in der Gegenwart zu einer (Katastrophen)Faszination geronnen. Hollywood lädt einzelne narrative Elemente, Metaphern und Symbole der Story mit überlebensgroßer Bedeutung auf, um darüber eine mythisierte Geschichte zu gestalten.

Dennoch wurde anhand von Interpretationen zu Dramaturgie, Narration und Ikonographie in der Praxis deutlich, dass Comic-Superheldenfilme deutlich komplexer aufgebaut sind als es die dominierende Drehbuchtheorie für den populären Mainstreamfilm formuliert. Zur spezifischen dramaturgischen Abfolge des Comic-Superheldenfilms in Form einer Doppelinitiation fügen sich (neben den bereits genannten ambivalent gezeichneten Heldenfiguren) Erzählabläufe, die mit emotionalen oder genrebezogenen Seherwartungen brechen. Nur einige Beispiele hierfür sind *Batman*, der die Heldeninitiation vorenthält, und *Daredevil*, der gleich zu Beginn den Titelhelden vermeintlich sterben lässt.
Split-Screen-Verfahren, synthetische Bewegungsbilder sowie digitale Raum- und Körpergenerierende Verfahren, dynamische Einstel-

---

[551] Heinrich: *herakles*, S. 83.

lungsgrößen- und Perspektivwechsel fordern das gesamte Spektrum der Wahrnehmungsfähigkeiten des Zuschauers. Zudem hebeln Special Effects gewohnte Raum-Zeit-Konstanten aus, und das Dolby-Surround-Verfahren lässt das ehemals rein optische Kinoerlebnis zu einem leibhaftigen werden.

Das Moment der prozesshaften Bewegung und des "dazwischenseins" – Auerbachs Studie der *figura* aufgreifend – zeichnet die Figur des mythischen Heros aus. Sie leistet sowohl als Denkfigur der philosophischen Logik wie auch als Figur mythischen Erzählens eine Verhältnisbestimmung zwischen Denkinhalten verschiedener Ordnungen. Darin gründet ihre spezifische Erzählqualität.

Die Doppelidentität des Superhelden, die vom Grauen der Spaltung handelt, lässt einen Bezug zur Figurengestaltung des mythischen Heros vermuten: der Bruch in mehrere Identitätsfacetten. Denn der Heros teilt sozial- und kulturhistorische Konflikte mit, die aufgrund ihrer historischen Schichtung eine Spaltung in (mindestens) zwei Figuren erforderlich zu machen scheinen. Zwar verfolgt der Superheld einen signifikanten Erzählmodus, der – wie der des mythischen Heros – an seinen Körper gebunden ist. Und er stellt zwischen inkommensurablen Positionen Verbindungslinien her, z.B. zwischen Pflicht und Neigung, zwischen Beruf und Privatleben zerrieben zu werden. Da der Heros jedoch die Gattung in toto repräsentiert, bleibt er zu jeder Zeit *eine* Figur.[552] Während also die Erzählstrategie des mythischen Heros gerade darauf gründet, Widersprüche festzuhalten und sich figurativ *nicht* zu spalten, realisiert sich die Erzählstrategie des Comic-Superhelden in seiner (psychischen und physischen) Doppel- und Multiidentität.

Comichelden sind mit mythischen Heroen hinsichtlich ihrer soziokulturellen Akzeptanz vergleichbar. Dadurch, dass beide Heldenfiguren intermedial wandern, entwickeln sie ein medienunabhängiges Eigenleben im kulturellen Gedächtnis. Auch dürfen Prozesse des Wandels nicht aus den Betrachtungen ausgeschlossen werden, da der Held an historisch variablen Schnittstellen erscheint. Der Held

---

[552] Vgl. Heinrich: *herakles*, S. 239.

unterliegt als Form des Erzählens kulturhistorischen Veränderungen und aktualisiert sich je nach Epoche und Medium. Demzufolge verändern sich mit ihm die Themen, die er verhandelt. Innerhalb des Films ist die Superheldenfigur kontextuell eingebunden in medienspezifische Konventionen. Sie ist daher ebenso wenig von ihrem Medium ablösbar wie die Figur des Heros von ihrem Medium, dem Mythos.

Eine Transferleistung vom mythischen Heros zum Comic-Superhelden war von dieser Studie weder leistbar noch intendiert. In seinen Konturen ähnelt der Superheld der synthetischen Erzählweise des mythisierten Erzählens, da ausgewählte Segmente aus realen, popkulturellen, mythischen und intermedialen Genreverweisen in seiner Figurenkonstruktion eine polyvalente Verbindung eingehen. Darin ist seine transmediale Erzähl- und Wirkungsmächtigkeit auszumachen. Insofern seht im Ergebnis die Feststellung, dass der Comic-Superheld zwar nicht als originär "mythische" Figur aufzufassen ist, wohl aber als "mythisierte" Figur beschrieben werden könnte, indem er in einer Erzähltradition des Helden steht.

Mit der Beantwortung einer Frage eröffnen sich erwartungsgemäß Gedankenräume für weitere, so dass sich an diese Studie sicher weitere Forschungsprojekte anschließen werden. Es bedarf zum Beispiel keiner umfassenden Darlegung, dass der Begriff des *Helden* generaliter wenig trennscharf ist und der näheren Analyse bedarf. Eine intensivere wissenschaftliche Verschränkung von Literaturwissenschaft, Filmwissenschaft und Comicwissenschaft wäre für den Gegenstand nicht nur wünschenswert, sondern vor allen lohnenswert.

Nicht nur Comic-Superheldenfilme bauen zunehmend computerbasierte Special Effects in ihre Plots ein – mittlerweile sind gesamte Filme am Computer entstanden, die Zukunft gehört den dreidimensionalen Filmen. Computergrafiken simulieren Abbildungs- und Darstellungskonventionen sowie Inszenierungsstrategien analoger (physikalischer) Kamerasysteme, organisieren neue Raumdimensionen und Perspektiven. Einhergehend mit der digitalen Bewegung verändert sich die Gesamtstruktur des Films, Softwarebasierte Immersionskonzepte heben physikalische Parameter auf. Es wäre daher aufschlussreich zu fragen, ob es sich bei Computererzeugten Bildern und Filmschnitten noch um Dramaturgie im konventionellen Sinne handelt.

Die vorliegenden Erkenntnisse werden sicherlich nicht das letzte Wort zum Thema Comicfilm darstellen, dafür ist es noch nicht genug erforscht. Die Studie kann aber möglicherweise ihren Beitrag für eine intensivere und fundiertere Diskussion über populäre Heldenfiguren und mythisches/mythisiertes Erzählen leisten, als sie bisher stattgefunden hat.

Literatur

Monographien, Sammelbände und Aufsätze

Anselm, Sigrun/Neubauer, Caroline (Hg.): Talismane. Klaus Heinrich zum 70. Geburtstag. Basel und Frankfurt a. M.: Stroemfeld/Roter Stern, 1998.

Aristoteles: Poetik. Griechisch/deutsch. Übersetzt und herausgegeben von Manfred Fuhrmann. Stuttgart: Reclam, 1994.

Auerbach, Erich: Figura. In: Gesammelte Aufsätze zur romanischen Philologie. Bern, München: Francke Verlag, 1967.

Aurich, Rolf/Jacobsen, Wolfgang/Jatho, Gabriele (Hg.): Künstliche Menschen. Manische Maschinen, kontrollierte Körper. Berlin: Jovis Verlagsbüro/Filmmuseum Berlin/ Deutsche Kinemathek, 2000.

Bachmann, Christian A./Sina, Véronique/Banhold, Lars (Hg.): Comics intermedial. Beiträge zu einem interdisziplinären Forschungsfeld. Bochum: Ch. A. Bachmann, 2012.

Bartsch, Anne/Eder, Jens/Fahlenbach, Kathrin (Hg): Audiovisuelle Emotionen. Emotionsdarstellung und Emotionsvermittlung durch audiovisuelle Medienangebote. Köln: Herbert von Halem Verlag, 2007.

Bauer, Matthias: Don't Say Yes to Another Excess. In: Koebner, Thomas/Liptay, Fabienne (Hg.): Film-Konzepte Band 1: Ang Lee. Edition text + kritik. München: Richard Boorberg Verlag GmbH & Co KG, 2007. S. 81-96.

Bär, Gerald: Das Motiv des Doppelgängers als Spaltungsphantasie in der Literatur und im deutschen Stummfilm. Amsterdam, New York: Rodopi, 2005.

Beatty, Scott: Batman – die Welt des dunklen Ritters. Batman wurde geschaffen von Bob Kane. Stuttgart: Dino, 2002.

Begleiter, Marcie: Storyboard. Vom Text zur Zeichnung zum Film. Frankfurt a.M.: Verlag Zweitausendeins, 2003.

Benthien, Claudia/Stephan, Inge (Hg.): Männlichkeit als Maskerade. Kulturelle Inszenierungen vom Mittelalter bis zur Gegenwart. Literatur und Leben. Studien zur Literatur- und Kulturgeschichte, Kl. Reihe 18. Köln: Böhlau, 2003.

Berliner Ensemble GmbH (Hg.): Heiner Müller – Herakles. [Stücktext und Arbeitsmaterialien] Spielzeit 1998/99.

Biedermann, Claudio/Stiegler, Christian (Hg.): Horror und Ästhetik. Eine interdisziplinäre Spurensuche. Konstanz: UVK Verlag, 2008.

Bildhauer, Katharina: Drehbuch reloaded. Erzählen im Kino des 21. Jahrhunderts. Konstanz: UVK Verlagsgesellschaft mbH, 2007.

Blumenberg, Hans: Arbeit am Mythos. Frankfurt a.M.: Suhrkamp Verlag, 2006.

Brandstätter, Gabriele/Peters, Sibylle (Hg.): De figura. Rhetorik – Bewegung – Gestalt. München: Wilhelm Fink Verlag, 2002.

Brandl-Risi, Bettina /Wolf-Dieter Ernst und Meike Wagner (Hg.): Figuration. Beiträge zum Wandel der Betrachtung ästhetischer Gefüge. München: Epodium Verlag, 2000.

Braun, Martha: Picturing Time. The Work of Etienne-Jules Marey (1830-1904). Chicago: The University of Chicago Press, 1992.

Brinckmann, Christine N.: Somatische Empathie bei Hitchcock: eine Skizze. In: Heinz B. Heller et.al. (Hg.): Der Körper im Bild. Schauspielen – Darstellen – Erscheinen. Marburg: Schüren, 1999. S. 111-120.

Brunotte, Ulrike: Helden des Tötens. Rituale der Männlichkeit und die Faszination der Gewalt. Dortmund: Humanitas Verlag, 1995.

Brunotte, Ulrike: Herakles, das Chaos und die Arbeit. In: Kursbuch 108 "Heroisierungen", Berlin: Rowohlt Verlag, 1992. S. 135-151.

Boehm, Gottfried/Gabriele Brandstetter/Achatz von Müller (Hg.): Figur und Figuration: Studien zu Wahrnehmung und Wissen. München: Wilhelm Fink Verlag, 2007.

Bordwell, David: Narration in the Fiction Film. Madison: The University of Wisconsin Press, 1985.

Bordwell, David/Christie, Ian/Reisz, Karel/ Richie, Donald/Robbe-Grillet, Alain/ Thompson, Kristin: Zeit, Schnitt, Raum. Herausgegeben und eingeleitet von Andreas Rost. Frankfurt a. M.: Verlag der Autoren 1997.

Bordwell, David/Staiger, Janet/Thompson, Kristin: The Classical Hollywood Cinema. Film Style and Mode of Production to 1960. London: Routledge, 1985.

Campbell, Joseph: Der Heros in tausend Gestalten: Aus dem Amerikanischen von Karl Koehne. Mit zahlreichen Abbildungen. Frankfurt a.M./Leipzig: Insel Verlag, 1999.

Caneppele, Paolo/Krenn, Günter: Film ist Comics. Wahlverwandtschaften zweier Medien. Die Projektionen des Filmstars Louise Brooks in den Comics von John Striebel bis Guido Crepax. Wien (Filmarchiv Austria) o.V., 1999.

Cotta Vaz, Mark: Hinter der Maske von Spider-Man. Ein geheimer Blick hinter die Kulissen. Aus dem Englischen von Timothy Stahl. Stuttgart: Dino, 2002.

Cotta Vaz, Mark: Tales of the Dark Knight. Batman's First Fifty Years: 1939-1989. 1st Edition. New York: Ballentine Books, 1989.

Comic Welten. Edition Comic-Forum, Wien, 1992.

Daemmrich, Horst S. und Ingrid G.: Themen und Motive in der Literatur. Ein Handbuch. Zweite, überarbeitete und erweiterte Auflage. Tübingen und Basel: Francke Verlag, 1995.

Daniels, Les: Batman. The Complete History. Photographs by Geoff Spear. Design Assistance by Chin-Yee Lai. San Francisco: Chronicle Books, 1999.

DeFalco, Tom/Löffler, Jo: Hulk. Die Welt des Grünen Goliaths. Stuttgart: Dino, 2003.

DeFalco, Tom/Zahn, Jürgen: Spider-Man. Die Welt des Netzschwingers. Stuttgart: Dino Marvel. o.J. (2001).

Deleuze, Gilles: Das Bewegungs-Bild. Kino 1. Übersetzt von Ulrich Christians und Ulrike Bokelmann. Frankfurt a.M.: Suhrkamp Verlag, 1997.

Doetinchem, Dagmar v./Hartung, Klaus: Zum Thema Gewalt in Superheldencomics. Basis Theorie 2. Berlin: Basis Verlag, 1974.

Dolle-Weinkauff, Bernd: Comics – Geschichte einer populären Literaturform in Deutschland seit 1945. Weinheim und Basel: Beltz, 1990.

Domschky, Claudia: Das Schweigen der Lämmer von Jonathan Demme: Motive und Erzählstrukturen. Reihe Aufsätze zu Film und Fernsehen, Bd. 33. Alfeld: Coppi-Verlag, 1996.

Dörner, Andreas: Politische Kultur und Medienunterhaltung. Zur Inszenierung politischer Identitäten in der amerikanischen Film- und Fernsehwelt. Konstanz: UVK Universitätsverlag, 2000.

Eco, Umberto: Der Mythos von Superman. In: Ders.: Apokalyptiker und Integrierte. Zur kritischen Kritik der Massenkultur. Frankfurt a. M.: Fischer Taschenbuch Verlag, 1992. S. 187-222.

Eder, Jens: Die Figur im Film. Grundlagen der Figurenanalyse. Marburg: Schüren Verlag, 2008.

Eder, Jens: Dramaturgie des populären Films. Drehbuchpraxis und Filmtheorie. 3. Auflage. Beiträge zur Medienästhetik und Mediengeschichte, Bd. 7. Hamburg: Lit Verlag, 2007.

Eick, Dennis: Drehbuchtheorien. Eine vergleichende Analyse. Konstanz: UVK Verlagsgesellschaft mbH, 2006.

Eidsvik, Charles: Drehbücher aus der Praxis. In: Schwarz, Alexander (Hg.): Das Drehbuch. Geschichte, Theorie, Praxis. Diskurs Film. Münchner Beiträge zur Filmphilologie. München: Verlegergemeinschaft Schaudig/Bauer/Ledig, 1992. S. 173-195.

Enzyklopädie des Märchens. Handwörterbuch zur historischen und vergleichenden Erzählforschung. Begründet von Kurt Ranke. Mit Unterstützung der Akademie der Wissenschaften zu Göttingen. Band 6, Berlin, New York: Walter de Gruyter, 1990.

Eschbach, Silvia: Das populäre Melodrama-Theater des 19. Jahrhunderts in den USA – Überlegungen auf systemtheoretischer Grundlage. Köln: Hundt Druck, 2000.

Field, Syd: Das Drehbuch. In: Field, Syd/ Meyer, Andreas/Witte, Gunter/Henke, Gebhard u.a.: Drehbuchschreiben für Fernsehen und Film. Ein Handbuch für Ausbildung und Praxis. Aus dem Englischen von Carl-Ludwig Reichert. Berlin: Ullstein Taschenbuch-Verlag, 2005.

Field, Syd: Das Handbuch zum Drehbuch. Übungen und Anleitungen zu einem guten Drehbuch. Aus dem Amerikanischen von Brigitte Kramer. Frankfurt a. M.: Zweitausendeins, 1991.

Field, Syd: Screenwriter's Problem Solver. Der sichere Weg zum perfekten Drehbuch. Hamburg/Wien: Europa Verlag, 2000.

Flückiger, Barbara: Visual Effects. Filmbilder aus dem Computer. Züricher Filmstudien. Herausgegeben von Christine N. Brinkmann. Marburg: Schüren, 2008.

Frahm, Ole: Wer ist Superman? In: Diekmann, Stefanie/Schneider, Matthias (Hg.): Szenarien des Comic. Helden und Historien im Medium der Schriftbildlichkeit. Berlin: SuKuLTuR, 2005. S. 35-49.

Franzmann, Bodo/Hermann, Ingo /Kagelmann, H. Jürgen /Zitzlsperger, Rolf (Hg.): Comics zwischen Lese- und Bildkultur. Comics Anno. 2. Jahrbuch der Forschung zu populär-visuellen Medien. München und Wien: Profil, 1991.

Freytag, Gustav: Die Technik des Dramas. Unveränderter reprografischer Nachdruck der 13. Auflage Leipzig 1922. Darmstadt: Wissenschaftliche Buchgesellschaft, 1969.

Friedrich, Andreas: Der Amerikanische Traum und sein Schatten. Superman, Batman und ihre filmische Metamorphosen. In: Koebner, Thomas/Liptay, Fabienne (Hg.): Film-Konzepte Band 6: Superhelden zwischen Comic und Film. Gastherausgeber: Andreas Friedrich und Andreas Rauscher. Edition text + kritik. München: Richard Boorberg Verlag GmbH & Co KG, 2007. S. 23-50.

Fuchs, Wolfgang J.: Batman, Beatles, Barbarella: Der Kosmos in der Sprechblase. Ebersberg/Obb.: Edition 8 ½ Just, 1985.

Fuchs, Wolfgang J./Reitberger, Reinhold C.: Das große Buch der Comics. Anatomie eines Massenmediums. Gütersloh: Bertelsmann Club 1983.

Girshausen, Theo: Regie Heiner Müller: Geschichte(n)-Erzählen. In: Schulte, Christian/Mayer, Brigitte Maria (Hg.): Der Text ist der Coyote. Heiner Müller Bestandsaufnahme. Berlin: Suhrkamp Verlag, 2004. S. 90-101.

Giesen, Rolf/Megelin, Claudia: Künstliche Welten. Tricks, Special Effects und Computeranimationen im Film von den Anfängen bis heute. Hamburg/Wien: Europa Verlag, 2000.

Gordijn, Bert: Medizinische Utopien. Eine ethische Betrachtung. Mit 9 Übersichten. Zugl.: Medizin – Ethik – Recht. Herausgegeben von Fuat S. Oduncun, Ulrich Schroth, Wilhelm Vossenkuhl. Band 3. Göttingen: Vandenhoeck&Ruprecht, 2004.

Greiner, Kurt: Superheld und Superioritätsdynamik. Eine psychodynamisch-interpretative Hero-Pattern-Studie einer populären Helden-Spezies des 20. Jh. Wien: o.V., 2002.

Gross, Edward: Spider-Man Confidential. From Comic Icon to Hollywood Hero. New York: Hyperion, 2002.

Havlik, E. J.: Lexikon der Onomatopöien. Die lautimitierenden Wörter im Comic. Frankfurt a. M.: Verlag Dieter Fricke, 1981.

Hausmanninger, Thomas: Superman. Eine Comic-Serie und ihr Ethos. Frankfurt a. M.: Suhrkamp Taschenbuch, 1989.

Hausmanninger, Thomas/Kagelmann, H. Jürgen (Hg.): Comics zwischen Zeitgeschehen und Politik. Mit Beiträgen von Markus von Hagen, Thomas Hausmanninger, Gerd Lettkemann, Georg Seeßlen. München, Wien: Profil-Verlag, 1994.

Heeg, Günter/Schnabel, Stefan/Wolf, K. D. (Hg.): Kinder der Nibelungen. Klaus Heinrich und Heiner Müller im Gespräch mit Peter Kammerer und Wolfgang Storch. Frankfurt a.M.: Stroemfeld Verlag, 2007.

Heinrich, Klaus: anthropomorphe. Zum Problem des Anthropomorphismus in der Religionsphilosophie. Hg. von Wolfgang Albrecht. Frankfurt a.M. und Basel: Stroemfeld, 1986.

Heinrich, Klaus: arbeiten mit ödipus. Der Begriff der Verdrängung in der Religionswissenschaft (Dahlemer Vorlesungen Band 3). Hg. von Hans-Albrecht Kücken, Wolfgang Albrecht, Irene Tobben. Frankfurt a.M. und Basel: Stroemfeld/Roter Stern, 1993.

Heinrich, Klaus: Das Floß der Medusa. 3 Studien zur Faszinationsgeschichte mit mehreren Beilagen und einem Anhang. Frankfurt a. M. und Basel: Stroemfeld Verlag, 1995.

Heinrich, Klaus: tertium datur. Eine religionsphilosophische Einführung in die Logik. (Dahlemer Vorlesungen Band 1) Hg. v. Wolfgang Albrecht u.a. Frankfurt a.M. und Basel: Stroemfeld, 1981.

Heinrich, Klaus: arbeiten mit herakles. Zur Figur und zum Problem des Heros. Antike und moderne Formen seiner Interpretation und Instrumentalisierung. (Dahlemer Vorlesungen Band 9) Hg. von Hans-Albrecht Kücken. Frankfurt a.M. und Basel: Stroemfeld/Roter Stern, 2006.

Heinrich, Klaus: Festhalten an Freud. In: Zeitschrift für psychoanalytische Theorie und Praxis. Hg. von Bettina Reiter. Frankfurt a.M.: Stroemfeld Verlag, 2007.

Heinrich, Klaus: Gesellschaftlich vermitteltes Naturverhältnis. Begriff der Aufklärung in den Religionen und der Religionswissenschaft. (Dahlemer Vorlesungen Band 8) Hg. von Hans-Albrecht Kücken. Frankfurt a.M. und Basel: Stroemfeld/Roter Stern, 2007.

Heinrich, Klaus: Parmenidis und Jona. Vier Studien über das Verhältnis von Philosophie und Mythologie. Frankfurt a.M. und Basel: Stroemfeld/Roter Stern, 1992.

Heinrich, Klaus: Reden und kleine Schriften. 1. Anfangen mit Freud. Frankfurt a. M. und Basel: Stroemfeld/Roter Stern, 1997.

Heinrich, Klaus: Vernunft und Mythos. Ausgewählte Texte. Frankfurt a. M. und Basel: Stroemfeld/Roter Stern, 1992.

Heinrich, Klaus: Versuch über die Schwierigkeit, nein zu sagen. 4. Auflage, Sonderausgabe zum 75. Geburtstag von Klaus Heinrich. Frankfurt a.M. und Basel: Stroemfeld/Roter Stern, 2002.

Heinrich, Klaus: Zur Figur und zum Problem des Heros. Unveröffentlichtes Vorlesungs-Manuskript.

Hennig, Martin: Warum die Welt Superman nicht braucht. Die Konzeption des Superhelden und ihre Funktion für den Gesellschaftsentwurf in US-amerikanischen Filmproduktionen. Stuttgart: ibidem Verlag, 2010.

Herget, Sven: Spiegelbilder. Das Doppelgängermotiv im Film. Marburg: Schüren Verlag, 2009.

Hersey, George L.: The evolution of allure. Sexual selection from the Medici Venus to the Incredible Hulk. Cambridge, Massachusetts/London, England: MIT Press, 1996.

Hesse, Kurt-Werner (Hg.): Schmutz und Schund unter der Lupe. Bericht über eine Untersuchung des Gesamtproblems der Jugendgefährdung. Frankfurt: Dipa, 1955.

Hickethier, Knut: Film- und Fernsehanalyse. 2., überarbeitete Auflage. Stuttgart, Weimar: Verlag J.B. Metzler, 1996.

Hickethier Knut: Genretheorie und Genreanalyse. In: Jürgen Felix (Hg.): Moderne Film Theorie. 3. Auflage. Mainz: Bender Verlag, 2007. S. 62-103.

Hill, Paul: Eadweard Muybridge. Deutsche Übersetzung von Suzan Depping. Deutsche Erstausgabe. Berlin : Phaidon-Verlag, 2001.

Hiltunen, Ari: Aristoteles in Hollywood. Das neue Standardwerk der Dramaturgie. Mit einem Vorwort von Christopher Vogler. Bastei Lübbe 2001.

Hügel, Hans-Otto: Handbuch populäre Kultur. Begriffe, Theorie und Diskussionen. Stuttgart: Metzler Verlag, 2003.

Horkheimer, Max/Adorno, Theodor W.: Dialektik der Aufklärung. Philosophische Fragmente. Frankfurt a.M.: Fischer Verlag, 2006.

Jackèl, Dietmar/Neunreither, Stephan/Wagner, Friedrich: Motion Capturing und Motion Editing. In: ders.: Methoden der Computeranimation. Mit 243 Abbildungen und 18 Farbtafeln. Berlin, Heidelberg: Springer 2006. S. 165-192.

Jewett, Robert/Lawrence, John Shelton: The American Monomyth. Foreword by Isaac Asimov. Garden City, NY: Anchor Press/Doubleday, 1977.

Kainz, Barbara (Hg.): Comic. Film. Helden. Heldenkonzepte und medienwissenschaftliche Analysen. Wien: Erhard Löcker GesmbH, 2009.

Kakalios, James: Physik der Superhelden. Aus dem Amerikanischen von Doris Gerstner und Christoph Hahn. Berlin: Rogner&Bernhard, bei Zweitausendeins, 2006.

Kinder, Ralf/Wieck, Thomas: Zum Schreien komisch, zum Heulen schön. Die Macht des Filmgenres. Bergisch Gladbach: Bastei Lübbe, 2001.

Kiste Nyberg, Amy: Seal of Approval. The History of the Comic Codes. Jackson: University Press of Mississippi, 1998.

Klock, Geoff: How to read superhero comics and why. New York, London: continuum, 2002.

Knigge, Andreas S.: Comics. Vom Massenblatt ins multimediale Abenteuer. Rowohlt Taschenbuch Verlag. Reinbek bei Hamburg, 1996.

Koebner, Thomas (Hg.): Reclams Sachlexikon des Films. Stuttgart: Reclam, 2002. Darin: Jörg Schweinitz: "Erzählen" (S. 145-147), und ders.: "Comicverfilmung" (S. 103-104).

Krützen, Michaela: Dramaturgie des Films. Wie Hollywood erzählt. Frankfurt a.M.: Fischer Taschenbuch Verlag, 2004.

Kurzweil, Ray: The Age of Spiritual Machines. When Computers Exceed Human Intelligence. London: Orion Publishing Group, 1999.

Lichau, Karsten: Die offene Maske – Zur Inszenierung des Körpers durch "häßliche Gesichter". Berliner Arbeiten zur Erziehungs- und Kulturwissenschaft, Band 2. Berlin: Logos, 2000.

McCloud, Scott: Comics richtig lesen. Hamburg: Carlsen Studio, 1994.

McKee, Robert: Story. Die Prinzipien des Drehbuchschreibens. Berlin: Alexander Verlag, 2000.

Merschmann, Helmut: Tim Burton. Berlin: Dieter Bertz Verlag, 2000.

Meteling, Arno/Suhr, André: Schrift-/Bilder. Kulturwissenschaftliche Anmerkungen zum Comic. In: Düllo, Thomas/Meteling, Arno/Suhr, André/Winter, Carsten (Hg.): Kursbuch Kulturwissenschaft. Forum Kultur Bd.1. Münster: LIT, 2000. S. 277-295.

Meteling, Arno: Weird Science. Wissenschaft und Wahn im amerikanischen Superheldencomic. In: Junge, Torsten/Ohlhoff, Dörthe: Wahnsinnig genial. Der mad scientist reader. Aschaffenburg: Alibri, 2004. S. 171-195.

Metken, Günter: Comics. Frankfurt a.M., Hamburg: Fischer Bücherei, 1970.

Moldenhauer, Benjamin/Spehr, Christoph/Windszus, Jörg (Hg.): On Rules and Monsters. Essays zu Horror, Film und Gesellschaft. Hamburg: Argument Verlag, 2008.

Moscati, Massimo: Comics und Film. Frankfurt am Main, Berlin: Ullstein Verlag, 1988.

Müller, Ulrich/Wunderlich, Werner (Hg.): Verführer, Schurken, Magier. Zugl.: Mittelalter Mythen Band 3. St. Gallen: UVK Fachverlag für Wissenschaft und Studium GmbH, 2001.

Ofenloch, Simon: Mit der Kamera gezeichnet – Zur Ästhetik realer Comicverfilmungen. Saarbrücken: VDM Verlag Dr. Müller, 2007.

Ohler, Peter: Kognitive Filmpsychologie. Verarbeitung und mentale Repräsentation narrativer Filme. Münster: MAkS Publikationen, 1994.

Olschanski, Reinhard: Maske und Person. Zur Wirklichkeit des Darstellens und Verhüllens. Mit 9 Abbildungen. Göttingen: Vandenhoek&Ruprecht 2001.

Osteried, Peter: Sam Raimi Chronicles. Hille: Medien, Publikations- und Werbegesellschaft, 2000.

Pansegrau, Petra: Zwischen Fakt und Fiktion – Stereotypen von Wissenschaftlern in Spielfilmen. In: Hüppauf, Bernd/Weingart, Peter (Hg.): Frosch und Frankenstein. Bilder als Medium der Popularisierung von Wissenschaft. Bielefeld: Transcript, 2009. S. 373-386.

Pantenelli, Claudia/Stohler, Peter (Hg.): Body Extensions. Art, Photography, Film, Comic, Fashion. Stuttgart: Arnoldsche 2004.

Petrou, David Michael: So entstand Superman – Der Film. Deutsche Erstveröffentlichung. München: Wilhelm Heyne Verlag, 1979.

Platthaus, Andreas: Im Comic vereint. Eine Geschichte der Bildergeschichte. Berlin: Alexander Fest Verlag, 1998.

Rabenalt, Peter: Filmdramaturgie. Berlin: Vistas, 1999.

Rank, Otto: Der Mythos von der Geburt des Helden. Versuch einer psychologischen Mythendeutung. Nach der zweiten Auflage von 1922. Wien, Berlin: Turia und Kant, 2008.

Reinhardt, Karl: Die Krise des Helden. Beiträge zur Literatur und Geistesgeschichte. München: Deutscher Taschenbuch Verlag, 1962.

Richter, Sebastian: Digitaler Realismus. Zwischen Computeranimation und Live-Action. Die neue Bildästhetik in Spielfilmen. Bielefeld: transcript Verlag, 2008.

Salzmann, Irene: Super- und andere Helden. Eine Analyse. Edition Cargo. Herausgegeben von Michael Schneider-Braune und J. Heinrich Heikamp, Band 1. Weikersheim: Cargo-Verlag, 2003.

Savage, William W. Jr.: Commies, Cowboys and Jungle Queens. Comic Books and America 1945-1954. Hanover and London: Wesleyan University Press, 1998.

Schäfer, Alfred/Wimmer, Michael (Hg.): Masken und Maskierungen. Opladen: Leske und Budrich, 2000.

Schmitz-Emans, Monika: Literatur-Comics. Adaptionen und Transformationen der Weltliteratur. Berlin/Boston: Walter de Gruyter, 2012.

Schnackertz, Hermann Josef: Form und Funktion medialen Erzählens. Narrativität in Bildsequenz und Comicstrip. München: Wilhelm Fink Verlag, 1980. Darin: Die Superhelden, S. 93-131.

Schreckenberg Ernst: Die Reise des Helden. Zur Geschichte eines Erzählmodells in Hollywood. In: Schenk, Irmbert/Rüffert, Christine/Schmid, Karl-Heinz/Tews, Alfred /Bremer Symposium zum Film (Hg.): Experiment Mainstream? Differenz und Uniformierung im populären Kino. Berlin: Bertz und Fischer, 2006. S. 77-84.

Schubart, Rikke: Super Bitches and Action Babes. The Female Hero in Popular Cinema, 1970-2006. Jefferson/NC: McFarland, 2007.

Schüwer, Martin: Erzählen in Comics: Bausteine einer plurimedialen Erzähltheorie. In: Nünnig, Vera/Nünning, Ansgar (Hg.): Erzähltheorie transgenerisch, intermedial, interdisziplinär. Trier: Wissenschaftlicher Verlag Trier, 2002. S. 185-216.

Schwab, Ulrike: Erzähltext und Spielfilm. Zur Ästhetik und Analyse der Filmadaption. (Geschichte, Zukunft, Kommunikation. Untersuchung zur europäischen Medienforschung. Herausgegeben von Barbara von der Lühe, Helmut, Schanze, Reinhold Viehoff. Band 4) Berlin: Lit Verlag, 2006.

Schweizer, Reinhard: Ideologie und Propaganda in den Marvel-Superheldencomics. Vom Kalten Krieg zur Entspannungspolitik. Herausgegeben von Willi Erzgräber und Paul Goetsch. Neue Studien zur Anglistik und Amerikanistik, Band 54. Frankfurt am Main, Bern, New York, Paris: Peter Lang, 1992.

Seeßlen, Georg: Gerahmter Raum – gerahmte Zeit. In: Hein, Michael/Hüers, Michael/Michaelsen, Torsten (Hg.): Ästhetik des Comic. Berlin: Schmidt, 2000. S. 71-90.

Seeßlen, Georg: Klare Linien, dunkle Träume. Politik und Zeitgeschichte in den franko-belgischen Comics. In: Hausmanninger, Thomas/Kagelmann, H. Jürgen (Hg.): Comics zwischen Zeitgeschehen und Politik, 1994.

Seeßlen, Georg/Jung, Fernand: Science Fiction. Geschichte und Mythologie des Science-Fiction-Films. Band 1. Marburg: Schüren Verlag, 2003.

Seger, Linda: Das Geheimnis guter Drehbücher. Deutsch von Ursula Keil und Raimund Maessen. Berlin: Alexander Verlag, 1997.

Seger, Linda: Vom Buch zum Drehbuch. Wie aus Romanen, Theaterstücken und Biografien erfolgreiche Drehbücher werden. Übersetzt von Dietmar Hefendahl. München: Zweitausendeins, 2001.

Seger, Linda: Von der Figur zum Charakter. Überzeugende Filmcharaktere schaffen. Aus dem Amerikanischen von Christine Schreyer. Berlin: Alexander Verlag, 1999.

Sieck, Thomas: Der Zeitgeist der Superhelden. Das Gesellschaftsbild amerikanischer Superheldencomics von 1938 bis 1988. Meitingen: Corian-Verlag Heinrich Wimmer, 1999.

Steinmetz, Rüdiger (Hg.): Das digitale Dispositif Cinéma: Untersuchungen zur Veränderung des Kinos. Leipzig: Leipziger Universitätsverlag, 2011.

Steranko, James: The Steranko History of Comics Nr. 1, Crown Edition Publishing Group, 1972.

Thompson, Kristin: Storytelling in the New Hollywood. Understanding Classical Narrative Technique. Cambridge, Massachusetts/London, England: Harvard University Press, 1999.

Turner, Victor W.: Liminalität und Communitas. In: Bellinger, Andrea/Krieger, David J. (Hg.): Ritualtheorien. Ein einführendes Handbuch. Opladen, Wiesbaden: Westdeutscher Verlag, 1998. S. 251 – 261.

Vale, Eugene: Die Technik des Drehbuchschreibens für Film und Fernsehen. Herausgegeben von Jürgen Bretzinger. Aus dem Amerikanischen übersetzt von Gabi Galster. München: TR-Verlagsunion, 2000.

Van Gennep, Arnold: Übergangsriten (Les rites de passage). Aus dem Französischen von Klaus Schomburg und Sylvia M. Schomburg-Scherff. Mit einem Nachwort von Sylvia M. Schomburg-

Scherff. Zugleich: Èdition de la Maison des Sciences de l' Homme. Paris. Frankfurt/New York: Campus Verlag, 1981.

Vogler, Christopher: Die Odyssee des Drehbuchschreibers: Über die mythologischen Grundmuster des amerikanischen Erfolgskinos. Aus dem Amerikanischen von Frank Kuhnke. Deutsche Erstausgabe, 4. Auflage, aktualisierte und erweiterte Ausgabe. Frankfurt a.M.: Zweitausendeins, 2004.

Volland, Kerstin: Zeitspieler. Inszenierungen des Temporalen bei Bergson, Deleuze und Lynch. (Medienbildung und Gesellschaft, Band 11). Wiesbaden: VS Verlag für Sozialwissenschaften, 2009.

Vossen, Ursula (Hg.): Filmgenres: Horrorfilm. Ditzingen: Reclam, 2004.

Weihe, Richard: Die Paradoxie der Maske. Geschichte einer Form. München: Wilhelm Fink Verlag, 2004.

Weimar, Klaus, (Hg.): Reallexikon der deutschen Literaturwissenschaft. In Zusammenarbeit mit Fricke, Harald/Grubmüller, Klaus/Müller, Jan-Dirk. Band I. Berlin/New York: de Gruyter, 1997.

Wermke, Jutta (Hg): Comics und Religion. Eine interdisziplinäre Diskussion. München: Wilhelm Fink Verlag, 1976.

Wiener, Oswald: Der Geist der Superhelden. In: Zimmermann Hans-Dieter (Hg.): Vom Geist der Superhelden. Comic Strips. Zur Theorie der Bildergeschichte. München: Deutscher Taschenbuch Verlag, 1973. S. 126-41.

Wulff, Hans J.: Darstellen und Mitteilen: Elemente der Pragmasemiotik des Films. Tübingen: Gunter Narr Verlag, 1999.

Wulff, Hans J.: Held und Antiheld, Prot- und Antagonist. Zur Kommunikations- und Texttheorie eines komplizierte Begriffsfeldes. Ein enzyklopädischer Aufriss. In: Krah, Hans/Ort, Claus-Michael (Hg.): Weltentwürfe in Literatur und Medien. Phantastische Wirklichkeiten – realistische Imaginationen. Festschrift für Marianne Wünsch. Kiel: Ludwig, 2002. S. 431- 448.

Wuss, Peter: Filmanalyse und Psychologie. Strukturen des Films im Wahrnehmungsprozess. 2. durchgesehen und erweiterte Auflage. Berlin: Ed. Sigma, 1999.

Zimmermann, Hans Dieter: Vom Geist der Superhelden. Comic Strips. Zur Theorie der Bildergeschichte. München: Deutscher Taschenbuch Verlag, 1973.

Zeitschriften/Zeitschriftenartikel

Belton, John: Das digitale Kino – eine Scheinrevolution. In: montage a/v, 12/1/2002. Zeitschrift für Theorie und Geschichte audiovisueller Kommunikation. Marburg: Schüren Verlag, 2003. S. 6-27.

Bordwell, David: Kognition und Verstehen. Sehen und Vergessen in MILDRED PIERCE. In: montage a/v, 1/1/1992. S. 5-24.

Cordt, Willy K.: Der Rückfall ins Primitive. In: Westermanns Pädagogische Beiträge. Eine Zeitschrift für die Volksschule. Herausgegeben von Carl Schnietzel, Hans Sprenger, Otto Wommelsdorff. Jg. 6. Braunschweig: Georg Westermann Verlag, 1954. S. 161-181.

Editorial (Populäre Figuren). In: montage a/v, 8/2/1999. S. 3-6.

Flückiger, Barbara: Das digitale Kino: Eine Momentaufnahme. Technische und ästhetische Aspekte der gegenwärtigen digitalen Bilddatenakquisition für die Filmproduktion. In: montage a/v, 12/1 2003. S. 28-54.

Graf, Roland: Kulturelle Kolonialisierung im Kinderzimmer. Die "Amerikanisierung" von Comic-Serien und Zeichentrickfilmen. In: Medienimpulse. Beiträge zur Medienpädagogik. Herausgegeben vom Bundesministerium für Bildung und Frauen. Wien. Heft 60, Juni 2007. S. 54-58.

Hartmann Britta/Wulff, Hans J.: Vom Spezifischen des Films. Neoformalismus – Kognitivismus – Historische Poetik. In: montage a/v, 4/1/1995. S. 5-22.

Heinrich, Klaus: Sog. Zur aktuellen Mythenfaszination. Interview mit Klaus Heinrich und Horst Kurnitzky. In: Niemandsland. Zeitschrift zwischen den Kulturen. Heft 3, Jg. 1987. Berlin, 1987. S. 84-93.

Hrachowetz, Herbert: Batman. Philosophische Überlegungen zur Fernseh- und Filmzeit. In: Medien & Zeit 1/1990. Kommunikation in Vergangenheit und Gegenwart. Herausgegeben vom Arbeitskreis für historische Kommunikationsforschung, Wien, S. 13-20.

Kluge, Alexander/Dr. Sprenger, Ulrike: Super heroes im Schock. Superhelden vereinen sich mit den Feuerwehrhelden von New York zu gemeinsamer Trauerarbeit. In: Alexander Kluge: Facts&Fakes. Fernseh-Nachschriften Band 4: Der Eiffelturm, King Kong und die weiße Frau. Herausgegeben von Christian Schulte, Reinald Gußmann. Berlin: Vorwerk 8, 2002. S. 44-56.

Lowry, Stephen: Film – Wahrnehmung – Subjekt. Theorien des Filmzuschauers. In: montage a/v, 1/1/1992. S. 113-128.

MAX – die Comicausgabe. Nr. 5, 28.4.2005. Hamburg, 2005.

Mikos, Lothar: Helden, Versager und andere Typen. Strukturfunktionale Film- und Fernsehanalyse, Teil 7. In: Medien praktisch. Zeitschrift für Medienpädagogik, Frankfurt a.M., Heft 4/1998. S. 48-54.

Ohler, Peter: Zur kognitiven Modellierung von Aspekten des Spannungserlebens bei der Filmrezeption. In: montage a/v, 3/1/1994. S. 133-141.

Schweinitz, Jörg: "Genre" und lebendiges Genrebewusstsein. Geschichte eines Begriffs und Probleme seiner Konzeptualisierung in der Filmwissenschaft. In: montage a/v, 3/2 1994. S. 99-118.

The DNA Sequence and biological annotation of human chromosome 1. In: Nature. International weekly journal of science, 441. (18.05.2006.) S. 315-321.

Thompson, Kristin: Neoformalistische Filmanalyse. Ein Ansatz, viele Methoden. In: montage a/v, 4/1/1995. S. 23-62.

Wuss, Peter: Der rote Faden der Filmgeschichten und seine unbewußten Komponenten. In: montage a/v, 1/1/1992. S. 25-35.

Internetquellen

Abeltshauser, Thomas: Der Subtext des Western. Interview mit Ang Lee: http://www.critic.de/interview/der-subtext-des-western-1319/ (Zugriff am 13.08.2014).

Batman – die Chronik des dunklen Ritters: http://www.batmans.de/batman-chronik.html (Zugriff am 13.08.2014).

Die erfolgreichsten Superhelden: http://www.cinema.de/kino/home/news-und-specials/c/comicverfilmungen/superhelden/die-erfolgreichsten-superhelden,3217545,ApplicationGallery.html (Zugriff am 13.08.2014).

Fuxjäger, Anton: Was zum Teufel ist ein Plot Point? 1999: http://homepage.univie.ac.at/anton.fuxjaeger/texte/field.pdf (Zugriff am 14.08.2014).

Günthart, Romy: The Batman and How He Came to Be. Hybride Figuren im US-amerikanischen Superheldencomic: http://www.symbolforschung.ch/files/pdf/Guenthart_Batman.pdf (Zugriff am 13.08.2014).

Ihme, Burkhard: Montage im Comic: http://www.comicforschung.de/tagungen/06nov/06nov_ihme.pdf (Zugriff am 13.08.2014).

IMDB – Batman (1989):

http://www.imdb.com/title/tt0096895/ (Zugriff am 13.08.2014).

IMDB – Daredevil (2003):

http://www.imdb.com/title/tt0287978/ (Zugriff am 13.08.2014).

IMDB – Hulk (2003):

http://www.imdb.com/title/tt0286716/ (Zugriff am 13.08.2014).

IMDB – Spider-Man (2002):

http://www.imdb.com/title/tt0145487/ (Zugriff am 13.08.2014).

IMDB - Superman (1978):
http://www.imdb.com/title/tt0078346/ (Zugriff am 13.08.2014).

Locke, Simon: Fantastically reasonable: Ambivalence in the representation of science and technology in super-hero comics. 2005: http://pus.sagepub.com/content/14/1/25 (Zugriff am 20.10.2014).

National Museum of American History: Freeze Frame. Eardweard Muybridge's Photography in Motion: http://americanhistory.si.edu/muybridge/ (Zugriff am 13.08.2014).

Rolfes, Eugen: Aristoteles Kategorien. Des Organon erster Teil. Vorangeht: Des Porphyrius Einleitung in die Kategorien. Neu übersetzt und mit einer Einleitung und erklärenden Anmerkungen versehen. Der Philosophischen Bibliothek Bd. 8. Leipzig: Verlag von Felix Meiner, 1920: https://archive.org/stream/aristoteleskateg00aris#page/n12/mode/1up (Zugriff am 02.08.2014).

Sackmann, Eckart: Fundstücke. Ein Bubenstreich: http://www.comicforschung.de/fundstuecke/fundbubenstreich.html (Zugriff am 13.08.2014).

www.superheroeslives.com (Zugriff am 15.08.2014).

Teulé, Florence/Cooper, Alyssa R./Furin, William A./Bittencourt, Daniela/Rech, Elibio L./Brooks, Amanda/Lewis, Randolph V, 2009: A protocol for the production of recombinant spider silk-like proteins for artificial fiber spinning. http://www.pubmedcentral.nih.gov/articlerender.fcgi?artid=2720753 (Zugriff am 13.08.2014).

The Buckminster Fuller Institute: http://www.bfi.org/ (Zugriff am 13.08.2014).

Wikipedia (o.J.): http://de.wikipedia.org/wiki/Liste_von_Filmen_basierend_auf_einem_Comic (Zugriff am 15.08.2014).

Filmverzeichnis

Spider-Man. USA 2002. Regie: Sam Raimi. Drehbuch: David Koepp. Kamera: Don Burgess. Schnitt: Bob Murawski, Arthur Coburn. Musik: Danny Elfman. Produzenten: Marvel/Laura Ziskin. 123 Min. Verleih: Columbia.

Spider-Man. Deluxe Edition, Columbia Tristar Home Video, 2002.

Daredevil. USA 2003. Regie und Drehbuch: Mark Steven Johnson. Kamera: Ericson Core. Schnitt: Dennis Virkler, Armen Minasian. Musik: Graeme Revell. Produzenten: New Regency, Horseshoe Bay. 102 Min. Verleih: 20th Century Fox.

Daredevil. Director's Cut, 20th Century Fox, 2006.

Batman. USA/GB 1989. Regie: Tim Burton. Drehbuch: Sam Hamm, Warren Skaaren. Kamera: Roger Pratt. Schnitt: Ray Lovejoy. Musik: Danny Elfman. Produzenten: Peter Gruber, Jon Peters, Barbara Kalish. 121 Min. Verleih: Warner Bros.

Batman. Special Edition 2-Disc Set. Warner Bros., 2005.

Superman. USA 1978. Regie: Richard Donner. Drehbuch: Mario Puzo, David Newman, Leslie Newman, Robert Benton. Kamera: Geoffrey Unsworth. Schnitt: Stuart Baird, Michael Ellis. Musik: John Williams. Produzenten: Alexander Salkind, Pierre Spengler. 137 Min. Verleih: Warner Bros.

Superman – Der Film. 4-Disc Special Edition. Warner Bros., 2006.

Hulk. USA 2003. Regie: Ang Lee. Drehbuch: John Turman, Michael France, James Schamus, David Hayter. Kamera: Frederick Elmes. Schnitt: Tim Squyres. Musik: Danny Elfman. Produzenten: Stan Lee, Kevin Feige. 133 Min. Verleih: Universal Pictures.

Hulk. 2 Disc Special Edition. Universal Pictures, 2003.

Von Superman zu Spiderman. Die Abenteuer der Comichelden. Dokumentarfilm, Frankreich, 2001. Regie: Michel Viotte. Gesendet auf ARTE am 23.01.2005 um 22:20 Uhr. 99 Minuten.

Superheroes (1-3). Dokumentarserie, Frankreich, USA, 2013. Regie: Michael Kantor. Gesendet auf ARTE ab dem 01.02.1014 jeweils wöchentlich.

Abbildungsnachweise

Abb. 1:   Schatten auf Bruces Gesicht. 155
Abb. 2:   Schatten auf Batmans Gesicht. 156
Abb. 3:   Elektra im Regen – wie Daredevil sie sieht 160
Abb. 4:   Jokers Hand im Abflussbecken. 164
Abb. 5:   Davids Hand greift vermeintlich nach dem Zuschauer. .. 165
Abb. 6:   Daredevil im Comic … 165
Abb. 7:   … und im Film. 167
Abb. 8:   Gotham City 169
Abb. 9:   Übereinanderliegende, sich bewegende Bildelemente in "Hulk". 173
Abb. 10: Kryptons Kugelwelt 180
Abb. 11: Die mutierte Spinne beißt Peter Parker. 202
Abb. 12: Eine DNA-"Hand" schließt die Lücke. 203
Abb. 13: Bruce Banner wird von Gammastrahlen getroffen 204
Abb. 14: Säure zerstört Matts Sehnerven. 205
Abb. 16: Der strahlende Superman 230
Abb. 15: Der biedere Jedermann 230
Abb. 17: Batmans Kostüm 233
Abb. 18: Daredevil in Kampfmontur 238
Abb. 19: Hulk 240
Abb. 20: Peters Vision von sich selbst … 241
Abb. 21: … und die bittere Realität. 243

Es wurden Screenshots der angegebenen Comic-Superheldenfilme verwendet.
"Guardian Devil 3: Dystopia" erschien als Teil einer achtteiligen Miniserie am 1.1.1999 im Marvel-Verlag. Cover-Zeichner: Joe Quesada, Autor: Kevin Smith.
Die Rechte am Bildmaterial liegen beim jeweiligen Filmverleih bzw. beim Marvel-Verlag.

Sequenzliste BATMAN

Nr.	Dauer	Ort	Personen	Inhalt
1	00:02:25 00:06:44	Gotham City, düstere Gegend	Familie, Gangster, Batman	Vorstellen des urbanen Settings, Familie wird überfallen. Erster Auftritt Batman, Kampf und Klarstellung: "Ich bin Batman!"
2	00:06:45 00:09:01	Galaveranstaltung/PK; Grissoms Wohnung	Bürgermeister, Comissioner Gordon, Harvey Dent, Jack	Neuer Staatsanwalt Dent verspricht Kampf gegen das organisierte Verbrechen in Gestalt von Grissom. Jack vergnügt sich in der Wohnung seines Chefs mit dessen Freundin.
3	00:09:02 00:11:49	düstere Gegend	Ltd. Eckhardt, Knox, Jack	Die Polizei verweigert Aussagen über den mysteriösen Batman und hat einen Spitzel in den eigenen Reihen, der mit Jack kooperiert.
4	00:11:50 00:14:04	Rathausvorplatz; Zeitungsredaktion	Harvey Dent, Vicky, Knox	Planung der 200-Jahr-Feier von Gotham City. Erster Auftritt Vicky Vale in der Zeitungsredaktion.
5	00:14:05 00:16:19	Grissoms Wohnung	Grissom, Jack	Grissom erteilt Jack den Auftrag, die AXIS Chemiefabrik unschädlich zu machen.
6	00:16:20 00:22:57	Wayne Manor	Vicky, Knox, Bruce, Alfred, Gordon	Vicky und Knox auf der Spendengala zur 200-Jahr-Feier der Stadt. Bruce Wayne gibt sich erst spät zu erkennen und wird von Alfred hinaus komplimentiert.
7	00:22:58 00:29:09	AXIS Chemiefabrik	Ltd. Eckhardt, Gordon, Jack, Batman	Der Einsatz in der Fabrik schlägt fehl, die Polizei greift ein, Jack tötet Eckhardt und fällt selbst nach einem Gerangel mit Batman in einen Säurebottich.
8	00:29:10 00:34:42	Zeitungsredaktion; Wayne Manor; Kellerpraxis	Knox, Vicky, Bruce, Alfred, Jack	Vicky ist zu Gast bei Bruce. Beide essen in der Küche bei Alfred und kommen sich näher. Währenddessen verfällt Jack dem Wahnsinn.

9	00:34:43 00:39:23	Grissoms Wohnung; Wayne Manor	Grissom, Joker, Vicky, Bruce, Alfred	Der Joker tötet Grissom und findet seinen Gegner in Batman. Vicky verbringt die Nacht mit Bruce.
10	00:39:24 00:43:13	Grissoms Wohnung; Konferenzraum	Joker, Mafiosi	Der Joker übernimmt das Kartell.
11	00:43:14 00:45:29	Zeitungsredaktion; Wayne Manor; Straße	Bruce, Vicky, Knox	Da Vicky keine Informationen über Bruce herausfindet, spioniert sie ihm hinterher.
12	00:45:30	Rathausvorplatz;	Joker, Bruce, Vicky	Joker tötet einen weiteren Mafiaboss, Bruce erkennt
	00:48:44	Jokers Versteck		Jack in Joker.
13	00:48:45 00:52:03	Wayne Manor; Vickys Appartement, Jokers Versteck	Bruce, Alfred, Vicky	Während Bruce sich Vicky nicht öffnen kann, steht diese im Fokus des Jokers.
14	00:52:04 00:56:17	AXIS; Fernsehstudio; Wayne Manor; Bürgermeisterbüro; Grissoms Wohnung	Joker, Bruce, Alfred, Bürgermeister, Harvey Dent	Der Joker vergiftet Kosmetikprodukte, Bürgermeister und Polizei sind überfordert. Bruce studiert Jacks Polizeiakte.
15	00:56:18 01:04:39	Wayne Manor; Flugelheimmuseum	Alfred, Vicky, Joker, Batman	Der Joker tötet Besucher des Museums, zerstört Kunstwerke und macht sich an Vicky heran, die davon ausgeht, dass sich Bruce mit ihr treffen wollte. Batman rettet sie.
16	01:04:40 01:09:25	Straßen, Hinterhof	Batman, Vicky	Batman und Vicky fliehen vor den Schergen des Jokers. Erfolgreicher Kampf.
17	01:09:26 01:13:18	Wald, Bathöhle	Batman, Vicky	Flucht in die Bathöhle. Übergabe der Dechiffrierung von Jokers Todes-Mix.
18	01:13:19 01:15:04	Vickys Wohnung; Zeitungsredaktion; Jokers Versteck;	Vicky, Knox, Bruce, Alfred, Joker	Der Joker ist verärgert. Bruce will sich Vicky erklären.
		Bathöhle		

311

19	01:15:05 01:21:57	Vickys Appartement	Bruce, Vicky, Joker	Der Joker stört. Wiedererkennung des Satzes "Hast du je im blassen Mondlicht mit dem Teufel getanzt?"
20	01:21:58 01:25:51	Zeitungsredaktion; Bathöhle; Rathausvorplatz	Vicky, Knox, Bruce, Alfred, Joker (via TV)	Vicky erfährt vom Mord an Bruces Eltern. Der Joker bietet öffentlich Geld gegen Gunst.
21	01:25:52 01:30:20	Bathöhle	Bruce, der junge Joker, Alfred, Vicky	Bruce erkennt im Joker den Mörder seiner Eltern. Alfred führt Vicky in die Höhle zu Bruce, der den Kampf gegen Joker aufnimmt.
22	01:30:21 01:34:11	AXIS; Straßen	Joker, Vicky, Knox	Batman zerstört die AXIS Chemiefabrik. Der Joker führt derweil den 200-Jahr-Feier-Zug an. Vicky entdeckt Giftgas an Festballons.
23	01:34:12 01:41:00	Straßen	Joker, Batman, Vicky	Batman zerstört mithilfe des Batwings die Giftgasballons, wird aber vom Joker abgeschossen.
24	01:41:01 01:48:40	Kathedrale	Joker, Batman, Vicky	Der Joker entführt Vicky in die Kathedrale, Batman folgt ihnen. Kampf mit Jokers Schergen
25	01:48:41 01:54:47	Kathedrale, Vordach	Joker, Batman, Vicky	Batman kämpft gegen den Joker. Dieser stürzt vom Glockenturm.
26	01:54:48 01:57:24	Rathausvorplatz	Bürgermeister, Harvey Dent, Vicky, Alfred, Batman	Batman hat das Bat-Sign eingerichtet, Alfred holt Vicky ab, Batman steht und betrachtet sein Zeichen.

Rot = das Fernsehgerät/der Überwachungsmonitor
Blau = Monarch Theatre

Sequenzliste DAREDEVIL

Nr.	Dauer	Ort	Personen	Inhalt
1	00:02:25 00:05:23	Kirche	Daredevil, Priester	Daredevil stürzt schwer verwundet in eine Kirche, wird demaskiert und erinnert sich an seine Vergangenheit. → **Digitalfahrt ins Auge des Protagonisten.**
2	00:05:24 00:08:45	Hells Kitchen	Matt als Kind, sein Vater	Matts Kindheit und der Unfall, der zur Erblindung führte.
3	00:08:46 00:13:22	Krankenhaus, Hells Kitchen	Matt als Kind, sein Vater	Entdeckung seines Sonarsinns und Training.
4	00:13:23 00:17:14	Hells Kitchen, Olympic Stadion	Matt als Kind, sein Vater	Tod des Vaters und Racheschwur.
5	00:17:15 00:21:33	Matts Zuhause, Gerichtssaal, Vorplatz, Hausdächer	Matt/Daredevil, Frank, Quesada	Matt ist Anwalt geworden, jagt als Daredevil freigesprochene Verbrecher. Demonstration seiner Fähigkeiten.
6	00:21:34 00:25:52	Bar, Straßen, U-Bahn-Station	Daredevil, Quesada	Daredevil tötet den Vergewaltiger Quesada.
7	00:25:53 00:30:44	U-Bahn-Station, Matts Zuhause, Beichtstuhl	Urich, Matt, Priester	Während die Presse recherchiert, leugnet die Polizei die Existenz von Daredevil. Matt kann sich nur seinem Priester anvertrauen.
8	00:30:45 00:36:15	Café, Spielplatz	Matt, Frank, Elektra	Matt lernt die kämpferische Elektra Natchios kennen.

9	00:36:17 00:40:24	Fisk Corp-Gebäude; Straße; Bar	Kingpin, Natchios, Matt, Elektra, Bullseye	Elektras Vater will aus mafiösen Beziehungen zum Kingpin aussteigen. Dieser engagiert den Killer Bullseye.
10	00:40:25 00:43:46	Gericht; Flugzeug; Hinterhof	Matt, Frank, Bullseye, Daredevil	Bullseye reist an. Daredevil behauptet von sich selbst: "Ich bin nicht der Böse."
11	00:43:48 00:51:04	Kanzlei; Straße; Matts Zuhause	Matt, Frank, Elektra	Matt und Elektra kommen sich näher.
12	00:51:05 00:57:19	Matts Zuhause; Grand Hotel	Matt, Frank, Urich, Elektra, Natchios, Kingpin, Bullseye	Matt und Elektra sind glücklich, doch der Kingpin droht Natchios, dessen Tochter etwas anzutun.
13	00:57:20 01:01:41	Straße; Matts Zuhause, Beichtstuhl	Elektra, Natchios, Matt, Daredevil, Bullseye, Urich, Priester	Bullseye tötet Natchios. Elektra hält fälschlicherweise Daredevil für den Mörder.
14	01:01:42 01:04:18	Friedhof	Elektra, Matt, Kingpin	Elektra sinnt auf Rache.
15	01:04:19 01:05:31	Leichenschauhaus	Urich	Urich erkennt in der Natchios-Mordwaffe Matts Blindenstock.
16	01:05:32 01:08:50	Fisk Corp-Gebäude, Straße, Elektras Zuhause	Kingpin, Bullseye, Matt, Urich, Elektra	Bullseye erhält den Auftrag, Elektra zu töten. Urich warnt Matt. Elektra trainiert für ihre Rache.
17	01:08:51 01:15:54	Hausdächer	Bullseye, Daredevil, Elektra	Im Kampf gegen Daredevil verletzt Elektra diesen und erkennt Matt. Bullseye tötet Elektra.
18	01:15:54 01:17:00	Kirche	Daredevil/Matt Priester, Bullseye	Daredevil entkommt in die Kirche. → **Digitalfahrt aus dem Auge des Protagonisten heraus.**

19	01:17:01 01:21:48	Kirche	Daredevil, Bullseye, Urich	Daredevil kämpft gegen Bullseye in der Kirche.
20	01:21:49 01:27:53	Fisk Corp-Gebäude; Hausdach	Kingpin, Daredevil	Daredevil bringt den Kingpin zur Strecke. Der Vater ist gerächt.
21	01:27:55 01:30:45	Bar, Hausdach	Matt, Frank, Urich	Matt findet einen Anhänger in Blindenschrift, der darauf hindeutet, dass Elektra noch lebt. Urich löscht seine Enthüllung über Daredevil.
22	01:30:46 01:32:05	Straße, Hausdächer, Krankenhaus	Daredevil, Urich, Bullseye	Daredevil wird weitermachen, Bullseye hat überlebt.

Sequenzliste HULK

Nr.	Dauer	Ort	Personen	Inhalt
Prolog				
1		Ein Labor	Junger David	Forschung, Besetzungstitel
2		Militärbüro, Labor, Haus	Junger David, Enid, junger Bruce,	Szenentitel "Desert Base, 1966". Selbstversuch, Geburt von Bruce, Alptraum des Knaben, Bruce vor Spiegel
			junger Ross, Bruce	
1. Akt				
3		Berkeley: Flur	Bruce, Harper, Betty	Szenentitel: "Berkeley. Institut für nukleare Bio-Technologie" Einführung Bruce und Betty
4		Berkeley Labor	Bruce, Betty,	misslungenes Experiment an einer Kröte; Bruces Erinnerungen an eine gemeinsame Vergangenheit mit Betty
			Harper	
5		Berkeley Büro	Talbot, Bruce,	Talbot ist an Bruces Forschung interessiert
			Betty	
6		Ross Büro	General Ross	Information über Forschung
7		Berkeley Flur	Betty, David	Der neue Hausmeister des Labors ist Bruces Vater David.

8	Berkeley Büro,	Betty, Bruce,	Erinnerungen an glücklichen Urlaub, Bettys Alptraum	
9	Ferienhaus	junger Ross	Böser Pudel, David entwendet ein Haar von Bruce	
10	Berkeley Flur	Bruce, David	Bruce radelt heim, arbeitet, Alptraum	
11	Bruces Haus	Bruce, David	Davids Experiment mit dem Genmaterial seines Sohnes	
12	Davids Labor	David	Talbot droht mit feindlicher Übernahme	
13	Berkeley Büro	Bruce, Betty, Talbot	Betty will ihren Vater um Hilfe bitten,	
14	Berkeley Labor	Bruce, Betty, Harper	Technischer Unfall im Labor. → Initiation	
15	Krankenzimmer	Bruce, Betty, David	Bruce lebt, Alptraum (Zelle → Hulk), David erklärt sich seinem Sohn	
16	Davids Labor	David	Experiment mit Ratte	
17	Krankenzimmer, Restaurant	Bruce, Betty, General Ross	Ross besucht Betty, Bedenken wegen Bruce	
	Berkeley Büro	Bruce, David	Blutanalyse, Stress und Wut führen zur Transformation → **HULK 1**	
2. Akt				
18	Bruces Haus	Bruce, Betty, General Ross	Der Morgen danach, wie eine Geburt	
19	Davids Haus	David, Betty	"Mein Sohn ist einzigartig", David entwendet Bettys Halstuch	
20	Bruces Haus	Bruce, General Ross	Ross verhört Bruce	

#		Ort	Figuren	Handlung
21		Davids Haus,	David, Betty,	David hetzt seine Hunde los, Betty fährt zum Ferienhaus, Bruce telefoniert mit
		Ferienhaus, Bruces Haus	Bruce Talbot	David, Talbot prügelt → **HULK 2**
22		Ferienhaus, Wald	Hulk, Betty, Bruce	Betty erkennt Bruce, Hundekampf
23		Ferienhaus	Betty, Bruce, General Ross	Betty ruft ihren Vater um Hilfe, der betäubt Bruce und lässt ihn abtransportieren.
24		Wüste, Militärbunker, Ross Büro	General Ross, Betty, Bruce	Transport, Unterbringung im Hochsicherheitstrakt
				"Er ist seines Vaters Sohn"
25		Davids Haus,	David, Wachmann	Davids Selbstversuch bringt Mutation
		ein Labor		hervor
26		Militärbunker, In der Wüste	Bruce, Betty	Besuch des Elternhauses mit Betty, Angst vor der Tür
27		Ross Büro, Bruces Zelle	General Ross, Betty, Talbot	Talbot übernimmt die Kontrolle über Bruce, Folter mit Elektroschocks
Exposition		Wassertank/ Bettys Haus,	Bruce, Betty, David,	David berichtet vom Mord/ Talbot reizt
28		Militärbunker	junger David, Talbot, Hulk	Bruce → **HULK 3**, bricht aus Tank aus
29		Militärbunker	Hulk, Talbot, General Ross	Ross greift ein, Talbot stirbt, Hulk randaliert
30		Wüste	Hulk, General Ross, Betty	Jagd auf Hulk (Infanterie, Panzer, Hubschrauber)
31		San Francisco	Hulk, General Ross	Jagd auf Hulk (Kampfjäger) bis ins All,
		Bucht		Sturz ins Wasser

32		San Francisco	Hulk, General Ross, Betty, Bruce	Hulk wühlt sich aus der Erde, schrumpft als Betty kommt
3. Akt				
33		Zelle, Lagerhalle	David, General Ross, Bruce, Betty, Hulk	Konfrontation Vater und Sohn, Transformation Davids → HULK 4
34		Seeufer, See	Hulk, Energiewesen, General Ross, Betty	Kampf, Erinnerung an Kindheit, Zerstörung des Vaters, Bombardierung Hulks
35		Büro	Betty,	Szenentitel "1 Jahr später": General Ross zweifelt am Tod von Bruce, da keine Leiche gefunden wurde.
			General Ross	
Epilog				
36		Dschungel	Bruce	Bruce lebt als Arzt/Entwicklungshelfer im Dschungel und verteidigt die Schwachen.

Grün = morphende Übergänge, Überblenden, auch und vor allem innerhalb einer Sequenz (z.B. Alpträume, Ortswechsel)
Blau = Split-Screen

Sequenzliste SPIDER-MAN

Nr.	Dauer	Ort	Personen	Inhalt
1 Exposition	00:03:09 00:06:13	NY, Straße, Bus, vor der Uni	Peter, MJ, Harry, Norman	Vorstellen der vier Hauptfiguren: Charaktere, Konstellationen, biographische Hintergründe. Intelligenter aber sozial ausgegrenzter Peter; reicher aber dummer Harry; genialer Norman; reizende Mary Jane.
2	00:06:14 00:10:24	In der Uni	Peter, MJ, Harry	Einführung in die Spinnenforschung, Peter liebt MJ und wird gebissen.
3	00:10:25 00:12:03	Oscorp Industries	Norman	Norman experimentiert für die Militärindustrie mit menschlichem Leistungsverstärker.
4	00:12:04 00:17:04	Peters Zuhause; Oscorp Industries	Peter, Onkel Ben, Tante May, Norman	Lebensumstände von Peter, Initiation. Norman experimentiert mit eigenem Leistungsverstärker, Initiation.
5	00:17:05 00:20:54	Peters Zuhause; Straße; Normans Penthouse	Peter, MJ, Tante May, Onkel Ben, Harry, Norman	Peter ist erstaunt über seine körperliche Transformation, kann sich der unglücklichen MJ aber nicht nähern. Normans Transformation hatte den Tod seines Assistenten zur Folge.
6	00:20:55 00:26:45	Schule, Hausdächer	Peter, MJ	Erste Konfrontationen mit Mitschülern, Einüben in die neuen Fähigkeiten.
7	00:26:46 00:30:41	Peters Zuhause (Hinterhof)	Peter, MJ	Langsame Annäherung Peters an MJ, die aber mehr von schnellen Autos beeindruckt ist.
8	00:30:42 00:35:09	Peters Zuhause; Normans Penthouse; Stra-	Peter, Tante May, Onkel Ben, Norman	Thema "Verwandlung". Verlockendes Angebot: Bargeld gegen Wrestling. Peter

		ße		schneidet ein Kostüm und übt. Währenddessen hört Norman sonderbare Stimmen. Onkel Ben redet Peter ins Gewissen, sich für einen verantwortungsbewussten Weg zu entscheiden.
9	00:35:10 00:41:19	Wrestling Arena; Büro	Peter/"Spider-Man"	Peter siegt im Wrestling als "Spider-Man" und wird gefeiert. Anschließend wird er um seine Prämie gebracht und rächt sich, indem er einen Räuber entkommen lässt.
10	00:41:20 00:48:42	Straßenzüge bei Nacht, Häuserschlichten, Fabrik; Peters Zuhause; Truppenübungsplatz der Firma Quest	Peter, "Spider-Man", Onkel Ben, Tante May, der grüne Kobold	Thema: "Zerstörung". Onkel Ben wurde erschossen, Peter jagt den Mörder durch die Stadt und bringt ihn zur Strecke. In der gleichen Nacht tritt Norman als der grüne Kobold in Erscheinung und zerstört die Erfindung seiner Konkurrenten
11	00:48:43 00:52:11	Schulgelände; Peters Zuhause	Peter, Tante May, Norman, Harry, MJ	Schulabschluss. Tante May weist dem trauernden Peter den "richtigen", verantwortungsbewussten Weg.
12	00:52:12 00:58:19	Straßenschluchten; Daily Bugle; Peters und Harrys WG	Spider-Man, J.J. Jameson, Peter, Harry, Norman	Peter tritt als Spider-Man in Erscheinung, geteilte Meinung der Bevölkerung, MJ arbeitet als Bedienung und ist mit Harry zusammen. Während Harry sich durch sein Studium quält, ist Peter nachlässig.
13	00:58:20 01:01:42	Straßen; Daily Bugle; Oscorp Gebäude	Spider-Man, Peter, J.J. Jameson, Norman	Thema: "rise and fall". Peter verdient sich durch Schnappschüsse seines Alter Ego ein Zubrot. Währenddessen verliert Norman seinen Posten als Aufsichtsrat.
14	01:01:43 01:09:14	Straßen, das Unity-Festival	Peter, MJ, Harry, der grüne Kobold, Spider-Man	Der grüne Kobold terrorisiert die Stadt, tötet den Aufsichtsrat und bringt seinen Sohn und MJ in Gefahr. Spider-Man rettet MJ.

15	01:09:15 01:11:16	Normans Penthouse	Norman	Norman wird wahnsinnig und erkennt im Spiegel sein böses Ich.
16	01:11:17 01:14:41	Daily Bugle, Hochhausdach	Peter, Spider-Man, J.J. Jameson, der grüne Kobold	Der grüne Kobold macht Spider-Man ein Angebot: teile meine Macht oder stirb!
17	01:14:42 01:18:35	Straße, Hinterhof	Peter, MJ, Spider-Man	Peter besucht MJ nach einem weiteren erfolglosen Casting. Sie wird überfallen, aber Spider-Man rettet sie, die beiden küssen sich.
18	01:18:36 01:21:40	Brennendes Haus	Spider-Man, der grüne Kobold	Spider-Man rettet ein Baby aus einem brennenden Gebäude, der grüne Kobold attackiert und verletzt ihn.
19	01:21:41 01:27:26	Peters und Harrys WG; Normans Penthouse; Peters Zuhause	Norman, Harry, MJ, Peter, Tante May, der grüne Kobold	Norman lehnt Harrys Freundin MJ als zu gewöhnlich ab. Peter kommt zu spät zum Thanks-giving-Essen, Norman erkennt an dessen Wunde, dass Peter Spider-Man sein muss. Der grüne Kobold terrorisiert Tante May.
20	01:27:27 01:31:55	Krankenhaus	Peter, Tante May, MJ, Harry	Am Krankenbett von Tante May kommen sich Peter und MJ näher - zur Enttäuschung von Harry.
21	01:31:56 01:35:32	Normans Penthouse; Krankenhaus	Harry, Norman, Peter, Tante May	Während sich Tante May erholt, entführt der grüne Kobold MJ.
22	01:35:33 01:40:40	Brooklyn Bridge	Spider-Man, der grüne Kobold, MJ	Auf der Brooklyn Bridge stellt der grüne Kobold Spider-Man vor eine grausame Wahl: entweder MJ oder eine Schulklasse vor dem sicheren Tod zu retten. Er entscheidet sich zuerst für MJ, rettet danach die Kinder.
23	01:40:41 01:45:55	Hausruine; Normans Penthouse	MJ, Spider-Man, der grüne Kobold, Harry	Finaler Kampf zwischen dem grünen Kobold und Spider-Man, wobei der Kobold Opfer seiner eigenen Technik wird. Spider-Man bringt den Leichnam zu Harry.

24	01:45:56 01:50:36	Friedhof	Harry, MJ, Peter	Harry schwört Rache. MJ erkennt, dass sie Peter liebt. Dieser lehnt ihre Liebe ab, um sie vor Gefahren zu schützen.
25	01:50:37 01:51:05 Epilog	Straßen und Häuserschluchten	Spider-Man	Peter hat sich für ein Leben als Spider-Man entschieden.

Sequenzliste SUPERMAN

Nr.	Dauer	Ort	Personen	Inhalt
1 Prolog	00:00:17 00:05:03		Eine Kinderstimme	Szenentitel "Juni 1938", schwarz-weiß; ein Action-Comic wird aufgeblättert, Trickfahrt in ein Panel hinein und weiter ins All.
2 **Erster Akt**	00:05:04 00:10:47	Krypton; Ratsversammlung	Jor-El, Verbrecher	Verurteilung Aufständischer.
3	00:10:48 00:16:58	Krypton; Privaträume	Jor-El, der Rat; Jor-El's Frau, Kal-El als Baby	Jor-El's Warnung vor der bevorstehenden Katastrophe. Das Kind wird auf die Reise zur Erde vorbereitet.
4	00:16:59 00:22:23	Krypton; Privaträume; Weltall	Jor-El, seine Frau, das Baby Kal-El	Krypton explodiert, das Kind wird ins All geschossen und reist zur Erde.
5	00:22:24 00:25:11	USA, Mittlerer Westen, Straße	Jonathan und Martha Kent, das Kleinkind Kal-El	Die Kents finden den Jungen und nehmen ihn auf. Von Anfang an sind sie sich seiner Kräfte und besonderen Herkunft gewiss.
6	00:25:12 00:28:31	Smallville, Straße	Kal-El/Clark als Jugendlicher, die Kents	Kal-El trägt den Namen "Clark" und ist sozialer Außenseiter. Gibt gern mit seinen Fähigkeiten an, die er eigentlich verbergen soll.
7	00:28:32 00:32:38	Farm, Friedhof	Clark, die Kents	Jonathan Kent redet Clark ins Gewissen - und stirbt.

8	00:32:39 00:37:28	Farm	Clark, Martha Kent	Nach der Beerdigung macht das Material Kryptonit auf sich aufmerksam. Clark nimmt Abschied und reist.
9	00:37:29 00:41:50	Nordpol, Festung der Einsamkeit	Clark	Das Kryptonit erschafft die "Festung der Einsamkeit".
10	00:41:51 00:46:00	Festung der Einsamkeit; Weltall	Clark, Jor-El	Clark begegnet seinem leiblichen Vater als Hologramm und wird von ihm 12 Jahre lang unterrichtet.
11 Zweiter Akt	00:46:01 00:50:00	Metropolis, Daily Planet	Clark als Erwachsener, Lois Lane, Jimmy	Clark nimmt einen Job als Reporter beim Daily Planet an und verguckt sich in seine chaotische Kollegin Lois.
12	00:50:01 00:53:05	Daily Planet und Straßen	Clark, Lois, Räuber	Clark und Lois werden überfallen, Clark rettet Lois.
13	00:53:06 00:57:26	Metropolis, Straßen, U-Bahn	Otis, Lex Luthor, Miss Teschmacher	Der Kleinkriminelle Otis wird von der Polizei beschattet. Mit Hilfe von Lex entkommt Otis, ein Polizist wird getötet.
14	00:57:27 01:00:05	Lex' Versteck	Lex, Otis, Miss Teschmacher	Lex, Otis und Miss Teschmacher werden eingeführt. Lex führt ein "Imperium" und kauft große Mengen Land in Kalifornien.
15	01:00:06 01:07:45	Daily Planet, Dachgeschoss	Clark/Superman, Lois	Clark gibt den Trottel, Lois stürzt mit einem Helikopter vom Dach, **Superman** rettet sie souverän.
16	01:07:46 01:13:58	Metropolis	Superman	Von seinen Fähigkeiten begeistert, markiert Superman den Retter.
17	01:13:59 01:17:16	Lex' Versteck; Daily Planet	Lex, Otis, Miss Teschmacher, Clark, Lois	Lex ist ebenso erstaunt über Superman wie die Presse.
17	01:17:17 01:23:15	Lois' Appartment;	Lois und Superman	Lois erwartet Superman zum Interview/Rendezvous.

18	01:23:16 01:30:21	Nachthimmel/ Weltall	Lois und Superman, Clark	Ein gemeinsamer Aus"flug" in den Nachthimmel. Danach kommt Clark, um Lois abzuholen.
19	01:30:22 01:38:26	Lex'Versteck; Landstraßen	Lex, Otis, Miss Teschmacher	Lex' Plan, zwei Raketen in seine Gewalt zu bringen, wird in die Tat umgesetzt.
20 **Dritter Akt**	01:38:27 01:46:58	Wüste, Metropolis: Daily Planet, Straßen, Lex' Versteck	Lois, Jimmy, Superman, Clark, Lex, Otis	Lois und Jimmy sind im Hinterland Kaliforniens unterwegs, während Clark/Superman von Lex angelockt wird. Die Raketen werden abgeschossen.
21	01:46:59 01:50:21	Lex' Versteck; Wüste	Lois, Jimmy, Superman, Lex, Otis	Lex plant die "Costa del Lex". Zwischenschnitte auf die Raketen sowie Lois im Auto und Jimmy am Staudamm. Lex schwächt Superman mit dem unheilvollen Kryptonit
22	01:50:22 01:54:42	Lex' Versteck; Mission Control; Wüste	Superman, Miss Teschmacher, Lex	Während die Raketen auf ihre Ziele zurasen, befreit Miss Teschmacher Superman unter der Bedingung, zuerst ihre Mutter zu retten.
23	01:54:43 01:59:22	Wüste; Staudamm; Erdinneres; San Francisco	Superman, Jimmy, Lois	Während Superman eine Rakete zerstören kann, schlägt die andere zielgenau in den San Andreas Graben. Superman rettet Jimmy und weitere Menschen.
24	01:59:23 02:05:13	Staudamm; Wüste	Superman, Lois, Jimmy	Der Staudamm bricht, Superman rettet ein Dorf. Lois wird in ihrem Wagen verschüttet, Superman kommt zu spät.
25	02:05:14 02:08:46	Wüste; Weltall	Superman, Lois, Jimmy	Superman ist verzweifelt und dreht gegen den Befehl seines Vaters die Zeit zurück, um Lois rechtzeitig retten zu können.
26 **Epilog**	02:08:47 02:10:05	Gefängnishof; Weltall	Superman, Lex, Otis	Lex und Otis werden ihrer gerechten Strafe zugeführt, Superman fliegt in den Sonnenaufgang.

***ibidem*-**Verlag

Melchiorstr. 15

D-70439 Stuttgart

info@ibidem-verlag.de

www.ibidem-verlag.de
www.ibidem.eu
www.edition-noema.de
www.autorenbetreuung.de

www.ingramcontent.com/pod-product-compliance
Lightning Source LLC
Chambersburg PA
CBHW071801300426
44116CB00009B/1169